前　言

　　成语是中国语言智慧的结晶，是汉语言的精粹所在，一般成语为四字词，也有少数四字以上的成语，还有短句合成的成语。成语大多来源于古代寓言、历史故事、神话传说、民间故事、诗词曲赋、名人名言等，跟习用语、谚语相近，但是也略有区别。具有言简意赅，内容少而旨意大，好用好学，运用广泛等特点。

　　如果能妙用成语，便能够提升一个人的语言能力，让谈话变得妙语频出的同时，也能增加意趣、提高说服力，在方寸之间传达出丰富的含义，还能够提升一个人的知识储备和文化修养。也就是说，平日里，无论是与人进行口头交流，还是从事书面写作，准确恰当地镶嵌或点缀一些成语，会使语言锦上添花。然而，事情并非总是尽如人意。在实际生活中，误用、错用成语的现象也屡见不鲜。

　　为了降低使用成语的错误，让成语真正为言词增辉添彩，我们本着趣味性、可读性、知识性的原则，精心选取中国历史上富有智慧与内涵的数百个经典成语。依据其来源，讲述一个个颇具谋略、富有哲理、妙趣横生的故事，让这些古老的成语再次焕发出奇妙的色彩。

　　从内容上看，本书以故事的形式，让人阅读的同时，有据可循，真正能够理解成语的寓意和来历，从而在学习和生活中得心应手，运用自如！在编排上除了对故事的讲解外，也加入了故事的启示，并给出释义、典型例句、近义、反义，有些成语下面还安排了成语接龙游戏，从多个方面有效帮助读者科学理解成语，扩大读者思维与视野，领会中国文化的魅力，积累丰富的语言"养料"，进而提高知识、写作、谈吐水平。

需要强调指出的是，成语故事不仅是中国语言文化的积累提炼，也是中华民族智慧的结晶。希望读者在欣赏这些成语故事（涉及兵家智慧、名人趣事、宗教政事、风物俗情、人生哲理、山川景色）之余，不妨将"读""品""悟"融为一炉，纵横发掘、探求成语中蕴涵的乾坤奥妙，知古鉴今，以史为镜，学习前人的高超智慧和思维方法。如此一来，相信成语这颗文学宝库里的明珠定会更加璀璨，照亮每一个读者的人生之旅。

目　录

五画

六画

七画

十画

十一画

一画

一叶障目

古时候，楚地有个穷苦的读书人，读《淮南子》这部书时，看到书上有这样的记载：螳螂用树叶遮住自己的身体，其他小昆虫就看不见它，要是有人能得到那片树叶，就能用它隐藏自己的身体。

看到这里，书生呆呆地想：要是我能得到那片树叶，该有多好。我用树叶遮住自己，想要什么只管到集市上去拿，再也不会过这苦日子了。

想到这里，他扔下书就往树林跑去，想找那种螳螂藏身的树叶。他抬着头，一棵树一棵树地找过去，脖子都酸了，也没找到那种叶子。

忽然，他看见一只螳螂躲在一片树叶的背后。他高兴极了，赶紧爬上树，准备采那片叶子。可巧，一阵风吹过来，树叶纷纷飘落，他要采的那片叶子也落到地上。

究竟哪片树叶是螳螂藏身的那片，他怎么也分不清。好不容易找到的宝贝树叶总不能不要呀！它准在这堆树叶里。书生脱下衣服，把地上的树叶都包了回去。

回去之后，他一片一片地拿起树叶遮住自己的眼睛，问他妻子："你能看见我吗？"起初，他妻子老老实实告诉他："看得见。"后来，见他没完没了地问，他妻子不耐烦了，说："别问了，看不见了。"他高兴地跳起来，大声喊道："宝贝可找到了！宝贝可找到了！"说完，拔腿就往市场跑。

市场可真热闹，什么东西都有。书生满心欢喜，一只手拿树叶遮住自己的眼睛，另一只手去偷人家的东西，结果，给人当场抓获，被扭送到县衙门。

县官审问他的时候，他老老实实地说："我找到了一片能隐身的树叶，用它遮住自己的眼睛，什么都看不到，这才去拿人家的东西。不知怎么搞的，这片树叶失灵了，我给别人看见就被逮住了。"

县官听了，忍不住哈哈大笑起来，知道他是个书呆子，训斥了一顿就把他释放了。

——《笑林》

【故事启示】 古语有云："尽信书不如无书。"任何理论都不能盲目轻信、盲目崇拜，必须经过科学的调查和验证，以谦虚、谨慎的态度来看待。再有，无论做事，还是在看待和研究问题时，我们都不能一叶障目，自以为是，被局部现象迷惑，而要从多角度多视角充分地分析问题，了解问题的实质，这样我们才能做出正确的判断。

【成语释义】 比喻被眼前细小、局部的事物蒙蔽，看不到事物的本质和整体。

【活用例句】 你们不能～，仅仅因为一些小的失误就全盘否定我们所取得的业绩。

【近义】 一叶蔽目、盲人摸象

【反义】 明察秋毫、洞若观火

一窍不通

商朝的时候，有一个非常残暴的国王叫做纣王，纣王非常喜爱他的妃子妲己，一天到晚跟妲己喝酒玩乐，根本不管国家的事，也不管老百姓的生活过得好不好！他还听信妲己的话，杀了很多忠臣和无辜的老百姓。

有一天，纣王的叔父比干看不下去，就很生气地劝纣王说："你呀！不可以一直沉迷在酒色里面，不可以乱杀忠臣和无辜的老百姓，你应该振作起来，替国家和老百姓做点有用的事情呀！"妲己知道以后，心里很不高兴："这个比干真多管闲事呀，居然敢管起我和大王的事来，我一定要好好教训他！"

妲己就跑去对纣王说："大王！如果比干真的是一个忠臣的话，你为什么不叫他把自己胸膛剖开，把他的心肝拿出来献给您呢！"纣王听了妲己的话后，说："对喔！我可以叫比干把心献给我呀！妲己真是聪明呀！"纣王立刻下令赐比干剖胸而死。

后来，这件事被记在《吕氏春秋》这本书中，原文是："杀比干而视其心，不适也。孔子闻之，曰：'其窍通，则比干不死矣。'"高诱注："纣性不仁，心不通，安于为恶，杀比干，故孔子言其一窍通则比干不见杀也。"意思是说，如果纣王的心通了一窍，就不会做出糊涂事把比干杀了！后来，人们就从这句话中引申出成语"一窍不通"。

——《吕氏春秋·过理》

【故事启示】 纣王荒淫残暴，沉迷酒色，妲己只顾个人玩乐享受，不懂江山社稷之重。见此情景，忠肝义胆的比干，从国家利益和大局出发，直言相劝纣王改过自新。比干的这一番忠心可歌可泣。然而，由于他不懂劝谏的委婉之术，终于落得个被剖腹掏心的凄惨下场。我们在无限感慨之余，应当引以为鉴。在批评别人或给别人提出建议时，即便是好言相劝，也应该讲究点说话的技巧，切忌直来直往，当面顶撞。唯有如此，方能实现规劝或交谈的目的。

【成语释义】 比喻什么都不懂。窍，古人把两眼、两个鼻孔、两个耳朵和嘴巴称为七窍。

【活用例句】 对于绘画艺术，我是～。

【近义】 一无所知

【反义】 无所不知

一鸣惊人

战国时代，齐国有一个名叫淳于髡的人。他的口才很好，也很会说话。他常常用一些有趣的隐语，来规劝君主，使君王不但不生气，而且乐于接受。

当时齐国的威王，本来是一个很有才智的君主，但是，在他即位三年的时间里，不理朝政，每天就知饮酒作乐，把一切正事都交给大臣去办理，自己则不闻不问。因此，政治不上轨道，官吏们贪污失职，再加上各国的诸侯也都趁机来侵犯，使得齐国处于灭亡的边缘。

虽然，齐国的一些爱国之人都很担心，但是，却都因为畏惧齐王，所以没有人敢出来劝谏。其实呢，齐威王虽然不喜欢听别人的劝告，但如果劝告得法，他还是会接受的。淳于髡知道这点后，便想了一个激励齐威王的计策，准备借机行事。

有一天，淳于髡见到了齐威王，就对他说："大王，为臣有一个谜语想请您猜一猜：齐国有只大鸟，住在大王的宫廷中，已经整整三年了，可是它既不振翅飞翔，也不发生鸣叫，只是毫无目的地蜷着……"他故意停顿一下，试探地问："大王，您可知道这是一只什么鸟？"齐威王本是一个聪明人，一听就知道淳于髡在暗喻自己，讽刺自己像那只大鸟一样，身为一国之尊，却毫无作为，只知道享乐，不由得大笑起来。笑过一阵后，他才说："此鸟不飞则已，一飞冲天；不鸣则已，一鸣惊人！"

从那以后，齐威王开始整顿国政，不再沉迷于饮酒作乐。他一方面召见全国的官吏，尽忠负责的，就给予奖励；而那些腐败无能的，则加以惩罚。有一个破坏生产的河地大夫，齐威王还将其扔进油锅处死。结果，全国上下很快就振作起来，到处充满蓬勃的朝气。另一方面，他也着手整顿军事，增强士兵的战斗力。各国诸侯听到这个消息以后都很震惊，不但不敢再来侵犯，甚至还把原先侵占的土地，都归还给齐国。

齐威王的这一番作为，真可谓是"一鸣惊人"！

——《史记·滑稽列传》

【故事启示】 齐王即位三年，终日饮酒作乐、不理朝政，可能想以此来试探臣子的奸贤，也可能是真的平庸。但不管怎么说，在淳于髡用暗喻谏言后，齐王锐意进取，励精图治，赏罚分明，整顿军事，使齐国的势力达到巅峰状态，确是事实。他成功地践行了"不鸣则已，一鸣惊人"的壮语豪言，不愧为一个胸怀大志、聪明机灵的治世之能才。当然，齐国的强盛，也有妙谏齐王，使他"一鸣惊人"的大臣淳于髡的一份功劳。

【成语释义】 比喻平时没有突出表现，一旦做起事来却有惊人的成绩。

【活用例句】 这次技术大比拼中，相貌平平的小王~，夺得了冠军。

【近义】 一举成名、一步登天、名满天下

【反义】 怀才不遇、徒劳无功

5

一言九鼎

话说东周有镇国之宝九鼎，是君临天下的象征，世人都想拥有它。当时的周朝势微，又想保住这九鼎，又不敢得罪各个诸侯强国。

秦国仗自己兵多马壮，想用武力来强迫周王交出宝鼎，周王（应为周显王〈公元前321年〉）非常害怕，但又不敢真得罪秦国，这时周出了一个能人，名叫颜率，能言会道，对大王说："大王，你不用担心，我向东边的齐国借兵求救就可以了。"

颜率到了齐国，对齐王说："如今秦王暴虐无道，兴强暴之师、兵临城下威胁周君，还索要九鼎。我东周君臣在宫廷内寻思对策，最终君臣一致认为：与其把九鼎送给暴秦，实在不如送给贵国。挽救面临危亡的国家必定美名传扬，赢得天下人的认同和赞誉；如果能得到九鼎这样的国之珍宝，也确实是贵国的大幸。但愿大王能努力争取！"齐王一听非常高兴，立刻派遣5万大军，任命陈臣思为统帅前往救助东周，秦兵无奈地撤了兵。

当齐王准备向周君要九鼎，以兑现颜率的诺言时，周王又忧心忡忡了。颜率说："大王不必担心，请允许臣去齐国解决这件事。"颜率来到齐国，对齐王说："这次在贵国的义举下，我们国家才得到保全，所以我们愿意让出九鼎，但是从我们国家到东齐要经过好几个国家，大王打算借哪条道将鼎运过来呢？"齐王回答："寡人准备借道梁国。"

颜率说："万万不可借道梁国，因为梁国很早就想得到九鼎，他们在晖台和少海一带谋划这件事已很长时间了。所以九鼎一旦进入梁国，必然很难再出来。"于是齐王又说："那么寡人准备借道楚国。"颜率回答说："这也行不通，因为楚国君臣为了得到九鼎，很早就在叶庭（地方名）进行谋划。假如九鼎进入楚国，也绝对不会再运出来"。齐王说："那么寡人究竟从那里把九鼎运到齐国呢？"

颜率说："我东周君臣也在私下为大王这件事忧虑。因为所谓九鼎，并不是像醋瓶子或酱罐子一类的东西，可以提在手上或揣在怀中就能拿到齐国，也不像群鸟聚集、乌鸦飞散、兔子奔跳、骏马疾驰那样飞快地进入齐国。当初周武王伐商纣王获得九鼎之后，为了拉运一

6

鼎就动用了9万人，九鼎就是九九共八十一万人。士兵、工匠需要的难以计数，此外还要准备相应的搬运工具和被服粮饷等物资，如今大王即使有这种人力和物力，也不知道从哪条路把九鼎运来齐国。所以臣一直在私下为大王担忧。"

齐王说："贤卿屡次来我齐国，说来说去还是不想把九鼎给寡人了！"颜率赶紧解释说："臣怎敢欺骗贵国呢，只要大王能赶快决定从哪条路搬运，我东周君臣可迁移九鼎听候命令。"齐王终于打消了获得九鼎的念头。

由此可见，九鼎的分量之重。《史记·平原君虞卿列传》记载："毛先生（毛遂）一至楚而使赵重于九鼎大吕。"意思是"一句话抵得上九鼎"，形容一句话的作用很大。

后来，人们渐渐引申出"一言九鼎"的成语。

——《战国策·东周策》

【故事启示】 九鼎，是我国夏朝禹之子启时铸造的。它分别以九州的名山大川、奇异之物刻于鼎身，制成九只刻镂精美、古朴典雅、气势庄重的青铜大鼎，体现了王权的集中和至高无上。颜率利用各国矛盾，运筹帷幄，在本国不费一兵一箭的情况下，凭借着巧言善语借齐国之兵力既退了秦师又保住了象征社稷的九鼎至尊，还使得齐国吃了个哑巴亏。颜率保鼎的过程，冷静从容、深谋远虑，并在悄无声息中玩转三国，乃名符其实的智者也！

【成语释义】 一句话的分量就有九鼎那么重。形容能起决定作用的言论或意见。

【活用例句】 老李这个人向来说到做到，～。

【近义】 一字千金、一言为定、金口玉言

【反义】 人微言轻

一尘不染

唐高宗年间，弘忍大师开坛讲学，当时他的手下有五百余名弟子，最有慧根的当属大弟子神秀。神秀，俗姓李，陈留尉氏（今河

7

南尉氏县）人。少年时为儒生，游学江南，博览经史。唐高祖武德八年（公元625年），神秀在洛阳天宫寺出家。五十岁那年，他翻山越岭，不远千里，投身到弘忍的门下，从事打柴、汲水等劳役以求法。六年来，他夜以继日地在弘忍身边服侍，深为弘忍器重，于是被擢升为上首弟子。在当时，神秀被大家公认为禅宗的衣钵继承人。

话说有一年，弘忍突然感到自己年龄不小了，便想在弟子中寻找一个继承人。这天，他召集众僧，要求每人作一偈（梵语"颂"，即佛经中的唱词），以便了解各人的道行深浅。神秀悟道颇深，当即在寺院的廊壁上题了一首偈诗："身是菩提树，心如明镜台。时时勤拂拭，勿使惹尘埃。"

偈诗中所说的"菩提树"，即古印度的毕婆罗树，它是一种普通得犹如杨、柳、桐、槐那样的树。当年，年轻的悉达多王子在结束了六年的苦行之后，就坐在一棵毕婆罗树下悟道成佛，被后世尊为释迦牟尼。人们为了感念佛祖证悟人生真理的不朽功德，把他悟道时给予他遮护的毕婆罗树称为菩提树，也就是觉悟之树。弘忍大师见到后大为赞赏，让众僧都来诵念此偈。

后来，慧能听到有人诵读神秀作的偈语，就感叹道："听起来确实很妙啊！可惜，境界不是很高。"到了夜间，慧能央求一名会写字的僧人在神秀的偈语旁边另题了一首自己作的偈诗："菩提本非树，明镜亦非台。本来无一物，何处惹尘埃。"

慧能的偈子表达的是一种出世的态度，它的主要意思是，世上本来就是空的，看世间万物无不是一个"空"字，心本来就是空的话，就无所谓抗拒外面的诱惑，任何事物从心而过，不留痕迹。这是禅宗的一种很高的境界，领略到这层境界的人，就是所谓的开悟了。

弘忍大师看到这个偈子后，问身边的人是谁写的，当他听说是慧能后，就命人将他叫来，并当众批评慧能："你写的乱七八糟，简直是胡言乱语！"说完，又亲自擦掉了这首偈诗，然后在慧能的头上打了三下，转身就走了。众僧之中，唯有慧能真正理解了五祖的意思。

这天夜晚，三更时分，慧能来到弘忍的禅房。在那里，弘忍向他讲解了佛教最重要的经典之一《金刚经》，并将衣钵传给了他。

慧能得法后，悄悄回到南方，隐居了十五年，才前往曹溪宝林寺。随后，他又在韶州大梵寺说摩诃般若波罗蜜法，并传授无相戒。嗣法弟子有行思、怀让、神会、玄觉、慧忠、法海等四十余人。后来，法海汇集慧能的言行为《六祖坛经》，这就是南宗。神秀在弘忍圆寂后，前往荆州当阳山玉泉寺，二十余年中门人云集，这就是北宗。经过神会的弘扬，南宗遂成为禅宗正统，从此独尊天下。而神秀创立的北宗则门庭寂寞，几代之后就衰亡了。

——《景德传灯录·弘忍大师》

【故事启示】 "身是菩提树，心如明镜台。时时勤拂拭，勿使惹尘埃。"神秀强调的是要时刻照顾自己的心灵，通过不断修行来抗拒外面的诱惑和邪恶。神秀提倡的是一种入世的心态，强调修行的作用。慧能则通过"菩提本非树，明镜亦非台。本来无一物，何处惹尘埃"的诗作，表达出世的态度。身处滚滚红尘之中，在形形色色的诱惑面前，真正做到心中"无一物"的境界，如果没有高深的修炼，确实很难。

【成语释义】 原为佛教用语。佛家把色、声、香、味、触、法叫做"六尘"，说道者不为六尘所玷污，保持心地清静。形容不受坏思想、坏作风的沾染。也形容环境清静整洁。

【活用例句】 保洁人员不一会就把大礼堂打扫得～了。

【近义】 一干二净、冰清玉洁

【反义】 污七八糟、污秽不堪

一字千金

战国末期，卫国有个大商人，名叫吕不韦。他在赵国经商时，曾资助过秦庄襄王（名子楚，当时在赵国做人质），并将自己的爱妾赵姬献给子楚。等子楚回到秦国接掌王位后，吕不韦便被封为文信侯，官居相国。

谁料，秦庄襄王在位仅三年就因病驾崩了。吕不韦便辅佐秦庄襄王十三岁的儿子嬴政（赵姬所生）继承了王位。这个新即位的小皇帝便是后来历史上大名鼎鼎的秦始皇。商人出身的吕不韦，由于曾资助过落难时的秦庄襄王，功劳不小。现在他的地位更上一层楼，连小皇帝嬴政都要尊称他为"仲父"。

由于嬴政年龄尚小，所以秦国的行政大权全部掌控在吕不韦和赵姬手中。吕不韦急于巩固自己的政权，加上当时社会又非常盛行养士之风，便也养了三千能够出谋划策的门客，作为智囊团。与此同时，他还让这些形形色色、各行各业的门客把自己多年来苦心钻研的见解和心得一一写成文字，呈现上来。

吕不韦见到如此包含天文地理、风土人情、治理人世等各方面内容的文字资料，万分欣喜，便将其汇集起来，编成了一部二十多万字的巨著，题名为《吕氏春秋》。后来，吕不韦把《吕氏春秋》公布在秦国首都咸阳，并张贴悬赏告示："如果有人能在书中增加一字或减一字者，就赏赐千金（合黄金一斤）。"

然而，并没有人出面给《吕氏春秋》添删一字，领取千金之赏。谁不知道吕不韦是秦国有权有势的人，谁敢对他主持编辑的书籍增减一个字啊！

后来，人们根据这个故事，引申出成语"一字千金"。

——《史记·吕不韦列传》

【故事启示】　"秦相吕不韦使门客著《吕氏春秋》。书成，公布于咸阳城门，声言有能增删一字者，赏予千金。"我们姑且不谈《吕氏春秋》是否真有如此完美，反正这"千金"不是随便就能得到的，弄不好就有丢小命的危险。我们可能会为古代一条人命值多少银两而劳神，然而，吕大丞相的屁股可不是随便就能摸的，这是稍加思索就知道的事。不管吕大丞相是出于谦虚、谨慎的治学态度，还是出于骄傲、显摆的权势心理，他给出的文字价码足够高却是不争的事实！

【成语释义】　形容文章的内容出色，不可更改，有很高的价值。

【活用例句】　鲁迅先生的杂文，价值极高，可以毫不夸张地形容为～。

【近义】　一字一珠、字字珠玑

【反义】　一文不值

一丘之貉

汉朝时有一个名叫杨恽的人，有着非常显赫的出身。他的父亲是汉昭帝时官拜丞相的杨敞，母亲是大史学家司马迁的千金。在这样的书香门第下，杨恽从小就受到良好的教养，未成年时就饱读诗书，学问渊博。

汉宣帝即位后，杨恽知道了大将霍光谋反的消息，最先向汉宣帝报告，所以，事后被汉宣帝提拔为平通侯，从此在朝廷里崭露头角。

当时，朝廷上下都弥漫着一股贿（huì）赂（lù）、奢（shē）靡（mí）的风气，朝臣只贪图荣华富贵，追逐权势地位，对国家政事和百姓疾苦，一点都不关心，就知道吃喝玩乐。杨恽作中山郎后，采取一系列措施整顿这些弊病。由于少年得志，又有功劳在身，所以杨恽逐渐变得骄傲自满，与傅长乐（长乐是宣帝非常信任的故友）发生了一场非常不愉快的争执。

有一次，杨恽听闻匈奴的领袖单于被人杀了，便说："遇到这样一个不好的君王，他的大臣给他拟好治国的策略而不用，才导致自己白白送了命，就像秦朝时的君王一样，专门信任小人，杀害忠贞的大臣，终于亡了国。如果当年秦朝不如此，可能到现在国家还存在。从古到今的君王，就像在同一山丘生长的貉（hé）兽一样，毫无差别，专门信任小人，容纳不了忠臣。"

杨恽这番"古与今，如一丘之貉"的话传到皇帝耳朵后不久，他便被免职查办了。究其原因，便在于他把话说得太绝对，说什么"从古到今的君王，都是一丘之貉，专门信任小人，容纳不了忠臣。"这话搁在哪个君王面前，也会心中不爽的。

——《汉书·杨恽传》

【故事启示】 杨恽着实让我们领略了一把"言辞"的威力。正所谓"一句话天堂，一句话地狱。"杨恽在朝廷中崭露头角，"嘴巴"功不可没；然而，他被免职查办，"嘴巴"却也难逃其咎。生活中，守好自己的嘴巴，把话说得严谨一点，为自己辩护得周到一点，终究不是什么坏事情。谨记一句话："病从口入，祸从口出。"

【成语释义】 常用来形容臭味相投的人（含讥讽鄙视之意）；有时也用来比喻彼此属于同一种类或层级（具否定意味）。丘，四边高、中央低的土堆；貉，一种状似狐狸的野兽。毛黄褐色，深厚而温滑，可做皮袍。

【活用例句】 这些抢劫犯、盗窃犯、诈骗犯都是～，政府相关部门应严厉打击。

【近义】 臭味相投、一路货色

【反义】 良师益友、患难之交

一鼓作气

公元前684年的春天，强大的齐国出兵攻打弱小的鲁国。

鲁庄公认为齐国一再欺负他们，忍无可忍，决心跟齐国决一死战，便亲自率领军队前往应战。齐国进攻鲁国，也激起鲁国人民的愤慨。有个鲁国人叫曹刿，请求拜见鲁庄公，要求参加抗齐的战争，鲁庄公见他智勇双全，深谋远虑，就同意他一同参加战斗。

齐鲁两军在长勺（今山东莱芜东北）摆开阵势，准备大战一场。齐军仗着人多，一开始就擂响了战鼓，发动进攻。鲁庄公也准备下令反击，曹刿连忙阻止，说："还不到时候呢！"

当齐军擂响第二通战鼓的时候，曹刿还是叫鲁庄公按兵不动。鲁军将士看到齐军张牙舞爪的样子，气得摩拳擦掌，但是没有主帅的命令，只好憋着气等待。

齐军主帅看鲁军毫无动静，又下令打第三通鼓，但曹刿仍然按兵不动。

齐军三次准备进攻，都不见鲁军应战，士气大减，非常疲惫，情绪顿时低落下去，认为鲁军不会再打了，士兵们纷纷坐下来歇息，队伍也开始松散下来。

这时，曹刿当机立断，对鲁庄公说："进攻的时机到了，下令反攻！"

鲁军阵地上响起了雨点般的战鼓声，早就摩拳擦掌的鲁军将士奋勇出击，像猛虎下山般扑了过去。齐军还没有来得及防备，顿时丢盔弃甲，四处溃逃。

战争胜利后，鲁庄公疑惑地问曹刿："为何要在第三次击鼓后，我军才可以进攻敌军？"

曹刿解释说："打仗这件事，全凭士气。对方擂第一通鼓的时候，士气最旺；第二通鼓，士气已经减退了一些；到第三通鼓，士气已经泄没了。对方泄气的时候，我们的士兵却鼓足士气，用士气旺盛的军队去进攻松懈疲乏的军队，那当然能取胜啦！"曹刿又说："齐国军力不能低估，说不定会设下伏兵，诈败引诱我们。我看见他们逃亡时的车轮轨迹很混乱，而且战旗也倒了，说明是仓皇逃窜，没有预先埋伏兵力，我这才放心追击。"

鲁庄公听完这番解释后，恍然大悟，连连称赞曹刿想得周到。

——《左传·庄公十年》

【故事启示】 这个故事给我们的启示主要有二。首先，无论做什么事情，都必须一鼓作气、把握机会。正所谓"气可鼓，不可泄"，只有一鼓作气，保持高度的热情，并学会借力、借势，才能将事情做好。凡事拖延，就不能够快速地掌握要点。其次，在做事情时，策略永远比蛮拼重要，好的时机也必不可少，并且应该注意观察。

【成语释义】 作战时第一次敲鼓可以鼓起战士的锐气。比喻趁劲足时一下子把事情完成。一鼓，第一次击鼓；作，振作；气，士气。

【活用例句】 我们要～，争取在两天内把车展的准备工作完成。

【近义】 一气呵成、趁热打铁

【接龙游戏】 一鼓作气→气味相投→投其所好→好逸恶劳→劳民伤财→财运亨通→通宵达旦

一箭双雕

长孙晟（shèng），字季晟，是南北朝北周时洛阳人。他聪敏过人，又有军事学识和本领，特别善于射箭。所以，十八岁时就当了一名禁卫东宫的武官。

那时，北方游牧民族突厥的首领摄图和北周互派使节往来。为了炫耀各自的实力，双方都选派有勇有智的人充当使者，但傲慢的摄图

13

对北周派来的使者大都瞧不起。

有一年，北周的皇帝为了进一步安定突厥，决定把一位公主嫁给摄图。为了安全起见，派长孙晟率领一批将士护送公主前往突厥。历经千辛万苦，终于到了突厥。摄图大摆酒宴。酒过三巡，按照突厥的习惯要比武助兴。摄图命人拿来一张硬弓，要长孙晟射百步以外的铜线。只听得"格勒勒"一声，硬弓被拉成弯月，一支利箭"嗖"地一声射进了铜钱的小方孔。"好！"大家齐声喝彩。摄图见到长孙晟这一番本领后，一改往日对北周使者的轻蔑态度，竟要求宇文神庆将长孙晟留下来。宇文神庆答应了摄图的请求，长孙晟就这样留在了突厥。

一年过去了，摄图还是让长孙晟继续跟随在自己身边，不让他回北周，而且摄图每次出猎，总要长孙晟陪同。

一天，摄图在毡帐前看见空中有两只大雕盘旋着，正在争夺一块肉。他很有兴致地喊来长孙晟，并叫人拿两枝箭递给长孙晟，命令他把两只雕射下来。长孙晟接过箭，迅速翻身上马飞驰而去。他渐渐离大雕的位置很近了，只见他拉弓搭箭，认准目标一箭射去，竟射穿了两只大雕的胸膛！两只大雕顿时串在一起掉落下来。

"一箭双雕"的成语便由这个故事演变而来。

长孙晟一箭双雕的高超箭术，博得了在场的突厥士兵的连声喝彩，摄图也异常高兴，他下令重赏长孙晟，并要求部下向长孙晟学习箭术。

后来，杨坚夺取北周政权，建立了隋朝。突厥及其他少数民族国家趁机进攻隋朝，为北周复仇。这时，长孙晟已回到隋朝。他凭借自己的智谋和勇武以及对突厥内部情况的了解，帮助杨坚多次打退了突厥的进犯。

长孙晟有四儿一女。儿子长孙无忌为唐朝贞观时期的名臣。长孙晟的小女儿，后来嫁给了未来的唐太宗李世民，这人便是著名的长孙皇后。

——《北史·长孙晟传》

【故事启示】 北周皇帝派长孙晟护送公主到北部的突厥族去成婚，足可见对长孙晟的器重；而突厥首领摄图见识长孙晟的箭术后，也很喜欢他，常常邀他一同去打猎。不难看出，长孙晟的出类拔萃。纵观长孙晟的一生，他同突厥交往达20余年，虽未指挥过大的作战，但凭其出众的谋略，为分化瓦解突厥，保持隋北境的安宁，促进民族融合作出了重大贡献。可以说一个强大的突厥帝国，从根本上就是毁于长孙晟之手，此功非常人所能及也！

【成语释义】 一箭射中两只雕。比喻做一件事达到两个目的。

【活用例句】 警方的这次行动，不仅抓到了犯人，还顺带破获了一个贩毒集团，真是～。

【近义】 一石二鸟、一举两得

【反义】 事倍功半

一笔勾销

北宋时期，有一个叫范仲淹的人，字希文，吴县（今苏州市）人。他出生于贫苦人家，两岁的时候，父亲就去世了，母亲谢氏为生活所迫，只得带着他改嫁到山东淄州长山县一户朱姓人家，从此范仲淹改名叫朱说。由于是母亲从范家带过来的，范仲淹在朱家所处的地位就可想而知了。

范仲淹勤学苦读，一有机会就向有学问的人请教。随着年龄的增长，他越来越渴望到更广阔的天地里建功立业。宋真宗大中祥符四年（公元1011年），二十三岁的范仲淹辞别母亲，不远千里来到北宋南都应天府（今河南商丘），进入应天书院读书深造。求学期间，他废寝忘食，昼夜苦读，从不浪费时间，一连几年都是这样。由于生活日益贫困，有时他一天只能吃上一顿饭，从没有脱下衣服好好睡过一个舒服觉。有志者，事竟成。四年后，范仲淹高中进士，不久就出任广德军司理参军，他回家把母亲接来，恢复了自己原来的姓名。

宋仁宗康定元年（公元1040年），西夏进犯，边关告急。范仲淹主动请缨，要求到陕甘边疆去担负抵御西夏进犯的重任。范仲淹治军有方，爱抚士卒，在反击西夏进攻的战斗中，军民一心，频频取得胜利。从此，西夏人不敢再轻易进犯。在范仲淹的努力下，双方正式议和。由于抵御西夏有功，范仲淹被调回京城担任副宰相一职，开

15

始在政治上大展鸿图。他联合富弼、欧阳修等人进行改革，开始实行"新政"。

范仲淹推行"新政"雷厉风行，对官员的考核与任命极为严格。他亲自取来各地官员名册，一个个检查他们的任职情况，对于那些碌碌无为的官员一点也不心慈手软。当他发现有人"在其位，不谋其政"时，就将此人的名字从名册上一笔勾销，逐出官场，另外选拔一些比较干练的人上马。富弼对范仲淹素来很敬重，看到他在整肃吏治上如此不留情面，不免有些担心，便从旁劝阻说："把一个人的名字从名册上一笔勾掉很容易，可是这样一来，被勾去名字的人就要全家痛哭了！"范仲淹斩钉截铁地回答道："他一家人哭，总比他们祸害千家万户，让千家万户哭要好得多吧！"

可惜的是，由于范仲淹推行的改革触犯了贵族官僚的利益，遭到他们的强烈反对，不到一年改革便夭折了。范仲淹也被贬到陕西任四路宣抚使。

后来，人们根据史料记载："公取班簿，视不才监司，每见一人姓名，一笔勾之。"引申出成语"一笔勾销"。

——《五朝名臣言行录》卷七

【故事启示】 范仲淹任职以来，对官场存在的腐败现象深恶痛绝。在查考地方官吏政绩时，他动用大笔，将那些不称职的官吏不留情地勾掉。富弼劝说他，不要如此断送别人的前程，否则全家就会失魂落魄、伤心痛哭。范仲淹却说："他们哭比百姓哭要好吧！"富弼从一个人被免职想到这个人全家失魂落魄，体现了仁慈之心，但他的"仁"属于"小仁"，而范仲淹想到的是千家万户，天下苍生，范仲淹的"仁"是"大仁"。

【成语释义】 用笔在书面材料上勾画一下，表示事情已经了结或取消。比喻把一切完全取消，一概不计较。

【活用例句】 过去的事就～了吧，我们忘掉那些不愉快，重新做朋友。

【近义】 一笔抹煞

二画

二桃杀三士

春秋时期，公孙接、田开疆、古冶子三人侍候齐景公，都能赤手空拳和老虎搏斗，以勇力而闻名遐迩。

有一天，晏婴（即晏子）从他们身边经过，小步快走以示敬意，这三个人却不起来，对晏婴非常失礼。晏婴很生气，去见景公说："我听说贤能君王蓄养的勇士，对内可以禁止暴乱，对外可以威慑敌人，上面赞扬他们的功劳，下面佩服他们的勇气，所以使他们有尊贵的地位，优厚的俸禄。而现在君王所蓄养的勇士，对上没有君臣之礼，对下也不讲究长幼之伦，对内不能禁止暴乱，对外不能威慑敌人。这些祸国殃民之人，不如赶快除掉。"

景公说："这三个人力气大，硬拼恐怕拼不过他们，暗杀恐怕又刺不中。"

晏婴说："这些人虽然力大好斗，不惧强敌，但不讲究长幼之礼。"于是便乘机请景公派人赏赐他们两个桃子，说："你们三个人就按功劳大小去分吃这两个桃子吧！"

公孙接仰天长叹说："晏婴果真是位聪明人。他让景公叫我们按功劳大小分配桃子。我们不接受桃子，就是不勇敢；可接受桃子，却又人多桃少，这就只有按功劳大小来分吃桃子。我第一次打败了野猪，第二次又打败了母老虎。像我这样的功劳，可以吃桃子，而不用和别人共吃一个。"于是，他拿了一个桃子站起来了。

田开疆说："我手拿兵器，接连两次击退敌军。像我这样的功劳，也可以自己单吃一个桃子，用不着与别人共吃一个。"于是，他也拿起一个桃子站起来了。

古冶子说："我曾经跟随国君横渡黄河，大鳖咬住车左边的马，拖到了河的中间，那时，我不能在水面游，只有潜到水里，顶住逆流，潜行百步，又顺着水流，潜行了九里，才抓住那大鳖，将它杀死了。我左手握着马的尾巴，右手提着大鳖的头，像仙鹤一样跃出水面。渡口上的人都极为惊讶地说：'河神出来了'。仔细一看，原来是鳖的头。像我这样的功劳，也可以自己单独吃一个桃子，而不能与别人共吃一个！你们两个人为什么不快把桃子拿出来！"说罢，便抽出宝剑，站了起来。

公孙接、田开疆说："我们勇敢赶不上您，功劳也不及您，拿桃子也不谦让，这就是贪婪啊；然而还活着不死，那还有什么勇敢可言？"于是，他们二人都交出了桃子，自刎而死。

古冶子看到这种情形，说道："他们两个都死了，惟独我自己活着，这是不仁；用话语去羞耻别人，吹捧自己，这是不义；悔恨自己的言行，却又不敢去死，这是无勇。虽然如此，他们两个人若是同吃一个桃子，是恰当的，而我独自吃另一个桃子，也是应该的。"他感到很羞惭，放下桃子，也自刎而死了。

景公的使者回复说："他们三个人都死了。"景公于是派人给他们穿好衣服，放进棺材，按照勇士的葬礼埋葬了他们。

——《晏子春秋·谏下二》

【故事启示】 晏婴通过两个桃子，让三壮士自刎而死，最终晏婴与景公不战而胜。晏婴的计谋实则就是三十六计中的借刀杀人计。通过利用或者制造敌人内部的矛盾，或者是利用第三者的力量，达到取胜的目的。人际交往中，学会识别这一计谋，可以防止吃大亏、上大当。

【成语释义】 将两个桃子赐给三个壮士，三壮士因相争而死。比喻借刀杀人。

【活用例句】 狡诈的国王~，以计谋除去了心头之患。

【近义】 借刀杀人、二桃三士

七步成诗

三国时期，有一位名叫曹植（字子建）的人。他的诗"骨气奇高，词采华茂"。著名诗人谢灵运曾说："天下才有一石，曹子建独占八斗，我得一斗，今天下共分一斗"。由此不难看出他的才华横溢。

曹植是曹操的第三子，小时候随军奔波，直到13岁才在邺城安定下来。此后他与当时著名文学家王粲、徐干、陈琳、刘桢等人写诗作赋，名声很快就传播开了。在曹操的几个儿子中，曹植是最有才华的，曹操也因此想"废长立幼"，立曹植为太子。

俗话说"金无足赤，人无完人"，曹植也并非完美之人。他常常因好酒、任性而误事，出了不少差错，使得曹操无法接受，对曹植很是失望。但是他的哥哥曹丕善于察言观色，笼络人心，终于被立为太子。曹丕即位以后，唯恐几个弟弟与他争位，便先下手为强，夺了二弟曹彰的兵权，又逼四弟曹熊上了吊。此时就剩下老三曹植，曹丕深恨之，几次想加害于他。

有一次，因为一件小事，曹丕趁机命令曹植在大殿之上走七步，然后以"兄弟"为题即兴吟诗一首，但诗中却不能出现"兄弟"二字，成则罢了，不成便要痛下杀手。曹植明知道哥哥是故意刁难自己，但曹丕如今是皇帝，也只能唯命是从。想到迫害自己的人是自己的亲兄长，曹植感到异常悲愤。他在踱步之间成诗一首："煮豆燃豆萁，豆在釜中泣，本是同根生，相煎何太急！"皇帝曹丕听了这首诗，感到很羞愧，没下得了手，只是把曹植贬为安乡侯。"七步成诗"的成语便由此而来。

曹植文学造诣颇高，但他始终想在政治上有所作为，可如此一来，就容易招致皇帝的猜忌和迫害。这种情境下，曹植寄情于诗文，委婉地表达自己壮志难酬的苦闷。

——《世说新语·文学》

【故事启示】　曹植面对皇帝哥哥的有意刁难，七步之内成诗一首。他用同根而生的萁和豆来比喻同父的亲兄弟，用萁煎其豆来比喻同胞骨肉的哥哥残害弟弟，生动形象、深入浅出地反映了封建统治集团内部的残酷斗争和诗人自身处境艰难，沉郁愤激的情怀。曹丕闻此，亦感羞愧，难下杀手。无怪乎，谢灵运赋予其"才高八斗"的美誉！再有，拥有至高无上的政治统治权，固然威风凛凛，但倘若用无比珍贵的亲情来换取，则是非常愚蠢的行为。

【成语释义】　七步内就能完成一首诗。比喻有才气、文思敏捷。

【活用例句】 所谓耳治、口治、目治，这诵读教学三部曲，日渐纯熟，则古人一目十行，～，并非难事。"（朱自清《诵读教学》）

【近义】 七步成章、才思敏捷

【反义】 文思枯竭、呆头呆脑

人为刀俎，我为鱼肉

秦末汉初时，楚怀王阵营的两员将领——项羽与刘邦，为争夺关中地区的统治权，在鸿门的一场饭局之上进行了一次面对面的交锋。鸿门宴上，虽不乏美酒佳肴，但却暗藏杀机。

那时，项羽屯兵40万在新丰鸿门。项羽的亚父范增，一直主张杀掉刘邦，在酒宴上，一再示意项羽发令，但项羽却犹豫不决，默然不应。范增召项庄舞剑为酒宴助兴，趁机杀掉刘邦。而被刘邦收买了的项伯为了保护刘邦，也拔剑起舞，掩护刘邦。

在危急关头，刘邦的部下樊哙带剑拥盾闯入军门，怒目直视项羽。项羽见樊哙气度非凡，便问来者何人。当得知是刘邦的部下时，便命令下人赐酒，樊哙一饮而尽。

随后，樊哙紧挨着张良坐下。坐了一会儿，刘邦起身上厕所，顺便招呼樊哙一道出去。

出去后，刘邦赶紧问樊哙："就这样走吗？刚才出来没有告辞，这怎么办呢？"樊哙说："如今人方为刀俎，我为鱼肉，何辞为？"这句话的意思是说："做大事情不必顾虑细枝末节，讲大礼不必讲究小的礼让。现在人家正像切肉的刀和砧板，我们是鱼和肉，为什么还要向他们告辞呢？"

听完这番话后，刘邦琢磨了一下，确实是这个道理，便果断地走了，并吩咐部下张良留下向项羽辞谢。张良等刘邦走远后，入门对项羽说："我们主公不胜饮酒，无法前来道别，现向您献上白璧一双，并向大将军范增献上玉斗一双，请收下。"不知深浅的项羽收下了白璧，气得范增拔剑将玉斗撞碎。

——《史记·项羽本纪》

21

【故事启示】 这个故事发生在公元前206年，是刘邦、项羽在灭秦之后长达五年的斗争的开端，是二人为了争夺农民起义军的胜利果实而展开的一场惊心动魄的斗智斗勇的政治斗争。"如今人方为刀俎，我为鱼肉"这句话，形象地揭示了鸿门宴前和鸿门宴上刘邦与项羽悬殊的实力。当时，刘邦的处境是何其被动，甚至于是危在旦夕。此时的刘邦完全就是项羽菜刀之下砧板之上的一块鱼肉。但是，项羽却始终"默然不应"。这样，刘邦又侥幸逃过一劫。

【成语释义】 比喻生杀大权掌握在别人手里，自己处在被宰割的地位。刀俎，刀和刀砧板，宰割的工具。

【活用例句】 为了不使本民族处于~的危险境地，只有奋起反抗，把侵略者赶出国土。

【近义】 任人宰割

人非圣贤，孰能无过

晋灵公生性残暴，时常借故杀人。一天，厨师送上来熊掌炖得不透，他就残忍地当场把厨师处死。

正好，尸体被赵盾、士季两位正直的大臣看见。他们了解情况后，非常气愤，决定进宫去劝谏晋灵公。士季先去朝见，晋灵公从他的神色中看出是为自己杀厨师这件事而来的，便假装没有看见他。直到士季往前走了三次，来到屋檐下，晋灵公才瞟了他一眼，轻描淡写地说："我已经知道自己所犯的错误了，今后一定改正。"士季听他这样说，也就用温和的态度道："谁没有过错呢？有了过错能改正，那就最好了。如果您能接受大臣正确的劝谏，就是一个好的国君。"但是，晋灵公并非是真正认识自己的过错，行为残暴依然故我。

相国赵盾屡次劝谏，他不仅不听，反而对此十分反感，竟然派刺客去暗杀赵盾。不料，刺客不愿去杀害正直忠贞的赵盾，宁可自杀。晋灵公见此事不成，便改变方法，假意请赵盾进宫赴宴，准备在席间杀他。但赵盾被卫士救出，他的阴谋又未能得逞。

最后这个作恶多端的国君，终于被一个名叫赵穿的人杀死。

——《左传·宣公二年》

【故事启示】 人行走于世，犯错误在所难免。有道是"人无完人，金无足赤"，错误已出，关键就是勇于承认自己的过失，如何把因错误导致的损失降到最低限度，并思考如何避免再次犯错误。能够直面错误并不忌讳认错，是为人处世技巧上的进步；犯错之后能迅速纠正并避免再犯错误，才是个人能力上的进步。

【成语释义】 指一般人犯错误是难免的。

【活用例句】 你不必过于自责了，～。

人杰地灵

公元675年九月九日，洪州都督阎伯屿首次重修滕王阁，竣工后于此大宴宾客，并咸集文人雅士作文记事。王勃正好路过这里，也应邀参加。因为他年纪轻轻，所以被安排在不显眼的座位上。阎都督的女婿很会写文章，阎都督叫他预先写好一篇序文，以便当众炫耀一番。

大家酒酣之际，阎都督站起来说："今天洪州的文人雅士欢聚一堂，不可无文章记下这次盛会，各位都是当今名流，请写赋为序，使滕王阁与妙文同垂千古。"话毕，侍候的人将纸笔放在众人面前。

人们知道阎都督的意图，故意谦让推辞不写。后来推到王勃面前，王勃竟将纸笔收下，低头沉思。过了一会儿，王勃卷起袖口，挥毫即书。阎都督见是一个少年动笔，不太高兴，走出大厅，凭栏眺望江景，并嘱咐侍从将王勃写的句子，随时抄给他看。

才过一会儿，侍从抄来《滕王阁序》的开头两句："豫章故郡，洪都新府。星分翼轸，地接衡庐。"这四句的意思是：滕王阁所在之处过去属豫章郡治，现在归你洪州府。天上的方位属翼、轸两星宿的分野，地上的位置连结着衡山和庐山。阎都督看了，认为这不过是老生常谈，谁都会写，一笑置之。其实，这十六个字把南昌的历史和地理的概况都交代清楚了，纵横交错，起笔不凡。

接着，侍从又抄来了两句："襟三江而带五湖，控蛮荆而引瓯越。"阎都督看了有些吃惊。他想，这少年以三江（指荆江、湘江和浙江）为衣襟，又将五湖（指太湖、鄱阳湖、青草湖、丹阳湖、洞庭湖）为飘带，既控制着南方辽阔的楚地，又接引着东方肥美的越地，大有举足轻重、扭动乾坤之气。写出这样有气魄的句子，不是大胸襟、大手笔是不可能的。

侍从接着抄上来几句，更使阎都督吃惊："物华天宝，龙光射牛斗之墟；人杰地灵，徐孺下陈蕃之榻。"原来，王勃在这里用了两个典故。前一个典故是说，物有精华，天有珍宝，龙泉剑的光芒直射天上二十八星宿中的斗宿和牛宿之间。意思是洪州有奇宝。后一个典故是说，东汉时南昌人徐孺家贫而不愿当官，但与太守陈蕃是好朋友。陈蕃特地设一只榻，专供接待徐孺之用。意思是洪州有杰出的人才。

阎都督越看越有滋味，越看越钦佩，连声称赞"妙！妙！妙文难得！"再也不让女婿把预先写好的序文拿出来了。王勃写完后，走到阎都督面前，谦逊地说："出丑之作，望都督指教。"阎都督高兴他说："你真是当今的奇才啊！"于是重新就座，阎都督把王勃奉为上宾，并亲自陪坐。

——《滕王阁序》

【故事启示】 14岁的王勃尚是一少年，但由于才华毕露，在那时就与杨炯、卢照邻、骆宾王齐名并称为"初唐四杰"。《滕王阁序》这篇言简意赅，含蓄有味的美文也着实让我们领略到了王勃的学富五车与才华横溢。这也正是阎都督由最初的气愤转变为钦佩之情，并将王勃奉为上宾的关键所在。

【成语释义】 指人物俊杰，地方灵秀。杰，杰出，才能超过一般人；灵，好。

【活用例句】 素有"鱼米之乡"美誉的汉中盆地，山青水秀，～。

【近义】 钟灵毓秀

【反义】 穷山恶水

入木三分

王羲之是我国历史上著名的大书法家，字逸少，晋朝时会稽（今浙江绍兴）人，是王旷的儿子，七岁就擅长书法。因为他曾经做过右军将军，后人又称之为王右军。

王羲之的书法，可以称得上冠绝古今，他的字秀丽中透着苍劲，柔和中带着刚强，后世书法家能超越王羲之的少之又少。所以，学习书法的人很多都以他的字作范本。他的字写得这样好，固然与他的天分有关系，但最重要的还是由于他的刻苦练习。

他为了把字练好，无论休息还是走路，心里总是想着字体的结构，揣摩着字的架子和气势，而且不停地用手指头在衣襟上划着。所以时间久了，连身上的衣服也划破了。

他曾经在池塘边练习写字，每次写完，就在池塘里洗涤笔砚。久而久之，整个池塘的水居然被染成黑色的了！不难看出，王羲之在练习书法上所下功夫之深。

有一天清早，王羲之和儿子王献之乘一叶扁舟游历绍兴山水风光，船到县襄村附近，只见岸边有一群白鹅，摇摇摆摆的模样，磨磨蹭蹭的形态。王羲之看得出神，不觉对这群白鹅动了爱慕之情，便想把它们买回家去。王羲之询问附近的道士，希望道士能把这群鹅卖给他。观里的道士早就钦慕他的书法，便说："倘若右军大人想要，就请代我书写一部道家养生修炼的《黄庭经》作为交换吧！"王羲之求鹅心切，便给观里写了部《黄庭经》，道士则把那些鹅都送给了他。

还有一次，皇帝要到北郊去祭祀，让王羲之把祝辞写在一块木板上，再派工人雕刻。雕刻的工人在雕刻时非常惊奇，王羲之写的字，笔力竟然渗入木头三分多。他赞叹地说："右军将军的字，真是入木三分呀！"这就是成语"入木三分"的由来。

——《书断·王羲之》

【故事启示】 晋代王羲之有"书圣"之称，其楷、行、草、隶、八分、飞白、章草俱入神妙之境，成为后世崇拜的名家和学习的楷模！王羲之的书法之所以能入木三分，冠绝古今，固然与他天资聪颖有关，但更与他持之以恒地勤学苦练密切相关。

【成语释义】 本指书法笔力苍劲有力。后比喻见解透彻，议论深刻。

【活用例句】　这部小说对人物的刻画～，情节也很感人。所以，一上市就被读者抢购一空。

【近义】　力透纸背、铁画银钩

【反义】　浮光掠影

八面威风

元朝末年，封建朝廷愈加腐败，民不聊生，各地农民纷纷举起义旗，反抗元朝的统治。这时皇觉寺和尚朱元璋亦投身农民起义军，起义军元帅郭子兴十分赏识朱元璋的才干，特将他提升为总兵官。朱元璋领兵攻下安徽和阳，准备乘胜进军集庆（今江苏南京）。

在过年那天夜里，朱元璋与大将徐达一起窥察江南元兵守备情况。二人行至梁山脚下的陈桥洲，等了很久也不见渡船，正在万般无奈之际，忽见一老渔夫驾着一叶扁舟，傍岸逆水而上。二人急忙高呼："渔丈人！快来渡我们过江，当酬以重赏。"老渔夫闻声，将船荡至岸边，说道："除夕之夜，没有月色；天黑浪险，不好过江。二位客官不如屈驾小舟暂过一夜，明早再渡，不知意下如何？"二人同声称好。老渔夫于是用鱼羹、米酒殷勤相待。次日清晨，老渔夫发舟，一面摇桨，一面唱着号子："圣天子六龙护驾！大将军八面威风！"朱元璋明白这是祝贺帝王的话，心里非常高兴，便和徐达轻轻地踢着脚，互相表达庆贺之意。

徐达是何人也？他与朱元璋是同乡人，祖辈在濠州务农。徐达或跟着朱元璋南征北战、出生入死，或自己受任独当一面，绥靖地方，明朝开国所经过的重要战役，几乎无一次他未参预指挥，何止身经百战！徐达历任三军统帅，官拜大将军。吴元年（1367）九月，徐达因剿平张士诚、平定吴政权的大功，受封信国公。次年，朱元璋统一全国，建立了明朝，成为历史上闻名的皇帝明太祖。

朱元璋称帝后，便任命徐达为右丞相，兼太子少傅。洪武三年（1370），朱元璋大封功臣，加授徐达，将其改封魏国公，岁禄五千石。位次第二（仅次于李善长），但食俸最多。

十五年后，时在北平的徐达患背疽，被召回南京医治，过了不长时间，谢世，年五十四岁。据徐祯卿《剪胜野闻》载，徐达病重时，朱元璋几次前去探望，并大集医徒，治疗了一段时间，等到他的病稍有好转之后，又忽然送膳给他吃。徐达当着使者的面，流着泪把东西吃完，不久便去世了。传说这送去的膳食是一只蒸鹅，而徐达所得的背疽病，又最忌食鹅。这是一桩历史疑案。

称帝后的朱元璋，心花怒放，除了大封功臣外，还特意派人找到了当年的船夫，给了他封赏。见老渔夫无子，便将他的侄子封官，并将他的渔船漆成朱红色，封曰"满江红"，表示有功。老渔夫本以打渔为生，因得厚赏，衣食不愁，此后即以"满江红"义渡行人，有唤即渡，风雨无阻，传为佳话。

——《三战吕布》第三折

【故事启示】　朱元璋称帝论功行赏，想到老渔夫对自己才能的认可和款待，派专使寻访加以厚赏，也还算是个知恩图报之人。至于徐达之死，是否是因为其功高盖主，让朱元璋自感皇帝位置坐得不稳，所以痛下毒手，也只是好事者的主观臆测而已，仍有待进一步史料考证。

【成语释义】　形容声势显赫、威望极盛的样子。

【活用例句】　一代天骄成吉思汗在战场上横刀立马，～。

【近义】　威风凛凛、英姿飒爽、气宇轩昂

【反义】　无精打采、萎靡不振

三画

小时了了

东汉末期，北海地方出了一个很博学的人，名叫孔融，字文举，是孔子的二十世孙。他从小就很聪明，因为家庭的影响，特别擅长辞令，年纪不大，已享有盛名。

他10岁时，跟他父亲到洛阳（今河南洛阳县。洛阳是历代帝王的陪都，因位于长安之东，称为东都），当时在洛阳的河南太守，是很负盛名的李元礼。由于李氏的才名很重，因此在太守府中往来的人除了他的亲戚，其余都是当时有才名的人。如果不是名人去访，守门的人照例是不通报的。

小孔融很想见见这位大学者。一天，他来到李元礼的官府门前，请求拜访。守门人见只是一个孩子，就打算随便把孔融打发走。孔融灵机一动，对守门人说："我是李先生的亲戚，他一定会见我的。"守门人通报后，李元礼感到有些奇怪，因为自己并没有这样一位亲戚，不过还是决定见见孔融。

李太守见到孔融后，就好奇地问："请问你和我有什么亲戚关系呢？"孔融回答道："我是孔子的后代，你是老子的后代。天下的人都知道孔子曾向老子请教过关于礼节的问题，所以他们是师生关系，所以说我和你也是世交呀！"原来，在中国历史上，与孔子同时代的还有一位著名的哲学家老子。老子本名叫李聃，是道家学派的创始人。据说，孔子当年碰到自己不懂的问题，就自称学生，谦虚地向李聃请教。李元礼的家里当时有很多宾客在座，大家对年仅10岁的孔融竟能这样博学和随机应变感到惊奇。

正在这时一个叫陈韪的人来拜访李元礼。陈韪也是一名有些名气的学者。在座的宾客将孔融的话告诉他后，谁知陈韪却不以为然，当着孔融的面随口说道："小时了了，大未必佳。"意思是小时候虽然很聪明，长大了却未必能够成材的。聪明的孔融立即反驳地道："我想陈大夫小的时候，一定是很聪明的。"言下之意，陈韪是一个庸才。陈韪被孔融一句话难住了，半天说不出话来。后人将"小时了了"引成成语，来说明小孩子从小生性聪明，懂得的事情很多，一到长大了却未必能够成材。

——《世说新语》

【故事启示】 一个人从幼年起，便显示出聪明伶俐的特征，固然可喜可贺，但如果没有后天的努力和用心培养，最终也会变成一块无用的材料。现实生活中，不少人自恃生性聪明，不肯好好学习，结果聪明反被聪明误，沦为平庸之辈。此外，从"小时了了"和"大未必佳"连用的情况，我们可以看出：表面上虽是赞扬的话，骨子里却有可能是讽刺人、轻蔑人之意。所以我们不能随便将这个成语用来称赞别人，否则别人会误认为你有心讥讽、轻视他。

【成语释义】 指人不能因为少年时聪明而断定他日后定有作为。

【活用例句】 小海的妈妈给宋老师打电话，说不能用～这个贬义词来表扬孩子聪明伶俐。

【接龙游戏】 小时了了→了若指掌→掌上观纹→纹丝不动→动如脱兔→兔死犬饥→饥不择食→食不充饥→饥寒交迫→迫不及待→待时而动→动辄得咎→咎由自取→取长补短→短绠汲深→深恶痛绝→绝处逢生→生杀予夺

大逆不道

秦朝灭亡之后，刘邦和项羽展开了长达五年的楚汉战争。

有一天，项羽在阵前向刘邦喊话，要与他决一高下。刘邦回答说："我开始与你都受命于楚怀王，约定先定关中的为王。但是我先定关中后你却爽约，让我到巴蜀去当汉王。这是你第一条罪状。你在去救援赵军途中，杀死上将军宋义，自称上将军，这是你第二条罪状。你违抗怀王命令，擅自劫持各诸侯的兵马入关，这是你的第三条罪状。"

接着，刘邦又揭露项羽烧毁秦宫、掘开秦始皇的陵墓、搜刮金银财宝、杀死投降的秦王子婴、活埋二十万秦国降卒、杀害义帝等罪状。在讲到第十条罪状时，刘邦说："你作为臣子而杀死君王，又杀害已经投降的人，为政不平，对订立的条约不讲信义，为天下所不容，属于重大的叛逆。你犯下如此十条大罪，我兴仁义之兵来征讨你这个逆贼，你还有什么面目向我挑战？！"

项羽听了刘邦的话，气愤至极，于是，命令弓箭手向刘邦放箭。结果一箭射中刘邦前胸，汉军只好退兵。

——《史记·高祖本纪》

【故事启示】 刘邦满口仁义道德，列举项羽十大罪状，最后得出结论：项羽乃大逆不道之贼臣，从而为自己兴兵项羽找到了冠冕堂皇的理由。真可谓老奸巨猾！暴脾气的项羽则一如既往地发挥他那霸王气，直接下令射杀刘邦，不求嘴皮功夫，唯有行动。刘邦不敌而跑。二人的性情在此故事中体现得淋漓尽致。

【成语释义】 旧指不符合封建统治者的道德标准和宗法观念的极端叛逆行为，给起来造反的人所加的罪名。现也用来指不合某种观念和道德标准的行为。逆，背叛，叛逆；道，封建道德。

【活用例句】 秦桧～，残害忠良，理应受到人民唾弃。

【近义】 犯上作乱、罪大恶极、离经叛道

【反义】 忠心耿耿、循规蹈矩

大器晚成

东汉末年，有一个叫崔琰的人在袁绍的手下当兵。他从小喜习武艺，到了23岁才开始读《论语》《韩诗》，求师学习。由于他刻苦努力，学问也逐渐多起来。当时袁绍的士兵非常残暴，每经过一个地方，就挖开那里的坟墓将尸骨暴露出来，抢夺墓中的金银财宝，非常不道德。崔琰见此，便向袁绍提建议不要这样做。袁绍认为他说得很有道理，就让他做了骑都尉。

后来，袁绍被曹操打败，崔琰被俘虏了。曹操觉得崔琰是个人才，就没有杀他，并让他在自己的身边任职。崔琰跟随曹操后，为曹操出了不少主意。有一次，匈奴的使者来朝见曹操。曹操觉得自己长得不够魁梧，就让崔琰假装成自己，而他自己却装成个侍卫。由此可见，崔琰深得曹操赏识。在崔琰作尚书时，曹操想立曹植为嗣子，而崔琰反对，他说："自古以来的规矩是立长子，怎么能立曹植呢？"曹植是崔琰的侄女婿，尽管是亲属他也不偏袒，曹操十分佩服他的公正。崔琰有个堂弟叫崔林，性格比较内向，不太喜欢说话。因此亲友们都说，崔林和崔琰相比，简直相差太大了。亲戚朋友看不起崔林，但崔琰并不这样认为。他每次碰到亲友把他和崔林相比，就对他们说："崔林其实很有内才，只是现在暂时还没有被人发现，但将来一定会有人发现他的。古人说'大器晚成'，意思就是说，做好大器皿要比小器皿需要的时间长很多。同样的道理，像我这样的小人物，自然很快就会被人知道。但像崔林那样的大人物，人们了解他就要迟一点了。因此，你们千万不要小看崔林。崔林将来一定会成大器。"

后来，果真像崔琰说的那样，崔林被曹操发现了。曹操先后任命他做冀州主簿、御史中丞，还在魏文帝手下任过司空，地位和成就都远远超过了崔琰。

——《三国志·魏书·崔琰传》

【故事启示】　只要能成材，大器晚成也未为不可。亲戚朋友们觉得崔林既无成就也无名望，很是看不起他。崔林最终用加官进爵的实际作为给了这些趋炎附势、狗眼看人低的小人们一记响亮的耳光。这启示我们，为人处事时，眼光要放长远，不能仅仅凭借一个人当前的状况就妄下定论。因为人作为一个有思想的高级动物，他永远有待生成。古语"盖棺才能定论"说得也正是这个道理。

【成语释义】　原指大的材料需要长时间才能成器。后指能担当大事的人要经过长期锻炼，成名往往较晚。也用作对长期不得志者的安慰话。大器，大的材料，比喻人才。

【活用例句】　张三属于那种～的人。

【反义】　不堪造就、白首空归

大笔如椽

东晋的文士王珣，从小才思敏捷，胆量很大，散文和诗赋都写得很好，二十岁时便被司马桓温聘为主簿。

33

有一次，司马桓温为了试试王珣的胆量，在大司马府聚会议事的时候，故意骑一匹马，从后堂直冲大厅。幕僚们顿时惊慌失措，四处躲避，惟有王珣镇定自若，端坐不动。司马桓温感叹地说："面对奔马而能稳坐的，将来一定是个黑头公的人！"

还有一次，司马桓温为了试试王珣的才学，趁幕僚们在议事的时候，派人偷偷取走了王珣准备发言的文稿。王珣发言时，竟口若悬河、滔滔不绝。司马桓温拿出他的文稿对照，发现他说的内容与文稿上的相同，但文字没有一句相同，不由对他十分钦佩。

一天晚上，王珣做了一个梦，梦中有人将一支像椽子那样的大笔送给他。醒来后，他对家里人说："我梦见有人送我如同椽子那样的大笔，看来有大手笔的事情要我做了。"

王珣的梦境马上成为事实。就在当天上午，晋孝武帝突然驾崩。由于王珣文笔出众，朝廷要发出的哀策、讣告和孝武帝的谥议等，全交给他起草。这种殊荣是历史上少见的。

成语"大笔如椽"便由此故事而来。

——《晋书·王珣传》

【故事启示】 平日里只有注重点滴积累，一旦时机降临，才能牢牢抓住，赢取殊荣，甚至改变人生的轨迹。试想，如果王珣没有在平时就博闻强识，显露出出众的才华，突然遭遇晋孝武帝驾崩一事，又怎能被委以重任，负责起草讣告等事宜呢？

【成语释义】 像椽子那样大的笔，用来赞誉写作才能极高，还用来称颂著名的作家和作品。椽，放在檩子上架着屋顶的木条。

【活用例句】 正直的记者们～，让贪官污吏无处藏身。

大材小用

南宋著名爱国词人辛弃疾，字幼安，号稼轩。父亲在他很小的时候就去世了，由祖父抚养成人。辛弃疾曾拜当时著名的田园诗人刘瞻为师，并和党怀英两人是刘瞻最得意的学生。有一次，刘瞻问他们两人道："孔子曾经要学生谈各人的志向，我也问问你们将来准备干什么。"党怀英回答说："读书为了做官，为了取得功名，光宗耀祖。我一定要到朝廷里去做大官；如果做不了官，就回家隐居，学老师的样子写田园诗。"

刘瞻听了很高兴，连连称好，认为他的志向很高洁。辛弃疾却回答说："我不想做官，我要用词写尽天下的贼，用剑杀尽天下的贼！"刘瞻听了大吃一惊，要辛弃疾今后不要再说这样荒唐的话。此后，辛、党两人的生活道路截然不同：辛弃疾英勇地投身到抗金的民族战场上去，以爱国词人著称于世；而党怀英则混迹于金人统治集团，为金人作了一些帮闲乃至帮凶的事情。

金人南侵后，辛弃疾组织了两千多人的队伍在故乡起义。后来，又率领队伍投奔济南府耿京组织的农民起义军。不久，起义军接受朝廷任命，与朝廷的军队配合作战，打击南侵的金军。但由于投降派的排挤和打击，辛弃疾后来曾长期闲居在江西上饶一带。1203年春，才被任命为绍兴府知府兼浙江东路安抚使。这一年，辛弃疾已经六十四岁了。

绍兴西郊有一处地方叫三山，当时著名的爱国诗人陆游就在那里闲居。陆游比辛弃疾大十五岁，当时快八十岁了，他的爱国诗句早已为辛弃疾所景仰，因此辛弃疾到任不久，就去拜访了这位前辈，两人一起议论国家大事，相见恨晚。陆游听了辛弃疾对形势的分析和统一全国的设想，觉得他是一个很有才能的人，希望他在事业上取得成功。

次年春天，宋宁宗降旨，要辛弃疾到京城临安去，征询他对北伐金国的意见。辛弃疾把这件事告诉陆游，陆游觉得这是辛弃疾施展自己才能的好机会，为他感到高兴。

为了鼓励辛弃疾发挥自己的才能，陆游特地写了一首长诗赠给他。诗中说："大材小用古所叹，管仲萧何实流亚。"意思是说，辛弃疾是古代大政治家、军事家管仲、萧何一流的人物，现在当浙江东路安抚使，实在是把大的材料用在小处，太可惜了。鼓励他为恢复中原而努力，千万不要因为受到排挤不得志而介意。六十六岁那年，这位始终被大材小用的爱国英雄，终于在忧愤中离世。

——《送辛幼安殿撰造朝》

【故事启示】 辛弃疾大材小用的故事，反映出古代封建社会一些知识分子报国无门，也反映了当时的统治者缺乏识人的慧眼。

【成语释义】 大器物派小用场，表示使用不当。比喻才能很高的人屈就于低职位，不能充分发挥其才智。亦指人事安排不恰当而屈才。材，也作"才"。

【活用例句】 自恃才高，总以为自己~，受了委屈。

【近义】 大器小用、明珠弹雀、牛鼎烹鸡

【反义】 人尽其才、物尽其用

三顾茅庐

东汉末期，刘备攻打曹操失败，投奔荆州刘表。为了日后成就大业，他留心访求人才，请荆州名士司马徽推荐。司马徽说："此地有'伏龙''凤雏'，二人得一，可安天下。"刘备多方打听，得知"伏龙"就是诸葛亮，此人隐居在襄阳城西二十里的隆中，住茅庐草棚，耕作自养，精研史书，是个杰出人才。

这时，谋士徐庶也向刘备推荐说："诸葛亮是个奇才。"刘备为了请诸葛亮帮助自己打天下，就同关羽、张飞一起带着礼物专程到隆中（今河南南阳城西，一说为湖北襄阳城西南）卧龙岗去请诸葛亮出山辅佐他。恰巧诸葛亮这天出去了，刘备只好留下姓名，失望地回去。

隔了几天，刘备打听到诸葛亮回来了，又带着关羽、张飞冒着风雪前去。哪知诸葛亮又外出了，刘备他们又空走一趟。张飞本不愿意再来，见诸葛亮不在家，就催着要回去。刘备只得留下一封信，表达自己对诸葛亮的敬佩和请他出来帮助自己挽救国家危险局面的意思。

过了一些时候，刘备准备再去请诸葛亮。关羽说诸葛亮也许是徒有一个虚名，未必有真此才实学，不用去了。张飞却主张由他一个人去叫，如他不来，就用绳子把他捆来。刘备把张飞责备了一顿，又和他俩第三次去隆中拜访诸葛亮。诸葛亮正在睡觉，刘备不敢惊动他，一直站到诸葛亮自己醒来，才彼此坐下谈话。

就在这间茅庐中，诸葛亮和刘备共同探讨时局，分析形势，设计如何夺取政权统一天下的方略。刘备大为叹服，愿以诸葛亮为师，请他出山相助，重兴汉室。诸葛亮深为刘备"三顾茅庐"的诚意所打动，答应了刘备的请求，离开隆中一展自己的政治抱负。成语"三顾茅庐"由此而来，比喻访贤求才，真心诚意地邀请别人。

此后，诸葛亮成为刘备的主要谋士，帮助刘备东联孙吴，北伐曹魏，占据荆、益两州，北向中原，建立蜀汉政权，形成与东吴、曹魏三国鼎立的局面。

刘备去世后，诸葛亮秉承刘备遗志，继续出兵伐魏。他在向后主刘禅上的一道奏表中写道："先帝不以臣卑鄙，猥自枉屈，三顾臣于草庐之中……"流露出对刘备给予的知遇之恩念念不忘。

——《出师表》

【故事启示】　刘备三顾茅庐，使得诸葛亮出山坐阵，辅助刘备打下一片江山。如果不是刘备的持之以恒，哪能求得诸葛亮这样的能臣？古人给我们以启示，以乐观的态度面对挫折，成功之门将向我们打开。如果有朝一日成为管理者，想要把事业做得如日中天，就得像刘备那样求贤若渴、广纳人才、不怕挫折。就算成不了管理者，我们也要努力去做诸葛亮式的人。足智多谋、才华横溢之人，到哪里都会像金子一样闪闪发光的。

【成语释义】　指诚心诚意地邀请、拜访有专长的贤人。

【活用例句】　新上任的张厂长～，终于把身怀绝技的老工人请回厂。

【近义】　礼贤下士

三人成虎

战国时期，有两个边境相邻的国家魏国和赵国，订立了友好盟约。为了使盟约更有效，两国之间决定互换人质作担保。因此，魏王就把自己的一个儿子送到赵国的都城邯郸去作人质。为了儿子的安全，魏王决定派大臣庞恭（一作"庞葱"）陪同儿子前往赵国。

庞恭是魏国一个很有才能的大臣，在朝廷中有一些和他作对的官僚，所以他非常担心自己离开魏王以后，有人会趁机陷害他。于是，临行之前，他对魏王说："大王，如果有一个人说大街上来了一只老虎，您相信不相信呢？"

魏王毫不犹豫地回答说："我不相信。老虎怎么会跑到大街上来呢？"

庞恭又问："如果有两个人对您说大街上来了一只老虎，你相信不相信呢？"

魏王回答："如果有两个人都这么说，我就有些半信半疑了。"

庞恭无奈地又问："如果有三个人都来对您说大街上来了一只老虎，你相信不相信呢？"

魏王迟疑一会儿，回答说："如果大家都这么说，那我就只好相信了！"

听魏王这样回答，庞恭就更担心了。他叹了一声说道："大王，您想，老虎是不会跑到大街上来的，这是人人都知道的事情。但三个人都这么说，大王您就认为大街上真有老虎了。邯郸离我们魏国的都城大梁，比王宫离大街远得多，而且背后议论我的人可能还不止三个。"

魏王听懂了庞恭的意思，就点点头说："你的心思我知道了，你只管放心去吧！我不会因为听到一些人说你坏话，就怀疑你的忠心的。"

就这样，庞恭陪同魏王的儿子去了邯郸。

庞恭走后不多久，果然有很多人对魏王说起了庞恭的坏话。起初，魏王总是为庞恭辩解，指出他是一个有才能的忠臣。可悲的是，当庞恭的政敌三番五次对魏王说庞恭的坏话时，魏王居然真的相信了。后来，庞恭从赵国回到魏国以后，魏王就一直不许庞恭再去拜见他。

——《韩非子·内储说上》

【故事启示】 在陪同魏王之子前往赵国做人质之前，庞恭巧用"三个人谎报集市里有老虎"的问题，对魏王表达自己此行的忧虑，暗示魏王千万不要听信小人谗言，怀疑自己的忠诚。可惜，魏王最终还是重蹈了"三人成虎"的覆辙，对那些奸臣反复之言，信以为真。从这种意义上讲，魏王可真是一个不明辨事理的昏君。现实生活中，我们要引以为戒，对人对事不能以为多数人说的就可以轻信，而要多方面进行考察，并以事实为依据作出正确的判断。

【成语释义】　三个人谎报街上有老虎，听的人就信以为真。比喻说的人多了，就能使人们把谣言当事实。形容人言可畏或舆论的力量很大。

【活用例句】　谣言的可怕之处在于～，说的人一多，会使你分辨不清真假。

【近义】　众口铄金、道听途说

【接龙游戏】　三人成虎→虎背熊腰→腰缠万贯→贯穿而入→入不敷出→出生入死→死不瞑目

三令五申

春秋时期，有一位著名军事学家名孙武，他带着自己写的《孙子兵法》去拜见吴王阖庐。吴王看过之后说："你的十三篇兵法，我都看过了，是否可以用我的军队试一试？"孙武说当然可以。吴王再问："用妇女来试验可以吗？"孙武说也可以。于是吴王召集一百八十名宫女，让孙武训练。

孙武把这些宫女分成两队，并且让吴王最宠爱的两个妃子当队长，还叫她们每个人都拿着长戟。等队伍站好后，孙武便发问："你们知道怎样向前向后和向左向右转吗？"宫女们说："知道。"孙武再说："向前就看我心胸；向左就看我左手；向右就看我右手；向后就看我背后。"宫女们说："明白了。"

于是孙武使命搬出铁钺（古时杀人用的刑具），反反复复向她们申戒。说完便击鼓发出向右转的号令。怎知宫女们不仅没有依令行动，反而哈哈大笑。

孙武见状说："解释不明，交代不清，应该是将官们的过错。"于是又将刚才一番话详尽地再向她们解释一次，再而击鼓发出向左转的号令。宫女们仍然只是大笑。

孙武便说："解释不明，交代不清，是将官的过错。既然交代清楚而不听令，就是队长和士兵的过错了。"说完命左右随从把两个队

39

长推出斩首。吴王见孙武要斩他的爱妃，急忙派人向孙武讲情，可是孙武说："我既受命为将军，将在军中，君王的命令可以不服从！"于是命手下将两女队长斩首，任命两队的排头充当队长，继续练兵。当孙武再次击鼓发令时，众宫女前后左右，进退回旋，跪爬滚起，全都合乎规矩，阵形十分整齐。吴王阖闾检阅阵容后，拜孙武为将军。

后来，人们把孙武向女兵再三解释的做法，引申为"三令五申"，即反复多次向人告诫的意思。

——《史记·孙子吴起列传》

【故事启示】　孙武训练宫女们时，为了规整阵形，冒着触怒龙颜的风险，将吴王阖闾的两位爱妃斩首示众。因为令行禁止、赏罚分明，乃兵家的常法，为将治军的通则。对士卒一定要威严，只有这样，他们才会听从号令，打仗才能克敌制胜。训练的结果充分表明，孙武不愧为一代军事奇才。

【成语释义】　再三地命令和告诫。令，命令。申，说明。

【活用例句】　虽然领导～地强调要控制成本，但本月成本仍超出预算。

【近义】　千叮万嘱

【反义】　言之不预

千里送鹅毛

唐朝贞观年间，南方一少数民族首领为了表示对大唐的友好，便派使者缅伯高带了一批奇珍异宝前去拜见唐王。在这批贡物中，最珍贵的要数一只罕见的珍禽——白天鹅。

缅伯高最担心的也是这只白天鹅，万一有个三长两短，可怎么向国王交待呢？所以，一路上，他亲自喂水喂食，一点也不敢怠慢。

这天，缅伯高来到沔阳河边，忽然觉得应该停下来给白天鹅洗个澡，就小心翼翼地将天鹅放入水中。谁知白天鹅合颈一扇翅膀，"扑喇喇"一声飞上了天！缅伯高向前一扑，只扯得几根羽毛，却没能抓住白天鹅，眼睁睁看着它飞得无影无踪。

一时间，缅伯高急得顿足捶胸，号啕大哭。随从们劝他说："已经飞走了，哭也没有用，还是想想补救的方法吧。"接下来，缅伯高脑子里来来回回地想着一个问题："怎么办？进贡吗？拿什么去见唐太宗呢？回去吗？又怎敢去见国王呢！"思前想后，缅伯高决定继续北上，他拿出一块洁白的绸子，小心翼翼地把鹅毛包好，又在绸子上题了一首诗："天鹅贡唐朝，山重路更遥。沔阳河失宝，人到地哭号啕。上复圣天子，可饶缅伯高。礼轻情意重，千里送鹅毛！"

缅伯高带着珠宝和鹅毛，披星戴月，不辞劳苦，来到了长安。唐太宗接见了缅伯高，缅伯高献上礼物。唐太宗见是一个精致的绸缎小包，便令人打开，一看是几根鹅毛和一首小诗。唐太宗看了那首诗，又听了缅伯高的诉说，非但没有怪罪他，反而觉得缅伯高忠诚老实，不辱使命，于是，重重地赏赐了他。

从此，"千里送鹅毛，礼轻情意重"的故事广为流传开来。

——罗泌《路史》

【故事启示】 缅伯高是一个对君主绝对忠诚并怀有高度责任心和使命感的人。他坚忍不拔，克艰度险，最终不辱使命，出色地完成上级交办的任务。读完这个故事，我们禁不住佩服缅伯高的机智与才华，更赞赏开明、重视情义的唐太宗。在古代社会，身为皇帝，能够意识到情意无价，不以奇珍异宝为衡量臣民忠诚与否的唯一标准，难能可贵！

【成语释义】 比喻礼物虽然微薄，却含有深厚的情谊。

【活用例句】 ～，礼轻情意重。

【接龙游戏】 千里送鹅毛→毛手毛脚→脚踏实地→地老天荒→荒诞不经→经纬万端→端倪可察→察言观色→色若死灰→灰头土面→面有菜色→色授魂与→与民更始→始乱终弃→弃瑕录用→用舍行藏→藏垢纳污→污泥浊水→水乳交融→融会贯通→通宵达旦。

亡羊补牢

《战国策》记载："见兔而顾犬，未为晚也；亡羊而补牢，未为迟也。"接下来，我们便来简述一下这段话的来历。

战国时期，楚国有一个大臣，名叫庄辛。有一天，庄辛对楚襄王说："你在宫里面的时候，左边是州侯，右边是夏侯；出去的时候，鄢陵君和寿跟君又总是随看你。你和这四个人只顾奢侈淫乐，不理国家政事，郢都一定要危险啦！"

襄王听了，很不高兴，气呼呼地骂道："你老糊涂了吗？故意说些险恶的话惑乱人心！"

庄辛不慌不忙地回答说："我实在感觉事情一定要到这个地步的，不敢故意说楚国有什么不幸。如果你一直宠信小人，楚国一定要灭亡的。你既然不相信我的话，那请允许我到赵国躲一躲，看事情究竟会怎么发展下去。"襄王同意了。

结果，庄辛到赵国才住了五个月，秦国就派兵侵楚了，襄王被迫流亡到阳城（今河南息县西北）。他才觉得庄辛的话不错，赶紧派人把庄辛找回来，询问他解决的办法。庄辛很诚恳地说："我听说过，看见兔子才想起猎犬，这还不晚；羊跑掉了才补羊圈，也还不迟……"接下来，庄辛便给襄王讲了个故事：

从前有个人，养了几只羊。一天早上，他去放羊，发现少了一只。原来羊圈破了窟窿，夜间狼从窟窿里钻进来把羊叼走了。邻居劝告他说："赶快把羊圈修一修，堵上那个窟窿吧。"他说："羊已经丢了，还修羊圈干什么呢？"他没接受邻居的劝告。第二天早上，他去放羊，发现又少了一只。原来狼又从窟窿里钻进来把羊叼走了。他很后悔，不该不接受邻居的劝告。他赶快堵上那个窟窿，把羊圈修得结结实实的。从此，他的羊再没有被狼叼走的了。

庄辛看到襄王听得津津有味，便给襄王具体分析了当时的形势："古时贤王商汤、周武王，都是在只有百里左右的土地上发展强盛起来的，创建了商朝和周朝。而暴君夏桀、商纣虽然有天下，却不免亡国。现在楚国的领土虽然比以前小了不少，但合计起来也有几千里，岂止是百里左右啊。楚国都城虽然被攻破，但只要大王您振作起来，改正过去的不当之处，秦国是灭不掉楚国的。"楚襄王听了，眼睛一亮，果真按照庄辛的话去做，真的度过危机，振兴了楚国。

——《战国策·楚策四》

【故事启示】　楚襄王不理朝政，只知道吃喝玩乐，又闭目塞听，将忠言规劝视为耳旁风，国都被敌军攻破是必然的。这启示我们，一个人如果只知道贪图享乐，不知道如何做事，其结果必然是遭到悲惨的失败无疑。可喜的是，楚襄王及时悔改，在庄辛的指导下，重整旗鼓，终于又复兴了楚国。由此可见，出现错误以后，如果赶紧采取挽救措施，把损失降到最低程度，还不为迟。当然，事后的"亡羊补牢"总是比不过事前的"未雨绸缪"。

【成语释义】　比喻出了问题以后想办法补救，可以防止继续受损失。亡，逃亡，丢失；牢，关牲口的圈。

【活用例句】　虽然电脑中了病毒，不过马上安装个杀毒软件，也是～，为时未晚。

【近义】　见兔顾犬

【反义】　未雨绸缪

万事俱备，只欠东风

公元208年，曹操率领80万大军驻扎在长江中游的赤壁，企图打败蜀地的刘备以后，再攻打吴地的孙权。刘备采用联吴抗曹之策，与吴军共同对抗曹操。

当时，孙权和刘备兵力都很少，而曹操兵多将广，处于压倒性优势。吴军的统帅周瑜和蜀军的军师诸葛亮在一起研究攻打曹操的方案。最后，他们决定利用曹操狂妄自大的轻敌情绪，在作战方案上采取火攻。

周瑜先用反间计，诱使曹操杀死了曹军中熟悉水战、可以抵挡他们的得力将领蔡瑁、张允。接着又叫庞统假作献计，骗曹军把战船连

43

在一起。这样，如果燃起大火，战船不能迅猛分开，曹操的军队就会全军覆没。

接下来，周瑜又使出"苦肉计"：当着很多人的面痛打老将黄盖，然后让黄盖假装投靠曹操。其实呢，黄盖在归降的船中装满了容易燃烧的物品，准备诈降时冲向曹营，发起火攻。

可是，当所有环节都安排好了，周瑜却高兴不起来，反而忧心忡忡，居然卧病不起了。原来啊，要成功实现火攻曹军的作战计划，还需要一个很重要的条件——向北岸曹军放火，而放火呢，则必须依仗着东南风才能办到。问题就出在这里。因为当时正值隆冬季节，天天都刮西北风。

诸葛亮拜访周瑜，周瑜急切地请教诸葛亮有什么办法。诸葛亮对周瑜说，自己能呼风唤雨，可以借三天三夜东南风来助周瑜一臂之力。

周瑜听完诸葛亮这一番把握十足的话后，高兴极了，立即命人筑了一个土台，叫"七星坛"。诸葛亮在"七星坛"上祈求东南风。到了预定的日期，果然东南风大作，周瑜顺利地完成了他的火攻计划。

——《三国演义》

【故事启示】 刘备与孙权联手抗击曹操，诸葛亮替他的主子刘备露脸要火烧赤壁，派内应把曹操所有的战船用铁链拴在了一起，所有的事情全准备好了，只差来一阵风。结果呢，诸葛亮煞有介事地登台作法，果然刮起一阵东南风，两国军士齐呼"军师真乃神人也"。其实，从科学的角度而言，诸葛亮是通过气象观察，预测到了刮东南风的日期。所谓的"诸葛大神"也只不过是个优秀的天气预报员而已。

【成语释义】 一切都准备好了，只差东风没有刮起来，不能放火。比喻什么都已准备好了，只差最后一个重要条件了。

【活用例句】 我们现在是～，只要旅游大巴的司机一到，就可以出发了。

【接龙游戏】 万事俱备，只欠东风→风中之烛→烛照数计→计日程功→功德无量→量才录用→用行舍藏→藏头露尾→尾大不掉→掉以轻心→心急如焚→焚琴煮鹤→鹤发童颜→颜面扫地→地上天官→官逼民反→反裘负刍→刍荛之见→见微知著→著作等身→身强力壮→壮志凌云→云消雨散→散兵游勇→勇猛精进→进退失据→据理力争

口蜜腹剑

李林甫，唐玄宗（李隆基）时官居兵部尚书兼中书令，这是宰相的职位。此人若论才艺，也还不错，能书善画。但若论个人品德，那简直是坏到家了。

李林甫忌才害人，凡才能比他强、声望比他高的人，权势地位和他差不多的人，他都不择手段地想方设法加以排斥、打击。对唐玄宗，他有一套谄媚、奉承的本领。他竭力迁就玄宗，并且采用种种手法，讨好玄宗宠信的妃嫔以及心腹太监，取得他们的欢心和支持，以便保住自己的地位。李林甫和人接触时，外表上总是露出一副和蔼可亲的样子，非常合作，嘴里尽说些好听的、善意的话。但实际上，他的性情和他的表面态度完全相反，他竟是一个阴险狡猾，常常使坏主意来害人的人。

有一次，他装做诚恳的样子对同僚李适之说："华山出产大量黄金，如果能够开采出来，就可大大增加国家的财富。遗憾的是，皇上还不知道哇。"

李适之以为这是真话，赶紧跑去建议玄宗快点开采。玄宗一听很高兴，立刻把宠臣李林甫找来商议，李林甫却说："这件事我早知道了。华山是帝王'风水'集中的地方，怎么可以随便开采呢？别人劝您开采，恐怕是不怀好意。我好几次都想把这件事启奏皇上，只是不敢开口罢了。"玄宗被他这番话打动，认为他真是一位忠君爱国的臣子，反而对李适之大不满意，逐渐疏远了他。

就这样，李林甫凭借这套特殊的"本领"，深得玄宗的宠信，一直做了十九年的大官。

然而，坏人虽然有时可以达到害人的目的，逞奸谋于一时，日子久了，大家就发现了他这种伪善，于是纷纷在背地里说他"口有蜜、腹有剑"。即口上甜甜蜜蜜，心中利剑害人。这便是成语"口蜜腹剑"的由来。

——《资治通鉴·唐纪》

45

【故事启示】 从故事中我们不难看出，李林甫是一个拍马溜须的高手，他还善于采用不正当的手段排挤大臣，对人更是表面一套，背后一套。然而，唐玄宗却重用这个虚伪的奸臣十几年，说唐玄宗不昏庸，恐怕难以服众。再有，任凭李林甫如何做人两面三刀，但时间久了，人们也察觉到了这个人口蜜腹剑。正所谓"日久见人心"。生活中，我们只要真诚待人，迟早会收获友谊。如果为人奸诈狡猾，久而久之，就会形单影只。

【成语释义】 嘴里说得动听，心里却盘算着坏主意。形容嘴甜心狠，阴险狡诈。

【活用例句】 依照我对他十多年的了解，他这个人～，你可要提防着点啊。

【近义】 佛口蛇心

【反义】 碧血丹心

门庭若市

战国时期，齐国的相国邹忌，身材高大，容貌端庄。他为劝说齐威王广开言路，鼓励群臣进谏，就给齐威王讲了这样一个故事：

一天早晨，他穿好朝服，戴好帽子，对着镜子端详一番，然后问妻子说："我和城北徐公比较起来，谁长得英俊？""你邹忌英俊极了，徐公怎么比得上你呢？"妻子说。徐公是齐国赫赫有名的美男子，邹忌听了妻子的话，并不太敢相信自己真的比徐公英俊，于是他又去问他的爱妾，爱妾回答说："徐公哪有你美呢！"第二天，邹忌家中来了一位客人，邹忌又问了客人同样的问题，客人说："徐公没有你俊美！"

过了几天，正巧徐公到邹忌家来拜访，邹忌便乘机仔细地打量徐公，拿他和自己比较。结果，邹忌发现自己确实没有徐公美。

于是，他对齐威王说："我本来不如徐公漂亮，但妻、妾、客人都说我比他漂亮，这是因为妻偏护我，妾畏惧我，客人有事求我，所以他们都恭维我，不说真话。而我们齐国地方这么大，宫中上下，谁不偏护你齐王，满朝文武，谁不畏惧你齐王，全国百姓谁不希望得到齐王的关怀，看来恭维齐王的人一定更多，由此看来，大王您受到蒙蔽很深啦！"

邹忌看了看齐威王并没有动怒，接着说："更何况，现在齐国地方千里，城池众多，大王接触的人也比我多得多，所受的蒙蔽也一定更多。大王如能开诚布公地征求意见，一定对国家大有益处。"齐威王听了，觉得很有道理，立刻下令说："无论是谁，能当面指出我过失的，给上赏；上奏章规劝我的，给中赏；在朝廷或街市中议论我的过失，并传到我耳中的，给下赏！"

齐威王的这道命令公布不久，果然收到了很好的效果。很多大臣和官吏都到宫廷中向齐威王提出批评建议，致使齐国宫廷"群臣进谏，门庭若市"，简直热闹得像赶集一样。齐威王根据人们提出的建议，及时修明政治，改正错误缺点。一年后，由于齐威王的缺点都已经改正，提意见的人逐渐少了，大家觉得根本没有什么可提的了。

燕、赵、韩、魏等国听说后，都到齐国来朝见。齐威王身处朝廷，不用出兵，就战胜了一些诸侯国。

——《战国策·齐策一》

【故事启示】 邹忌以自己与徐公比美这件日常生活中的小事设喻，由己及君，以小见大，由家事到国事，道理由浅入深，具有极强的说服力。邹忌委婉劝说他人的方式，优点在于充分尊重被劝说者，使之受到启发、明白道理，从而愉快地接受意见。在现实的人际交往中，我们仍然可以借鉴这种委婉劝说的做法，赢得更多的信任与友谊。

【成语释义】 门前和庭院里人很多，像市场一样。形容来的人很多，非常热闹。庭，庭院，院子；若，像。

【活用例句】 那家餐馆自从聘请张大厨后，就变得～了，顾客络绎不绝。

【近义】 车水马龙、人山人海、车马盈门

【反义】 门可罗雀、门庭冷落

千钧一发

公元前154年，即汉景帝刘启即位的第三年，吴王刘濞因不满朝廷逐步削弱诸侯王封地，纠集楚、赵、胶东、胶西、济南、淄川等6个诸侯王，打着"清君侧，诛晁错"（因为晁错力主削藩）的旗号，起兵叛乱。史称"吴楚七国之乱"。

据东汉班固的《汉书·枚乘传》记载，西汉初年著名的辞赋家枚乘，最初在吴王刘濞的宫廷里任郎中（当时的一种官职）。在刘濞一开始图谋反叛时，枚乘就坚决反对，他写了《谏吴王书》来劝阻吴王叛乱。他写道："现在形势非常危急，好像一根细线悬于高空，挂着千钧重的东西，而且下临深潭，细线随时都有断裂的危险。"但是，吴王刘濞根本不听他的劝告，执意起兵叛乱。枚乘无奈之下，只好跑到梁孝王那里避险。

景帝为了求得一时苟安，不顾多年对晁错的宠信，昧着良心，诛杀了晁错。景帝杀了晁错以后，就派袁盎以太常官职出使吴国，告知已杀晁错，并恢复被削封地，要求吴王刘濞退兵。这时刘濞已打了几个胜仗，夺得了不少地盘。和袁盎同去的宗正先见刘濞，要他拜受诏书。刘濞狂妄地大笑说："我已为东帝，还拜什么诏书？"于是不肯见袁盎，却把他留在军中，想让袁盎参加叛军，任命他为将领，袁盎不肯。吴王刘濞就派一名都尉带五百兵把袁盎围守在军中，还想把他杀了。袁盎得到消息后，连夜逃出吴军营地，最后回到长安。这样，吴王刘濞就自己揭穿了所谓"清君侧"是一个骗局。

这时，从前线回长安来汇报军情的校尉邓公来见景帝。景帝问他："你从前线回来，听说晁错已死，吴楚退兵了吗？"邓公说："吴王谋反，已经准备几十年了，为削他的封地而发怒，要求诛晁错，不过是个借口，本意并不在反对晁错一个人。现在杀了晁错，我恐怕天下之士从此闭口，再也不敢说话了。"景帝问："为什么呢？"邓公说："晁错担心诸侯王国越来越强大，朝廷不能控制，所以建议削夺他们的封地，目的是为了加强中央政府的地位，这是对万世都有利的打算啊。计划刚刚开始施行，竟全家被杀，这样对内堵塞了忠臣之口，对外却为诸侯王报了仇，我认为陛下这样做是不可取的。"

听了邓公的一番精辟的分析，杀了晁错吴楚仍不退兵的事实后，景帝长叹一口气，说："你说得很对，我也悔恨了。"但后悔已经晚了。于是，晁错得以平反。不过，这对晁错来说已经没有任何意义了。

景帝看到用牺牲晁错和恢复被削封地的妥协办法不能使吴楚七国退兵，就只有坚决使用军事手段，来平定叛乱。在周亚夫等路军队的攻击下，吴王刘濞兵败被杀，其他六个叛王有的畏罪自杀，有的被处死。刘濞经过长期准备发动的叛乱，不到三个月就被彻底粉碎了。枚乘的话应验了。后来，人们将枚乘《谏吴王书》中的"以一缕之任，系千钧之重"缩成"一发千钧"，又作"千钧一发"，来比喻形势非常危急或极其危险。

——《谏吴王书》

【故事启示】 对于开创"文景之治"的汉景帝来说，怎么会不明白谁是谁非？他腰斩晁错不过是丢车保帅的行为罢了。只是在丢掉了晁错这颗棋子后，并没有起到扭转危局的作用。尽管汉景帝在这件事上办得稀里糊涂，但最起码他还是把错杀晁错的责任揽在了自己头上，尽管有些轻描淡写。但是后来在平反错案时，往往是第二元凶的身败名裂，而罪魁却与此毫无瓜葛。试问，没有罪魁的默许甚至授意，第二元凶怎敢擅自行事？

【成语释义】 一根头发上拴着千钧重物，形容万分危急的情形。钧，古时的计量单位，以三十斤为一钧。

【活用例句】 就在一辆小车即将撞到小女孩这～的时刻，一个青年冲上去避免了一场悲剧。

【近义】 危在旦夕

【接龙游戏】 千钧一发→发扬光大→大显身手→手到擒来→来日方长→长吁短叹→叹为观止

上下其手

楚襄王二十六年，楚国出兵侵略郑国。当时楚国国力强盛，弱小的郑国实在是没有能力抵抗。楚国的军队开到了郑国的城麇，郑国的将领皇颉奉命戍守此地。他见楚军远道而来，人困马疲，便率领军队出城偷袭，准备打楚军一个措手不及。但他没有想到的是，楚军将领穿封戍英勇善战，自己竟然不是他的对手。穿封戍带领楚军顽强抵抗。结果，郑国遭遇到战败的厄运，连郑王颉也被楚将穿封戍俘虏了。

穿封戍满心欢喜："回去领个头等功是不成问题了。"不料，在回国后，楚康王要对将士们论功行赏时，公子围却硬说穿封戍是他俘虏到的。两个人为此争得面红耳赤。这时，有人提议他们二人到大宰伯州犁那里去评理。公子围倒觉得无所谓，反正已经赖上了，而穿封戍心里早已窝着闷气，很想事情早点有个结果。于是他就主动跟公子围说："要不，我们就请太宰伯州犁来评断一下。"公子围说："那也好。反正这个俘虏是我抓住的。"

二人口中所说的伯州犁，原来是晋国大夫伯宗之子，后奔楚，被任命为太宰，专门掌管皇家的内外事务。公子围与穿封戍争功一事，他已有所闻。现在，双方来让他判断是非曲折，他感到这是一个讨好楚王室的顶好机会，于是就耍了一个小小的阴谋。

他先听了双方的陈述后，对他们说："这件事很好办，只要问一下俘虏就清楚了。"于是，命人将俘虏皇颉拉出来，当庭进行审问。审问前，伯州犁当着皇颉的面，对公子围和穿封戍说："二位都是有身份的人，可以说这场争论是君子之争。"然后，伯州犁走到皇颉跟前，先向皇颉介绍了公子围。在介绍时，伯州犁有意把手举得高高的，说："这位是公子围，我国国君最宠爱的弟弟，我同他已相处了很久了。"然后，又把手放得很低很低，向皇颉介绍穿封戍时说："这个人名叫穿封戍，是城外的县官。"说着说着，又故意把手压得再低一些。

等伯州犁介绍完后，便问皇颉："你看究竟是谁俘虏了你呀？"

皇颉明明知道是穿封戌那个可恶的家伙俘虏了自己，本想一说了之。但再想想刚才伯州犁"上下其手"的暗示和在用语称呼人时尊卑之别，当然心领神会，心想："我若说真话，日后弄不好就要被长期生活在朝廷的公子围整死；若说假话，不仅可以赢来公子围的开心，更可以使太宰伯州犁对我产生好感，这样，也许我很快就会被释放回国。"

于是，皇颉对伯州犁说："我是让公子围打败的。"一锤定音，这可乐坏了公子围，气坏了穿封戌。只见穿封戌拿起铁戈就向公子围掷去，可惜没打着。然后，他又狠狠地瞪了伯州犁一眼，骂了声"卑鄙！"就愤愤不平地走了。

"上下其手"这句成语便是出于这个故事。

——《左传·襄公二十六年》

【故事启示】 阴险是什么？伯州犁的做法就是最好的诠释。伯州犁这个仲裁者表面上装作很公正，实则暗中为自己谋取好处，可又不留下任何徇私舞弊的把柄。像伯州犁这样的人如同隐藏在阴暗之隅的敌人，其危害性比公开拿枪站出来的敌人要大得多，更让人气不打一处来。"上下其手"的故事启示我们，在为利益发生纷争的场合，仲裁者是否公允，是否盘算私利，直接影响到纷争的判决结果。

【成语释义】 比喻暗中勾结，随意玩弄手法，串通作弊。

【活用例句】 这位仲裁者畏于权势，～，软硬兼施，将是非黑白颠倒，早就该撤职查办了。

【近义】 营私舞弊、徇私舞弊

【反义】 两袖清风

士别三日，刮目相待

三国时期，吴国有一位著名的大将军叫吕蒙。他带兵打仗非常勇敢，跟着孙权南征北战，为东吴的建国立业做出了巨大贡献。然而，这位英勇的战将自小没有读过书，所以，肚子里墨水很少，行事也比较粗鲁，又不怎么懂礼仪。所以，大家都称他为"吴下阿蒙"。

　　有一天，吴主孙权把吕蒙请来，对他说："如今你是朝廷既有名望又有权势的人，不能没有知识呀，只讲武战是不够的，应该多读点书，增加一些见识，才能不负众望哟！"吕蒙说："我整天在军营里忙忙碌碌的，有处理不完的军务，哪里还有空看书呢？以前，我不读书，不是照样带兵打仗取得胜利吗？"

　　"不对呀，"孙权耐心地开导他，"以军务忙为借口就不读书说不过去，我难道不忙吗？朝廷上下，哪一项不让我操心哪，但我还是抽出时间来读书。我自渡江以来，就抽空读了《史记》《汉书》和各种兵书。当然我也不是叫你整天看书，不问军务，只是想让你看看前人留下的经验，扩大些眼界，充实一下自己，这样对你日后领导军队是非常有帮助的……"

　　"您说得对，我突然想起光武帝也是一位勤奋好学的人，他在兵荒马乱的军旅生活中，手一直没有离开过书本……我要以他为榜样，下苦功夫读书呀！"

　　于是，孙权就给他拉了一串书名，让他有系统地读些书。吕蒙是一个说到做到的将军，从那以后果然坚持天天读书，有时读到深夜。甚至还会利用战争停息的阶段，认真读书学习。书读得多了，见识也提高了许多。

　　后来，都督周瑜去世了，孙权任命鲁肃为大都督。有天，鲁肃来看望吕蒙，跟他讨论起军事来。吕蒙问鲁肃："您受朝廷重任，驻防陆口，跟关羽为邻，有什么策略以防不测呢？"鲁肃随便答道："哦，到时候再说吧！"吕蒙站起身，一本正经地说："关羽如同熊虎，厉害得很，不能不防呀！我这里有五条妙计，愿意奉献给您……"

　　鲁肃听完吕蒙的五条妙计，惊奇又高兴地说："以前你只有武功，现在你又有广博的学识。你已经不是从前的那个阿蒙喽！"吕蒙答道："读书人离别后三天，就应该另眼看待了呀！大哥不能用老眼光看人！"由于吕蒙的话，原文是"士别三日，刮目相待。"所以，后人就常常用"士别三日"这句话，来称赞人时隔不久，进步很快。

　　打这以后，鲁肃再也不敢小看吕蒙了，两人还成了好朋友。鲁肃去世前，向孙权推荐了吕蒙，接替了他的职务。吕蒙当上统帅后，一面采取各种军事步骤，一面联合魏国，终于打败了一代名将关羽，夺回了荆州。

——《三国志·吴志·吕蒙传》注引《江表传》

【故事启示】 孙权让吕蒙读书学习，吕蒙推说自己忙于军务，没时间，还说自己不读书照样能带兵打胜仗。后来，在孙权的劝说下，吕蒙开始抽时间认真读书，不仅增长了见识，还提出对付关羽的妙计，让平日里瞧不起他的鲁肃大吃一惊。他靠着真才实学当上统帅后，果然打败了关羽。由此可见，坚持读书是有益的，不能因为事情繁忙就给自己找借口而放弃学习。

【成语释义】 指别人已有进步，当另眼相看。

【活用例句】 与张玉泉不期而遇，他侃侃而谈，与之前判若两人，当真是～啊。

【近义】 另眼相看

【反义】 等闲视之

四画

不可多得

东汉末年，有个名叫祢衡的著名文学家。他博学多才，善于论辩，写文章又快又好，只是相当自傲，好与人争斗。当时的名士孔融非常欣赏他，认为他是一个出类拔萃的人物，特地写了荐表，把他推荐给了汉献帝。

在荐表中，孔融盛赞祢衡有惊人的才学和记忆力，只见过一次，就能背诵；只听到一次就能记住。像祢衡这样的奇才，是不可多得的。

汉献帝什么都要听命于独揽朝廷大权的曹操，便把荐表交给了他，由他去做主。曹操决定召见祢衡，但祢衡瞧不起曹操，自称得了狂病，不肯前往。后来总算去了，但在言语之间得罪了曹操。

曹操心里冒火，便让祢衡当鼓吏，在自己大宴宾客的时候让他击鼓，借以当众侮辱。不料祢衡竟利用当这个当差的机会，击一阵鼓骂一阵曹操。结果，受辱的反倒是曹操。

曹操本想杀了祢衡，但又怕留下害贤的坏名声，便派他去荆州劝说刘表来降，实际上是企图借刘表之手杀他。

不料，刘表仰慕祢衡之名已久，把他奉为上宾，并把他当作高级顾问，每次议事或发布文告，都要征求他的意见，他不表态便不作决定。

但是，祢衡在刘表那里的时间也不长。日子一久，他傲慢地对待刘表，使刘表无法忍受。于是，刘表把他派到江夏太守黄祖那里做类似秘书的官。

黄祖知道祢衡的文名很高，让他起草文稿。不论是什么文稿，祢衡总是一挥而成，而且总是写得非常得体，符合黄祖的要求。为此，黄祖很器重他。

黄祖的儿子黄射也是当官的。他对祢衡的文才同样非常欣赏，常常邀祢衡游山玩水。一次，两人参观了东汉文学家蔡邕写的一块碑文，都觉得文笔很好，书法也很漂亮，大为赞美。

回家后，黄射懊悔当时没有把碑文抄下来，以便细细回味。祢衡知道了他的心思后，说："不妨事，我虽然只看了一遍，但还能记住。且让我写出来。"祢衡说罢，居然凭着记忆把碑文全部默写了出来！事后，黄射派人去核对，竟一字不差。众人知道了，都夸祢衡是不可多得的大才子。

一次，黄射欢宴宾客，有人在宴会上献给他一只鹦鹉。黄射非常喜爱，当场请祢衡作一篇关于鹦鹉的赋。祢衡略加思索，便举笔疾书，不一会儿把赋写毕。这就是他的代表作《鹦鹉赋》。

尽管祢衡的才学很高，记忆力惊人，但他狂妄自傲丝毫没有收敛。一天，黄祖在船上宴客，他出言不逊。黄祖数说了他几句，他竟当众大骂黄祖。黄祖在盛怒之下，命人将他拉上岸去处死。当时祢衡才二十五岁。

——《荐祢衡表》

【故事启示】 要说起来，祢衡还是颇具天资和才学的，若非如此，想必当初孔融也不敢在曹操面前妄加举荐，上表天子。可惜的是，这位不可多得的文学奇才，既想实现自己的政治抱负，又孤傲清高，看谁都不顺眼，与人交往更不注意口德，以致数次易主，树敌太多，最终做了黄祖的刀下之鬼。从某种意义上说，祢衡是死于自己的傲慢，而非死于忠义。更通俗地说，祢衡的死是死于自己的自命不凡、恃才傲物，正如曹操总结：腐儒舌剑、反自杀矣。

【成语释义】 形容非常稀少，非常难得。除指人外，有时也指物。
【活用例句】 他是一位~的实力派演员。
【近义】 屈指可数
【反义】 比比皆是、多如牛毛、不乏其人

不拘一格

龚自珍是我国清代的思想家和文学家。1792年，他出生于浙江仁和（在今杭州）一个封建官僚家庭。他从小就喜欢读书，特别爱学写诗。14岁时，他就能写诗，18岁时会填词，20岁就成了当时著名的诗人。他写的诗，想象力很丰富，语言也瑰丽多姿，具有浪漫主义风格。他在诗中揭露了清王朝统治的黑暗和腐败，主张改革，支持禁烟派，反对外国的侵略，反对当政者的妥协，充满着爱国热情。

龚自珍27岁中举人，38岁中进士，在清朝政府里做了20年左右的官。由于他不满官场中的腐败和黑暗，一直受到排挤和打击。1839年，在他48岁时，就毅然辞官回老家。在回家乡的旅途中，他看着祖国的大好河山，目睹生活在苦难中的人民，不禁触景生情，思绪万千，即兴写下了一首又一首诗。

一天，龚自珍路过镇江，只见街上人山人海，热闹非凡，一打听，原来当地在赛神。人们抬着玉皇、风神、雷神等天神在虔诚地祭拜。这时，有人认出了龚自珍。一听当代文豪也在这里，一位道士马上挤上前来，恳请龚自珍为天神写篇祭文。龚自珍一挥而就写下了《己亥杂诗》这首诗，全诗共四句：

九州生气恃风雷，万马齐喑究可哀。

我劝天公重抖擞，不拘一格降人才。

诗中九州是整个中国的代称。诗的大意说，中国要有生气，要凭借疾风迅雷般的社会变革，现在人们都不敢说话，沉闷得令人可悲。我奉劝天公重新振作起来，不要拘泥于常规，把有用的人才降到人间来吧。

后来，人们把"不拘一格降人才"精简成"不拘一格"这则成语，用来比喻不拘泥于一种规格、办法。此外，诗里还引申出"万马齐喑"这则成语，比喻空气沉闷的局面。

——《己亥杂诗》

【故事启示】　身为领导者与决策者，可以"不拘一格降人才"。但如果自诩思路与众不同，破格起用新人而超出制度、法律法规容许的自由裁量范围，就是在忤逆民意。"不拘一格降人才"的范围必须在既有选拔制度及其法律法规的有限弹性中。虽然现有体制下，官吏不是民众直接决定任免，但仍有赖于民意，并应将其贯彻到选拔制度、法律法规中。游离于这些，所破格起用的新人即便真是人才，那也只是上级眼中的人才，而非民众眼中的人才。

【成语释义】　指不限定于一种规格和方式。不拘，不拘泥，不限制；格，规格，标准。

【活用例句】 大学生毕业后创业要～，把菜卖好也是创业。

【近义】 别具一格

【反义】 千篇一律

不为五斗米折腰

陶渊明，又名陶潜，是中国古代著名的文学家，也是我国最早的田园诗人。他所以能创作出许多以自然景物和农村生活为题材的作品，与他的经历和处境有着密切的关系。

公元405年秋天，陶渊明为了养家糊口，来到离家乡不远的彭泽当县令。这年冬天，郡的太守派出一名督邮，到彭泽县来督察。督邮，品位很低，却有些权势，在太守面前说话好歹就凭他那张嘴。这次派来的督邮，是一个粗俗而又傲慢的人。他一到彭泽的旅舍，就派人去叫县令陶渊明来拜见他。

陶渊明得到消息，虽然心里对这种假借上司名义发号施令的人很瞧不起，但也只得马上动身。不料被一个手下拦住，手下说："参见这位督邮要穿官服，并且束上大带，不然有失体统，他会在郡太守面前说你坏话的。"

一向正直清高的陶渊明再也忍不住了，他长叹一声说："吾不能为五斗米折腰，拳拳事乡里小人邪！"意思是说："我宁肯饿死，也不能因为五斗米的官饷，向这样差劲的人折腰。"说罢，他索性取出官印，把它封好，并且马上写了一封辞职信，离开了只当了八十多天的县令职位，从此再也没有做过官。

从官场退隐后的陶渊明，在自己的家乡种田，过起了自给自足的田园生活。在田园生活中，他找到了自己的归宿，写下了许多优美的田园诗歌。他写农家人生活的悠然自得："暧暧远人村，依依墟里烟"，他写自己劳动的感受："采菊东篱下，悠然见南山"，他也写农人劳作的甘苦："种豆南山下，草盛豆苗稀""不言春作苦，常恐负所怀"。

然而，田园生活既是美好的，也是艰辛的，不劳作就没有收获，遇到天灾人祸，即使劳作也是一无所获。晚年的陶渊明生活贫困，特别是一场大火把他的全部家当烧毁后，全家人的生活更是雪上加霜。到63岁时，陶渊明在贫病交加中离开人世。

陶渊明的最大成就，在于他以自己的亲身体验为基础，以自己卓越的诗歌才华，极大地丰富了农事和田园题材的创作。以前诗中罕见的桑、麻、鸡、狗等普通事物，一经他写入诗中，无不生趣盎然，而他描写大自然的亲切，亦常常激起人们的无限向往。

政坛中少了一位官员，却让文坛上多了一位文学家。陶渊明"不为五斗米折腰"的故事，成为中国知识分子刚直不阿、不附势趋炎的写照。后来，人们也常把那些在生活中，不愿意牺牲自己的气节去换取某种物质利益的行为，说成是"不为五斗米折腰"。

——《晋书·陶潜传》

【故事启示】　自古以来，多数文人有傲气，或有骨气，而陶渊明则是兼有傲气和骨气的文人。他的名言："不为五斗米折腰"被中国知识分子千百年来津津乐道，视为中国文人不事权贵的典范。然而，我们稍加分析，即可得知，他的"不为五斗米折腰"是"不愿为五斗米折腰向乡里小儿"，而非不愿向权贵折腰，只是不愿意向他所瞧不起的"乡里小儿"折腰罢了。

【成语释义】　比喻为人清高，有骨气。五斗米，指微薄的俸禄；折腰，下拜，弯腰行礼。

【活用例句】　做人要有自己的骨气，～，才算是真正的人。

【近义】　堂堂正正

不可同日而语

战国中后期，各诸侯之间战争不断，从而出现了"合纵"和"连横"的政治活动。弱国联合进攻强国，称为"合纵"；随着强国去进攻其他弱国，称为"连横"。当时有个纵横家，名叫苏秦。他先到秦国游说秦惠王，结果没有成功。于是，他又到赵国游说。赵国的相国不喜欢苏秦，他又没有成功。后来到燕国，才得到一些资助。接着，他第二次来到赵国，这一回，赵国的国君赵肃侯亲自接待了他。

他向赵肃侯分析了赵国和各国的关系："如果赵国与齐、秦两国为敌，那么百姓就得不到安宁；如果依靠齐国去攻打秦国，百姓还是得不到安宁。现在，如果大王与秦国和好，那么秦国一定要利用这种优势去削弱韩国和魏国；如果和齐国友好，那么齐国也一定会利用这种优势去削弱楚国和魏国。魏、韩两国弱了，就要割地，也就会使楚国削弱。这样，大王就会孤立无援。"

赵肃侯年纪比较轻，见苏秦说得头头是道，不住地点头称是。接着，苏秦又分析了赵国的实力和面临的形势："其实，山东境内所建立的国家，没有一个比赵国强大的。赵国的疆土纵横千里，军队几十万人，战车、战马数以万计，粮食可支用好几年。西、南、东三面有山有水，北面有弱小的燕国，也不值得害怕。现在各国中秦国最嫉恨赵国，但为什么它又不敢来攻打赵国呢？原来是它害怕韩、魏两国在后边暗算它。既然如此，韩、魏可算是赵国南边的屏障了。但秦国要是攻打韩、魏两国，那倒是很方便的，它们必然会向秦国屈服。如果秦国解除了韩、魏暗算的顾虑，那么战祸必然会降临到赵国。这也是我替大王忧虑的原因。"

赵肃侯听到这里，心里非常害怕，急着问苏秦应该怎么办。于是苏秦说道："我私下考察过天下的地图，发现各诸侯国的土地合起来五倍于秦国，估计各诸侯国的士兵数量十倍于秦国。如果六国结成一个整体，同心协力向西攻打秦国，就一定能打败它。如今反而侍奉秦国，向秦国称臣。打败别人和被别人打败，让别人向自己称臣和自己向别人称臣，怎么可以放在同一时间里来谈论呢？"

接着，苏秦又讲了一些如何具体合纵的方法和策略。赵肃侯听完说："我还年轻，即位时间又短，不曾听到过使国家长治久安的策略，如今您有意使天下得以生存，各诸侯国得以安宁，我愿意诚恳地接受您的建议。"

于是，赵肃侯给了苏秦很多赏赐，用来让他游说各诸侯国加入合纵联盟。

后来，人们根据苏秦所言："夫破人之与破于人也，岂可同日而言之哉？"引申出"不可同日而语"的成语。

——《战国策·赵策二》

四画

【故事启示】 通过苏秦对赵肃侯一番长篇大论，不难看出，苏秦长于摸清各国的形势（齐秦二强心怀兼并六国之志；而弱国之间，则彼此明争暗斗，不难被各个击破），想以连六国之力来削弱强国，求得发展。苏秦的主张颇带扶燕弱齐的色彩。毕竟，在苏秦时运最低落的时候，是燕国国君慧眼识人，苏秦也是报知遇之恩。后来，苏秦与燕谋齐的活动败露，齐处之以车裂之刑。他的人性虽不敢恭维，但一生忠于一主，也难能可贵。

【成语释义】 不能放在同一时间谈论。形容两者差距很大，不能相提并论。

【活用例句】 我们现在的生活和改革开放初期相比，～。

【反义】 相提并论

不入虎穴，焉得虎子

公元73年，东汉明帝的高级侍从官窦固奉命征伐匈奴，四十一岁的班超被任命为假司马。在这次征战中，班超立了战功深受窦固赏识。不久，窦固派他和军中的高级参谋郭恂一起出使西域。

班超带了三十六名勇士，首先来到鄯（shàn）善国。国王开始对他们很尊敬，礼节也很周到，但不几天忽然变得冷淡起来。班超与手下判断认为，这必定是北方匈奴的使者来了，国王态度摇摆不定，吃不准服从哪一方的缘故。于是把接待他们的胡人叫来，诈骗说："匈奴使者来了几天，此刻在哪里？"

那胡人很惶恐，招认了实际情况，证明班超的判断是正确的。班超把胡人禁闭起来，然后把三十六名勇士全部集合起来喝酒，喝得畅快的时候，班超激怒大家说：

"你们和我都在这极远的地方，想立大功以求得富贵。现在匈奴使者来到这里才几天，国王对我们的礼节和敬意就终止了。如果他逮捕我们，把我们送给匈奴，那我们连尸骨都会被豺狼吃掉。你们看，这事怎么办？"

他的下属表示了同一个意愿："现在处于危急关头，不管死活都听从您的命令。"

班超下决心说："好，不进入老虎洞，不能提到小老虎。眼前的办法只有一个，就是趁着黑夜，用火攻击匈奴派来的人。他们不知道我们有多少人，一定非常震惊，这样就可以把他们全部消灭。消灭了这些敌人，国王就会吓破胆，我们大功告成，事业也建立了。"

大家同意班超的行动计划，但又提出这件事要和郭恂商量一下。班超发怒说："是凶是吉决定于今天。郭恂是个文弱而又庸俗的官员，听到这件事必定害怕，会泄露我们的计谋，这样我们就会白白送命，当不成好汉。"

大家都同意班超的看法。当天夜里正刮大风，班超带领勇士们悄悄来到匈奴使者的驻地。他布置十个勇士拿着鼓，藏在匈奴使者的房舍后，并跟他们约定，见火烧起来就打起鼓大喊大叫。其余的勇士都拿着武器，埋伏在大门两侧。

一会儿，班超顺着风势把火烧起来，顷刻之间战鼓齐鸣，杀声四起。匈奴人惊慌失措，乱成一团。班超亲手杀死三个敌人，勇士们杀了匈奴使者和随从三十多人，还有一百多人被烧死。

第二天，班超把这件事告诉郭恂，郭恂听了大惊失色。班超马上对他说，你虽然没有参加行动，但我哪里会独占功劳呢？郭恂听了这话很高兴。

接着，班超去见鄯善国王，并把匈奴的头颅给他看。国王吓得不知如何是好。班超对他作了解释，并且加以抚慰。这样，国王终于决定靠向汉朝一边，并且把自己的儿子送到汉朝去做人质。

——《后汉书·班超传》

【故事启示】　如果从认识论的角度讲，"不入虎穴，焉得虎子"说的是实践出真知的道理。不入虎穴（实践），就不能得虎子（正确认识）。所以，主张"不入虎穴，焉得虎子"，是教人们做事要深入实际，深入第一线，亲自去体会，这样才能得到可靠的第一手材料。如果从具体的工作方法来讲，有的事情即使"不入虎穴"，或未必一定要深入"虎穴"，照样也可得到"虎子"。这种情况下，还非入"虎穴"不可，就不仅是多此一举，还会产生消极影响。

【成语释义】 不进老虎洞，怎么能捉到小老虎？原指不亲历危险的境地，就不能获得成功。现也比喻不亲历艰苦实践，就不能认识事物或取得重大成功。焉，怎么。

【活用例句】 我们不深入到大山深处，就很难找到名贵的药材，所谓~。

不伦不类

《红楼梦》中有这样一个故事：有一次，薛蟠从江南带了两大箱东西，送给母亲薛姨妈和妹妹薛宝钗。一箱是绸缎绫罗、洋货等家常应用之物，另一箱是笔、墨、纸、砚和各种小工艺品。薛姨妈将箱子里的东西取出，一份一份地打点清楚，叫人送给贾母、王夫人等处。

宝钗回到房中，将那些玩意儿一件一件过了目，除了自己留用之外，一份一份配合恰当，分送给贾府的姊妹们，就是贾环那里，她也没有忘记。林黛玉的和别人不同，而且又加厚一倍。——打点完毕，叫人送往各处。

赵姨娘见宝钗送了贾环如此东西，心里很喜欢，想道："怪不得别人都说宝丫头好，会做人，很大方。如今看起来，果然！她哥哥能带多少东西来？她挨门送，一处也不遗漏，也不露出谁薄谁厚。连我这样没时运的，她都想到了。要是那林黛玉，她对我们娘儿们正眼也不瞧，哪里还肯送我们东西？"

赵姨娘一面想，一面摆弄那些东西。忽然，她又想起宝钗是王夫人的亲戚，为何不到王夫人那里去卖个好呢？于是她拿了东西走进王夫人的房中，站在旁边，赔笑说道："这是宝姑娘才送给环哥的，难为宝姑娘这么年轻的人，想得这么周到，真是大户人家的姑娘呢，多大方，怎么不叫人敬奉呢？怪不得老太太和太太成天夸她、疼她。我也不敢自主就收起来，特地拿来给太太瞧瞧，太太也喜欢喜欢。"

王夫人听了，早知道赵姨娘的来意。又见她说得不伦不类，但又不便不理她，就说："你只管收了去拿给环哥玩罢。"赵姨娘来时很高兴，谁知抹了一鼻子灰，心中生气，又不敢露出来，只得讪讪地走了。

——《红楼梦》第六十七回

【故事启示】 赵姨娘想趁机讨好王夫人，却没想到自己的心思被精明的王夫人看了个透，结果弄巧成拙。看来，赵姨娘拍马屁的功夫仍有待于进一步学习。要想使对方乐得心花怒放，马屁就得拍得不露痕迹，拍得天衣无缝。平日里学习些马屁经，可使你八面玲珑，左右逢源。如果你现在仍处在苦干无法窜升的低级阶层，不妨尝试一下拍马之术。拍马，一种富有人生境界的学问。世态炎凉，奈它如何？大拍马，大成功；小拍马，小成功；不拍马，难成功。

【成语释义】 既不像这一类，也不像那一类。形容不正派或不规范，也指将互不相关的事物拿来作比拟。伦，类。

【活用例句】 你写得这篇文章似文言不像文言，似白话不像白话，弄得不古不今，~。

【近义】 不三不四、僧非俗非、非驴非马

不寒而栗

西汉武帝的时候，有个名叫义纵的人。他姐姐义姁是个医生。她因医好了皇太后的病，皇太后很宠爱她，义纵也因此得到汉武帝的重用。他先在上党郡一个县中任县令，后又升为长安县令。他在任职期间，能够依法办事，不讲情面，也不怕得罪有权势的人，当地的治安有了很大的改变。汉武帝认为他很有才干，就调任他为河内郡都尉，后又升为南阳太守。

当时，南阳城里居住着一个管理关税的都尉叫宁成。这人很残暴，利用手中的权力横行霸道，百姓们都很害怕他，甚至连进关、出关的官员都不敢得罪他。人们都说，让宁成做官，好比是把一群羊交给狼管理。宁成听说义纵要来南阳任太守，有些不安。等义纵上任那天，便带领全家老小恭恭敬敬地站在路边迎接义纵。义纵知道宁成这样做的目的，对他不理不睬。一上任，义纵就派人调查宁成的家族，凡是查到有罪的，一概杀掉，最后，宁成也被判了罪。这一来，当地有名的富豪孔氏、暴氏因为也有劣迹，吓得逃离了南阳。

后来，汉武帝又调义纵任定襄（在今内蒙古）太守。当时，这个地方的治安很混乱。义纵一到定襄，就将监狱中二百多个重罪轻判的犯人重新判处死刑，同时将二百多个私自来监狱探望这些犯人的家属抓了起来，说他们想要为犯人开脱罪行，也一起判处死刑。史料记载："是日皆报杀四百余人，其后郡中不寒而栗。"意思是说，那天，一下子就杀了四百多人。尽管那天天气不冷，然而，住在这个地区的人们听到这个消息后都吓得发抖。

——《史记·酷吏列传》

【故事启示】 义纵尽管执法严峻，但也存在肆意残杀的问题，这也正是大史学家司马迁之所以把义纵归入酷吏类的关键所在。义纵为官多年，在汉武帝的支持下，也曾枉杀了很多无辜百姓，理应受到谴责，但他却因惨酷而卓有成效地沉重打击了豪强地主的嚣张气焰，在一定程度上稳定了封建秩序，维护了封建国家的根本利益。故司马迁充分肯定了他作为"酷吏'的政绩，并给予他"虽惨酷，斯称其位"的美誉。

【成语释义】 指天不寒冷而发抖，形容非常害怕、恐惧。栗，发抖、战栗。

【活用例句】 他一想到两个月后将被枪决，就会～。

【近义】 毛骨悚然、提心吊胆、胆颤心惊

【反义】 无所畏惧

不可救药

西周王朝到了后期，奴隶主贵族日益腐朽，不断搜刮钱财，发动战争，压迫百姓和奴隶。周厉王即位后，对百姓和奴隶的剥削和压迫更重。他贪财好利，独占山林川泽，不许百姓打猎、砍柴、捕鱼，还派人监视他们的言行。谁议论他，他就把谁杀死。人民忍无可忍，到处都有人起来反抗，周王朝的统治越来越不稳固。

眼看周王朝政权摇摇欲坠，关心国家的大臣都很痛心。忠心耿耿的老臣凡伯，极力劝谏周厉王改变暴虐的政治，勤修德政，挽救国家。可是周厉王却把这番话当成耳旁风，一些权臣也嘲笑凡伯，说他昏庸无能，不识时务。凡伯非常气愤，挥笔写了一首长诗，表达自己焦急的心情。这首诗很长，其中有一节是这样写的："天上正在逞威肆虐，不要这样盲目快乐。我这老夫一片诚意，小子们却是骄傲自得。我进谏的并非老昏之言，你们反倒拿来取笑戏谑。你们的气焰炽盛如火，真是病重到不能用药救活。"

这首诗的内容，是劝说周厉王和那些权臣千万别把忧患当作儿戏，应趁它还没有到来的时候尽力防止它。若是忧患越积越多，就像病重一样无法治愈了。

果然不出凡伯所料，公元前842年发生暴动，平民和奴隶们拿起武器，冲进王宫，周厉王仓皇逃走。西周从此衰落下去，出现了分崩离析的局面。

——《诗经·大雅·板》

【故事启示】　周厉王在位期间，重用奸佞，不听贤臣周公、召公、凡伯等人劝阻，实行残暴的"专利"政策，奴役百姓，不让他们有丝毫的言论自由，以至于行人来往，只能以目光、眼神来示意。于是周朝国势更加衰落，朝政更加腐败。百姓怨声载道、民不聊生，于是聚众起义，冲进王宫，试图杀掉厉王，史称"国人暴动"。周厉王下场凄惨，完全是咎由自取。

【成语释义】　病重到已无法救治。比喻人或事物坏到无法挽救的地步。药，用药治疗。

【活用例句】　他如此顽劣，屡教不改，真是~。

【近义】　病入膏肓、无可救药

【反义】　药到病除

不求甚解

东晋时期，有一个名叫陶渊明的人，是我国最早的田园诗人。他所开创的田园诗体，为古典诗歌开辟了一个新的境界。他出身于破落仕宦家庭。曾祖父陶侃，是东晋开国元勋，军功显著，官至大司马，都督八州军事，荆、江二州刺史，封长沙郡公。祖父陶茂、父亲陶逸都做过太守。他年幼时，家庭衰微，九岁丧父，与母妹三人度日。孤儿寡母，多在外祖父孟嘉家里生活。孟嘉是当代名士，"行不苟合，年无夸矜，未尝有喜愠之容。好酣酒，逾多不乱；至于忘怀得意，傍若无人。"

叔父陶逵介绍他任彭泽县令，到任八十一天，陶渊明不想为五斗米折腰向乡里小儿。于是，授印去职。陶渊明十三年的仕宦生活，自辞彭泽县令结束。这十三年，是他为实现"大济苍生"的理想抱负而不断尝试、不断失望、终至绝望的十三年。最后赋《归去来兮辞》，表明与上层统治阶级决裂，不与世俗同流合污的决心。

陶渊明辞官归里，过着"躬耕自资"的隐匿生活。夫人翟氏，与他志同道合，安贫乐贱。由于家乡浔阳一带水旱灾害连年不断，所以，他靠着微薄的田产，维持着一家老小的生活，日子过得非常艰难。即使如此，陶渊明也不羡慕荣华富贵，而是喜爱清静闲散的田园生活。他一面耕田，一面读书写诗，不仅不觉得苦，反而觉得十分逍遥自在。

大概二十八岁那年，陶渊明为自己写了一篇文章，取名《五柳先生传》。文章的开头是这样的——

先生不知道是何等样人，也不清楚他的姓名。他的住宅旁边有五棵柳树，因而就以"五柳"作为自己的号了。先生喜爱闲静，不多说话，也不羡慕荣华利禄。很喜欢读书，但对所读的书不执于字句的解释；每当对书中的意义有一些体会的时候，便高兴得忘了吃饭。生性爱喝酒，可是因为家里贫穷，不能常得到酒喝。亲戚朋友知道我这个情况，所以时常备了酒邀我去喝。而我呢，到那里去总是把他们备的酒喝光。

——《五柳先生传》

【故事启示】 陶渊明性格的本质特征是追求心灵的最大自由和心态的闲适优雅，仕宦生活不符合他崇尚自然的本性。陶渊明生活在一个崇尚自由、盛行玄学之风的时代，政治上的篡夺和杀伐使一意寻求避祸全身的士人极易形成隐逸的品格。陶渊明隐逸性情的形成，应当说与东晋士族文人这种普遍企羡隐逸，追求精神自由的风尚不无关系。

【成语释义】 原意是读书只领会精神，不在一字一句的解释上多下工夫。现在则指学习不认真，不会深刻理解或不深入了解情况，只想懂个大概。

【活用例句】 对待学习应采取认真的态度，那种～的学习方法是不可取的。

【近义】 囫囵吞枣、浅尝辄止

【反义】 穷源竟委、寻根究底

不自量力

春秋时期，在如今河南境内有两个诸侯国，一个是郑国，一个是息国。

公元前712年，息国向郑国发动了战争。

两个诸侯国虽然都很小，但息国的人力与物力比郑国要少得多，军力也要弱得多。战争自然以息国的失败而告终。

事后，一些有见识的人分析出，息国就要灭亡了。他们分析的根据是：息国一不考虑自己的德行如何，二不估量自己的力量是否能取胜，三不同亲近的国家疏通好关系，四不把自己向郑国进攻的道理讲清楚，五不明辨失败的罪过和责任是谁。

犯了这五条错误，还要出师征伐别国，结果遭到失败，这不是非常自然的吗？

果然，不久息国被楚国攻灭。

——《左传·隐公十一年》

【故事启示】 这个故事启示我们，无论做任何事情，都要懂得量力而行。不自量力，只会事倍功半，甚至失败到万劫不复的地步。

【成语释义】 表示不正确地估计自己的力量，或过高地估计自己的力量。

【活用例句】 小海对这个任务很感兴趣，有心主动接过来，又怕别人笑他～。

【近义】 螳臂当车、蚍蜉撼树

【反义】 量力而行

不耻下问

春秋时期的卫国有个人叫孔圉（yǔ），勤奋好学，而且很谦虚。他死了以后，卫国的国君为了表扬他，并让后人学习他的好学精神，就赐给他一个"文"的称号，所以，后来人们就尊称他为"孔文子"。

孔子有个学生叫子贡，也是卫国人。他认为孔圉不像人们所说的那样，称他为"孔文子"，似乎是有点评价过高了。他想来想去，觉得不能理解，就去向孔子请教。

子贡说："孔圉的学问及才华虽然很高，但是比他更杰出的人还很多，并没有什么了不起，凭什么要赐给他'文'的称号？"

孔子听了微笑回答："孔圉非常勤奋好学，脑筋聪明又灵活，而且如果有任何不懂的事情，就算对方地位或学问不如他，他都会大方而谦虚地请教，一点都不因此感到丢脸，这就是他难得的地方，因此赐给他'文公'的称号并不会不恰当。"

子贡听孔子这样一说，顿时心服口服了。

后人根据上面的故事总结出"不耻下问"的成语。

——《论语·公冶长》

【故事启示】 在学习过程中，遇到不懂的问题，要向孔文子一样，谦虚地向人请教。尤其是当成绩不如你的人某方面强过你时，你更要勇于向他们请教，这样才能学到更多的知识。千万不能不懂装懂，或存在优越心理，觉得向不如自己的人请教，有失身份。如果你不问，不仅会给你的学习带来压力，也会使你的学习成绩渐渐落后，甚至掉队。

【成语释义】 不以向比自己学识差或地位低的人去请教为可耻。形容虚心求教。不耻，不以为耻辱；下问，降低身份请教别人。

【活用例句】 当干部的要～，到下面去虚心听取意见，了解群众的实际问题。

【近义】 虚怀若谷、移樽就教

【反义】 夜郎自大

不遗余力

公元前260年，秦王派大将白起，在赵国的长平一举击败了由赵括率领的40万赵军。秦王乘机要挟赵王，要赵国割让六座城池给秦国，作为讲和的条件。

赵王连忙召来大将楼昌和上卿虞卿商量对策："长平一战，我们吃了败仗，我想带领全部人马与秦军决一死战，你们看怎样？"

"这样做没用，还是派亲信使臣去讲和为好。"楼昌说。

虞卿不同意楼昌的主张，问赵王说："大王，这次秦国究竟是想消灭我们赵国军队呢，还是打一打就回去？"

赵王说："秦国这次出动了全部军事力量，不遗余力地来攻打我们，当然是打算消灭我们啊。"

"那么，我们应该带着贵重的礼物到楚国、魏国去。他们贪图财物，一定会接待我们。这样，秦国以为我们在实行'合纵'的策略，就会恐慌，就会同我们讲和。"

可是赵王不听虞卿的劝告，还是派了使者去秦国求和。

虞卿听说此事，就对赵王说："这次求和肯定不会成功，因为秦王和相国范雎一定要把赵国求和的事情宣扬开来，让各国都知道。楚国和魏国以为赵、秦讲和了，就不会再来援助赵国。秦国看到无人来救赵，那么也就不再需要与赵讲和了。"

果然不出虞卿所料，赵国求和不但没有成功，都城邯郸又被秦军围困。最后，赵王只得亲自去秦国，订立了对赵国十分不利的和约，遭到天下人的耻笑。

——《战国策·赵策三》

【**故事启示**】　当强大的秦国出兵攻打赵国时，虞卿凭借一双慧眼，看清了个中利害，先后两次向赵王献出锦囊妙计。就算是求和也要讲求策略，不能盲目满足强秦的无理要求。赵王拥有如此睿智的贤臣相辅，实乃一幸事。可惜，赵王有眼无珠，昏庸至极，虞卿空有一

71

番谋材大略，却无用武之地。最终，赵王割地求和，定下丧权辱国的条约，遭受天下人耻笑，尝到了自己酿造而成的苦果。事已至此，恐怕他也在追悔当初自己没有接纳良言吧！

【成语释义】 用出全部力量，一点也不保留。遗，保留；余力，剩余的力量。

【活用例句】 那位得道高僧，为众生阐明佛理，～。

【近义】 全力以赴、倾巢而出

【反义】 敷衍了事

不名一钱

西汉时期，汉文帝有个宠臣名叫邓通。其实，他也没有什么了不起的才能，受宠是因为他只要能让汉文帝高兴，什么事都愿意干。

有一天，皇宫里来了一位算命先生，汉文帝就让他给邓通算上一命。那位算命先生仔细观察了邓通一会儿，就说："以后他会穷得饿死。"汉文帝听了，觉得好笑，说："这怎么可能呢？我可以让他很富，他怎么会受穷饿死呢？一定是算错了！"算命先生说："我算的是这样，是否应验，只有等到以后才会知道。"

当时，因为邓通深得汉文帝喜爱，得到很多的赏赐，已有很多的钱财。后来汉文帝又下命令把蜀郡严道（今四川荥经）的一座铜山赐给邓通，允许邓通自己私人铸钱，邓通更是发了大财，简直是富得流油。他铸的"邓氏钱"在全国流通。普天之下，可以说除了皇帝，没有人比他更富有了。

汉文帝曾经生疮化脓，邓通就用嘴多次为汉文帝吸出脓疮里的脓液。太子入宫来问汉文帝的病情，文帝就让太子也为自己吸脓，太子不敢不吸，但脸色很难看。后来，太子知道了邓通常为汉文帝吸脓的事，非常惭愧，由此对邓通怨恨得要死。心想，等我当了皇帝，一定要好好收拾他。

汉文帝死后，太子即位当了皇帝，他就是汉景帝。景帝很快就免去了邓通的官职。邓通赋闲在家没多久，就有人告状说他违规把铜偷运到外界铸钱，官吏一拷问，果有其事，就这样定案了。于是，景帝便把邓通的所有财产充公。邓通的家产全都没有了，还欠了很多债。景帝的姐姐赐给邓通一些钱，官吏也一律没收了，连头上一根簪子都不剩。最后，邓通真的穷得没有一文钱，寄食在别人家里，一直到死去。

——《史记·佞幸列传》

【故事启示】　其实邓通的罪过不外乎就是无功受禄，意外得宠于汉文帝。邓通给自己的恩人汉文帝吸疮的行为，不仅不是拿人格做交易，反而算是知恩图报。错就错在邓通生活在那种生杀予夺大权独揽于一人的皇帝时代，才使得邓通遭太子嫉恨。对邓通有知遇之恩的文帝一死，他就成为案板上的鱼肉，正所谓"欲加之罪，何患无词？"专权之下的臣民，好比覆巢之卵，随时都会有破灭的可能。至于对算命先生之预言，大可一笑而过。

【成语释义】　连一个钱也没有。形容人贫穷到了极点。名，占有。

【活用例句】　他沉迷于豪赌，终于有天，成了～的穷光蛋。

【反义】　腰缠万贯、富甲一方

【过义】　囊中羞涩、家徒四壁、身无分文

不翼而飞

《管子·戒》："不翼而飞者声也，无根而固者情也，无方而富者生也。"故事如下：

齐桓公想就自己出游的事征求管仲的意见，便问道："我这次出游，想要东起芝罘，南至琅邪。司马提出意见说，也要像先王的出游一样。这是什么意思呢？"管仲回答说："先王的出游，春天外出，调查农事上经营有困难的，叫做'游'；秋天外出，补助居民中生活有不足的，叫做'夕'。那种人马出行而吃喝老百姓的，叫做'亡'；尽情游乐而不知道回来的，叫做'荒'。先王对人民有游、夕的情况，自己却从没有荒、亡的行为。"桓公退后拜谢说："这是宝贵的法度。"接着，管仲又告诫桓公说："没有羽翼而能飞的是语言，没有根底而能巩固的是感情，没有地位而能尊贵的是心性。您也

73

应该巩固感情，谨慎言语，以严守尊贵的心性。这就叫道的发扬。"桓公再次拜谢管仲，认为他说的非常对。

不翼而飞，也写成毋翼而飞。《战国策·秦策三》："众口所移，毋翼而飞。"故事如下：

战国时期，秦国国君派大将王稽率领军队攻打赵国国都邯郸，连续围攻十七个月，没能攻下邯郸。当时，有个叫庄的人劝说王稽："将军，你为什么不犒赏你的官兵，借以鼓舞士气，提高兵士的斗志呢？"王稽说道："我只知道执行秦王的命令，而其他任何人的意见、情绪，我都不加考虑。"庄又劝道："您是主管全军的大将，这样独断专行，轻视你的士兵，你的部下早晚会对你不满的。我听说'三人成虎，十夫揉椎，众口所移，毋翼而飞（如果三个人都谎报发现老虎，就能使人信以为真；如果有十个人合力揉一个木椎，就能把这个木椎揉弯；如果人们众口一词，要求改变不合理的现状，这样的呼声，不用有翅膀也能很快飞到各处去）'。"王稽还是不接受劝告。最终，王稽的部下叛乱，秦王震怒，处死了王稽。

——《管子·戒》

【故事启示】 人言可畏，在于其是非难辨，曲直难分。可畏的人言，多见于捕风捉影、飞短流长。可畏的人言，虽然没有刀光剑影的过程，却有着杀人不见血的结果。现实生活中，很多人明明知道人言可畏，却仍然有意或无意或人云亦云地与可畏的人言为伍。还有些人曾经为人言所害，对恶毒的人言痛恨得咬牙切齿，在解脱之后，却又会自觉或不自觉地进入到坑害他人甚至于杀人的人言行列。这无异于"明知河豚有毒，却要拼死吃河豚"的行为！

【成语释义】 没有翅膀就飞走了。形容（消息、诗文、言论等），不诗宣传就迅速传播开来，也比喻东西突然不见了。也作"无翼而飞"。翼，翅膀；不翼，没有翅膀。

【活用例句】 我的钱包落在办公桌上，第二天来到单位，发现居然~了！

【近义】 不胫而走

【反义】 秘而不宣

不贪为宝

春秋时期，宋国有个人在山上开凿石料的时候，发现了一块宝玉。他非常高兴，便兜着它回家，请一个玉工来加以鉴别，玉工仔细看了后，赞不绝口地说："这块玉好极了，没有一点毛病，是个宝贝啊。不过你得小心，别在人家面前展露，免得被人家偷去！"

其实，这个人请玉工来家，已经引起了邻居的注意。原来，平时极少有人去他家，这回玉工突然来，有人便不时进来张望。宋人心里不安，怕有个闪失空喜欢一场，于是，赶紧把宝玉秘密藏好。

尽管如此，他还是担心宝玉会被盗走。如果把它卖掉，又怕不知它的真正价值，给别人占了便宜。他考虑来考虑去，最后决定把它赠送给一个有身份的人，这样多少还能留下些人情。过了几天，他见没人发现，便带了宝玉悄悄地前往都城。

到了都城，他去见掌管工程的大臣子罕，献上了宝玉。子罕不解地问："你把如此贵重的宝物送给我，大概是要我帮你办什么事吧？不过，我是从来不接受别人赠送的礼物的。"

宋人慌忙摇头说："我没什么事要您帮我办。据玉工鉴定，这块宝玉是稀有之物，所以我要献给您。"

子罕再次拒绝说："我决不能收下这宝玉。因为收下了，你和我都丧失了宝。"

宋人听不懂子罕这话的意思，只是呆呆地望着他。只听子罕继续说道："我以不贪为宝，而你以玉为宝。你把玉给了我，当然丧失了宝；但我收下了你的玉，也就丧失了不贪这个宝。这样，双方都丧失了宝。"

宋人见子罕说了这通不收宝玉的道理，也无可奈何，只得实告说："小民留下宝玉不得安宁，所以特地到都城来献给您。"

子罕沉思了一会儿，叫宋人暂时留下。接着，命一位玉工为这块宝玉雕琢，把它送到市场上去卖掉，把钱交给宋人，然后派人护送他回家。

——《左传·襄公十五年》

【故事启示】 这个故事主要有两层含义。一是子罕巧妙地拒绝"行贿";二是子罕设身处地地"助民",完美地证实了子罕既能做到机警清廉,又深怀爱民为民之心。不贪为宝,是立身处世、从政为民的金科玉律。子罕一句"不贪为宝"的朴实言语,深含为人、当官的道理。子罕身为当政者,非但不贪,反而化弊为利,替民众造福,也给自己留下了好声誉,可谓是值得敬佩的高明人士了。

【成语释义】 表示以不贪财为可贵、崇高。也表示廉洁奉公。

【活用例句】 ~才是真君子,那种见财眼开、贪恋身外之物的人不可深交。

【近义】 廉洁奉公

【反义】 贪得无厌、欲壑难填

不欺暗室

春秋时期,有一个叫蘧伯玉的人,是卫国的大臣,也是卫国有名的贤人,他为人十分正派,很得卫灵公的欣赏与信赖。

有一天晚上,他乘马车经过王宫门口。按照当时的礼节,臣子乘车经过王宫门口时应该敬礼示意后再离开。但到了晚上宫门已经关闭,又没有人看见,臣子不行礼也是可以的。但蘧伯玉认为既然定了这个礼节,就不管是什么时间,有没有人看见,自己都应该遵守。所以,他到了宫门口以后,就停车下来恭恭敬敬地向王宫行表情达敬意,然后再上车继续前行。

这时,正好卫灵公还没有睡,他正在宫里和夫人南子说话。他听见宫外有马行驶的声音,知道马车是从东往西走的,到了宫门口还停了一会儿。

他就问南子说:"这是谁呀?怎么会在宫门口停下呢?"

南子说:"坐车的人肯定是蘧伯玉,他乘车从东边往西边去了。"

卫灵公觉得奇怪,就问:"你怎么知道那一定是蘧伯玉呢?"

南子说:"蘧伯玉是有名的忠臣、贤人,他光明正大、表里如一,他不会在公开场合故意表现自己来博取名声,也不会在没人知道的情况下做不该做的事。他最遵守礼节,就是没人看见,他也决不会忽略自己应尽的礼数。刚才一定是他坐车经过宫门，下车行了礼以后才离开。"

卫灵公听了还是不怎么相信，就派人暗中去查这件事，结果还真是这样。他心中暗暗佩服南子的判断力，却故意同她开玩笑，骗她说："我派人查过了，昨晚的确是有人坐车经过王宫，在宫门外停车行了礼，但这人却不是蘧伯玉。"

南子听了，非常高兴，马上倒了一杯酒，向卫灵公表示祝贺。卫灵公觉得有点莫名其妙，说："你昨晚说那人是蘧伯玉，我告诉你说是另外的人，你猜错了，为什么还要向我祝贺呢？"

南子说："原先我还以为卫国只有蘧伯玉一个贤人，现在才知道我们卫国还有一个和他一样的贤人，这说明您至少有两个贤臣，难道还不值得祝贺吗？"

卫灵公听了，很佩服南子的远见卓识，就接过酒喝了，笑着把真相告诉了南子，并说："第二个贤臣倒是还没有找到，可你却是我的贤妻子啊！"从此，他对南子也更加敬重了。

——《卫灵夫人》

【故事启示】 蘧伯玉的"不欺暗室"，其实也就是"慎独"。慎独是一种情操，是一种修养，是一种自律，更是一种坦荡。所谓"慎独"，即人在独自活动、无人监督的情景下，凭着高度自觉，按照一定的道德规范行动，而不做任何有违道德信念、做人原则之事。这是进行个人道德修养的重要方法，也是评定一个人道德水准的关键性环节。蘧伯玉经过宫门下车行礼便是一种慎独。事实上，这也正是卫灵公与夫人以之为贤者的重要原因。

【成语释义】 即使在无人看见的地方，也不做欺心的事。形容心地光明坦荡。

【活用例句】 他为人坦荡，～，是个值得深交的真君子。

【近义】 暗室不欺

【反义】 暗室欺心

不合时宜

汉哀帝刘欣是汉成帝的养子。成帝死后，十九岁的刘欣于绥和二年甲寅（公元前7年）四月即位称帝，翌年改年号为"建平"，此即历史上的又一著名昏君汉哀帝。

即位初期，面对汉朝中道衰落的局面，哀帝很想有一番作为。他为此曾躬行节俭，勤于政事，又启用龚胜、鲍寅、孙宝等有识之士，颁布限田令、限奴婢令等法令，试图抑制日益严重的土地兼并。然而哀帝生不逢时，当时汉家王朝根基已动，无论何人也无力回天。哀帝的革新政策也因受到大贵族官僚的反对而失败，而长于权术的祖母傅太后的干政，使哀帝办起事来力不从心，结果导致权力外移，朝风日坏。

建平二年六月，哀帝的母亲丁太后得病去世。担任"黄门待诏"的顾问夏贺良向汉哀帝上奏说："汉朝的历法已经衰落，应当重新接受天命。成帝当时没有顺应天命，所以他没有亲生儿子。现在，皇上您生病的时间已很长了，天下又多次发生变异，这些都是上天的警告。皇上只有马上改变年号，才可以延年益寿，生养皇子，平息灾祸。如果明白了这个道理而不照着做，各种灾祸都会发生，人民就要遭受灾难。"

哀帝听了夏贺良的一番话，也盼自己身体健康，就在建平二年六月甲子日，即丁太后死后的第四天，发布诏书，大赦天下，改建平二年为太初元年，改帝号为"陈圣刘太平皇帝"，把计时的漏上的刻度从一百度改为一百二十度。

改变年号以后，哀帝还是照样生病。夏贺良等人想趁机干预朝政，遭到朝中大臣的反对。哀帝也因夏贺良的话没有应验，派人对他们的所作所为作了调查，知道他们实际上是一伙骗子，于是在八月间又下诏书，说道："黄门待诏夏贺良等建议改变年号和帝号，说增加漏的刻度可以使国家永远安定，我误听了他们的话，希望给天下带来安定，但是没有应验。夏贺良等说的做的，都违经背古，不合时宜。六月甲子日的诏书，除了大赦一项之外，全部废除。"

这次改元不到两个月就结束了。夏贺良等人因妖言惑众，被处以死刑。

——《汉书·哀帝记》

【故事启示】 据史料记载，汉哀帝少年时非但不是好声色者，还是个熟读经书、文辞博敏的有才之君。故事中，汉哀帝在废除诏书时，仍然对"大赦天下"一项予以保留，也不难看出，他也是爱民之君。然而，后来汉哀帝却由一个颇有朝气的年轻有为之君，彻底堕落为一个在声色犬马之中求刺激的昏君。究其原因，他即位之始遭遇的失败和挫折是重要因素之一。这启示我们，要勇敢面对人生路上的坎坷，不能稍遇挫折就心灰意冷、自甘堕落。

【成语释义】 不符合当时的形势或社会潮流。时宜，当时的需要或时尚。

【活用例句】 你说的那本书是二十年前编辑的，如今已经~了。

【近义】 不合时尚、不识时务

【反义】 因时制宜

不堪回首

公元960年，赵匡胤建立宋朝，是为宋太祖。当时，周围还有好几个政权。为了完成统一天下的大业，赵匡胤先后攻灭了南平、后蜀、南汉等国，接着又把攻击的目标对准南唐。

这时统治南唐的是李后主李煜。此人在政治、军事上昏庸无能，但在文学艺术方面很有才能，诗词、音乐、书画等无所不能。他从小深宫里长大，骄奢萎靡，因此他的作品也大都描写宫廷生活的情景。

李煜的妻子周后娥皇，容貌出众，擅长书画歌舞，但不幸早逝。后来，李煜又与娥皇的妹妹小周后相爱，在花前月下饮酒作乐，把国家大事抛在脑后。

宋朝的威胁越来越严重，但李煜迷恋于歌舞升平的生活，只想求得眼前的安逸，并不作抵御的准备，而一味向宋朝屈服。宋朝在哪里作战胜利或者有什么喜庆活动，他就赶紧命人向宋朝进贡财宝。后来，又主动向宋朝上表，希望取消南唐国号，作为宋朝的附庸。

公元974年秋，宋太祖赵匡胤两次派使者通知他到开封朝见。李煜怕赵匡胤杀他，称病不去。于是赵匡胤以此为借口，派十万大军征伐南唐。

第二年初，宋军抵达长江北岸，南唐都城金陵危急。但李煜以为宋军无法渡过长江，照旧在宫内和一群和尚道士谈经论法。

一天，李煜偶尔外出登城，见城外都是宋军的旗帜，才急忙去召援军，但为时已晚。挨到这年冬天，宋军消灭了南唐最后一支援军，终于攻破金陵。李煜被迫投降，被押到开封去。

李煜穿戴着白衣纱帽，战战兢兢地接受赵匡胤的召见。赵匡胤没有杀他，侮辱性地封他为违命侯，把他安置在城里。他名义上是侯，实际上过着囚犯一样的生活。

李煜是个多愁善感的人，降宋后的痛苦生活，自然使他抑郁不堪。不久赵匡胤去世，他的弟弟赵匡义即位，世称宋太宗。太宗取消了李煜违命侯的封号，封他为陇西郡公。但是，太宗比太祖更为猜忌。一次，李煜懊悔当时不该杀了两个忠臣，太宗得知后非常恼怒。

又有一天，李煜作了首名为《虞美人》的词。词中这样写道："春花秋月何时了，往事知多少。小楼昨夜又东风，故国不堪回首月明中。"意思是说，过去美好的一切不能再回顾，回顾了只能使人更感到痛苦。后来，这首词传到太宗耳朵里，太宗对他至今还在恋念故国非常愤恨。后来，又有一些怀恋故国的词作传到太宗那里，太宗终于忍不住，派人将他毒死了。

——《虞美人》

【故事启示】 "春花秋月何时了，往事知多少。小楼昨夜又东风，故国不堪回首月明中。"仅凭一词，即可看出李煜是个很多愁、很多情、也很多才的人。可惜的是，生在帝王之家。史学家评南唐后主李煜，一面赞他的词一面批评他的亡国之政。而李煜词的背后所展现的一生虽是命运执导的一生，却也是他不断叛变的一生。在中国的政治史上少了一个叫李煜的皇帝或许对历史没什么，但很难想象，中国的文学史上少了一个叫李煜的词人，将会是怎样。

【成语释义】 不能忍受回顾的痛苦。多指因回忆过去不好或不愉快的事而痛苦，因而不忍心回顾。常用来表示对巨大的人事变迁的感慨。不堪，不忍；回首，回头，引申为回顾、回忆。

【活用例句】 十多年颠沛流离的生活，令他～。

【近义】 痛定思痛

【反义】 回味无穷

比肩继踵

春秋后期，楚国雄踞南方，成为南方最强大的诸侯国，因此有许多比较弱小的诸侯国前来结盟。齐国与楚国相隔不远，为了国家的长治久安，齐国也与楚国结了盟。但是楚王仗着自己国势强盛，每次都想显摆一下自己的大国风范，借机为难各国来楚的使节。

有一次，齐王派大夫晏婴出使楚国。晏婴这人可不一般，他在齐国身居要职，而且口才极好。以前出使楚国的时候，楚王就企图羞辱晏婴，结果反被他机智地驳回了。所以楚王一听说这次还是他来出使楚国，早就做好了准备，想趁机侮辱晏婴，一来报上次的仇，二来也显显楚国的威风。他知道晏婴身材矮小，就特意令人在城门的旁边开了一个小门，好让晏婴来的时候从小门进来，以此来羞辱晏婴。当晏婴到来之后，侍卫便让他从小门进去。晏婴拒绝从小门进入，很严肃地说："只有出使狗国的人，才会从狗洞中爬进爬出。我今天是奉命出使楚国，难道也要从这狗洞中进去吗？"接待他的人顿时没了话说，只好改道。按照相应的礼节接待晏婴，眼睁睁看着晏婴从大门正中昂首阔步地进了城。

晏婴去拜见楚王，楚王因为在城门那里羞辱晏婴而没有得逞，早就憋了一肚子气，见晏婴前来朝拜，就故意轻蔑地看了看他，问道："齐国大概没有多少人吧？"

晏婴听了，马上回敬道："我们齐国仅都城临溯（今山东临淄）就有居民七八千户，人人展开衣袖就可以遮住太阳，个个挥一把汗就像下雨一样，街上人多得肩擦着肩，脚挨着脚。您怎么能说齐国无人呢？"

81

楚王听罢，进一步用挑衅的口吻说道："既然齐国有这么多人，为什么总是派遣像你这般矮小的人来出使我们楚国呢？"

晏婴对楚王的无礼早有准备，不卑不亢地回答说："大王有所不知，齐国使者，各有各的出使对象。有才贤明的人就被派去出使访问贤德圣明的君主，无能丑陋的人就被派去出使访问无能鄙俗的国君。晏婴我是齐国最丑陋无能的人，所以才被派来出使楚国。"

一席话说得楚王无言以对。本来他是想趁机羞辱晏婴一番的，没想到，几个回合下来却是自讨没趣，从此楚王再也不敢小看晏婴和齐国了。

后来，人们根据晏婴所言："齐之临淄三百闾，张袂成阴，挥汗成雨，比肩继踵而在，何为无人！"引申出"比肩继踵"这个成语。

——《晏子春秋·内篇杂下》

【故事启示】　傲慢自大的楚王仗着国盛势强，小看齐国，加上晏婴几次让自己这个一国之君颜面扫地，便借晏婴之貌，以偏概全，嘲笑齐国无人。对此，晏婴义正言辞地指出齐国临淄"张袂成阴，挥汗成雨，比肩继踵"，说明齐国人口众多，不是小国。不仅如此，还借题发挥，用贬低自己的方式，一方面，反唇相讥地羞辱了楚国一番。最终，楚王再次品尝到了侮辱他人导致的苦果。另一方面，也成功捍卫了齐国的国格，维护了齐国的尊严。

【成语释义】　肩膀靠着肩膀，脚尖碰着脚根。形容人多拥挤。比肩，肩膀挨着肩膀；继踵，脚尖碰着脚后跟。

【活用例句】　国庆放假三天，那家商场是～，热闹无比。

【近义】　摩肩接踵、水泄不通、人山人海

【反义】　门可罗雀

中饱私囊

赵简子，即赵鞅。春秋末年，他执掌晋国朝政大权后，勤政爱民，体谅百姓疾苦，希望能把国家治理得更好，但是他却不善于约束手下官员。

有一年，国家财政吃紧，赵简子派税官去征收赋税，这可是个大捞一把的好机会。临行前，税官还是假惺惺地问赵简子："请您指示一下，这次收税的税率是多少？"赵简子回答道："不轻不重最好。税收重了，国家富了，但老百姓穷了；税收轻了，老百姓富了，但国家穷了。你们如果没有私心，这件事就可以做得很好。"

这时，有个叫薄疑的人对赵简子说："依我看，您的国家实际上是中饱。"

赵简子还以为薄疑说自己的国家很富呢，十分高兴，还故意问薄疑是什么意思。薄疑直截了当地说："您的国家上面国库是空的，下面百姓是穷的，而中间那些贪官污吏都富了。"赵简子听了这话十分吃惊。后来，赵简子大力整顿吏治，礼贤下士，选贤任能，为赵氏立国奠定了坚实的基础。

——《韩非子·外储说右下》

【故事启示】 藏富于民，一直是儒家理想治国的终极目标，所谓"财聚则民散；财散则民聚。"政府通过"让利"行为，一方面能改善人民生活质量，另一方面也有利于增强民心凝聚力。赵简子虽然关心百姓疾苦，但他所言"不轻不重最好"却不是上上策。究竟何谓轻？何谓重？赵简子并没有给出一个具体的量化标准，无形中为收税官中饱私囊提供了有利条件。这启示我们，量化与监督是反腐倡廉的重要手段。

【成语释义】 指侵吞经手的钱财，使自己得利。中饱，从中得利。

【活用例句】 贪官污吏，并不拿出救济款发放给受灾的老百姓，～。

【接龙游戏】 中饱私囊→囊中取物→物美价廉→廉洁奉公→公私分明→明目张胆→胆大包天→天诛地灭→灭绝人性→性命攸关→关怀备至→至高无上→上下一心→心平气和→和和气气→气急败坏

车水马龙

东汉名将马援的小女儿马氏，由于父母早亡，很小的时候就操办家中的事情，把家务料理得井然有序，亲朋们都称赞她是个能干的人。

十三岁那年，马氏被选进宫内。她先是侍奉汉光武帝的皇后，很受宠爱。光武帝去世后，太子刘庄即位，就是汉明帝，马氏被封为贵人。由于她一直没有生育，便收养了贾氏的一个儿子，取名刘炟。公元60年，由于皇太后对她非常宠爱，她被立为明帝的皇后。

马氏当了皇后，生活还是非常俭朴。她常穿粗布衣服，裙子也不镶边。一些嫔妃朝见她时，还以为她穿了特别好的料子制成的衣服。走到近前，才知道是极普通的衣料，从此对她更尊敬了。

马皇后知书识礼，时常认真地阅读《春秋》《楚辞》等著作。有一次，明帝故意把大臣的奏章给她看，并问她应如何处理，她看后当场提出中肯的意见。但她并不因此而干预朝政，此后再也不主动去谈论朝廷的事。

明帝死后，刘炟即位，这就是汉章帝。马皇后被尊为皇太后。不久，章帝根据一些大臣的建议，打算对皇太后的弟兄封爵。马太后遵照已去世的光武帝有关后妃家族不得封侯的规定，明确地反对这样做，因此这件事没有办。

第二年夏天，发生了大旱灾。一些大臣又上奏说，今年所以大旱，是因为去年不封外戚的缘故。他们再次要求分封马氏舅父。

马太后还是不同意，并且为此专门发了诏书，诏书上说："凡是提出要对外戚封爵的人，都是想献媚于我，都是要从中取得好处。天大旱跟封爵有什么关系？要记住前朝的教训，宠贵外戚会招来倾覆大祸。先帝不让外戚担任重要的职务，防备的就是这个。今后，怎能再让马氏走老路呢？"

诏书上还说："马家的舅父，个个都很富贵。我身为太后，还是食不求甘，穿着简朴，左右宫妃也尽量俭朴。我这样做的目的，是为下边做个榜样，让外亲见了好自我反省。可是，他们不反躬自责，反而嘲笑我太俭省。前几天我路过娘家住地濯龙园的门前，见从外面到舅舅家拜候、请安的，车子像流水那样不停地驶去，马匹往来不绝，犹如一条游龙，招摇得很。他们家的佣人，穿得整整齐齐，衣服绿色，领子和袖子非常白；看看我们的车上，比他们差远了。我当时竭力控制自己，没有责备他们。他们只知道自己享乐，根本不为国家忧愁，我怎么能同意给他们加官进爵呢？"

——《后汉书·明德马皇后纪》

【故事启示】 马皇后知书达理，品行高尚，她自己不能生育，就对贾妃所生的皇子刘炟关爱备至、精心抚育。她崇尚节俭，平易近人，贵为皇后却常常穿着普通的粗布衣服。她在政务方面表现出的学识和才干让明帝也深为叹服。尤为可贵的是，马皇后非常识大体、顾大局，不徇私情。马皇后表现出的一切，在尔虞我诈的后宫之中，实在很难得。

【成语释义】 车络绎不绝，有如流水，马首尾相接，好像游龙。形容沿途车马很多，成群结队，繁华热闹的场面。

【活用例句】 北京的长安街~，好不热闹。

【近义】 门庭若市、络绎不绝

【反义】 门可罗雀、门庭冷落

车载斗量

三国时期，蜀主刘备称帝，出兵伐吴。吴主孙权派中大夫赵咨出使魏国，向魏文帝曹丕求援。

曹丕轻视东吴，接见赵咨时态度傲慢地问道："吴王是什么样的国君？吴国怕不怕我们魏国？"

赵咨听了这种带有侮辱性的问话，心中很气愤。他作为吴国的使者，当然不能有失国家的尊严，便很有分寸地回答道："吴王是位有雄才大略的人，重用鲁肃证明了他的聪慧，选拔吕蒙证明了他的明智，俘虏于禁而不杀证明了他的仁义，取荆州而兵不血刃证明了他的睿智，据三州虎视四方证明了他的雄才大略，向陛下称臣证明了他很

85

懂得策略。至于说到怕不怕，尽管大国有征伐的武力，小国也自有抵御的良策，何况我们吴国有雄兵百万，据江汉天险，何必惧怕人家？"

一番从容的对答，使曹丕十分叹服，不得不改用比较恭敬的口气问："像先生这样有才能的人，东吴有多少？"

赵咨答道："聪明特达者八九十人，如臣之比，车载斗量，不可胜数。"意思是说，聪明而有突出才能的，不下八九十人，像我这样的，那简直是用车装，用斗量，数也数不清！

听到如此得体的外交辞令，魏国朝廷上下都对赵咨肃然起敬。曹丕也连声称赞赵咨："使于四方，不辱君命，先生当之无愧。"

赵咨回到东吴，孙权嘉奖他不辱使命，封他为骑都尉，对他更加赏识重用。

——《三国志·吴志·吴主孙权传》

【故事启示】 面对曹丕的傲慢与刁难，赵咨不卑不亢，用机智的外交辞令，不失君子风范地捍卫了本国尊严。这一切令曹丕和魏人肃然起敬，转问赵咨：吴国有多少这样有才能的人？赵咨故意贬低自己，抬升本国民众的整体才能，无怪乎曹丕和孙权都对其赞赏有加。

【成语释义】 用车装，用斗量。形容数量很多。

【活用例句】 粮店今年购进的大米～。

【近义】 不可胜数、不计其数、汗牛充栋

【反义】 凤毛麟角、屈指可数

从容不迫

战国时期，宋国有两位大哲学家——庄子和惠子（即惠施），他们是非常要好的朋友。一天，风和日丽，庄子和惠子两人兴冲冲地来到河边散步。两人边走边聊，非常愉快，不知不觉就走到一座桥上，顿时被眼前清澈河水中的鱼儿吸引住了。

两人出神的在桥上观赏了很久，忽然庄子脱口而出："啊，看，这水中的鱼儿是多么从容自在啊！它们看起来是多么快乐呀！"

惠子一向喜欢辩论，立即表示反对："你不是鱼，你怎么知道鱼儿现在很快乐呢？"

庄子也不甘示弱，反驳道："你又不是我，又怎么能断定我不知道它们现在很快乐呢？"

惠子很快地回答道："照你所说的，我不是你，当然不能知道你是喜还是忧。同样，你不是鱼，当然也不知道鱼儿是快乐还是不快乐。"

庄子不慌不忙地说："我们还是从头讲起。刚才你问我是怎么知道鱼儿是快乐的，这就说明你知道我了解鱼儿是快乐的才问我。现在我告诉你，我完全是从自己的感受中体会到的。我和你站在这桥上观赏鱼儿，悠闲自在，好不快乐。再看看这鱼儿，它们在水中自由自在地嬉戏，从容不迫地观望着我俩，当然也应该感到十分的快乐。"

——《庄子·秋水》

【故事启示】 惠子的回答是不可知论，庄子的回答是可知论。由此可知，庄子的思想是积极的，惠子的思想是消极的，神秘的。庄子的"子非鱼，安知鱼之乐也"是反面的回答，其实也已经给出了正面的回答，当庄子看到鱼儿"出游从容"，所以，他认为鱼儿是快乐的。如果在菜市场看到正在被宰杀的鱼儿，它们使尽浑身的力气在扑腾滚翻，我们也会认为这时的鱼儿是痛苦恐惧的，因为趋生避死的本能，鱼儿与人类是一样的。

【成语释义】 形容临事不慌不忙，镇定沉着。从容，不慌不忙，镇静；不迫，不急促。

【活用例句】 面对劲敌，他依然～地冷静面对。

【近义】 处之泰然、不慌不忙

【反义】 惊慌失措、手足无措

开诚布公

"开诚布公"是人们把"开诚心，布公道"简为成语"开诚布公"，用来比喻诚意待人，坦白无私。该成语来源于《三国志·蜀志·诸葛亮传评》："诸葛亮之为相国也，抚百姓，示仪轨，约官职，从权制，开诚心，布公道。"

三国时期，蜀汉的丞相诸葛亮非常受皇帝刘备的重用，并且刘备对他的为人极为放心。刘备临终前，将自己的儿子刘禅托付给诸葛亮，希望诸葛亮帮助刘禅治理天下，还诚恳地表示，诸葛亮能辅佐刘禅就辅佐刘禅，如果刘禅不好好听诸葛亮话，作出一些危害国家的事情来，诸葛亮就取而代之。

刘备死后，待人处事公正合理的诸葛亮竭尽全力帮助平庸的后主刘禅治理国家。有人劝他进爵称王，他严词拒绝，并认为自己受先帝委托，已经担任了这么高的官职，如今讨伐曹魏没见什么成效，却要加官进爵，这样做是不义的。

马谡（sù）是诸葛亮非常看重的一位将军，在攻打曹魏时当前锋。因为违反节制，失守街亭，诸葛亮严守军令状规定，忍痛杀了他。马谡临刑前上书诸葛亮，说自己虽然死去，在九泉之下也没有什么怨恨。诸葛亮自己也为失守街亭等承担责任，请求后主批准他由丞相降为右将军。他还特地下令，要下属批评他的缺点和错误。这在当时是罕见的。

公元234年，诸葛亮病死于军中。他一生清贫，并无什么产业留给后代。

——《三国志·蜀志·诸葛亮传评》

【故事启示】 诸葛亮未出茅庐便作隆中对；初出茅庐便舌战群雄，说服东吴，怒激周瑜联刘抗曹，赤壁之战显战功；守荆州、攻成都，七擒七纵孟获，尽显足智多谋；无论是借东风还是使用空城计，无论是草船借箭还是火烧赤壁，他都运筹帷幄，谈笑间使敌军丢盔弃甲。他"抚百姓，示仪轨，约官职，从权制，开诚心，布公道"，一生为蜀国鞠躬尽瘁，死而后已，即便有斩杀猛将马谡与失守街亭的瑕疵，仍无愧于蜀汉之开国英杰的美称。

【成语释义】 指坦白无私、诚恳公正地亮出自己的见解。开诚，敞开胸怀，表示诚意；布公，公正无私地发表自己的见解。

【活用例句】 既然你这么有诚意，我们就～地谈谈吧。

【近义】 待人以诚、坦诚相见

【反义】 钩心斗角、尔虞我诈

开卷有益

　　宋朝初年，为了弘扬传统文化，宋太宗赵光义命十四个文臣编撰一部规模宏大的分类百科全书——《太平总类》。这部书收集摘录了一千六百多种古籍的重要内容，分类归成五十五门，全书共一千卷，是一部很有价值的参考书。

　　这部书是宋太平兴国年间编成的，故定名为《太平总类》。对于这么一部巨著，宋太宗规定自己每天至少要看两三卷，一年内全部看完，于是后来改名为《太平御览》。当宋太宗下定决心花精力翻阅这部巨著时，曾有人觉得皇帝每天要处理那么多国家大事，还要去读这么部大书，实在是太辛苦了，就去劝告他少看些，也不一定每天都得看，以免过度劳神，对龙体健康不利。可是，宋太宗却回答说："我很喜欢读书，从书中常常能得到乐趣，多看些书，总会有益处，更何况我并不觉得劳神。"

　　就这样，宋太宗仍然坚持每天阅读三卷，有时因国事忙耽搁了，他也要抽空补上，并常对左右的人说："只要打开书本，总会有好处的。"

　　宋太宗由于每天阅读三卷《太平御览》，学问十分渊博，处理起国家大事如鱼得水，非常得心应手。当时的大臣们见皇帝如此勤奋读书，也纷纷努力读书，所以当时十分盛行读书的风气，连平常不读书的宰相，也孜孜不倦的阅读《论语》，有"半部论语治天下"之称。

　　后来，"开卷有益"便成了成语，形容只要打开书本读书，总有益处。

——《渑水燕谈录》

　　【故事启示】　理想的书籍是打开智慧大门的一把金钥匙。尤其是在当今这个知识经济时代，读书仍是我们获取知识的重要途径。现实生活中，总是听到人们"开卷有益，读书有益"的谆谆教诲。但是，仔细一推敲，这种说法也不完全正确。如果一个人对每一本书都感到兴趣，那"开卷有益"也就未必有益了。多读书的同时，做到读好书，才能实现"开卷有益"。

【成语释义】 打开书来看，就会有收获。开卷，打开书本；益，益处，收获。

【活用例句】 ～的观点是正确的，老师时常教导我们要多读书，读好书。

【近义】 开卷有得

【反义】 读书无用

从善如流

春秋时期，诸侯林立，其中郑国是个小国，夹在楚、晋两个大国之间。郑悼公时，郑国同北方以晋为首的其他各国签订了盟约。结盟的第二年，南方的楚国就来攻伐郑国。晋国便派栾书为将军，率领大军，前去援助郑国，两军在绕角（今河南鲁山县东南）相遇。楚军不敢同晋军对敌，便撤退而回。但晋军并不撤走，还准备趁机侵入楚国的蔡地（今河南上蔡县一带）。楚国获知这个消息，就立刻调动近申、息二地的精锐部队，准备迎击。

这时，晋将赵同、赵括仗着兵力优势，欲挥军南下，占领蔡地，因此催请栾书赶紧下令进攻。就在栾书准备下令的时候，中军佐知庄子、上军佐范文子和中军将韩献子三人却提出了不同意见。他们一致认为："我们当初出兵是为了援救郑国，反对侵略，是正义之师。现在进犯的楚军既然已经撤退，我们如果借此攻打蔡地，这样我们就要承担不义的罪名。而且，楚国现在派来的两支精锐部队，我们这一仗也不一定能打胜。而且不管打胜还是打败都对我们晋国不利，若打赢了这一仗，别人会说以晋国的大军，去打楚国两个小地方的部队，不是白白浪费兵力吗？如果失败了，晋国便会名誉扫地，还有何面目去见晋王和晋国的百姓？所以和楚国的这一仗不能打。"栾书仔细考虑了他们三人的意见，觉得他们讲得很有道理，便取消了攻蔡的念头，撤军回晋。

过了两年，晋国又派栾书领兵去攻打蔡国，这一次晋军大获全胜，还抓获了楚国的大夫申骊。栾书本打算继续进攻楚国本土，知庄子、范文子等人劝告他先进攻沈国再说，栾书分析了具体情况后认为有道理，于是，再次改变了作战计划。随后，晋军进攻沈国，把沈国的国君揖初都抓来了，因为这次晋军准备充分，楚国对晋军也无可奈何。人们认为，晋军这次能取得这么大的胜利，就是因为栾书上次听从了知庄子、范文子和韩献子等人的良言。

其实呢，在晋军第一次准备南侵攻蔡的时候，绝大多数将士都表示同意，而栾书却听从了少数人的意见。有个将士就问栾书："圣人都听从多数人的意见，所以能成大事。现在我们六军将佐十二人，除将军以外的十一人中，只有三人不主张攻蔡。您为什么不听从多数而采纳了少数人的意见呢？"

栾书说："他们三人的意见都很正确，正确的意见，就是真正代表多数人的意见。我听从他们的正确意见，难道不对吗？"

——《左传·成公八年》

【故事启示】 在现实生活中，"少数服从多数"是我们经常遵循的一项准则。然而，有时候真理又会掌握在少数人手中。所以，这就需要决策者有理智的头脑和足够的远见，虚心听取别人的批评和建议，不要被阿谀奉承者蒙蔽，要及时发现和改正自己的缺点和错误。毕竟，决策是一种沉甸甸的责任，英明的决策者往往能够让绝大多数人从决策中获益，而不是受损。

【成语释义】 听从高明、正确的意见和建议就像水从高处流下来一样顺畅。形容乐于接受别人提出的正确意见。从，听从；善，指高明、正确的意见和建议。

【活用例句】 为人正派的老宋，才华横溢，～，他一定会把厂子经营得很好的。

【近义】 从谏如流、从善若流

【反义】 独断专行、刚愎自用

水滴石穿

宋朝时期，张乖崖在崇阳（今属湖北）当县令，为官清正廉洁。

当时，经常发生一些军卒侮辱将帅、小吏侵犯长官的事情。张乖崖认为这是一种反常的事，下决心要整治这种现象。

一天，他在衙门周围巡行。突然，他看见一个小吏从府库中慌慌张张地走出来。张乖崖觉得奇怪，就把小吏喊到跟前问话，结果发现他头巾下藏着一文钱。那个小吏支吾了半天，才承认是从府军中偷来的。

张乖崖把那个小吏带回大堂，让人用杖刑猛打他。那小吏不服气："一文钱算得了什么！你也只能打我，不能杀我！"张乖崖大怒，在判决书上写道："一日一钱，千日千钱，绳锯木断，水滴石穿。"意思是说，假如每天偷一个铜钱，一千天就是一千个铜钱。同样，如果用绳子锯木头，时间长了，木头会被锯断。水滴时常滴在石头上，石头也会被滴穿。为了惩罚这种行为，张乖崖当堂斩了这个小吏。

——《鹤林玉露》

【故事启示】 刘备临终前给其子刘禅的遗诏中说："勿以恶小而为之，勿以善小而不为。"劝勉刘禅要进德修业，有所作为。这启示我们，好事要从小事做起，积小成大，也可成大事；坏事也要从小事开始防范，否则积少成多，也会坏大事。所以，不要因为好事小而不做，更不能因为不好的事小而去做。小善积多了就成为利天下的大善，而小恶积多了则"足以乱国家"。张乖崖判决偷钱小吏死刑的原因，也正在于此。

【成语释义】 原意是说缺点、错误虽小，但积累起来，也会造成很大的危害。现在常从积极方面来使用，比喻只要有恒心，坚持不懈，事情总会成功。

【活用例句】 没有大众努力，没有～的功夫，新的风气和作风是树不起来的。

【近义】 磨杵成针、绳锯木断

【反义】 虎头蛇尾

水到渠成

北宋时期，有一个叫苏轼的人，字子瞻，号东坡居士。他的父亲苏洵、弟弟苏辙都是当时著名的文学家，世称"三苏"。苏轼幼年受到良好的家庭教育，自己又刻苦学习，青年时期就具有广博的历史文化知识，显露出多方面的艺术才能。公元1057年考进士时，欧阳修见他的文章连称："快哉！快哉！"这一年，二十一岁的苏轼高中进士。

"自古雄才多磨难"，苏轼也不例外。当年王安石主持变法，苏轼站在对立面，几次向神宗皇帝进言，极力陈述新法的各种弊端。苏轼的言论自然引起王安石的不满，王安石通过亲信网罗罪状，上书弹劾苏轼。苏轼感到在都城举步维艰，就请求到外地做官。公元1079年4月，苏轼到达湖州，到任不久，一场灾祸便从天而降。同年七月，御史台（旧称乌台）派人将苏轼逮捕，押送汴京（今河南开封），罪名是作诗诽谤朝廷。苏轼在狱中被关押了一百多天，受审十余次，惨遭折磨。后经多方营救，于当年十二月释放，贬为黄州（今湖北省黄冈）团练副使。这就是宋朝有名的文字狱——乌台诗案。

苏轼被贬官到黄州的一段时期，不但在精神上感到十分寂寞，在生活上也是穷困潦倒，捉襟见肘。当时，朝廷给他的薪金已经用完了，苏家人口又不少，他只得想方设法节约开支。他规定每日的开支不得超过一百五十枚钱，每月初一，他会拿出四千五百枚钱，分为三十份，装在小袋里，挂在屋梁上。每天早晨，他用一根平时取画、挂画的长叉从梁上挑下一袋，然后就把长叉收藏好。当天用不完的钱，则用大竹筒另外收藏，做招待客人之用。当大袋子里攒了不少钱时，就再做别的安排。就这样，苏轼和家人度过了人生中最为惨淡的四年。

苏轼在给好友秦观写信时，曾说："平时过日子，一点一点地节省，等积多时再做安排，自然会水到渠成，没必要做预先的计划。"在如此落魄之际，苏轼仍然能够做到泰然自若，实在非常人所及。这正是：唯大英雄能本色，是真名士自风流。

——《答秦太虚书》

【故事启示】　"水到渠成"的故事启示我们，为人处事都会有一个过程，对此，我们不仅不能拔苗助长，还必须顺应规律。唯有如此，做事才有成功的可能。

【成语释义】 水流到的地方自然形成一条水道。比喻条件成熟，事情自然会成功。渠，水道。

【活用例句】 依我看，这种事不可操之过急。俗话说：瓜熟蒂落，～嘛！

【近义】 顺理成章、瓜熟蒂落

【反义】 功败垂成

分庭抗礼

一天，孔子和弟子们在树林里休息。弟子们读书，孔子独自弹琴。一曲未了，一条船停在附近的河岸边，一位须眉皆白的老渔夫走上河岸，坐在河岸的另一头，侧耳恭听孔子的弹奏。

孔子弹完了一支曲子后，渔夫招手叫孔子的弟子子贡、子路到他跟前，并且问道："这位弹琴的老人是谁呀？"

子路高声说道："他就是我们的先生，鲁国的君子孔子呀！"

子贡补充说："他，就是以忠信、仁义闻名于各国的孔圣人。"

渔夫微微一笑，说："恐怕是危忘真性，偏行仁爱呀。"话音刚落，便转身向河岸走去。子贡急忙把渔夫说的话报告孔子。孔子听后马上放下琴，猛然站起身，惊喜地说："这位是圣人呀，快去追他！"

孔子快步赶到河边，渔夫正要划船离岸，孔子尊敬地向他拜了两拜，说："我从小读书求学，到现在已经六十九岁了，还没有听说过高深的教导，怎么敢不虚心地请求您帮助呢？"

渔夫也不客气，走下船对孔子说："所谓真，就是精诚所至，不精不诚，就不能动人。所以，强哭者虽悲而不哀，强怒者虽严而不威，强亲者虽笑而不和。真正的悲没有声音感到哀，真正的怒没有发出来而显得威，真正的亲不笑而感到和蔼。真在内者，神动于外，所以真是非常可贵的。从此用于人间的情理，事奉亲人则慈孝，事奉君主则忠贞，饮酒则欢乐，处丧则悲哀。"

孔子边听边点头。最后，孔子卑谦地对渔夫说："遇见先生真是件幸事。我愿意做您的学生，得到您的教授。请告诉我您住在哪里好吗？"

渔夫没有告诉他住在哪里，而是跳上小船，独自划船走了。这时，颜渊已把车子拉过来，子路把上车拉的带子递给孔子，但孔子全不在意，两眼直直地望着渔夫的船影，一直到看不见船的影子，才快快不乐地上车离去。

子路对孔子异于平常的表现很是不理解，便好奇地追问："我为您驾车已经很久了，还没见过像渔夫这样傲慢的人。就是天子和诸侯见到您，也是相对得礼，平等相待，您还带有点自尊的神色呢！但今天，那个渔夫撑着船篙，漫不经心地站着，而您却弯腰弓背，先拜后说话，是不是有点太过分了呢？我们几个弟子都对您这举动觉得奇怪：对一个卑微的渔夫怎么能够这样恭敬呢？"

孔子听了子路的话很不高兴，扶着车木，叹口气说："唉，子路，你真是难以教化。你那鄙拙之心至今未改！你靠近一点，我告诉你：遇到年长的不敬是失礼，遇到贤人不尊是不仁，不仁不爱是造祸的根本。今天这位渔夫是懂得道理的贤人，我怎么能对他不恭敬呢？"

后来，人们从子路"万乘之主，千乘之君，见天子未尝不分庭伉礼，夫子犹有倨傲之容"这句话中，引申出"分庭抗礼"这个成语。

——《庄子·渔父》

【故事启示】 在知识经济时代，一个人要想进步，要想鹤立鸡群，就得像孔子学习，有不耻下问的精神。遇到不懂的地方，如果对方在行，哪怕其地位、年龄都低于自己，也要放下尊严，虚心向其请教。唯有如此，才能扩大自己的知识面，开阔自己的眼界。那些放不下架子、不懂装懂的人，犹如井底之蛙，永远只能看到头顶的那片小天。这种人最终只会贻笑大方，成为天下人饭后的谈资。

【成语释义】 表示宾客与主人分别站在庭院两旁，相对行礼，以示平等对待。后来比喻地位平等，不相上下，或比喻互相对立。抗，原作"伉"，对等、相当的意思。

【活用例句】 "山寨"手机发展迅猛，大有和正规品牌～的趋势。

【近义】 平起平坐、平分秋色

【反义】 甘拜下风

分道扬镳

南北朝时期，北魏有一个名叫元齐的人，他很有才能，屡建功勋。皇帝非常器重他，封他为河间公。

元齐有一个儿子叫元志。他聪明过人，学富五车，是个有才华但又很骄傲的年轻人，孝文帝很赏识他，任命他为洛阳令。

不久以后，孝文帝采纳了御史中尉李彪的建议，从山西平城（今山西大同市东）搬迁到洛阳建都。这样一来，洛阳令成了"京兆尹"。

在洛阳，元志仗着自己的才能，对朝廷中某些学问不是很高的达官贵人，很是轻视。

有一次，元志出外游玩，正巧李彪的马车从对面飞快地驶来。照理，元志官职比李彪小，应该给李彪让路，但他一向看不起李彪，偏不让路。李彪见他这样目中无人，当众责问元志："我是御史中尉，官职比你大多了，你为什么不给我让路？"

元志听完李彪的话后，不以为然地说："我是洛阳的地方官，你在我眼中，不过是洛阳的一个住户，哪里有地方官给住户让路的道理呢？"

他们两个互不相让，争吵起来了。于是他们来到孝文帝那里评理。李彪说，他是"御史中尉"，洛阳的一个地方官怎敢同他对抗，居然不肯让道。元志说，他是国都所在地的长官，住在洛阳的人都编在他主管的户籍里，他怎可同普通的地方官一样向一个御史中尉让道呢？

孝文帝听了他们的争论，觉得他们各有各的道理，不能训斥他们中的任何一个，便笑着说："洛阳，我之丰沛，自应分路扬镳。自今以后，可分路而行。"意思是说，洛阳是我的京城。我听了，感到你们各有各的道理。我认为你们可以分开走，各走各的，不就行了吗？

——《北史·魏诸宗室·河间公齐传》

【**故事启示**】 元志与李彪路上不期而遇，互相指责对方没有礼让自己。为这场"争端"做判官的孝文帝了解事情原委后，也难定是非，认为"公说公有理，婆说婆有理"，只好让二人分道扬镳。事实上，即便是"得理"，如果彼此之间能"礼让三分"的话，相信我们的交通必定更加畅通，社会关系也更加和谐。

【成语释义】　分路前进，比喻因志趣、目标不同，而各奔前程，各干各的事。扬镳，举鞭驱马前进。

【活用例句】　这对无话不谈的好朋友，由于爱上了同一个女孩，最终～。

【近义】　各奔前程、风流云散

【反义】　志同道合、并驾齐驱

风马牛不相及

春秋初期，齐桓公任用管仲为相，大力进行改革，使齐国一跃成为春秋初期较强大的诸侯国家。齐桓公还打着"尊王攘夷"，拥护周天子的旗号，大会诸侯，成为"春秋五霸"的第一个霸主，声威大震，中原的诸侯没有不屈从他的。但南方楚国的国力也在不断增强，楚成王不但不服齐桓公，还要与他抗衡。

公元前656年，齐桓公想显示一下自己的声威，就率领齐、鲁、宋、陈等八个诸侯国的军队去攻打蔡国。蔡侯只好连夜逃往楚国，请求楚国出兵援助。齐桓公看到蔡侯逃往楚国，于是率领军队长驱直入向楚国进发。

楚成王派使臣到齐国军营中来，对齐桓公说："君处北海，寡人处南海，唯是风马牛不相及也。不虞君之涉吾地也，何故？"这意思是说，您住在北海，我住在南海，相隔这么远，就是马牛走失，也不会跑到对方的境内。不料，您居然来到我的国土，这是为什么呢？

管仲立马替齐桓公回答说："从前召康公（周成王时最高的公卿）吩咐我们先君姜太公（即姜子牙）说：五侯九伯，你都可以讨伐，以辅佐周王朝，并且赏赐给我先君领土：东到大海，西到黄河，南到穆陵，北到无棣。你长期不向周天子进贡楚国的特产，我们要向你们征求；再有，周昭王巡行南方时，被淹死在汉水，我们要向你们问罪。"楚国使臣说："不进贡特产，确实是我们的失职。至于周昭王淹死的事情，楚国是不能负责的。如果您要问罪，请您自己到汉水边去问吧！"

管仲一时之间，哑口无言。齐桓公见楚国不屈从自己，接着就派大军来到召陵。楚国在强大的联军面前，只得派大夫请求议和。齐桓公得知楚国早已有所准备，如果用武力讨伐楚国，势必会落个两败俱伤，只好同楚国讲和，双方言归于好，各自撤军。

后来，人们将楚国使臣所说的"风马牛不相及"引申为成语。

——《左传·僖公四年》

【故事启示】　齐国与楚国本相隔万里，风马牛不相及，但齐国出兵攻打楚国，找出各种冠冕堂皇的借口，借以隐藏称霸的真正动机。周昭王昏庸无道，当他第二次渡汉水时，当地百姓痛恨他，便为他造了艘大船。船是用胶粘成的。当船行至江中时，胶遇水分解，船也散架了，周昭王以及陪同官员纷纷落水而死。不难看出，大失民心是周昭王丧命的关键因素，管仲却将周昭王之死归到楚国头上，真是"欲加之罪，何患无辞"！

【成语释义】　指两地相隔很远，即使马牛走失，也不会跑到对方境内。另种说法，兽类雌雄相诱叫"风"，马和牛不同类，不致相诱。比喻事物之间毫不相干。

【活用例句】　这两件事本质完全不一样，简直是～。

【近义】　驴唇不对马嘴

【反义】　唇齿相依、息息相关

韦编三绝

孔子是春秋末期的思想家、政治家、儒学学派的创始人。他名丘，字仲尼，鲁国陬邑（今山东曲阜东南）人。先世系宋国贵族，多才多艺，学识渊博。

孔子曾说过他的学问都是通过刻苦钻研得来的。孔子幼年丧父，家境贫寒，没能受到良好的教育，只能通过自学来获得知识。他从十五岁开始发愤读书，因为没有人教，在学习上碰到难题就多方请教。他请教过做官的人，也请教过普通老百姓，请教过白发苍苍的老人，也请教过头上梳着小辫儿的儿童。孔子虚心好学，学无常师，三十岁时便成为当地较有名气的学者。

那时还没有纸张，制作书籍的材料主要是竹子。一般是把竹子削成一片一片的竹签，刮去上面的青皮，用火烘干后在上面刻字，称为"竹简"。竹简有一定的长度和宽度，一根竹简只能写一行字，多则几十个，少则八九个。写成一部书要许多竹简，书的内容全部写上去以后，要用牢固的牛皮绳子把这些竹片按顺序编联起来，就可以阅读了，这样的过程就叫做"韦编"。由于一片竹简只能写很少的字，所以如果一部书的字数很多的话，那就需要几十斤甚至上百斤的竹片。像《易经》这样的书，当然是由许许多多竹简编联起来的，因此相当沉重。

孔子到了晚年才开始学《易经》。《易经》是很难读懂的一部古书，孔子下了很大的功夫，才把它全部读了一遍，还只是基本上了解了它的内容。接着，他又读了第二遍，掌握了它的基本要点。然后，他又读第三遍，对其中的精神、实质有了比较透彻的理解。此后，为了深入研究这部书，同时也为了给弟子们讲解，他不知翻阅了多少遍《易经》，这样读来读去，把串联竹简的牛皮带子也给磨断了好几次，不得不换上新的再读。即使读到了这样的地步，孔子还谦虚地说："假如我能多活几年，我就可以理解些《易经》的文字与内容了。"

孔子一生中还编著了不少书籍，其中有《诗》《书》等几部书，还有根据鲁国的历史材料编成的史书《春秋》。这对古代文化的保存和发展，起到了积极的作用。

——《史记·孔子世家》

【故事启示】 孔子读《易经》，韦编三绝的故事启示我们：一学习要勤奋；二学习要用心，和知识交朋友；三学习的一个重要方法是重复。重复帮助记忆，重复是记忆之母，重复才能加深理解，真正掌握知识。有句话说得好，"熟读唐诗三百首，不会做诗也会吟"。孔子之所以成为中国最杰出、最有名的学者，成为享誉全球的儒家学派创始人，便得益于此。如果没有韦编三绝的精神，恐怕孔子难有此成就。

【成语释义】 编连竹简的牛皮绳断了三次。比喻读书勤奋，刻苦治学。韦编，用熟牛皮绳把竹简编联起来；三，概数，表示多次；绝，断。

【活用例句】 我们提倡～的勤学精神，更提倡学以致用，有所创新。

【近义】 悬梁刺骨、孜孜不倦、废寝忘食

【反义】 不学无术、一曝十寒

开门揖盗

东汉末年，有一位杰出的军事家、政治家叫孙权，字仲谋。他年轻时，继承了父亲孙坚和兄长孙策创下的基业，盘踞在江东一带。孙权的哥哥孙策也是一位军事奇才，孙权十五岁时，孙策就平定了东吴各郡，成为东吴之主。孙策胸怀大志，以富庶的东吴作为根据地，囤积粮草，训练军队，时刻以平定天下为己任。

吴郡太守许贡见到孙策在江东的势力日渐强大，便写信给汉献帝，信中说："孙策是骁勇的英雄之士，就像古时候的项籍一样，皇上应该将他召回京师做官，控制使用，他是不敢不听的。要是让他久驻东吴，日后必生祸患。"不料，此表被孙策的密探获得。孙策看过奏表，心中大怒，当面斥责许贡，并下令将其杀害。许贡手下有许多门客，他们对许贡的死愤愤不平，决定除掉孙策。其中有三个门客潜藏在民间，寻机为许贡报仇。

公元200年四月，孙策出去打猎。他骑的是上等的精骏之马，驰驱逐鹿，跟从的人绝对赶不上。正当他快如疾风般地奔驰时，突然从草丛中跃出三人，弯弓搭箭，向他射来。事情发生得过于突然，孙策来不及躲避，面颊中箭。这时，后面的扈从骑兵已经赶到，将这三个人杀死。孙策被抬回府中后，伤势不断加重，而且心中又气又急，箭疮迸裂。孙策知道自己活不久了，将长史张昭等人都召唤到床前说："我死后，请你们好好扶助我的弟弟孙权！"嘱托完后事，孙策将印绶授给孙权。不久，含恨而终，年仅二十六岁。

孙策死时，孙权才15岁，他见哥哥去世了，万分悲痛。大臣们都劝他不要过分悲伤，可他还是天天啼哭。大臣们见劝说无效，都非常着急。张昭劝孙权说："公子啊，这难道是哭的时候吗？当初周公建立了法度，可是武王的弟弟伯禽就没有遵守，而是立即出征平定戎人作乱。伯禽并不是想违背父兄的法度，形势逼迫他不得不那么做啊！何况如今奸贼（指曹操）正与咱们竞争，到处是坏人。如果你只顾悲啼，顾及礼法而不去考虑国事……"

孙权听到这里，停止了哭泣，请张昭说下去。张昭继续说："这好比开门揖盗，必将自取其祸。"孙权马上更换了衣服，去视察军营，以安定军心。东吴见到有了新主，人心稳定，后来与蜀、魏形成了三国鼎立的局面。

——《三国志·吴志·孙权传》

【故事启示】　敞开大门，作着揖，请强盗进来。这种做法无异于"引狼入室"，荒唐愚蠢至极。有人也曾把"开门揖盗"当作一种诱敌深入的战术，以"开门"作诱饵，麻痹并引诱敌人或对手上钩。待其上钩后，便"关门打狗"，将其一举消灭。仔细推想之，亦不无道理。只是，这一做法必须十二分的小心谨慎才行。否则，极容易弄巧成拙，后患无穷。

【成语释义】　开门请强盗进来。比喻引进坏人，招来祸患。揖，打拱，表示欢迎。

【活用例句】　晚清政府曾一味接受西方列强的霸王条款与所谓的国际援助，实际上是～。

【近义】　自讨苦吃、引狼入室

五十步笑百步

战国中期，梁惠王为了扩大疆域，聚敛财富，他想出了许多办法，还把百姓赶到战场上，为他打仗。

有一天，他问孟子："我对于国家，总算尽心了吧！河内年成不好，我就把河内的灾民移到河东去，把河东的粮食调到河内来。河东荒年的时候，我也同样想方设法地救灾。看看邻国的君王还没有像我这样做的。可是，邻国的百姓并没有大量逃跑，我国的百姓也没有明显增加，这是为什么呢？"

孟子回答说："大王喜欢打仗，我就拿打仗作比方吧。战场上，战鼓一响，双方的士兵就刀对刀、枪对枪地打起来。厮杀结果，打败的一方免不了会弃盔丢甲，飞奔逃命。假如一个兵士跑得慢，只跑了五十步，却去嘲笑跑了一百步的兵士是'贪生怕死'，这种做法对吗？"

梁惠王马上回答说："当然不对！他只不过没有逃到一百步罢了，但同样也是逃跑啊！"

孟子说："你虽然爱百姓，可你喜欢打仗，百姓就要遭殃。这与五十步同样道理。怎么能够希望您的百姓会比邻国的多呢？"

这则寓言告诉我们，看事情要看本质，不要被表面现象所迷惑。"五十步笑百步"这句成语就是从这则寓言中提炼出来的。

——《孟子·梁惠王上》

【故事启示】 士兵逃了五十步和逃了一百步，尽管在数量上有所区别，但在本质上是一样的——都是逃跑。孟子之所以暗讽梁惠王的做法与"五十步"士兵的做法一样，是因为梁惠王尽管给了百姓小恩小惠，但他发动战争，欺压黎民，在压榨百姓这方面，跟其他诸侯国的统治者没有本质上的区别。该故事启发我们，看事情要看本质，不要为表面现象所迷惑。

【成语释义】 败逃五十步的人讥笑败逃一百步的人。比喻缺点或错误性质相同，只有情节或重或轻的区别。

【活用例句】 你不要总是嘲笑他，其实你俩是～，半斤八两。

【近义】 半斤八两

【反义】 天壤之别、截然不同

毛遂自荐

战国时期，秦军在长平一线，大胜赵军。秦军主将白起，领兵乘胜追击，包围了赵国都城邯郸。大敌当前，赵国形势万分危急。平原君赵胜奉赵王之命，去楚国求兵解围。平原君把门客召集起来，想挑选20个文武全才一起去。他挑了又挑，选了又选，最后还缺一个人。

这时，有一个叫毛遂的人，走上前来说："希望先生就以毛遂凑足人数出发吧！"平原君说："先生来到赵胜门下到现在几年了？"毛遂说："到现在三年了。"平原君说："贤能的士人处在世界上，好比锥子处在囊中，它的尖梢立即就要显现出来。现在，处在赵胜的门下已经三年了，左右的人们对你没有称道，赵胜也没有听到赞语，这是因为先生没有什么才能的缘故。所以先生不能一道前往，先生请留下！"毛遂说："我不过今天才请求进到囊中罢了。如果我早就处在囊中的话，就会像禾穗的尖芒那样，整个锋芒都会挺露出来，不单单仅是尖梢露出来而已。"平原君终于被说服，同意毛遂一道前往。那十九个门客则互相用目光示意嘲笑毛遂。

到了楚国，楚王只接见平原君一个人。两人坐在殿上，从早晨谈到中午，还没有结果。毛遂大步跨上台阶，远远地大声叫起来："出兵的事，非利即害，非害即利，简单而又明白，为何议而不决？"楚王非常恼火，问平原君："此人是谁？"平原君答道："此人名叫毛遂，乃是我的门客！"楚王喝道："赶快下去！我和你主人说话，你来干吗？"毛遂见楚王发怒，不但不退下，反而又走上几个台阶。他手按宝剑，说："如今十步之内，大王性命在我手中！"楚王见毛遂那么勇敢，没有再呵斥他，就听毛遂讲话。毛遂就把出兵援赵有利楚国的道理，作了非常精辟的分析。毛遂的一番话，说得楚王心悦诚服，答应马上出兵。不几天，楚、魏等国联合出兵援赵。秦军撤退了。平原君回赵后，待毛遂为上宾。他很感叹地说："毛先生一到，楚王就不敢小看赵国了。"

成语"毛遂自荐"由此而来。

——《史记·平原君虞卿列传》

【故事启示】 一位平时默默无闻的门客，三年苦于怀才不遇，却在关键时刻勇敢地推销自己，以其超人的胆识与智慧，成功促使楚、赵合纵，并留下了"三寸不烂之舌，强于百万之师"的美誉。现实生活中，我们也要懂得抓住表现自己的机会，善于推销自己。不要因为担心会招来他人的嘲笑或拒绝而羞于自我推荐，也不要总是等着别人去推荐。当你缺乏自荐的勇气时，不妨想想毛遂以一张厚脸皮说服平原君的情景，想想毛遂自荐获得成功后的喜悦与作为。

【成语释义】　比喻不经别人介绍，自我推荐担任某一项工作。

【活用例句】　潘硕同学想当班长，～，班主任居然同意了。

【近义】　自告奋勇

【反义】　自惭形秽

为虎作伥

唐穆宗长庆年间，传说有个处士马拯，听说衡山祝融峰上住着一个伏虎长老。他带了一个童仆，上山去拜访那位长老。

他登上祝融峰，来到一座佛寺，看见一位须发皆白的老和尚。老和尚非常热情，坚决要马拯留下来吃饭，可是厨房里的油和盐刚巧用完了。马拯就叫童仆下山去买油盐。老和尚陪送他走出寺门。马拯独自一人站在寺边观赏山景。这时，从山下又来了一个叫马沼的隐士。两人互通姓名之后，马沼说他在半山腰看见一只猛虎在吃人。

马拯赶紧问了那人的年龄、容貌、衣着，惊叫道："那是我的童仆！"马沼又说："奇怪的是，那猛虎吃了人后，忽然变成一个须发皆白的老和尚。"不一会，老和尚回来了，马沼凑到马拯耳边，悄悄地说："正是这个老和尚。"

天晚了，老和尚想请他们住僧房，两人却推说更喜欢住在斋堂里。到了斋堂后，两人把门紧紧闩上，仔细留意着外面的动静。半夜里，有只老虎几次来撞门，两人都使劲全身力气顶住了，门始终没有被撞开。两人决心要除掉这只吃人的老虎，终于想出了一个好办法。

第二天一早，两人谎称后院一口井里传出怪声，把老和尚骗到井边。当老和尚凑到井口看时，马沼抓住时机，一用力，把他推下井。老和尚一落水，立刻现出老虎的原形。为了斩草除根，两人赶紧搬来大石头，扔向井里，把老虎活活砸死了。

除掉老虎后，两人下山，不料，迷了路。幸亏遇见一个猎人。这个猎人让他们在搭建在树上的窝棚里过夜。半夜里，两人突然被树下的嘈杂声吵醒。借着月光定晴一瞧，居然有几十个人，吵着要替老虎报仇。猎人赶紧为他们答疑解惑："这些人都是被老虎吃掉了，可死后却替老虎开道，成了伥鬼。"马拯听完这番话后，骂道："你们这些伥鬼，死在老虎嘴里，还要为它痛哭、报仇！"

古代传说，被老虎吃掉的人，死后变成伥鬼，还要为老虎效力。"为虎作伥"由此而来。

——《渔樵闲话》

【故事启示】　故事中的老虎不仅生性残暴，而且足智多谋，是一只懂点"人类心理学"的老虎。它在与人斗争的过程中，非常讲究战略战术，这一点从它化身为须发皆白的老和尚即可看出。毕竟，在世人眼中，老年人一般易给人慈祥的感觉，加之又是整天推崇仁义道德的和尚，如此一来，更容易让人对其失去防备之心，方便它下虎口。再有，它与人斗争时，还实行"各个击破"，计划将马拯和童仆逐个消灭。真是狡猾无比！不过，终究没有战胜万灵之长的人类，死于非命，也算是为那些死于虎口的人们报了仇。

【成语释义】　被老虎咬死的人变成鬼，又去引诱别人来让老虎吃，这种鬼叫作"伥"。比喻充当恶人的帮凶。为，替，给。

【活用例句】　为着要得虎子而身入虎穴，决不是身入虎穴去～。（郭沫若《〈闻一多全集〉序》）

【近义】　为虎添翼、助纣为虐

公而忘私

春秋时期，晋国有个大夫，名叫祁黄羊，品德高尚，是晋平公的得力谋臣。晋平公要决定什么大事，都要同他商议。

有一天，晋平公把祁黄羊招进宫，问他说："南阳县还缺个县令谁可以去担当这个职务？"祁黄羊想了想说："解虎去比较合适。"

解虎与祁黄羊之间有矛盾，这晋平公也知道的。他听到祁黄羊举荐解虎，有点出乎意料，不解地问："解虎不是与你有仇吗？你怎么推荐他去当县令？"祁黄羊说："您问的是谁可以去当南阳县令，又不是问谁是我的仇人。"

晋平公赞许地点了点头，说："好吧！"于是就派解虎去当南阳县令。解虎到了南阳，把南阳治理得很好，老百姓都很拥戴他。

过了一段时间，晋平公又问祁黄羊说："现在还缺少一个军尉，你看谁能够胜任？"祁黄羊回答说："祁午可以担任这个职务。"

晋平公听了，又吃了一惊。原来祁午是祁黄羊的儿子。当时，推荐自己的亲属当官是很忌讳的事情，因为很容易招来闲话。晋平公还以为自己听错了，就说："祁午不是你的儿子吗？你推荐他去当军尉，就不怕别人说你徇私情？"祁黄羊说："你问的是谁可以当军尉，又不是问谁是我的儿子。我是谁胜任这个职务就推荐谁，不管他和我有没有关系，怕什么闲话呢？"

晋平公很赞赏他的坦荡，就说："那好，就派祁午去吧！"就又任用了祁午，祁午果真非常称职。

后来，孔子听了这件事，就感慨地说："祁黄羊的话说得太好了！举荐人才不回避跟自己有仇的人，也不回避自己的亲生儿子，真是公而忘私啊！"

——《吕氏春秋·孟春纪·去私》

【故事启示】　祁黄羊推荐人才完全以一个人的才与德为标准，而不管对方是与自己敌对交恶的人，或是有血缘之亲的儿子，诚如孔子所言：公而忘私。而他推荐的人也都很称职，更是证明了他眼光之犀利。

【成语释义】　为了公事而不考虑自己的私利。形容一心为公。

【活用例句】　我们要学习雷锋同志那种～、全心全意为人民服务的精神。

【近义】　公而无私、大公无私

【反义】　私而忘公、损公肥私

天衣无缝

传说古时候有个叫郭翰的读书人，他能诗善画，性格诙谐，喜欢开玩笑。

盛夏的一个夜晚，他在树下乘凉，但见长天如碧，白云舒卷，明月高挂，清风徐来，满院飘香。这时，一位如花似玉的姑娘从半空中飘然而至，落在了他的面前。郭翰心想，这准是天上的仙女。一问果然不错，他是牛郎的妻子织女，织布织累了，到人间来解解闷。

郭翰问："你从天上来，能谈谈天上的事情吗？"

仙女问："你想知道什么？"

郭翰说："我什么都想知道。"

仙女说："这可难了，你让我从哪说起呀？"

郭翰说："人们都说仙人聪明，你就随便说说吧。"

仙女说："天上四季如春，夏无酷暑，冬无严寒；绿树常青，花开不谢。枝头百鸟合鸣，水中游鱼可见。没有疾病，没有战争，没有赋税，总之，人间的一切苦难天上都没有。"

郭翰说："天上那么好，你为什么还跑到人间来呢？"

仙女说："亏你还是个读书人。你们的前辈庄周老先生不是说过'在栽满兰花的屋子里呆久了，也闻不到香味'的话么。在天上呆久了，难免有些寂寞，偶尔到人间玩玩。"

郭翰又问："听说有一种药，人吃了可以长生不老，你知道哪有吗？"

仙女说："这种药人间没有，天上到处都是。"

郭翰说："既然天上多得很，你该带点下来，让人们尝尝有多好呀。"

仙女说："带是带不下来。天上的东西，带到人间就失去了灵气。不然早让秦始皇、汉武帝吃了。"

郭翰说："你口口声声说来自天上，用什么证明你不是说谎话哄人呢？"

107

仙女让郭翰看她的衣服。郭翰仔细看，只见那身衣裳色彩斑斓，闪烁不定。最令人叫绝的是，整套衣裳浑然一体，竟看不到一丝线缝。郭翰诧异极了！

仙女说："天衣无缝，你连这个都不懂，还称什么才子，我看你是十足的大傻瓜。"

郭翰听完哈哈大笑，再一瞧，仙女不见了。

郭翰第二天把夜里的奇遇告诉了左邻右舍，人们不禁个个称奇。

——《灵怪录·郭翰》

【故事启示】　通过营造一个读书人偶遇仙女的奇事，传达出衣裳可以编织得浑然一体，丝毫看不出线缝的痕迹，体现了古人追求完美的理想与情怀。所谓完美主义，是指对事物要求尽善尽美，愿意付出很大的精力去把它做到天衣无缝的地步。可见，完美主义并不是坏东西，对于某些人和职业甚至还是很必要的，比如音乐、美术、服装设计等。当然，在当今这个处理事情越来越多的时代，有效地避免完美主义的不利影响也很重要。

【成语释义】　神仙的衣裳连一点缝也没有。比喻事物浑然天成、严密完备，找不出什么破绽。

【活用例句】　这幅画原已破损，经过宋师傅的修补，简直是～，一点补过的痕迹都看不出来。

【近义】　完美无缺、浑然一体

【反义】　漏洞百出

太公钓鱼

公元前十一世纪时，八十老人姜尚曾任商朝下大夫，因见纣王荒淫无道，便弃官逃往西岐，本想自投西伯姬昌，又怕被人耻笑，所以暂时隐居在渭水河边的小村庄里，以待时机。

一天，他正在渭河边钓鱼解闷，有一樵夫武吉担柴路过，见他居然用直钩钓鱼，还离着水面三尺远，鱼钩上也没挂香饵，便好奇地问长者贵姓。

姜尚答道："姓姜名尚，字子牙，号正熊。"

武吉叹了口气说："真是有志不在年高，无谋空言百岁。像你这样愚拙的人，还自号正熊，实不相称！"

姜尚微微一笑："老夫钓鱼是假，待机进取是真。然而要钓王与侯，宁在直中取，不可曲中求！"

武吉说道："你哪像王侯，倒像活猴。"

说完这话，他就担起柴担进城去了。

不料，武吉进城失手打死了守门的军士招来杀身大祸，巧逢西伯姬昌路过，得知武吉是个孝子，家中有老母无人奉养，便赠予黄金十两，命他回去安顿好老母再来领罪。老母绝望，便带武吉来向姜尚求教解救之法。姜尚教他如此这般。从此，武吉只在乡中干活，不再进城。

光阴似箭，不觉又是一个春天。一日，西伯来到渭河边踏青打猎。忽然，听到有人唱道："凤非乏兮麟非无，但嗟治世有污。龙兴云出虎生风，世人慢惜寻贤路……"姬昌命人将歌者找来，见是武吉，大喝道："你怎敢欺我，不来领罪，反在此唱歌？"武吉便照实说了，并说这歌也是姜尚所作，姬昌认为姜尚必是贤者，便当即赦免了武吉的死罪，命他带路来河边寻访姜尚。姜尚为试姬昌的诚心，未加理睬便避入芦苇丛中。姬昌求贤心切，三日后，又封武吉为武德将军，再次带路，亲率百官一同再访姜尚，封为太公。

姜尚（姜太公）辅佐文王，随武王伐纣，最终建立了周朝。

后来，人们根据这个故事，引申出"太公钓鱼"的成语，常常与"愿者上钩"连用。

——《史记·齐太公世家》

【故事启示】 从姜尚后来辅佐周文王、周武王的政绩看，他其实是一个有学问、有大志的人，却因生不逢时，长期未遇明主，无法施展才华，所以一度隐居在渭水之边。当知道周文王的德行后，姜尚不顾自己已年过花甲，毅然离开故土，来西周寻找实现抱负的机会，并通过用直钩钓鱼的方式来引人注目。可见，姜尚并不像人们想象中的那样，被动地等待着周文王的发现，而是一位胸怀大志，并积极采取行动以实现其目标的难得人才。

【成语释义】 太公，指周初的姜尚，即姜子牙。后用来比喻心甘情愿地上当。

【活用例句】 李波一向很矜持，凡事总抱着"～，愿者上钩"的态度，不喜欢主动出击。

【接龙游戏】 太公钓鱼→鱼龙混杂→杂七杂八→八拜之交→交头接耳→耳鬓厮磨→磨砖成镜→镜花水月→月旦春秋→秋高气爽→爽然若失→失惊打怪→怪诞不经→经久不息→息事宁人→人言啧啧→啧有烦言→言必有中→中庸之道→道路以目→目瞪口呆

以貌取人

孔子是春秋时期的大教育家，他一生收了很多学生，据说有三千多。那么是不是每个学生他都没看错呢？

说到有没有看错学生时，孔子自己也承认自己犯过这方面的错误。有一个很会说话的学生和一个长得很丑的学生，都曾经被孔子看错过。

那个很会说话的学生名叫宰予，擅长言谈，因此，孔子觉得他什么都好。其实，这个人既不孝敬父母，也没有仁德，而且十分懒惰，白天睡大觉，"朽木不可雕"。有一天，宰予甚至对孔子说："父母去世了，守孝三年，时间太长了。如果三年不学习，学习过的东西，也是会忘记的。"孔子听了很生气地说："宰予呀，你真是太不孝顺了。你三岁的时候还不能离开父母的怀抱，难道守孝三年太长了吗？"

后来，宰予参与作乱，被杀死。于是，孔子发现他自己看错了宰予。

孔子另有一个弟子叫澹台灭明（字子羽），长得体态不雅，相貌丑陋，孔子开始认为他资质低下，不会成才，而且还认为他的品德很差。然而，出乎孔子的意料，澹台灭明从师学习后，回去就致力于修身实践，处事光明正大，从来不去巴结公卿大夫。后来，澹台灭明到南方去讲学时，人们对他的评价很高，追随他的学生有三百人。他的声誉传遍四方。

因此，孔子感叹地说："我只凭说话判断人，在宰予身上我发现自己错了；以貌取人，在澹台灭明身上我又错了。"

——《史记·仲尼弟子列传》

【故事启示】 古人云："人不可貌相，海水不可斗量。"然而，现实生活中，不少人却习惯凭外貌来看人（内心、性格、人品），并对此深信不疑。简而言之，即以貌取人。毋庸置疑，影响人最大的是环境，什么样的环境产生什么样的观念，观念又会产生行动，行动则养成习惯。习惯久了自然就会在眼神或笑容言行等方面表现出来。从这种意义上讲，以貌取人有道理。但以貌取人绝不是硬道理。孔子以貌取澹台灭明，不就证实了这一点吗？

【成语释义】 根据人的外貌衣着来判断、衡量其品质能力的高下。以，根据，凭据；貌，外貌；取，衡量、判断。

【活用例句】 选拔人才应该以人品、能力为取舍依据，不应～。

【近义】 以名取士

【反义】 量才录用

不胫而走

东汉末年，有一个叫盛孝章的名士。他曾任吴郡太守，后因病辞官在家隐居。孙策平定东吴后，对当时的名士深为忌恨，盛孝章曾因此外出避祸。孙策死后，孙权继续对其进行迫害。孔融与盛孝章是知交好友，知道他处境危急，所以特地写了一封信，向当时任司空兼车骑将军的曹操求助。在给曹操的信中，孔融叙述了盛孝章的艰险处境，并引用历史上重用贤才的故事来打动曹操，辞意恳切。

孔融在信中这样说：光阴不能停留，像流水一样消逝，很快就到了五十岁的年龄。您是刚满五十，而我却已经超过两岁了。国内的老朋友差不多都要死光了，只有会稽的盛孝章还活着。他受到东吴孙氏政权的迫害，妻子儿女都已死去，只留下他孤单无助的一个人，处境非常危险，心情十分痛苦。假使忧愁可以损害人的健康，孝章恐怕不能长寿了。

《春秋公羊传》里说："诸侯之间有相互并吞的，齐桓公没有加以救援，自己感到是一种羞耻。"盛孝章确实是当今男子中的豪杰，天下一些善于言谈议论的人，常要依靠他来宣扬自己的名声，而他本人若不能避免被囚禁、生命朝不保夕的命运，那么孔子就不应该谈论朋友好坏的问题，也无怪朱穆要写他的《绝交论》了。您如果能赶快派遣一个使者，再带上一封短信，就可以把盛孝章招来，而交友之道也可以发扬光大了。

现在的年轻人喜欢说前辈的坏话，或许有人会对孝章加以讥讽评论，但总的说来，孝章是一个为天下人所欣赏和赞美的人。燕君购买骏马的尸骨，不是要它在道路上奔驰，而是通过它来招致千里马。我想您正在拯救和恢复汉朝王室，使将要覆灭的政权重新安定下来。天下要安定，关键在于得到贤才。珠玉不生脚，却能够到人的身边来，就是因为有人喜欢它们，贤士们生了脚却不来，是君王不求贤的缘故。燕昭王筑了黄金台来尊崇郭隗，郭隗虽然是一个才能不高的人，但却得到了厚待，终究能传播明主的诚心，所以乐毅从魏国前去，剧辛从赵国前去，邹衍从齐国前去。假如当初郭隗处于困苦危急之中，昭王不去帮助他，正像落水将要淹死的时候不去援救他，那么其他贤士也都将远走高飞，没有肯到北方燕国来的人了。上面所说的一些事情，本来就是您所熟悉的，而我还是要再说一下，无非是想请您对交友之道加以重视罢了，实在不能详尽地表达我的意思。

曹操接到信后，马上请盛孝章担任都尉，但任命的文书还没到，盛孝章就已被孙权杀害。

——《与曹操论盛孝章书》

【故事启示】　孔融在给曹操这个诗人兼政治家的信中，"醉翁之意不在酒"，明里谈论燕昭王和郭隗，实际上却是谈论曹操和盛孝章。孔融很巧妙地把自己要救盛孝章的事情，转换成了曹操有必要救盛孝章，并使曹操相信这很天经地义。读到此书，一向求贤若渴的曹操，果然去救盛孝章，可惜迟了一步。从这个角度看，孔融无疑是高明的。这封书信也帮助孔融完成了自我。至于盛孝章的遇害尽管令人遗憾，却是另一回事。

【成语释义】 没有腿却能跑得很快。后形容事物不待推行，就
到处流传。胫，小腿。

【活用例句】 他考上北京大学的消息～，不到半天，全村子的
人都知道了。

【近义】 不翼而飞

【反义】 秘而不宣

以身试法

西汉时期，高阳出了一位廉洁奉公的官员，叫王尊。王尊从小失
去父亲，由他的伯父抚养成人。伯父家里比较贫穷，王尊每天都要给
别人放羊，以此贴补家用。王尊平时最爱读书，放羊时总要带些书阅
读。他自学史籍，从书中学到许多刑律知识，渐渐地，他对书上提到
的那些秉公执法的官吏十分崇敬，希望自己将来也成为这样的人。

一天，王尊央求伯父为他在郡的监狱里谋一份差使，这时王尊才
十三岁。伯父听后惊讶地说："你还是个孩子啊，又不懂刑律，怎么
能到监狱去做事呢？"王尊说："孩儿已从书中学到很多，以后再跟
狱长多学学，不就行了吗？"伯父经不住王尊一再央求，便备了礼托
人找监狱长说情，监狱长便把王尊当听差留在身旁使唤。这份不起眼
的差使，王尊一干就是几年。在这期间，他系统地学习了朝廷颁布的
各类刑律，对大汉的律法了如指掌。

有一次，王尊随监狱长去太守府办事，太守每有问题，王尊都对
答如流，没有丝毫的差错。太守见他才思不凡，便把他留在府中做文
书方面的事。又过了几年，王尊辞去了太守府的职务，潜心研读儒家
经典。

多年后，王尊再次踏入仕途。由于他执法严正，被逐步提升，
当上了县令，后来又升为安定郡太守。当时，安定郡官场十分混乱，
一些官员利用权势作威作福、欺压百姓。王尊一到那里，立即整顿吏
治，晓示属县所有官吏忠于职守，以身作则，并告诫下属法律无情，
不要用自己的身体去尝试法律。郡里有个属官心狠手辣，他搜刮了大

量民脂民膏，百姓对他很是愤恨。孰料，贴出告示后仍不见其改悔，于是王尊把他捉拿归案，抄出赃银百万。这贪官入狱后，没几天就一病身亡。接着，王尊又惩办了一批罪行严重而又不思悔改的豪强。这样一来，安定郡太平起来。

王尊嫉恶如仇，执法如山，受到了百姓的尊敬和爱戴。

——《汉书·王尊传》

【故事启示】　人无法选择自己的出身，却可以通过行动转变自己的命运。家境贫寒的王尊，人穷志不穷，最终自学成才，官居太守，由贫入富。然而，事业如日中天的王尊并没有受到钱权侵蚀而自甘堕落，他依然保持着廉洁奉公的高贵品质。他重拳整顿吏治，晓示属县所有官吏"明慎所职，毋以身试法"。面对公然挑衅律法的官员，他刚正不阿，执法如山，将其捉拿归案。说他是西汉的"黑包公"，一点都不为过。

【成语释义】　拿身家性命去尝试法律。

【活用例句】　为了降低合开的宾馆的经营成本，他俩不惜～，以偷电来减少每月的费用。

【近义】　违法乱纪、作奸犯科

【反义】　以身作则

五画

乐不思蜀

　　三国时期，魏、蜀、吴三个国家各据一方，征战不休，争夺霸主的统治地位。其中，刘备管辖割据的地方称为蜀。刘备死后将王位传给了儿子刘禅，又称刘阿斗。临终前，刘备嘱咐诸葛亮辅佐刘禅治理蜀国。刘禅是一位非常无能的君主，什么也不懂，什么也不做，整天就知道吃喝玩乐，将政事都交给诸葛亮去处理。诸葛亮在世的时候，呕心沥血地使蜀国维持着与魏、吴鼎立的地位，诸葛亮去世后，由姜维辅佐刘禅，蜀的国力迅速走起了下坡路。

　　公元263年，魏国大军侵入蜀国，一路势如破竹。姜维抵挡不住，终于失败。惊慌不已的刘禅为了保命，便光着上身、反绑双臂，叫手下捧着玉玺，出宫投降，做了魏的俘虏。同时跟他一块儿做了俘虏的，还有一大批蜀国的臣子。

　　刘禅投降以后，魏王曹髦（máo）为了笼络人心，封他一个食俸禄却无实权的"安乐公"称号，并将他迁居魏国京都许昌居住，使他和以前一样养尊处优。

　　司马昭虽然知道刘禅无能，但对他还是有点怀疑，怕他表面上装成很顺从，暗地里存着东山再起的野心，有意要试一试他。

　　有一次，他请刘禅喝酒，席间叫人为刘禅表演蜀地乐舞。跟随刘禅的蜀国人看了都触景生情，难过得直掉眼泪。司马昭看看刘禅，见他正咧着嘴看得高兴，就故意问他："你想不想故乡呢？"刘禅随口说："此间乐，不思蜀。"意思是："这里很快乐，我并不想念蜀国。"

　　散席后，刘禅的近臣教他说："下次司马昭再这样问，主公应该痛哭流涕地说：'蜀地是我的家乡，我没有一天不想念那里。'这样也许会感动司马昭，让他放我们回去呀！"

　　果然不久，司马昭又问到这个问题，刘禅就装着悲痛的样子，照这话说了一遍，但又挤不出眼泪来，只好闭着眼睛。司马昭忍住笑问他："这话是人家教你的吧？"刘禅睁开眼睛，吃惊地说："是呀，正是人家教我的，你是怎么知道的呀？"

司马昭彻底知道刘禅确实是个胸无大志的人，就不再提防着他了。

人们根据这个故事，引申出"乐不思蜀"这个成语。

——《三国志·蜀志·后主禅传》裴松之注引《汉晋春秋》

【故事启示】 刘禅身为一国之主，沦为亡国奴后，在敌国居然乐不思蜀，甚至连假装想念故国都装不出来，贪图享乐而志向沦丧居然到了如此地步！我们真是"哀其不幸，怒其不争！"料想九泉之下的刘备，倘若知晓自己的儿子是这样一番模样，必被气得捶足顿胸！这个故事启示我们，在任何情况下，都不应放任自己，而要志存高远，并不懈地为之奋斗。

【成语释义】 蜀后主刘禅投降司马昭后，被安置在洛阳仍过荒淫生活，快乐得不想回国。多用于形容人到了好的环境中而忘了本，含贬义。蜀，指三国时蜀国。

【活用例句】 你到了美国，可不能～，忘记养育你的故乡故土啊！

【近义】 乐不可支、乐而忘返

【反义】 叶落归根、饮水思源

白头如新

邹阳，西汉初时齐人，最初在吴王刘濞手下任职，以文辞著称。吴王谋反，邹阳谏而不听，于是改投梁孝王刘武门下。

邹阳为人有智谋才略，慷慨不苟合，因此遭到羊胜、公孙诡等人的妒嫉。他们在梁孝王面前说邹阳的坏话。梁孝王听信谗言，生气地把邹阳交给掌管法律的官员审讯定罪，准备将邹阳杀掉。邹阳十分激愤，担心死后承担"莫须有"的罪名，就从牢狱里写信给梁孝王，信中列举事实说明："待人真诚就不会被人怀疑，纯粹是一句空话。"

信中写道："从前荆轲仰慕燕丹的高义前去行刺秦王，尽管天空出现白虹贯日的征兆，可是燕太子丹仍然担心荆轲害怕不能成行；卫先生替秦王谋划长平之事，也出现了金星遮掩昴星的预兆，而秦昭王仍然疑虑重重。他们的精诚所至感天动地显示出征兆，却不被燕丹、昭王两主理解，这难道不是可悲的吗！如今我竭尽忠诚，尽其计议，希望大王采纳。您周围的人不了解情况，终于把我交给官吏审讯，被世人误解，即使让荆轲、卫先生复活，而燕丹、秦昭王也不会醒悟。希望大王仔细地审察这种情况。"

"卞和将宝玉献给楚王，可是楚王硬说他犯了欺军之罪，下令砍掉他的脚；李斯尽力辅助秦始皇执政，使秦国富强，结果被秦二世处死。因此箕子装疯，接舆避世，他们都怕遭到这种灾祸啊。希望大王仔细地审察卞和、李斯的诚意，不要犯楚王、胡亥偏听偏信的错误，不要让我被箕子、接舆耻笑。我听说比干被剖心，伍子胥的尸体被装进皮袋子沉入江里，当初我并不相信，现在我才了解了真情。希望大王仔细地审察，略微给我一点怜悯吧！

"俗话说：'有白头如新，倾盖如故。'双方互不了解，即使交往一辈子，头发都白了，也还是像刚认识一样；真正相互了解，即使是初交，也会像老朋友一样。这是为什么呢？相知还是不相知，不在相处时间长短啊。所以，从前樊於期从秦国逃往燕国，把首级借给荆轲用来奉行燕丹的使命；王奢离开齐国前往魏国，在城上自刎用来退去齐军保全魏国。王奢、樊於期不是因为齐、秦是新交，燕、魏是老相识，他们离开齐国和秦国，为燕、魏二君去死，是行为和志向相合而对正义无限仰慕的原因啊。所以苏秦不被天下人信任却对燕国像尾生一样的信实；白圭战败丢掉六国城池，却为魏国夺取了中山。这是为什么呢？实在是遇到知遇的原因啊。"

"我听说庄重严整上朝的人，不会贪图利禄而玷污道义；追求名誉的人，不会放纵私欲败坏自己的品行，因此，县名叫作"胜母"而曾子就不进去；城邑的名字叫"朝歌"而墨子就回车离去。如今，让抱负远大的人，为威重的权势所震慑，为高位大势所压抑，有意用邪恶的面目、肮脏的品行来侍奉阿谀献媚的小人而求得亲近于大王左右，那么有志之士就会老死在岩穴之中了，怎么肯竭尽忠诚信义追随大王呢！"

这封信进献给梁孝王。梁孝王读了邹阳的信后，很受感动，于是立即派人从牢狱中把邹阳放出来。邹阳出狱后，更加敢于直谏，梁孝王对邹阳的谏言总是听从。后来，邹阳成了梁孝王的上等宾客。

——《史记·鲁仲连邹阳列传》

118

【故事启示】 太史公说："邹阳的言词即使不够谦逊，可是他连缀相类的事物，进行比较，确实有感人之处，也可以说是坦率耿直不屈不挠了。"邹阳凭借斐然的文采以及争取自救的积极态度，最终自救成功，还成为梁孝王的贵宾。这启示我们，自助者，天乃助也。天无绝人之路。当遭遇绝境或险境时，不能心灰意冷，轻言放弃或消极地坐以待毙。正确的做法是：开动大脑，积极寻求解脱之法。再有，"白发如新，倾盖如故"说明友谊的深浅，并不在于时间的长短，而在于了解与不了解。

【成语释义】 形容交情不深。

【活用例句】 我跟他认识有几年了，但除了见面寒暄几句，就没有别的。因此至今还是~。

【接龙游戏】 白头如新→新陈代谢→谢天谢地→地老天荒→荒诞不经→经年累月

白龙鱼服

春秋时期，吴王过烦了宫中的生活，于是想穿上老百姓的衣服到民间去走一走，还想和他们一同饮酒。这决定可吓坏了满朝文武官员。若是吴王在出行的过程中遇到什么危险，谁能担当起这个责任？大夫伍子胥也认为一国之君混迹在百姓中间是很不妥当的。为了打消吴王微服出游的念头，他给吴王讲述了这样一个故事。

传说，很久很久以前，天上的玉帝养了一条非常漂亮的白龙，这条白龙也是玉帝最钟爱的宠物。有一天，白龙厌烦了天庭单调的生活，就变化为鱼，下凡到一个清冷的池里游玩。它在清清的河水里游来游去，觉得非常有趣。这时，一个名叫豫且的渔人走了过来，这个深池是他每天打渔的地方。豫且看见池水中的这条鱼个头很大，高兴极了，就一箭射了过去。正玩得高兴的白龙突然感到一阵剧痛，原来豫且一箭射中了他的眼睛。白龙带着痛逃跑，愤怒地到玉帝那里告状，要求惩治豫且伤害神龙的大罪。

玉帝充满疑惑地问白龙："你为什么会让一个渔夫射伤了眼睛呢？当时你是以什么形象出现在渔夫面前的？"白龙回答道："我当

时下到那清冷的池里化为一条鱼……"

玉帝打断白龙的话，说道："渔夫打鱼天经地义，而你化龙为鱼，自贬身份，才招致这无妄之灾，这不能怨恨别人，问题倒是在你自己。你为什么要变化成鱼的形象呢？而豫且用箭射鱼又有什么罪过呢？"经玉帝这么一说，白龙无奈之下，自认倒霉。

伍子胥说完了这个故事，转身对吴王说："白龙是玉帝所钟爱的宠物，而豫且只是宋国的一个平民。如果白龙不变化成鱼，豫且就不会射伤它。现在您是一国之君，如果不顾自己作为国君的尊贵地位，而与普通百姓一起饮酒，我很担心，怕大王会遇上如同豫且射白龙那样的无妄之灾啊！"

吴王觉得伍子胥说得很有道理，于是取消了与百姓一同饮酒的念头。后来，人们根据史料记载："昔白龙下清冷之渊，化为鱼。渔者豫且射中其目。"引申出成语"白龙鱼服"。

此外，关于白龙化鱼的神话故事，还有另一种说法，故事是这样的：河伯（黄河之神）化为白龙，在水滨游玩。后羿见了，一箭射伤了他的左眼。河伯上诉玉帝，请求玉帝杀掉后羿。玉帝说："你是河神，后羿怎么能射你？谁叫你变作动物的？后羿射的是动物，难道有什么罪吗？"这里说的不是白龙和豫且，而是河伯和后羿了，故事情节并无太大差异。

——《说苑·正谏》

【故事启示】 伍子胥借"白龙鱼服，见困豫且"的古代传说成功说服了吴王，进而使其取消了"与民饮乐"的计划。伍子胥的出发点是君王的安全。然而，一个称职的国君是不能因为有危险的可能性，就只局囿于"高高的庙堂"，远离民间，远离黎民百姓。只有亲身走到基层，才能听到最真切的百姓之音。

【成语释义】 白龙化为鱼在渊中游。比喻帝王或大官吏隐藏身份，改装出行。

【活用例句】 中国近些年来的古装清廷戏里，康熙帝经常是～，视察民情。

【近义】 微服私巡、白龙微服

白虹贯日

战国时期，韩国有个叫聂政的人，其父是有名的铁匠，后被韩王杀害。聂政长大后因杀人避仇，与母亲、姐姐逃到了齐国，以屠狗为生。严仲子是濮阳（今河南濮阳）人，在韩哀侯朝中供职，与同朝的辅相侠累不和。据说侠累是个忌贤妒能、心胸狭窄的人，总是想尽办法把政敌除掉。严仲子不想被侠累谋害，便离开辅国，开始周游各国，同时也在寻找可以替他杀掉侠累的人。严仲子到了齐国后，就听人说聂政是个勇士，因为躲避仇家才到齐国作屠夫的。严仲子听说之后便亲自去聂政家拜访他，往来频繁。

有一次，他拿着许多好酒到聂政家，为聂政母亲贺寿，还送上很多黄金表达敬意，聂政很奇怪严仲子为什么会送这样的厚礼，就对他说："我家中贫穷，因有母亲在，便以屠狗为业，为的是获得食物供奉给母亲。而这是我应该做的，所以不敢接受大人您这么贵重的礼物！"严仲子把周围的人打发走，对聂政说："我有一个仇家，为了躲避仇家我才周游各国。这次到了齐国，听说您是一个很讲义气的人，所以赠送百金，让您做为日常生活费用。能够交到您这样的朋友，我很高兴，不敢有其他的奢求。"聂政回答说："我之所以放弃理想，甘愿在这个小地方以屠狗为生，是因为这样可以养活老母亲。母亲在世，我是不敢拿自己生命去冒险的。"后来严仲子又多次送给聂政厚礼，而聂政始终不肯收。虽然如此，严仲子仍一直对他礼遇有加，总是尽了礼数之后才走。

几年后，聂母去世。为母亲服过丧之后，聂政对他姐姐说道："唉！我聂政只是一个市井之徒，整天操刀卖肉而已。而人家严仲子是诸侯的卿相，不远千里与我结交。他为贺母亲大寿送上那么重的贺礼，我虽然没有接受，但严仲子知道我心里是领情的。贤德的人为了一些微不足道的义气而相信穷乡僻壤之人，那么我聂政也不愿辜负人家的这份情意。前几年，严仲子要我帮他除掉仇家，但因为母亲在，我不能答应他。如今母亲已经尽享天年，我也应该为知己做些事了。"

聂政向西一直走到濮阳,见到严仲子,对他说:"以前我没有答应您的要求,是因为要奉养母亲。现在母亲已享天年而终,您要报仇的对象是谁,请告诉我!"严仲子说道:"我的仇人是辅国的丞相侠累,侠累是辅国哀侯的叔叔。他们家里的人很多,而且居住的地方守卫很严。我想派人去行刺他,始终不行。既然您现在愿为我办这件事,那我就派上一些车骑及随从,作为您的助手吧!"聂政说:"辅国与卫国,这两个地方离得不是很远,现在去杀辅国的丞相,而这丞相又是辅国国君的叔叔,所以做这件事不能人多。这么多人同去,万一被抓一个,泄露了机密,辅国的所有人都会成为您的仇人,那您不是也完了吗?"聂政坚决不要车骑随从,孤身一人去刺杀侠累了。聂政到达辅国时,天上出现了奇怪的现象:白色的长虹穿日而过。人们都认为要出什么大事了。这时辅国丞相侠累正在府上,有很多武士保护他。聂政来到他的府邸,一句话也不说,拿着剑长驱直入,直上台阶刺杀侠累,他的举动把旁边守卫的人吓坏了,这些人一时不知如何是好,乱作一团。聂政就趁着他们大呼小叫、混乱不堪的时候一剑刺死了侠累,又杀了几十个人,然而围上来抓他的人越来越多,他一看不可能全身而退,就毁了自己的面容,剖腹自杀了。

为了查出是谁那么大胆指使刺客杀了辅国丞相,辅国人就把聂政的尸身暴露在集市上,然后贴出告示说,如果有谁能说出刺客的身世背景、来龙去脉,就赏赐千金。

聂政的姐姐聂荣听说了这个消息。就对邻居说:"这个人一定是我的兄弟。"然后聂荣就赶到辅国曝尸之处,一看死者果然是自己的兄弟,伏尸大哭说:"这是我兄弟聂政啊!"悬赏的人对她说:"这个人就是刺杀我们辅国承相的人。我们君主悬赏千金要追查这个人的情况。夫人您难道不知道吗?为什么还敢来认你的兄弟呢?"聂荣说:"我已经知道悬赏的事,可是,我兄弟聂政之所以放弃自己的理想,藏匿在市井屠夫间,是因为我们的母亲还活着,我还未出嫁。现在母亲安享天年,我也已嫁人,我的兄弟已经没有什么可牵挂的了,便为知己报仇,从容赴死。现在兄弟考虑我还在人世,所以自毁面目以防人家认出他是谁!我兄弟这样为我着想,我为什么要害怕被牵连，湮没了我兄弟侠义之名呢？"

聂荣抚尸陈说兄弟往事的壮举震惊了辅国看热闹的人，他们都被这两姐弟的侠义精神感动了，后来聂荣因悲伤过度死在了聂政的身旁。

——《战国策·魏策四》

【故事启示】 俗话说"士为知己者死"。聂政待母亲归西之后，甘愿从一个市井屠夫转身为一个忠肝义胆的刺客，以报严仲子的知遇、赏识之恩。他义薄云天，为了避免亲朋好友受到牵连，不惜毁容剖腹。这样的大义感动了上天，以致出现白虹贯日的奇观。或许，聂政这个刺客，应该称为"侠客"更恰当。尽管以现在的眼光来看，聂政的"知己"只不过是在用小恩小惠收买他这个亡命之徒，而聂政仅仅是严仲子这个"知己"手中的复仇工具。

【成语释义】 白色的长虹穿日而过。古人迷信，认为这种异常的天象是将有不平常事件发生的征兆。虹，这里指的是"晕"，即日光通过云层中的冰晶时，经折射而形成的光圈；贯，穿。

【活用例句】 ～英雄死，如此河山失霸才。

【接龙游戏】 白虹贯日→日短心长→长谈阔论→论长说短→短寿促命→命词遣意→意前笔后→后会无期→期颐之寿→寿陵失步→步步为营→营营苟苟→苟且偷安→安常守故→故剑情深→深情底理→理之当然→然糠自照→照猫画虎→虎体熊腰→腰缠万贯

白面书生

南北朝时期，有一个叫沈庆之的宋朝人。他字弘先，吴兴武康（今浙江德清武康镇）人，是当时著名的军事将领。沈庆之从小就非常会打仗，常常打胜仗回来，后来他被封为"建武将军"，专门负责防守边疆。

有一天，文帝想要向北边扩展领土，沈庆之知道文帝这个想法后，便极力阻止文帝："大王，这件事万万不可，您还记得以前几位将军向北边扩展领土失败的事吧！大王……"

沈庆之不停地劝文帝，文帝觉得很烦，就对沈庆之说："我不想听了，我叫别人来跟你说！"于是，文帝找了左右两个文官来和沈庆

123

之争辩。

沈庆之无奈地对文帝说："治国譬如治家，耕当问奴，织当访婢。陛下今欲伐国，而与白面书生辈谋之，事何由济！"这段话的意思是："大王，治理国家就像治理家一样，要讨论耕田的事就要找每天去耕田的奴夫，要问织布的事就要找织布的婢女。现在大王要去攻打其他的国家，却去找两个从来没打过仗的'白面书生'来商量，这仗怎么可能会打成功呢？"文帝听了大笑，但并没有采纳沈庆之的谏言。这位皇帝佬儿还狠狠地放话出来："你不要再说了，我决定的事是不会再改变了！"

文帝当然没有采纳沈庆之的意见。最终打了个大败仗回来！

后来，大家就用沈庆之说的"白面书生"用来形容年轻没有经验的读书人，只知道书本上的知识，不晓得实际应付事情的方法。

——《宋书·沈庆之传》

【故事启示】 文帝刚愎自用、一意孤行，即便是沈庆之这个当臣子的如何口进良言，如何情真意切，如何运用类比"动之以情，晓之以理"，他也充耳不闻。最终，战事落得个惨败而归的下场。看吧，这就是自以为是注定的悲情结局。这启示我们，人际交往中，如果遇到异于自己的观点或意见时，需要理性地对待之，分辨之。"偏听则暗，兼听则明"，我们的耳朵需要倾听来自四面八方的声音，这样才能最大限度地规避风险。

【成语释义】 形容年纪轻、知识浅薄、阅历不深的读书人。也泛指相貌姣好、白净的年轻读书人。

【活用例句】 别看他文绉绉的一副~模样，与犯罪分子较量时可是勇猛非凡。

【近义】 文弱书生

【反义】 识途老马

目不识丁

《旧唐书·张弘靖传》："今天下无事，汝辈挽得两石力弓，不如识一丁字。"

唐宪宗时，幽州节度使张弘靖，部下有两个"从事"，一个叫韦雍，一个叫张宗厚。两人仗势欺人，横行霸道，品性非常粗暴恶劣。他们常吃喝玩乐，直到深夜才散，还要让侍卫人员大队兵马，前呼后拥地护送他们回家，灯笼火把照得满街通亮，闹得鸡犬不宁。他们一不高兴，就拿士兵和百姓当出气筒，随意打骂，耀武扬威，无法无天。

有一次，他们喝醉了酒，又对士兵大骂起来："现在天下太平无事，又不打仗，你们这些饭桶，有什么屁用！能拉得两石的弓，还不如识一'丁'字……"这话明摆着是侮辱士兵，讥笑他们没有文化，只有些粗力气，任人指挥打仗卖命，平时貌似什么用处也没有。士兵们听了这些话，非常气愤，背地议论纷纷，恨之入骨。

恰巧这时又发生了这样一件事：张弘靖收到一笔犒赏士兵的经费，他从中贪污，并私分了一部分。士兵们知道后，都怒发冲冠，更加不能容忍，于是一起造反，把韦雍、张宗厚都杀了，还把张弘靖抓住，关了起来。此外，也把他的住处团团包围。因为全体士兵和下级官吏齐心一致，获得了当地老百姓的全力支持，上级衙门和朝廷没有办法，只好把张弘靖降职调走，这才息事宁人。

"目不识丁"这句成语，由此产生。由于"丁"字是很简单、很容易认识的一个字，如果连"丁"字也不认识，当然是文化水平极低的了。所以，不识字的文盲，往往被称为"目不识丁"，或"丁字不识""不识丁字""不识一丁"。

此外，另有一说，"目不识丁"之典，出自《晋书·苻坚传》。太元七年（公元382年），苻坚宴群臣于前殿，奏乐赋诗。秦州别驾姜平子所献诗中有一"丁"字，但下面的竖钩写成竖，成了"丅"字。苻坚不认识，问是何字，姜平子回答说："臣丁至刚，不可以屈，且曲下者不正之物，未足献也。"苻坚听了非常高兴，将姜平子擢为上第。其实姜平子将"丁"字写错了，他自作聪明所写的"丅"字，乃是古"下"字。姜平子不知此为古字，苻坚本一粗人，当然也不知为"下"字，所以还褒奖了姜平子一番。

125

【故事启示】 唐朝高官张弘靖，出身名门，养尊处优，骄必生恶。张弘靖脾气急躁，刚愎自用，还目中无人，收受贿赂而又胆大妄为，最终激起民愤，落得个被降职的下场。这从反面告诉我们，为人处事要正直刚正、虚怀若谷，这样才能赢得他人的友谊，并获得支持。此外，我们要加强文化知识的学习，学富五车，以免贻笑大方，或被人戏耍却不自知。

【成语释义】 形容连一个字也不认识。丁，表示最简单的字。

【活用例句】 鲁老太太原来～，经过两年学习已经可以读报纸了，真是不简单啊。

【近义】 胸无点墨

【反义】 学富五车、满腹经纶、识文断字

东山再起

东晋时期，有一个叫谢安的人。他出身士族，少年时候就很聪明，不仅学识很高，而且擅长书法，写得一手好字，跟王羲之是好朋友，经常在会稽东山游览山水，吟诗谈文。他在当时的士大夫阶层中名望很大，大家都认为他是个挺有才干的人。但是他宁愿隐居在东山，不愿做官。有人推举他做官，他上任一个多月，就不想干了。

后来，征西大将军、明帝司马绍的女婿桓温请谢安做司马。在迫不得已的情况下，谢安只好答应，这时，他已经四十多岁了。在谢安将要出任的那天，朝廷的官员们都前来送行。这时有位中丞名叫高崧，同他开玩笑说："你过去高卧东山，屡次违背朝廷旨意，不肯出来做官，想不到今天到底出来了！"（卿累违朝旨，高卧东山，诸人每相与言，安石不肯出，将如苍生何！）谢安听了这话，感到很羞愧。

东山再起的典故就从这里诞生了，这个四字成语就是从高崧说的这句话中总结出来的。

谢安到了桓温幕府，桓温很高兴，两个人交谈了一整天，言语间甚是投机。谢安后来官至宰相。桓温死后，他接替桓温掌握了东晋的军政大权。

公元383年8月，苻坚亲自带领87万大军从长安出发。向南的大路上，烟尘滚滚，步兵、骑兵，再加上车辆、马匹、辎重，队伍浩浩荡荡，差不多拉了千把里长。过了一个月，苻坚主力到达项城（在今河南沈丘南），益州的水军也沿江顺流东下，黄河北边来的人马也到了彭城（今江苏徐州市），从东到西一万多里长的战线上，前秦水陆两路进军，向江南逼近。这个消息传到建康，晋孝武帝和京城的文武官员都着了慌。晋朝军民都不愿让江南陷落在前秦手里，大家都盼望宰相谢安拿主意。

谢安运筹帷幄，以弟谢石为大都督，侄谢玄为前先锋，子谢琰为大将，率兵八万，破前秦八十万大军于淝水，使东晋政权转危为安。此时，谢安正在与客人下棋，他接过谢玄派人送来的捷报，平静地看完后，未说什么话，缓缓地转向棋盘，与客人继续下棋。客人憋不住了，问战场上胜负如何？谢安答："孩子们已把敌人杀得大败。"说话时神色沉静，举止与平日一样从容。

——《晋书·谢安传》

【故事启示】 谢安才华横溢、洁身自好、淡泊名利，足以让那些追名逐利、趋炎附势之徒汗颜，也足以让那些为了一官半职，就将人格尊严弃之不顾，低三下气地吮痈舐痔者汗颜。再有，四十岁东山再起的谢安，在关系东晋生死存亡的淝水之战事宜上，运筹帷幄，以少胜多，使东晋政权转危为安，却淡然自若，足以使那些遇到芝麻小事便咋咋呼呼、翻江倒海的"精英们"汗颜！古为今用，重读谢安、学习谢安，无论是对育人励志，还是对鞭挞当前趋炎附势、好大喜功、追名逐利的流弊，都是大有益处的。

【成语释义】 这个成语原用来比喻辞官隐退后再度任职。而现在多用来比喻失败后，恢复力量再干或者失势后重新恢复地位的情况。指的是东晋的谢安重新出山做官的故事。因为谢安久居东山（当然不是海南的东山岭），所以称为"东山再起"。

【活用例句】 2008年北京奥运会时，刘翔因伤退赛后透露心迹：我一定会～。

【近义】 重整旗鼓、卷土重来、死灰复燃

【反义】 一蹶不振

四面楚歌

公元前202年，秦始皇建立了中国第一个统一的封建王朝。如今的世界文化遗产——中国陕西的秦始皇兵马俑就是秦王朝留下的遗迹。另一处世界文化遗产——万里长城，也是在秦王朝初具规模的。

由于秦朝统治者好大喜功，尤其是秦始皇为自己修建豪华的皇宫和陵墓，宫廷的花销巨大，所以对百姓的剥削十分残酷，全国各地接连不断地爆发农民起义。结果，秦王朝仅仅统治了15年，便灭亡了。秦朝灭亡后，主要有两支势力争夺新的国家统治权，一支由项羽率领，一支是由刘邦率领。

项羽是来自楚地的一名将军，性格刚烈高傲，英勇善战。刘邦在秦朝被消灭前是一名低级官僚，性格有些狡诈，但是知人善任。在反对秦王朝的战争中，两人曾结拜为兄弟，互相声援。秦朝灭亡后，两人逐渐反目成仇了。

最初项羽占绝对优势。他自封为"西楚霸王"，相当于皇帝的角儿，项羽封刘邦为"汉王"，只相当于诸侯王。刘邦为了保存自己的力量，表面上承认项羽的统治地位，暗地里却招揽人才，发展军事力量。渐渐地，刘邦与项羽势均力敌了。

后来，项羽和刘邦约定以鸿沟（在今河南荣县境贾鲁河）东西边作为界限，互不侵犯。但胃口渐大的刘邦在张良和陈平的规劝下，改变了"分而治之"的思维，认为应该趁项羽衰弱的时候消灭他。于是，又和韩信、彭越、刘贾会合兵力追击正在向东前往彭城（即今江苏徐州）的项羽部队。经过一番激烈的交战，刘邦的军队把项羽和他的军队紧紧包围在垓下（在今安徽境内）。此时，项羽虽已处于劣势，但仍有十万军队，刘邦也不能一下把项羽消灭。

一天夜里，被包围的项羽和他的士兵听见四周响起熟悉的歌声。仔细一听，竟然是自己家乡楚地的民歌。歌声是从刘邦的军营里传来的。项羽和他的士兵非常吃惊，以为刘邦早已攻下他们的家乡，抓来了许多家乡的亲人当俘虏，而这熟悉的歌声也引起了士兵们的思乡之情。一时项羽军中军心大乱，士兵们纷纷趁夜色逃亡，十万人逃得只剩下几百人。

原来啊，这是刘邦使的计谋。刘邦组织自己军队的士兵唱那些感伤的楚地民歌，正是为了扰乱项羽军队的稳定。在这种处境下，项羽丧失了斗志，便在营帐里面喝酒，还和他最宠爱的妃子虞姬一同唱歌。唱完，直掉眼泪，在旁的人也非常难过，都觉得抬不起头来。过了一会儿，项羽骑上马，带着仅剩的八百名骑兵，决定从南突围，边逃边打。项羽行到乌江畔，只余下28人，他自感无颜见江东父老，便自刎而死。刘邦独揽天下。

由于这个故事里面有项羽听见四周唱起楚歌，感觉吃惊，接着又兵败自杀的情节，所以后来人们便用"四面楚歌"来形容人们遭受各方面攻击或逼迫的人事环境，以致陷于孤立窘迫的境地。

——《史记·项羽本纪》

【故事启示】 项羽身为一介武夫，当然不可能认识到导致自己兵败的根本原因。在垓下，项羽只带着28名骑兵败退时，认为是命运在捉弄他，这一点可以从他三番五次述说"此天之亡我，非战之罪也！"的语句中即可看出。为了证明他善于打仗，他还三次打败了步步紧追的汉军，斩杀汉将，砍倒了汉旗，以便让他的部下突出重围，项羽的英雄气概溢于言表。当他意识到英雄已尽末路，是人力所不能挽回的天意要消灭他时，他便拒绝了亭长请他东渡乌江的建议，饮恨而亡。相较于有些狡诈的刘邦，项羽虽性格刚烈，却不失英雄本色。

【成语释义】 比喻陷入四面受敌、孤立无援的困境。

【活用例句】 老韩在办公室里的处境，虽不能说已到～的地步，但也够疙疙瘩瘩不顺畅的。

【近义】 腹背受敌、十面埋伏

出奇制胜

战国时期，有两个著名的将领，分别叫乐毅和田单。两个人各侍其主，都很会布阵打仗。

129

成语故事

有一次，两人碰巧在即墨（今山东平度东南）这个地方打仗。田单带领的是齐国的军队，乐毅带领的是燕国的军队。乐毅将田单牢牢地困在城中，为了减少伤亡，所以没有攻打。田单也没有半点放松，为了鼓舞士气，他和士兵们同吃同睡。

三年时间过去了，田单快要支持不住了。正在这时，燕国的国王去世了，新国王即位。于是田单灵机一动，想了一个转败为胜的好办法。

田单先让人去燕国散布谣言，说乐毅的坏话，新国王听到传言后不问青红皂白，很快就把乐毅的将领之职撤了。乐毅知道撤职后凶多吉少，就动身逃到赵国去了。

田单见第一个目的已经达到，便再次派人到燕军中去散布谣言说："即墨人最怕被别人挖祖坟。祖坟一挖，他们就会军心大乱。"田单之所以这么说，是因为他看出燕军现在的将领是个无能的小人。果然不出所料，听到这样说，燕军的新将领真的派人去挖即墨人的祖坟。结果即墨的军民非常气愤，非跟燕军拼命不可。如此一来，燕军打仗的士气，一下子就提高了很多。

田单看到打仗的时机已经成熟，便假装向燕军投降的样子。燕军的新将领居然真的以为是挖祖坟有效，高兴地疏于防范。受降时，田单命令士兵们在牛角上绑上刀子，在牛尾上绑上鞭炮，用彩色的绸缎包住牛的全身。当齐军走到燕军的附近时，田单下令点燃鞭炮，牛听到鞭炮声，吓得六神无主，发疯似地冲向燕军。燕军见此势态，四处逃跑。

就这样，燕军很快被打败了。

——《孙子·势篇》

【故事启示】 田单听闻燕王去世的消息后，顿生灵感，运用计谋，一步步将燕军引入自己设下的圈套，从而让齐军转危为安，最终取得了战争胜利。相比之下，新即位的燕王与取乐毅而代之的新将军，则属于"不动大脑，贸然听信谗言"的愚昧之人，是扶不起的刘阿斗。燕军最后败北，亦在意料之中。燕军放走军事奇才乐毅，最后战场失利，实乃咎由自取。

130

【成语释义】 用奇兵、巧计战胜对方。比喻用奇妙的、出人意料的办法或策略取胜。

【活用例句】 从那几件事情可以看出，韩信是一位～、善于用兵的军事统帅人才。

【接龙游戏】 出奇制胜→胜利在望→望洋兴叹→叹为观止→止戈散马→马马虎虎→虎步龙行→行若无事→事与愿违→违天逆理→理屈词穷→穷山恶水

出尔反尔

战国时期，有七个较为强大的诸侯国，史称"战国七雄"。但是你可不要以为，当时就只是存在这七个诸侯国，其实呢，在这七个大国之外，还有许多的小国存在。发生战争也并不是只在大国之间，小的诸侯国之间也发生各种战事。

这不，有一次，邹国和鲁国就发生了战争。由于邹国比鲁国还要弱小一些，尽管邹穆公率领邹国的军民去抵抗，最终邹国还是吃了败仗。邹穆公的官吏共死了33个人，而参加战斗的老百姓则一个也没有死。在战斗的时候，他们像在旁边看热闹一样，根本懒得冲锋杀敌。邹穆公很不开心，于是，他就找了一个人发泄，可巧，这个人不是别人，就是后来被中国人称为亚圣的孟子。

邹穆公问孟子道："在这场战争中，我手下的官吏被杀死了33个，可是老百姓却没有一个为他们去拼命的，他们眼看长官被杀，而不去营救，真是可恨极了！要是杀了这些人吧，他们人太多，杀也杀不完；要是不杀吧，我又难消心中之恨。我该怎么办才好呢？"

孟子说话可是直来直去的，孟子说："这不怪老百姓啊，这要怪您自己。"

邹穆公瞪大了眼睛，可以看出他吃惊不小。但是孟子没有理他，继续说："记得有一年闹灾荒，年老体弱的百姓饿死在山沟荒野之中，壮年人外出逃荒的有千人之多，流落到哪个国家的都有。而大王的粮仓还是满满的，国库也很充足，管钱粮的官员并不把这严重的灾情报告给您。这可不是一般的怠慢，这简直就是不把老百姓的生死放在眼里啊。您想啊，当初您这样对待他们，今天他们也以同样的怠慢来对待您，您又有什么可抱怨的呢？"

邹穆公咬了咬嘴唇，没有说话。

孟子又继续说："曾子有句名言，您听说过吗？"邹穆公摇了摇头。

孟子接着说道："曾子曰：'戒之戒之！出乎尔者，反乎尔者也。'这句话的意思是，要警惕呀！你怎样对待别人，别人也如何对待你。现在邹国发生的事，不就是曾子这句名言的最好注释吗？如今百姓有了一个报复的机会，就要用同样的手段来对待那些长官了。"

"那要怎么办呢？"邹穆公觉得孟子说的话还有点道理，便谦逊地问。

孟子告诉邹穆公说："这不难办，您可以实行仁政啊，实行了仁政，老百姓都感激您，也会爱护他们的长官，并且愿意为国家冲锋杀敌了。"

——《孟子·梁惠王下》

【故事启示】 孟子谏邹穆公的过程中，引用曾子"出尔反尔"的名言，对邹穆公晓之以理，动之以情，让邹穆公领悟到"你怎样对待别人，别人也会怎样对待你"的深刻道理。邹穆公身为一国之主，尤能听得进孟子的批评和建议，但现实中某些官员，容忍不了一丝百姓的抱怨之声，更别提批评了！这些人真该好好反思一下。再有，与人相处时，我们要平衡好自己，努力做好自己，这样不仅能把自己赢回来，也会让别人懂得该怎样尊重自己和他人。

【成语释义】 原意是你怎样对待别人，别人就怎样对待你。现多指人的言行反复无常，前后自相矛盾。尔，你；反，通"返"，回。

【活用例句】 张兵决定与李健绝交，是因为张兵觉得李健这个人经常～。

【近义】 言而无信

【反义】 说一不二、言行一致、一言九鼎

出人头地

苏轼，字子瞻，号东坡居士。眉州眉山（今四川眉山县）人。他的父亲苏洵和弟弟苏辙都是北宋有名的文学家，被人们合称为"三苏"，而且都一起列入"唐宋八大家"之中。

苏轼小时候，天资聪颖，由于书读得多，字也认得多，再加上文章写得好，因而受到人们的称赞。在一片赞扬声中，苏轼不免有些飘飘然。

有一天，便在自己书房门上手书一联，以显示自己的才华，联文是：读尽人间书，识遍天下字。对联贴出之后，有一位老者专程来到苏家，向苏轼"求教"，请苏轼认一认他带来的书，书上全是写着周朝时史籀创制的字。苏轼开始满不在乎，非常得意，可是接过书一看，书上的字一个也不认识，这对骄傲自满的苏轼是当头一棒，他顿时面红耳赤，只好向老者道歉。老者也没说什么，便含笑而去。苏轼这时才感到自己太骄傲了，于是将书房门前对联的上下联前各添了两个字，使思想境界为之升华，一幅具有远大抱负的对联展现在人们的眼前："立志读尽天下书，发愤识遍天下字。"

此后，苏轼发奋读书。二十岁的时候，已博古通今，便和弟弟苏辙一起参加了京城的考试。当年的主考官是翰林学士欧阳修。欧阳修对当时文坛崇尚诡怪奇涩的文风很是反感，一律不加录取。当他看到一篇《刑赏忠厚论》时，十分高兴，便准备取为第一。由于试卷是密封的，欧阳修并不知道那文章是谁写的。他想了想，觉得能写出这样的文章的人，除了他的弟子曾巩之外，可能不会有别人了。为了避嫌，欧阳修就把这篇卷子判为第二。等到发榜的时候，欧阳修才知道写那篇好文章的人不是曾巩，而是个叫苏轼的年轻人，心里觉得有点对不住苏轼，竟让他屈居第二。再看到苏轼以后送来的文章，篇篇才学横溢，更是赞叹不已。于是写信给当时声望颇高的梅尧臣说："苏轼的文章实在是好，我应当让路，使他高出我一头。"成语"出人头地"就是由此而来的。当时听说此事的人都不以为然，认为欧阳修夸

133

大了苏轼的才学，等以后他们看到了苏轼的文章以后才信服。

后来，苏轼得到欧阳修等文坛名流的指点，文章越来越好，后来果然出人头地，和欧阳修等人被后人并称为"唐宋八大家"。

——《宋史·苏轼传》

【故事启示】 欧阳修表彰苏轼"出人头地"的言语，既表明了自己谦虚、爱才的心境，同时又形象地表达出年轻的苏轼那不同凡响的才华。当初苏轼取得一点成绩后，开始骄傲自满。幸运的是，一位老爷爷及时让苏轼醒悟过来，使苏轼意识到学问是无穷无尽的，对待知识，应该永不满足，终于成为大文豪。这正印证了那句老话："虚心使人进步，骄傲使人落后。"

【成语释义】 原意是让这个人高出一头。后形容超过一般人或高人一等。

【活用例句】 在学习上，既不想下苦功，又想～，这是根本不可能的事。

【近义】 高人一等、崭露头角

【反义】 相形见绌、庸庸碌碌

皮之不存，毛将焉附

战国时期，魏国的东阳地方向国家交售的钱粮布帛比往年多出十倍，为此，满朝廷的大臣一齐向魏文侯表示祝贺。魏文侯对这件事并不乐观。他在思考：东阳这个地方土地没有增加，人口也还是原来那么多，怎么一下子比往年多交十倍的钱粮布帛呢？即使是丰收了，可是向国家上交也是有比例的呀。他分析这必定是各级官员向下面老百姓加重征收得来的。这件事使他想起了一年前他遇到的一件事。

一年前，魏文侯外出巡游。一天，他在路上见到一个人将羊皮统子反穿在身上，皮统子的毛向内，皮朝外，那人还在背上背着一篓喂牲口的草。魏文侯感到很奇怪，便上前问那人道："你为什么要反穿着羊皮衣，把皮板露在外面来背东西呢？"那人回答说："我很爱惜这件皮衣，我担心把毛露在外面搞坏了，特别是背东西时，我怕毛被磨掉了。"魏文侯听了，很认真地对那人说："你知道吗？其实皮板更重要，如果皮板磨破了，毛就没有依附的地方了，那你想舍皮保毛不是一个错误的想法吗？"那人依然执迷不悟地背着草走了。

如今，官吏们大肆征收老百姓的钱粮布帛而不顾老百姓的死活，这跟那个反穿皮衣的人的行为不是一样的吗？

于是，魏文侯将朝廷大臣们召集起来，对他们讲了那个反穿皮衣的人的故事，并说："皮之不存，毛将焉附？如果老百姓不得安宁，国君的地位也难以巩固。希望你们记住这个道理，不要被一点小利蒙蔽了眼光，看不到事情的实质。"众大臣深受启发。

——《左传·僖公十四年》

【故事启示】 当东阳地方向魏文侯交售的钱粮布帛比往年多出10倍时，百官争相恭喜魏文侯。但魏文侯不以为喜，反而忧心忡忡。经过一番缜密地分析后，料想必是下级官员重重盘剥百姓的结果。于是，召集官吏于一堂，用一个反穿皮衣的农夫背柴的故事启发众臣：民是国家赖以存在之依据，必须保护好百姓的利益，不能好大喜功，为了得到国君赞扬，而置百姓利益于不顾。有民，才有官，才有国君。如果本末颠倒，那将是得不偿失的。

【成语释义】 皮没有了，毛长到哪里去呢？比喻人或事物失去了赖以生存的基础，就无法存在。存，存留；焉，哪里；何处；附，附着。

【活用例句】 倘若朕的江山不保，你们不是也跟着家破人亡？～。（姚雪垠《李自成》）

【近义】 相辅相成、皮之不存，毛将安附

叶公好龙

春秋的时候，楚国叶县有一个名叫沈诸梁的县令，大家都叫他叶公。

叶公非常喜欢有关龙的东西，不管是装饰品、梁柱、门窗、酒壶、酒杯、碗盘、衣服，上面都有龙的图案，连他家里的房檐屋栋上也雕刻着龙的花纹图案，大家走进叶公的家还以为走进了龙宫，到处都可以看到龙的图案！"我最喜欢的就是龙！"叶公得意地对大家说。

有一天，叶公爱龙成癖的事被天上真的龙知道了，真龙说："难得有人这么喜欢龙，我得去他家里拜访拜访呀！"

真龙就从天上飞来叶公的家，龙头搭在窗台上探望，龙尾伸进了大厅，大喊说："叶公在家吗？"

叶公一看到真正的龙，吓得转身就跑，好像掉了魂似的，脸色骤变，简直不能控制自己。边跑边大叫："哇！怪物呀！"

真龙觉得很奇怪，说："你怎么说我是怪物呢？我是你最喜欢的龙呀！"

叶公害怕得直发抖，说："我喜欢的是像龙的假龙，不是真的龙呀，救命呀。"

叶公话没说完，就连忙往外逃走了！留下真龙一脸懊恼地说："哼，叶公说喜欢龙这件事是假的，他根本是怕龙嘛！害我还特意飞来拜访他！"

——《新序·杂事》

【故事启示】 这个故事，用很生动的比喻，辛辣地讽刺了叶公式的人物，深刻地揭露了他们只唱高调、不务实际的坏思想、坏作风。通过这个故事，我们要丢弃理论脱离实际的坏思想、坏作风，树立实事求是的好思想、好作风。

【成语释义】 比喻自称表面上爱好某事物，实际上并不真正爱好，甚至害怕。叶公，春秋时楚国贵族，名子高，封于叶（古邑名，今河南叶县）。

【活用例句】 现在的一些年轻人看着别人过圣诞节，自己也跟着过圣诞，还说自己非常喜欢，但如果真让他说圣诞是怎么回事时，他却一脸茫然，这跟～有什么两样啊！

【近义】 口是心非、言不由衷、表里不一、两面三刀

【反义】 表里如一、言行一致

出言不逊

三国时期，有个名叫张郃（hé）的人，早先是袁绍手下的一员战将。

有一次，袁绍与曹操在官渡（今河南省中牟东北）大战。袁绍派大将淳于琼督运粮草，囤积在乌巢。曹操获悉这一情况后，便派兵赶往乌巢袭击淳于琼。

张郃劝谏袁绍说："曹操兵士虽然比我军少，但都是精兵，万一淳于琼守不住乌巢，就糟了，我认为应该派重兵支援乌巢。"

袁绍的另一名大将郭图说："张郃说的不是好计策。我看应该先袭击曹操的大本营，这样，曹操一定会回去救援，乌巢之围便不解自破了。"

张郃听了郭图的意见，不以为然地说："曹操兵营易守难攻，不可能很快攻下，如果淳于琼被擒，我们断了粮草，就输定了。"

袁绍觉得自己的兵力远胜于曹操，于是采取郭图的军事策略，只派遣小部队支援淳于琼，而用重兵攻打曹操的大本营，曹操严密防守，袁绍一时半会很难将曹操的大本营攻破。

曹操袭击乌巢成功，用大火烧了袁绍屯在乌巢的粮草，这一来，袁绍的军心动摇，不战自败。

郭图知道这次失败是由于自己的计策不当造成的，便采取恶人先告状的办法，向袁绍诬告说："张郃对吃了败仗竟然幸灾乐祸，说话也很傲慢无礼。"

张郃知道后，生怕袁绍迁怒于他，于是投奔曹操。他对曹操说："郭图对袁绍说我幸灾乐祸，出言不逊，我只能来投奔您了。"

曹操说："你来投奔我，就像韩信投奔刘邦一样正确。"

后来，张郃成为曹操手下一名得力的战将，立下了不少战功。

——《三国志·魏书·张郃传》

【故事启示】 袁绍自感兵力远胜于曹操，无论是对下属的不同

137

建议，还是对当时的战争形势，都缺乏客观地分析，最终导致战场失利。后又缺乏辨别能力，听信小人郭图的一面之词，使张郃有性命之忧，转而投奔曹操。曹操爱惜人才，将张郃此举比作韩信投奔刘邦，曹操敢于用人的魄力可见一斑。相比之下，袁绍是那么的渺小。事实上，袁绍的种种性格缺陷注定了他只能在三国的历史中演绎一个跳梁小丑的角色。

【成语释义】 形容说话傲慢无礼。出言，话说出口来；逊，谦让。

【活用例句】 这个人经常~，所以人缘很差，大家都懒得与他交往。

【近义】 出口伤人

【反义】 彬彬有礼

出类拔萃

孟子，名轲，字子舆，邹国（今山东邹城东南）人，是孔子的孙子子思的学生。孟子是战国时期的大思想家、教育家。他继承了孔子的儒家学说，他非常崇拜孔子，在他的心目中，孔子是个超凡的天才，是个圣人。

有一天，孟子的学生公孙丑问孟子："老师，你已经是一位圣人了吗？"

孟子说："连孔夫子都不敢称自己是圣人，我又算得了什么呢？"

公孙丑列举了伯夷、伊尹等以贤德著称的人问孟子，他们是否和孔子一样。

孟子回答说："自有人类以来，没有人比得上孔子的。"

公孙丑接着又问："那么，他们和孔子有什么不同呢？"

孟子借用了孔子的学生有若的一句话说："凡是同类的都可以相比较。麒麟和走兽，凤凰和飞鸟，泰山和小土堆，河海和小水洼，它们都是同类。但前者又都远远超越了它的同类。圣人和老百姓也是同类，都是人，但圣人是远远地超出那一类的。自有人类以来，没有人比孔子更伟大了。孔子是出于其类，拔乎其萃。"

——《孟子·公孙丑上》

【故事启示】 无论是孟子还是有若，都忽视了"青出于蓝而胜于蓝"的道理。有道是："长江后浪推前浪，一浪更比一浪高。"没有哪个人是绝对至尊的。做人不能甘于平庸，而应努力成为一个出类拔萃之人，敢于挑战至尊，挑战权威。唯有如此，一个人才能拥有舒适的生活，尽享人生之乐。历史与社会的车轮也才能在这种不断地超越中滚滚向前。

【成语释义】 比喻聚集在一起的人或物，超出那一类，高出那一群。形容人的品德、才能超出同类之上。出，超过；类，同类；拔，超出；萃，草丛生的样子。

【活用例句】 王凯的硬笔书法，在同学中～。

【近义】 鹤立鸡群、超群绝伦

【反义】 滥竽充数

厉兵秣马

春秋时期，秦国派杞子、逢孙、杨孙三人领军驻守郑国，却美其名曰为：帮助郑国守卫其国都。公元628年，杞子秘密报告秦穆公，说他已"掌其北门之管"，即掌握了郑国国都北门的钥匙，如果秦国进攻郑国，他将做秦国内应，协助秦国攻郑。

秦穆公接到杞子的密报后，觉得机不可失，顾不得大夫蹇叔的劝阻，便立即派孟明、西乞术、白乙丙三位将军率兵进攻郑国。

蹇叔的儿子也随部队出征，蹇叔哭泣着对自己的儿子说："你们一定会在淆这个地方遭军队抵御，到时我来帮你收尸。"

秦军经过长途跋涉后，终于来到离郑国不远的滑国，刚好被郑国在这里做生意的商人弦高碰到。弦高一面派人向郑穆公报告，一面到秦军中慌称自己是代表郑国前来慰问秦军的。弦高说："我们君王知道你们要来，特派我送来一批牲畜来犒劳你们。"

弦高的这一举动，引起了袭郑秦军的怀疑。秦国将领怀疑郑国已做好了作战的准备，所以对继续进军犹豫不决。

郑穆公接到了弦高的密报后，急忙派人到都城的北门查看，果然看见杞子的军队"束载、厉兵、秣马矣"，即人人扎束停当，兵器磨得雪亮，马喂得饱饱的，完全处于一种作为内应的作战状态。对此，郑穆公派皇子向杞子说："很抱歉，恕未能好好款待各位。你们的孟明就要来了，你们跟他走吧！"

杞子等人见事情已经败露，便分别逃往齐国和宋国去了。孟明得知此消息后，也不情愿地下令撤军。

成语"厉兵秣马"便来自于典故中"束载、厉兵、秣马矣"。

——《左传·僖公三十三年》

【故事启示】 "国家兴亡，匹夫有责""位卑未敢忘忧国"的中华民族优秀品质在弦高身上体现得淋漓尽致。弦高只是郑国一个以买卖为生的普通商人，但当他听说秦国要攻打自己的国家时，毫不犹豫地冒着破产和被识破而杀头的双重危险，把自己用来做生意的牲畜送给秦军，还委婉地透露给秦军一个信息：我们郑国已经知道你们来了，已经做好准备了。弦高之所以如此做，是想拖延秦军进攻的步伐。与此同时，他又派人飞快地回国报告，让郑国迅猛备战。这是一个多么机智、勇敢，又值得敬仰的儒商啊。

【成语释义】 磨好兵器，喂饱战马。形容做好战斗准备。厉，同"砺"，磨；兵，兵器；秣，喂牲口。

【活用例句】 孙权克仗先烈，雄据江东，举贤任能，～，以伺中国之变。（陈亮《酌古论·吕蒙》）

【近义】 严阵以待、枕戈待旦

宁为玉碎，不为瓦全

南北朝时期，公元550年，东魏的政治大权被当朝的丞相独揽，这个丞相就是高洋。高洋一人统揽着东魏所有的政事，并且有篡权夺位之心。当时的魏孝静帝（元善见）只是一个"居其位，不谋其政"的皇帝。后来高洋逼迫魏孝静帝退位，将皇位转让给他。高洋就这样运用卑鄙的手段建立起了一个新的王朝。这个王朝就是北齐，高洋做了北齐的文宣帝。

为了巩固自己的统治，防止东魏死灰复燃，东山再起，高洋大灭东魏元氏政权的势力,对东魏的皇族斩尽杀绝,几乎不留活口,以此来免除后患。

高洋为了达到自己的目的,手段极其残忍。他首先杀死的就是魏孝静帝和他的三个儿子。他用毒酒将他们毒死。之后,高洋还是觉得留有隐患,就下令把元氏宗室近亲44家逮捕下狱。前后共处死七百多人,就连婴儿也不放过。将元氏宗亲杀害后,高洋还叫人将尸体抛到漳河里去喂鱼。

高洋的行为很快就传播开来。传到了元氏的远房宗族那里,远房宗族非常恐慌,生怕什么时候高洋的屠刀会砍到头上来。他们赶紧聚集起来商量对策。有个名叫元景安的县令说,眼下要保命的唯一办法,是请求高洋准许他们脱离元氏,改姓高氏。元景安的堂弟元景皓听到这话后,坚决反对这种做法,他非常气愤地说:"怎么能用抛弃本宗、改为他姓的办法来保命呢?大丈夫'宁可玉碎,不能瓦全'。我宁愿死而保持气节,不愿为了活命而忍受屈辱。"胆小怕事的元景安为了保全自己的性命,卑鄙地把景皓的话禀告给了高洋。高洋随即逮捕了景皓,并将他处死。元景安因告密有功,高洋赐他姓高,并且升官发财了。

但是,好景不长,残酷的屠杀不能挽救北齐摇摇欲坠的政权。元景皓被杀不久,高洋因病死去。过了十几年,北齐王朝也灭亡了。而元景皓那"宁可玉碎,不能瓦全"的正义行为,却一直受到后世人们的称颂。

后来,人们根据这个故事,把元景皓的"大丈夫宁可玉碎,不能瓦全"简化引申为"宁为玉碎,不为瓦全"这个成语。

——《北齐书·元景安传》

【故事启示】 元景皓不畏强权,为了气节和尊严,宁可牺牲自己的生命。这种精神非常值得称颂。他用实际行动表达了"宁为玉碎,不为瓦全"的气度。在他眼中,尊严的价值大于生命的价值!中国还有句古语:"士可杀,不可辱"说的也是这个道理。一个拥有强权的人并不一定能够称为"英雄",但是一个"宁为玉碎,不为瓦全"的正义之士却可以。

【成语释义】 做玉器被打碎，不做陶器得保全。比喻宁愿为正义而死，决不苟且偷生。

【活用例句】 ～，无耻苟活，生不如死。（刘绍棠《花街》）

【近义】 宁死不屈

【反义】 苟且偷生

对牛弹琴

战国时期，有个音乐家叫公明仪。这个人能作曲也能演奏，七弦琴弹得非常好，弹的曲子优美动听，很多人都喜欢听他弹琴，人们也很敬重他。

公明仪不但在室内弹琴，遇上好天气，还喜欢带琴到郊外弹奏。

这不就有一天，他在窗下弹琴，悦耳的琴声引来了许多的鸟儿和蜜蜂。这时，他透过窗户，远远地望见有一头黄牛正在草地上低头吃草，公明仪一时来了兴致，便抱着琴去郊外。春风徐徐地吹着，垂柳轻轻地动着。公明仪兴致更足，一走到老黄牛的跟前，便迅速摆上琴，拨动琴弦，给牛弹起了最高雅的乐曲《清角之操》。然而，这只吃草的老黄牛却无动于衷，仍然一个劲地低头吃着草。

公明仪心想："老黄牛没什么反应，可能跟这曲子比较高雅有关，我换个曲调，弹弹小曲再试试看。"一曲终结，只见老黄牛仍然毫无反应，继续悠闲地吃草。

公明仪拿出自己的全部本领后，老黄牛也只是偶尔甩甩尾巴，赶着牛虻，低头闷不吱声地吃草。最后，老黄牛居然还慢悠悠地离开了。

公明仪见老黄牛始终无动于衷，很是失望。人们对他说："不是你弹的曲子不好听，是你弹的曲子不对牛的耳朵啊！"

最后，公明仪无奈地抱琴回家了，叹息道："对牛弹琴，一窍不通。"

——《理惑论》

【故事启示】 这则寓言说明，牛听不懂高雅的音乐，告诫人们，教育要看对象，要因材施教。不分对象，乱教一气，只能是事倍功半，甚至白费唇舌，毫无收效。不过呢，现代科学发现，对奶牛弹琴，飨以美妙的音乐，有助于提高奶牛的自然免疫力，增加牛奶的产量。

【成语释义】 常用来比喻对蠢人谈论高深的道理，白费口舌（主要讥笑听话的人听不出所以然）。有时也比喻说话时不看对象（主要讥讽说话的人），对不懂道理的人讲道理，对外行人说内行话。常含有徒劳无功或讽刺对方愚蠢之意。

【活用例句】 你对这个罪大恶极、屡教不改的人讲道理，简直是～。

【近义】 问道于盲

打草惊蛇

南唐时期，有一个名叫王鲁的人。他在当涂县做县令期间，贪得无厌，财迷心窍，见钱眼开，只要是有钱、有利可图，他就可以不顾是非曲直，颠倒黑白，做了许多坏事。

有道是"上梁不正下梁歪"。这王鲁属下的那些大小官吏，见领导贪赃枉法，便也一个个明目张胆地干起坏事来，他们变着法子敲诈勒索、贪污受贿，巧立名目地搜刮民脂民膏，以致当涂县官吏的十之八九都是贪官。所以，当涂县的老百姓是苦不堪言，从心里恨透了这些狗官，总希望能有个机会好好惩罚惩罚他们，以泄心中怨气。

一次，赶上朝廷派官员下来巡察地方官员的情况，当涂县老百姓一阵窃喜，寻思着机会终于来了。于是，大家联名写了个状子，控告县衙里的主簿等人营私舞弊、贪污受贿的种种违法犯罪行为。

状子首先递送到了县令王鲁手中。王鲁把状子从头到尾只是粗略看了一遍，这一看不打紧，却把这个王鲁县令吓得浑身上下直打哆嗦。原来啊，老百姓在状子中所列举的种种犯罪事实，全都和王鲁自己曾经干过的坏事相似，而且其中还有许多坏事都和他有所牵连。状子虽是告主簿几个人的，但王鲁觉得就跟告自己一样。他越想越害怕，直冒冷汗，心想："如果老百姓再继续控告下去，马上就会控告到我头上了，如此一来，朝廷知道了实情，查清了我在当涂县的行径，我就要大祸临头了！"

王鲁想到这里，不由自主地用颤抖的手拿笔在案卷上写下了他此刻内心的真实感受："汝虽打草，吾已惊蛇。"意思就是说你们这样做，目的是为了打地上的草，但我就像是躲在草里面的蛇一样，可是被大大吓了一跳！写完这几个大字后，他手一松，瘫坐在椅子上，笔也掉到地上去了。

后来，大家就根据王鲁所写的八个字"汝虽打草，吾已惊蛇"，引申为成语"打草惊蛇"。

——《南唐近事》

【故事启示】 王鲁在当涂县任上期间，利欲熏心，做尽贪赃枉法之事。当地百姓慑于权威，敢怒不敢言，只好紧抓朝廷官员巡察地方官员的机会，向上递状子，希望能好好惩罚惩罚王鲁。事实证明，百姓也确实达到了目的。王鲁审阅过一纸诉讼，被吓得心惊肉跳，不知如何是好。由此可见，那些干了坏事的人常常是做贼心虚，当真正的惩罚还未到来之前，只要有一点风吹草动，他们也会吓破胆。

【成语释义】 打在草上，却惊动了藏在草丛中的蛇。原比喻惩治甲，以警告乙。后常常用来比喻做事不密而惊动对方，使对方有了警觉，预为防范。惊，惊动。

【活用例句】 队长告诫队员不要性子太急，如果走漏了风声，～，就会坏了大事。

【近义】 敲山震虎

【反义】 引蛇出洞

尔虞我诈

春秋中期，楚国在中原称霸，楚庄王根本不把邻近的小国放在眼里。

有一次，他派大夫申舟出使齐国，指示他经过宋国的时候，不必要向它借路。申舟估计到这样一来，必定会触怒宋国，说不定因此而被杀死。但楚庄王坚持要他这样做，并向他保证，如果他被宋国杀死，自己将出兵讨伐宋国，为他报仇。申舟没有办法，只好将儿子申犀（xī）托付给楚庄王，然后出发。

果然不出申舟所料，他经过宋国时，由于没有借路而被宋国抓住。宋国的执政大夫华元了解情况后，对楚庄王如此无礼非常气愤，对宋文公说："经过我们宋国而不通知我们，这是把宋国当作属国看待。当属国等于亡国。如果杀掉楚国使者，楚国来讨伐我们，也不过是亡国。与其如此，倒不如把楚使杀掉！"宋文公采纳了华元的建议，下令将申舟杀害。

申舟遇害的消息传到楚国，楚庄王气得鞋子来不及穿，宝剑也没时间挂，就下令讨伐宋国。然而，宋国虽小，要火速攻灭它也并非易事。楚庄王从公元前595年秋出兵，一直围攻到次年夏天，还是没有把宋国的都城打下来。楚庄王的锐气大大低落，决定解围回国。

申舟的儿子申犀得知后，在楚庄王马前叩头说："我父亲当时明知要死，可是不敢违抗您的命令。现在，您倒丢开从前说的话了。"楚庄王听了，无法回答。这时，在边上为楚庄王驾车的大夫申叔时献计道："可以在这里让士兵盖房舍、种田，装作要长期留下。这样，宋国就会因害怕而投降。"楚庄王采纳了申叔时的计策并加以实施。宋国人见了果然害怕。华元鼓励守城军民宁愿战死、饿死，也决不投降。

一天深夜，华元悄悄地混进楚军营地，潜入到楚军主帅子反营帐里，并登上他的卧榻，把他叫起来说："我们君王叫我把宋国现在的困苦状况告诉您：粮草早已吃光，大家已经交换死去的孩子当饭吃。柴草也早已烧光了，大家用拆散的尸骨当柴烧。虽然如此，但你们想以此迫使我们订立丧权辱国的城下之盟，那么我们宁肯灭亡也不会接受。如果你们能退兵三十里，那么您怎么吩咐，我就怎么办！"

子反听了这番话很害怕，当场先和华元私下约定，然后再禀告楚庄王。楚庄王本来就想撤军，听了自然同意。第二天，楚庄王下令楚军退兵三十里。于是，宋国同楚国恢复了和平。华元到楚营中去订立了盟约，并作为人质到楚国去。盟约上写着："我无尔诈，尔无我虞。"意思是说："我不欺骗你，你也不必防备我！"

后人由此故事引申出成语"尔虞我诈"。

——《左传·宣公十五年》

145

【故事启示】 楚庄王欲问鼎中原，为攻打宋国找借口，于是，派大夫申舟出使齐国，命令他经过宋国时故意不向宋通报。申舟遵命行事，宋国则认为此举有蔑视本国之嫌疑，便将申舟杀害。楚庄王闻讯，出兵伐宋。宋军殊死抵抗，故久攻不下。楚庄王心生退兵之意，却顾忌自己承担食言之责。后采纳申叔时的计谋，佯装与宋国进行持久战，迷惑宋国。宋大帅见状，信以为真，便潜入楚军主帅的营帐，佯称本国将誓死抵抗到底，反过来又忽悠了楚军一把。就这样，最终两国议和。春秋争霸时期，诸侯国之间勾心斗角，玩弄花招，由此可见一斑！

【成语释义】 我骗你，你骗我，表示彼此互相欺骗。尔，你；虞、诈，均为欺骗的意思。

【活用例句】 资本家彼此之间～，是由资本主义的本质决定的。

【近义】 钩心斗角、尔诈我虞

【反义】 推心置腹、坦诚相见

必恭必敬

西周的最后一个国君是周幽王姬宫涅。此人昏庸暴虐，政治腐败。

公元前779年，褒国进献了一个姓姒（sì）的美女，叫褒姒。周幽王对她万般宠爱。褒姒一向不爱笑，幽王用音乐歌舞、美味佳肴都不能让她笑。有人献计点燃报警的烽火台，招来各路诸侯兵马，使他们上当，让褒姒笑一笑，幽王欣然同意。他带褒姒到行宫游玩，晚上传令点燃烽烟，各地诸侯见到烽烟，以为是盗寇侵扰京城，纷纷率领兵马赶来相救。到了一看，只见幽王在喝酒取乐。幽王派人对他们说："没有什么盗寇，让你们辛苦了！"

诸侯受骗，匆匆地来，匆匆地去。褒姒看了不由大笑，幽王也很开心。

褒姒生了个儿子叫伯服，幽王废掉申后，立褒姒为王后；废掉申后生的太子宜臼（jiù），立伯服为太子。

宜臼遭到废黜，住在外祖父申侯家里。他对自己的命运和国家的前途，满怀忧愁，心中十分痛苦，写了一首题目叫做《小弁》的诗，抒发自己的心情。诗的第三节说："看见屋边的桑树和梓树,一定要必恭敬止。我尊敬的是自己的父亲,我依恋的是自己的母亲。谁人不是父母的骨肉,谁人不是父母所生?上天生了我,可我的好日子到何处找寻?"

由于幽王昏聩无道,诸侯纷纷叛离。公元前771年,宜臼的外祖父申侯联合犬戎的军队进攻镐京。幽王下令点燃烽烟,但是诸侯受过骗,以为又是幽王一时兴起,逗褒姒开心,所以都没有派出救兵。犬戎的军队攻下镐城,杀了幽王,掳走了褒姒。

"必恭敬止"后来演化为"必恭必敬",也有写作"毕恭毕敬"的。

——《诗经·小雅·小弁》

【故事启示】 昏聩无道的周幽王,沉溺于女色,忽视朝政。为了博红颜一笑,不惜烽火戏诸侯,最终落得个国破人亡的下场,实属咎由自取。如果他勤于朝政,没有三番五次地动用烽火,败坏一国之君的威信,西周王朝又怎么会毁在他手中?他又怎么会成为末代之君?这个故事告诉我们,千万不要拿别人的利益当作自己讨好其他人的砝码,否则最终吃亏的是自己。

【成语释义】 形容态度极为恭敬,也形容十分端庄和有礼貌。形容态度神情十分恭敬谦逊。必,一定,十分;恭,有礼貌;敬,尊敬。

【活用例句】 他很严肃,大家对他从来都是~的。

【近义】 恭而敬之、彬彬有礼

【反义】 出言不逊、傲慢无礼

发蒙振落

西汉时期,掌管封爵事务的主爵都尉汲黯,是位忠正耿直的大臣。他不考虑个人安危,经常向年轻的汉武帝直言进谏。汲黯为政,以民为本,同情民众的疾苦。一次河内失火,武帝派他去视察,他到河南,见正遭水灾,饥民塞路,父子相食,饿死沟壑者不计其数,汲黯不畏矫制之罪,便以皇帝使臣的名义,持节开仓放粮赈济贫民,深得民心。

后来,有个名叫董仲舒的读书人向汉武帝提出建议:"罢黜百家,独尊儒术。"意思是，将诸子百家的学说作为邪说，予以禁止，独尊孔子及其儒家经典，以通过文化上的统治，达到政治上的统一。后来武帝采纳这个建议，到处表示要以仁义治天下。

汲黯觉得武帝言行不一。有一次，他当着许多儒生的面批评武帝说："陛下内心的欲望很多，嘴上却说要以仁义治天下。这哪里像古代圣贤唐尧、虞舜的样子呢？"武帝听了无言以答，脸色很难看地离去。

有人对汲黯说，你这样当面得罪皇帝，迟早会出事的，汲黯不以为然地说："皇帝设置百官，难道是为了让他们光说好话，而使皇帝陷入不义的泥潭里去吗？"

不久，淮南王刘安准备反叛。他对公孙弘并不放在眼里，反而很惧怕汲黯。为此，特地告诫手下人千万不要在汲黯那里露了马脚。他说，汲黯此人爱好直言进谏，能为节义而死，很难迷惑他。至于丞相公孙弘，对付他就像揭开蒙盖在眼睛上的障碍，振落树上的枯叶那样容易。淮南王刘安评述丞相公孙弘的话，史料这样记载："至如说丞相弘，如发蒙振落耳。"这便是成语"发蒙振落"的来由。

汲黯为官清正，廉洁奉公，死后家中没有什么多余的财产，在封建官吏"浊多清少"的环境中他可谓出淤泥而不染。然而他多次直谏，廷争抗颜，又与权臣公孙弘、张汤不能相容，为此，公孙弘、张汤恨之入骨，常在武帝面前说他的坏话，武帝听多了坏话后，就慢慢地疏远了汲黯，后来还将他贬职，出任淮阳太守，最后汲黯死在任中。

——《史记·汲郑列传》

【故事启示】 敢于直言进谏的汲黯，不畏权势，以至于准备反叛的淮南王刘安都忌讳他的刚正不阿。可惜的是，汉武帝不分忠奸良莠，没能施予汲黯这个人才以更长时间的用武之地。至于为何敢犯龙颜进谏的汲黯没有像魏征那样，一直红到现在，估计还是坏在他信奉"无为而治"的黄老之术，有悖积极向上的时代精神。所以虽然他当年有过不俗政绩，以民为本，却依然被打入了历史的冷宫，无法与魏征比肩。

【成语释义】 把蒙在物体上的东西揭掉，把将要落的树叶摘下来。比喻事情很容易做到。蒙，遮盖，指物品上的罩物；振，摇动。

【活用例句】 那件事对小红来说，难如登天；但对精通计算机技术的小赵，则～。

【近义】 唾手可得

【反义】 海底捞针

东施效颦

西施是中国历史上的"四大美女"之一，是春秋时期越国人，她的一举一动都十分吸引人，只可惜她的健康状况不太好，有心痛的毛病。

有一次，她在河边洗完衣服准备回家，就在回家的路上，突然因为胸口疼痛，所以她就用手捂住胸口，皱着眉头。虽然她的样子非常不舒服，但是见到的村民们却都在称赞，说她这样比平时更加漂亮了。

同村有位名叫东施的女孩，因为她的容貌丑陋，她听说村里的人都称赞西施用手捂住胸口、皱着眉头的样子很漂亮，于是，也学着西施的样子捂住胸口，皱着眉头，在人们面前慢慢地移动，以为这样就有人称赞她。她本来就长得不美丽，再加上刻意地模仿西施心痛时的动作，样子怪怪的，反而让村里的人更加厌恶了。

村里一些人看到她走来了，赶紧关上大门。还有些人则是急忙拉妻儿躲得远远的，他们比以前更加瞧不起东施了！

成语"东施效颦"便由此演绎而来。

——《庄子·天运》

【故事启示】 丑女人东施只知道西施皱眉的样子很美，却不知道她为什么很美，一门心思地认定西施之美与皱眉捂胸的行为有关，从而简单模仿她心痛时的样子，结果被大家讥笑，视之为瘟神，唯恐避之不及。这个故事启示我们，每个人都应该根据自己的特点，扬长避短，寻找适合自己的形象，盲目模仿别人的做法是愚蠢的，也是行不通的。

【成语释义】 比喻不知道他人好在哪里，自己又没有条件而胡乱模仿。效，模仿；颦，皱眉头。

【活用例句】 你不从客观实际出发，却像～那样，必然导致适

149

得其反的结果。

【近义】 邯郸学步、照猫画虎

【反义】 独辟蹊径、标新立异

对症下药

东汉末年，有一位杰出的医学家名叫华佗。他的医术极为高明，尤其精于医道和用药，人们都争着找他看病。华佗被人们誉为"神医"，主要是由于他能根据病人的不同情况，仔细诊断，找出病根，然后对症下药。

有一次，两个病人找他看病，一个叫李延，一个叫倪寻。他们都得了头痛发热病，病一发作，头就疼得厉害，而且发高烧。

华佗仔细地询问了他们的病情，细致地摸了摸脉，然后又认真地观察了一番，最后给他们各开了一张药方。两人拿到药方，高高兴兴地抓药去了。

出门不久，他们把药方对照着看了看，觉得很奇怪：两人的症状十分相似，都是一种病，怎么药方大不相同呢？李延的药方上开的是发汗药，而倪寻的药方上开的则是泻药。于是两人便嘀咕起来：会不会是大夫开错了药方呢？

两人又急忙回来找华佗。华佗清楚了他们提出的疑问后，笑了笑说："你们放心吧，药方一定没有错的！"华佗又耐心地对他们解释说："吃药要看具体情况，你们的症状虽然相同，但是病因却不一样。倪寻的病是由于内部伤食引起的，而李延的病则是由于身体受风寒造成的。病因不同，用的药自然就不相同了呀！""原来如此！"听了华佗的解释，两人都笑了。他们一再感谢华佗，并安心地服了药。

很快，两个人的病都好了。他们赶紧登门拜谢，对华佗一揖在地，异口同声地赞道："先生您是神医，果然名不虚传啊！"

——《朱子语类》

【故事启示】 华佗诊断出两个病人虽然都是头疼发热，但病因却大相径庭，具体问题具体分析，从而开出不同的药方。病人抓药服食后，身体恢复健康。这启示我们，解决任何问题都应该事先做好调查研究，找出原因，对症下药。唯有如此，才能达到预期的效果。否则，事倍功半，甚至徒劳无获。

【成语释义】 原指医生针对病症开方用药。现在常用来比喻针对具体情况、问题，制定具体的解决办法。

【活用例句】 杨大夫有多年临床经验，根据不同的病情，～，济世救人。

【近义】 有的放矢

【反义】 膝痒搔背

东窗事发

秦桧是南宋时臭名昭著的大奸臣。他老奸巨滑，心狠手辣，谁要是和他有不同意见，他就捏造一个罪名，轻则将其逮捕下狱，重则杀头处死。被他陷害的忠臣良将数不胜数。抗金英雄岳飞就是他用"莫须有"的罪名害死的。

北宋末年逐渐衰落。北方的金兀术趁机向中原大举进攻，侵占了宋朝不少地盘。在这民族危难之际，岳飞率领岳家军对金兵进行了顽强地抵抗。岳飞英勇善战，连打胜仗，有一次差点活捉金兀术。可是秦桧却不同意抗金，而主张议和。他抓住宋高宗懦弱胆小、优柔寡断的弱点，竭力宣扬议和的好处。宋高宗同意了，可是许多大臣和将领都不同意，岳飞就多次上书，要求罢和议抗金兵。秦桧想要议和，就要把岳飞除掉。可是岳飞在老百姓中威望很高，手中又有兵权，使秦桧难以下手。

有一天，秦桧坐在东窗下，正为无法除掉岳飞而愁容满面。夫人王氏走进来，对他说："这有何难，你找几个罪名安在岳飞头上就行了。"秦桧说："罪名不难找，难找的是告发岳飞的人，这个人一定要是岳飞的部下，才能使天下的人信服。"王氏想了想，说："我听说岳飞手下的都统王贵，在一次战斗中胆小怕死，岳飞想把他斩首示众，后经众将求情，岳飞才免他一死。他肯定怀恨在心，你何不让他告发呢？"秦桧一听，不禁大喜，称赞道："还是夫人高见啊。"接下来，两人又将陷害岳飞的各个细节密谋了一番。

秦桧派人找到王贵，要他诬告岳飞谋反，王贵不干。秦桧一伙就严刑拷打，并以杀他全家相威胁，王贵只好屈从了。

秦桧终于把岳飞陷害了。

后来，秦桧因病不治身亡。他死后七天，王氏请来道士为他做道场，超度他的亡灵。道士恨秦桧杀死了忠良，就装模作样做了一会儿法事，然后对王氏说："我看见了秦桧，他正在地狱里受苦，阎王小鬼正在拷问他。"道士接着说："秦大人对我说，'麻烦你告诉我的夫人，东窗事发了。'"

——《钱塘遗事·东窗事发》

【故事启示】 要想人不知，除非己莫为。纸是包不住火的。那些为非作歹的恶人，只能逞能一时，却逞能不了一世。等人尽皆知后，他们终究会遭到唾弃。然而，深究宋史，岳飞带兵，把南宋皇家的军队带成了"岳家军"，并在战场上多次建功，收复失地，威风八面。纵使岳飞无反叛割据之心，但却有条件来反叛割据。在赵构心中，对岳飞真的是喜忧参半，又爱又恨。倘若没有赵构这个主子在背后撑腰，想必秦桧以"莫须有"的罪名加害岳飞也并非易事。

【成语释义】 在东窗下密议的事败露了。后多用来形容阴谋败露。

【活用例句】 这种事是干不得的，一旦~，后果不堪设想。

【近义】 露出马脚、走漏风声

【反义】 秘而不宣

六画

百感交集

卫玠，字叔宝，河东安邑（今山西夏县北）人。卫玠出身于名门世家。祖父卫瓘乃是西晋权臣，还因为曾斩杀邓艾，在《三国演义》里亮过相。卫玠还是个小孩子的时候，就已经出落的秀美动人。这个小少爷坐着敞篷车到洛阳市区闲逛的时候，看见他的人都感叹这孩子真是"玉人"，都招呼亲朋好友来夹道观摩，据《晋史》说："观之者倾都。"成人以后，更是饱受夸奖，有人说他像玉一样圆润，又有人说跟他走在一起，仿佛身边有一颗明珠，把自己映衬得像个猪头。

晋怀帝时，美男子卫玠任太子洗马（太子的侍从官）。他精读《易经》《老子》，说话往往是非常深刻的。由于统治集团内部矛盾重重，加上持续十六年之久的"八王之乱"，国家和人民处于深重灾难之中。北方的匈奴贵族刘裕又乘机起兵入侵。晋怀帝永嘉三年（公元309年），匈奴军队两次长驱直入，一直打到西晋都城洛阳，但都被西晋军队击退。

面对动荡不安的时局，卫玠决心把家迁往南方。他的哥哥在朝廷担任官职，母亲不忍心和他分离，卫玠劝她要以家庭大计为重，终于说服母亲同意南迁。永嘉四年，卫玠告别哥哥，离开洛阳，带着母亲和妻子一起南下。他哥哥不肯走，后来死在匈奴人手上。

卫玠一向体弱多病，一路上长途跋涉，餐风饮露，经受了千辛万苦。在将要渡长江的时候，他的神情容貌都显得憔悴不堪。他对左右的人说："见到这白茫茫的江水，心里不由得百感交集。只要是一个有感情的人，又有谁能排遣这万千的思绪和感慨呢！"

由于社会动荡，卫玠南迁也没有能够安居乐业。过江不久，妻乐氏经不住旅途疲惫，不幸亡故。他辗转到达建康（今江苏南京）。卫玠舌头痒痒，一遇机会，定要冒两句，听众个个惊叹。清谈高手王澄（小名平子）佩服得五体投地。人称"卫玠谈道，平子绝倒"。可惜的是，身子单薄多病的卫玠于永嘉六年（公元312年）溘然长逝，年龄还未满三十岁。

——《世说新语·言语》

【故事启示】 卫玠能说会道，脑瓜也聪明得很，能看准形势，亦能懂得保身避祸。可惜身子太弱，一切白搭。卫玠一生，政治作为平平，也没对中国文艺或科技的发展做出过什么贡献，军事方面更是外行人。然而就是这么个凡人，居然在《晋书》上有传记，传记里还不厌其烦地强调两点：一是俊美，二是会嚼舌头。可见"美男子"已经成为当时的一种文化现象。

【成语释义】 无数感想交融汇集在一起，形容心情复杂，感慨无比。百，形容多；感，感想，情感；交集，指不同的感想同时发生。

【活用例句】 阔别40多年的夫妻在故乡重逢，～，禁不住泪流满面。

【近义】 感慨万千

【反义】 无动于衷

百川归海

西汉的思想家、文学家刘安，是汉高祖刘邦的孙子，袭父封为淮南王。他爱好读书鼓琴，才思敏捷，曾召集懂得天文、医学、历算、占卜等数千人的宾客，共同编写了一部数十万字的书《鸿烈》，也称《淮南子》。

《淮南子》中有一篇《氾论训》，讲了人类社会发展的一些情况，它的基本观点是符合历史唯物主义的。文章中写道："百川异源，而皆归于海。"这篇文章曾提到以下内容：

我们的祖先早先住在山洞里和水旁边，衣着非常简陋，生活十分艰苦。后来出了几个圣人，他们带领人们建造房屋，这样人们才从山洞里走出来，住进了可以躲避风雨寒暑的房子。圣人又教人们制造农具和兵器，用来耕作和捕杀猛兽，使人们的生活比过去有了保障。后来，圣人又制礼作乐，订出各种各样的规矩，使人们有了礼节和约束。由此可见，社会是不断发展的，人们不是老是用一个方式生活。所以对古时候的制度，如果不再适合使用，就应该废除；而对于现在适合使用的，就应该发扬。以上的一切都说明，像千百条来自不同源头的江河，但最后都会归流入大海一样，各人做的事不同，但都是为了求得更好地治理社会，过更美好的生活。

——《淮南子·氾论训》

【故事启示】 《氾论训》宣扬了"与时俱进"的主旨。如果我们对新变化熟视无睹，总是用一个方式生活，坚持用老眼光看人，这实际上反映了一个人的思想意识问题，反映了一个人的事业心和胆识问题。

在为人处事过程中，我们应该与时俱进，以便进一步优化人才成长环境，促进国家与社会的进步。对于那些不可救药的落伍者，除了批评外，还要痛打"落水狗"，防止这种人危害国家和社会。

【成语释义】 所有江河最终都流入大海。比喻众望所归或大势所趋。也比喻许多事物由分散而汇集到一处。百川，泛指大小江河。

【活用例句】 台湾和大陆人民向往统一的心愿，如～，岂是一些跳梁小丑所能阻挡得了的。

【近义】 大势所趋、众望所归、殊途同归

【反义】 分道扬镳

行将就木

春秋初期，晋国吞并了邻近一些小的诸侯国，成为一个大国。当时，年老的国君晋献公宠爱妃子骊姬，打算将来让她生的儿子即位。他听了骊姬的坏话，将太子申生逼死。骊姬还要陷害申生的两个异母兄长公子重耳和夷吾，他俩只得逃走。重耳先逃到他的封地蒲城，晋兵闻讯而来。蒲城人要抵抗，重耳说服他们别这样做，并且逃往狄国（重耳的母亲是狄国人）。跟他一起去的有他的舅舅狐偃以及赵衰等人。

狄国出兵攻打一个部落，抓来了叔隗和季隗姐妹俩，随即把她俩都送给了重耳。重耳自己娶了季隗，生下伯儵、叔刘两个孩子；叔隗嫁给了赵衰，他们生了一个在晋国历史上作用举足轻重的儿子——赵盾。

后来，从晋国秘密传来一个坏消息：晋国的主公要派人谋刺重耳。原来，与重耳一起出逃的公子夷吾在献公去世后，借助秦国的力量回到晋国即位，史称晋惠公。他怕兄长重耳回国争位，派出刺客谋害重耳。重耳得知这个消息后，决定逃到齐国去。临走前的晚上，他对妻子季隗说："夷吾派人来谋害我，我打算再逃到齐国去。你留在这里抚养孩子，等我二十五年不回来，你就嫁人吧。"季隗伤心地回答说："我已经二十五岁了，再过二十五年，就要进棺材了，还嫁什么人！我一直在这里等待你就是了。"

重耳到了齐国，齐桓公把一位姓姜的姑娘嫁给他，还赠给他二十辆用四匹马驾的大车。重耳对这样的生活感到满足，但跟随他的人都认为不该老呆在这里，姜氏也认为重耳应该离开。她和狐偃商议后，把重耳灌醉，载上车送出齐国。一行人到曹国、宋国、郑国和楚国，都没有被接纳下来。后来到秦国，秦穆公热情接待了他们，并把五个女儿嫁给了重耳。恰好这一年夷吾生病死去，秦穆公派军队护送重耳回晋国即位，这就是晋文公。狄人听到晋文公即位的消息后，就将季隗给他送了回来，他们夫妻二人终于团圆了。

后来，人们根据季隗所言："我二十五年矣，又如是而嫁，则就木焉。"引申出成语"行将就木"。

——《左传·僖公二十三年》

【故事启示】 季隗作为赵地边境的女子，虽然在既有观念看来是不开化之邦的"胡女"，但从"誓不改嫁"的言谈举止来看，与中原华夏女子并没有什么大的差别。实际上那时候夷夏之间的差异也是缓慢过渡的，绝对不是像眼下诸多古装剧中刻意反差的那样。任凭岁月蹉跎，时光飞逝，季隗也愿意等待夫君的归来，这种无怨无悔的守候真可谓感天动地。

【成语释义】 指人寿命已经不长，快要进棺材了。行将，快要；木，棺材。

【活用例句】 太爷爷说自己虽然是个~的人，但仍会坚持每天学点新知识。

【近义】 气息奄奄

【反义】 生龙活虎、蒸蒸日上

百丈竿头

宋朝时，长沙有位高僧名叫景岑，号招贤大师。这位大师佛学造诣高深，时常到各地去传道讲经。

一天，招贤大师应邀到一座佛寺的法堂上讲经。前来听讲的僧人很多，大师讲得深入浅出，娓娓动听，听的人深受感染。法堂内除了大师的声音外，一片寂静。

招贤大师讲经完毕后，一名僧人站立起来，向他行了一个礼，然后提了几个问题，请求大师解答。大师还了礼，慢慢地作答起来。

那僧人听到不懂处，又向大师提问，于是两个一问一答，气氛亲切自然。

听讲的人发现，他俩谈论的是有关佛教的最高境界——十方世界的内容。为了说明十方世界究竟是怎么回事，招贤大师当场出示了一份偈帖。所谓偈帖，就是佛教中记载唱词的本子。但见大师指着上面的一段文字念唱道："百丈竿头须进步，十方世界是全身。"意思是说，百丈的竹竿并不算高，尚需更进一步，十方世界才算是真正的高峰。

这就是"百丈竿头"的由来，"百丈竿头"又作"百尺竿头"。

——《景德传灯录·景岑禅师》

【**故事启示**】 做人要有"百丈竿头，更进一步"的积极态度。有句话说得好："态度决定命运，选择决定未来！"每个人都有自己的生活方式，都有自己的生活目标。但这一切都需要一种积极向上的态度。保持着积极向上的人生态度，在你人生低谷时期才会早一天迎来柳暗花明的惊喜；保持着积极向上的人生态度，在你人生的巅峰时期，才不致于堕落，失去目标，才能够让自己孜孜不倦地去追求梦想中的生活。

【**成语释义**】 百丈高的竿子。佛教用以比喻道行修养到极高的境界。后来泛用以勉励人不要满足于已取得的成就，要继续努力，不断攀登高峰。

【活用例句】 这位老作家衷心希望国人的文学创作能够再接再厉，~。

【近义】 百尺竿头、更上一层楼

【反义】 每况愈下

百闻不如一见

汉朝的时候，西边湟水一带，聚居着羌族人，称为西羌。自从汉武帝打败匈奴以后，西羌比较安定。汉宣帝时，朝廷派了官员渠安国去西羌视察。那里的一些部落请求朝廷放宽禁令，但问题没有解决，渠安国就回来了。

过了不久，西羌的一些部落联合起来渡过湟水，并派人与匈奴联系。渠安国带了一批人马再去西羌，结果被西羌打得大败。羌人侵入边界，攻城夺地，烧杀抢掠。宣帝召集群臣计议，询问谁愿意率兵前去抗击敌人。七十六岁的老将赵充国说："我去最合适了。我曾在边界和羌人打过几十年的交道。"

宣帝见赵充国自告奋勇，担当这一重任，于是问赵充国："将军估计一下西羌的情况，他们的实力如何，该派去多少人马？"赵充国说："百闻不如一见，军事上的事难以遥测，我愿先到金城（今兰州市西北）去，察看情况后才能提出作战方略。羌族虽说是人数较少的民族，但它背叛朝廷，是叛逆行为，注定会失败的，请陛下相信我能担当此任，你就不必担忧了。"宣帝听他这么一说，含笑答应了他的请求。

就这样，赵充国带领一队人马出发。队伍渡过黄河，遇到羌人的小股军队。赵充国下令冲击，一下子捉到不少俘虏。兵士们准备乘胜追击，赵充国阻拦说："我军长途跋涉到此，不可远追。如果遭到敌兵伏击，就要吃大亏。"部下听了，都很佩服老将的见识。

赵充国观察了地形，又从俘虏口中得知敌人的内部情况，了解到敌军的兵力部署，然后制定出屯兵把守、整治边境、分化瓦解，团结大多数西羌人的策略，上奏皇帝。不久，朝廷就派兵平定了羌人的侵扰，安定了西北边疆。

赵充国说的"百闻不如一见"后来变为成语。当赵充国告老请退，皇帝赐予安车驷马，免官归第。甘露二年（公元前52年）十二月赵充国病逝，享年八十六岁，谥号壮侯。

——《汉书·赵充国传》

【故事启示】 赵充国善于治军，行必有备，止必坚营，战必先谋，稳扎稳打。在平叛羌人入侵一事中，他坚决采取招抚与打击相结合、分化瓦解、集中打击顽固者的策略，能和平解决的，决不诉诸武力，这完全符合《孙子兵法》："百战百胜非善之善者也；不战而屈人之兵，善之善者也。"再有，耳听为虚，眼见为实。凡事要像赵充国一样，调查研究后再下结论。谨记：没有调查就没有发言权。

【成语释义】 听到人家说一百次，也不如亲眼见到一次。指多听不如亲眼看到更可靠或印象更深刻。

【活用例句】 早就听说斯德哥尔摩风景好，这次去，真是～，果然景色如画。

【近义】 耳闻不如目见

负荆请罪

战国时期，有七个大国，它们是齐、楚、燕、韩、赵、魏、秦，历史上称为"战国七雄"。这七国当中，又数秦国最强大。秦国常常欺侮赵国。有一次，赵王派一个大臣的手下人蔺相如到秦国去交涉。蔺相如见了秦王，凭着机智和勇敢，给赵国争得了不少面子。秦王见赵国有这样的人才，就不敢再小看赵国了。赵王看蔺相如这么能干，就先封他为"大夫"，后封为上卿（相当于后来的宰相）。

当时，赵国还有一位老将军叫廉颇。他是有功之臣，为赵国立了很大功劳，因此他很骄傲。赵王如此看重并提升蔺相如，廉颇很不服气，并对别人说："我作为赵国的大将军，历年来在战场上出生入死，为国家立了多少功劳。他蔺相如光凭一张嘴，有什么了不起的本领，地位倒比我还高，怎能让人忍受得了！我实在感到没有脸见人了。"还怒气冲冲地扬言道："我要是碰着蔺相如，要当面给他点儿难堪，看他能把我怎么样！"

廉颇的这些话传到了蔺相如耳朵里。蔺相如立刻吩咐自己手下的人，叫他们以后碰着廉颇手下的人，千万要让着点儿，不要和他们争吵。以后，他自己坐车出门，只要听说廉颇打前面来了，就叫马车夫把车子赶到小巷子里，等廉颇过去了再走。

廉颇手下的人，看见上卿这么让着自己的主人，更加得意忘形了，见了蔺相如手下的人，就嘲笑他们。蔺相如手下的人受不了这个气，就跟蔺相如说："您的地位比廉将军高，他骂您，您反而躲着他，让着他，他越发不把您放在眼里啦！这么下去，我们可受不了。"

蔺相如心平气和地问他们："廉将军跟秦王相比，哪一个厉害呢？"大伙儿说："那当然是秦王厉害。"蔺相如说："对呀！我见了秦王都不怕，难道还怕廉将军吗？要知道，秦国现在不敢来打赵国，就是因为国内文官武将一条心。我们两人好比是两只老虎，两只老虎要是打起架来，不免有一只要受伤，甚至死掉，这就给秦国造成了进攻赵国的好机会。你们想想，国家的事儿要紧，还是私人的面子要紧？"

蔺相如手下的人听了这一番话，非常感动，以后看见廉颇手下的人，都小心谨慎，总是让着他们。

蔺相如的这番话，后来传到了廉颇的耳朵里，廉颇惭愧极了。他脱掉一只袖子，露着肩膀，背了一根荆条，直奔蔺相如家。蔺相如连忙出来迎接廉颇。廉颇对着蔺相如跪了下来，双手捧着荆条，请蔺相如鞭打自己。蔺相如把荆条扔在地上，急忙用双手扶起廉颇，给他穿好衣服，拉着他的手请他坐下。

蔺相如和廉颇从此成了很要好的朋友。他们一文一武，同心协力为国家办事，秦国因此更不敢欺侮赵国了。"负荆请罪"也就成了一句成语，表示向别人道歉、承认错误的意思。

——《史记·廉颇蔺相如列传》

【故事启示】 廉颇与蔺相如二人在历史的舞台上为后人上演了一出"将相和"的精彩大戏。这场戏启示我们，做事要顾全大局，为大家着想；犯了错误也应该即时改正，做到宽容大度，知错就改。人与人之间只有互相谦让，才能国泰民安。一个国家如果起内讧，很容易给敌人可趁之机。唯有团结起来、同心协力对抗外敌，才会击败敌人，稳固政权，让百姓安居乐业。

也就是说，团结好了，才能一致对外，才不会被别人欺负。

【成语释义】 背着荆条向对方请罪。表示主动向人认错赔罪，请求责罚。负，背着；荆，荆条，古时用来抽打犯人的刑具。

【活用例句】 小张知道自己错怪女朋友了，连忙向她～。

【近义】 肉袒面缚

【反义】 兴师问罪

安居乐业

春秋时期，有一位著名的哲学家和思想家，他姓李，名耳，字聃。据说他刚生下来时，就是一个白头发、白胡子的小老头儿，所以人们称他"老子"。还说他是在一棵李树下出世的，所以姓李。又因为他的耳朵长得特别大，所以名"耳"。其实，老子是人们对他的尊称。

老子对当时的现实不满，并反对当时社会上出现的革新浪潮，想走回头路。他怀恋着远古的原始社会，认为物质的进步和文化的发展毁坏了人民的淳朴，给人们带来了痛苦，所以渴望出现"小国寡民"的理想社会。

老子是这样描绘他所设想的"小国寡民"社会的：

国家很小，人民稀少。

即使有许许多多的器具，也不去使用它们。

不要让人民用生命去冒险，也不向远处迁移。

即使有车辆和船只，也无人去乘坐它们。

即使有武器装备，也无处去使用它们。

要使人民重新使用古代结绳记事的方法，吃得很香甜，穿得很舒服，住得很安适，满足于原有的风俗习惯。

邻近各国互相望得见，鸡鸣狗叫互相听得见，但是人们直到老死，也不发动战争。

这就是老子所说的"民各甘其食，美其服，安其俗，乐其业，至老死不相往来。"《汉书·货殖传》中亦有"各安其居而乐其业，甘其食而美其服"的说法。

后来，人们据此引申出"安居乐业"的成语。

——《老子》

【故事启示】 随着市场经济的发展，近些年来，人们一直为安居而沸沸扬扬。在高房价成为人们不能承受之重的情况下，政府建设安置房和经济适用房让百姓"安居"，社会保障制度等一些措施又着眼于解除人们的后顾之忧，让百姓"乐业"。事实上，只有在权利的相对公平及公正的目标下，寻求并从事自己所需要、所忠实的职业、事业，才是人们所希望的、真正的乐业。真正的乐业并非由某个伟人或某个"既得利益集团"施舍这么简单。

【成语释义】 安定地住在一地，愉快地从事自己的职业。形容社会治理得好，生活、生产、思想状况安于正常。表示生活美满、安定。安，安定；乐，喜爱，愉快；业，职业。

【活用例句】 一个国家要想持续、健康地发展，让百姓～才是硬道理！

【近义】 国泰民安、民康物阜

【反义】 民不聊生、颠沛流离

当局者迷

唐朝的元澹，字行冲，是一个很有学问的人。他曾撰写《魏典》三十篇，受到当时学者的推崇。

有一次，大臣魏光上书唐玄宗，要求把唐初名相魏征整理修订过的《类礼》（即《礼记》）列为经书，也就是作为儒家的经典著作。玄宗当即同意，并命元澹等仔细校阅一下，再加上注解，以便行用。

元澹就和国子博士范行恭、四门助教施敬本等一起整理，编成五十篇，加上注解后呈唐玄宗。不料，右丞相张说对此提出不同看法。他说，现在的《礼记》是西汉戴圣编撰过的本子，使用到现在近千年。更何况，东汉的郑玄也已加了注解，已经成为经书。如今要用魏征的新本子，还加上注解，恐怕不妥当。玄宗觉得他说得也有道理，便改变了主意。但是元澹对这样的做法很不满，就写了一篇文章表明自己的观点，并进行辩解，文章的题目叫《释疑》，用的是客人和主人对话的形式。先是客人提出问题：《礼记》这部经典，西汉戴圣编撰、东汉郑玄加了注的本子，和魏征加工整理的本子，究竟哪个好？

主人回答说：戴圣编撰的《礼记》本子行用于汉末，以后经过许多人修订、注释，这当中互相矛盾的地方不少，魏征正是嫌它冗长繁杂，所以重加整理，去粗取精。谁想到那些死守章句、墨守成规的人竟会反对！

客人听后点点头，说："当局称迷，傍观见审。"就是说好比下棋一样，下的人倒看不清楚，而旁观者却看得很清楚。

后来，人们从此故事中引申出"当局者迷"的成语。"当局者迷"常和"旁观者清"连在一起使用。

——《新唐书·元行冲传》

【故事启示】　元澹的意见无疑是正确的。这件事告诉我们，做事要多听听旁人的意见，不要"当局者迷"，总以为自己是正确的。有道是"不知庐山真面目，只缘生在此山中"。生活中常常会碰到看不开的事情，或者是难题，其实，很多时候困扰我们的并非问题本身，而是我们自身的执念把自己逼进死胡同。这时，不妨先冷静下来，换个角度去思考，或者想象这件事情如果发生在别人身上你会怎么做，实在不行索性请个"旁观者"帮你出谋划策，看到本质的原因，进而走出困境。

【成语释义】　原指下棋的人往往容易迷惑不清，看不出事态发展的方向。现在用来比喻当事人往往因为对利害得失考虑得太多，看问题反而糊涂。当局者，原指正在下棋的人，后指当事人。

【活用例句】　在这个世界上，"～，旁观者清"的事情是很多的。

【接龙游戏】　当局者迷→迷途知返→返朴归真→真假难辨→辨色鉴毛→毛手毛脚→脚踏实地

当务之急

有次,孟子的弟子问,现在要知道和要去干的事情很多,究竟应该先知道和先干些什么。

孟子回答说:"知者无不知也,当务之为急,仁者无不爱也,急亲贤之为务。"孟子的意思是,有智慧的人无所不知,但要知道当前应该做的事中急需要干的事,而不要面面俱到。比如仁德是人们无所不爱的,但要先爱亲人和贤者。又比如古代的圣主尧和舜,尚且不能认识所有的事物,因为他们必须急于了解当前最重要的事情。尧舜的仁德也不是爱一切人,因为他们急于爱的是亲人和贤人。

接着,孟子又从反面来回答这个问题:"父母死了,不去服三年的丧期,却对服三个月、五个月丧期的礼节很讲究;在长者面前用餐,没有礼貌地狼吞虎咽,咕咚咕咚地喝汤,却去讲什么不能用牙齿咬断干肉等,这就是舍本逐末,不知道当前最需要知道和干的是什么。"

——《孟子·尽心上》

【故事启示】 孟子认为:不管做什么事情时,首先都用分清主次的办法来统筹做事。事实上,这便是时间管理的精髓所在。做事要分清主次,明了当务之急,然后设定优先顺序。更明确地说,即把要做的事情分成等级和类别,先做最重要的事,再做次要的事。优先保证最重要的事的时间,就能优先保证做好最重要的工作,从而能够从大局上控制时间的价值。

【成语释义】 当前任务中最急迫的事。当,原为"处于",现为"当前";务,应该做的事。

【活用例句】 华南虎的照片是不是假的并不重要,保护华南虎才是~。

【近义】 燃眉之急

【反义】 不急之务

守株待兔

话说在春秋时期，宋国有一位农夫。他一年四季，每天早出晚归，十分精心地耕种着自己的一块土地，可到头来，即使是遇到好年景，也只落得个顿顿粗茶淡饭，刚刚能填饱肚子。他实在是很辛苦。

一天正午，烈日炎炎，劳作了整整一上午的农夫感到十分疲倦，就坐在一棵大树下休息。这时，突然一只野兔从草丛中窜出来。野兔见到有人而受了惊吓。它拼命地奔跑，不料一下子撞到农夫地头的一截树桩子上，昏死过去。农夫跑过去拎起了兔子，心中不禁一阵窃喜，心想："哈！想不到不费吹灰之力就捡到了一只兔子，看来我真是时来运转了！以后我要是天天能捡一只兔子，那该多好啊！"

晚上回到家，农夫把死兔子交给妻子。妻子做了香喷喷的野兔肉，两口子有说有笑，美美地吃了一顿大餐。

第二天，农夫照旧到地里干活，可是他再不像以往那么专心了。他干一会儿就朝草丛里瞄一瞄，听一听，希望再有一只兔子窜出来撞在树桩上。就这样，他心不在焉地干了一天活，该锄的地也没锄完。直到天黑也没见到有兔子出来，他很不甘心地回家了。

第三天，农夫来到地边，已完全无心锄地。他把农具放在一边，自己则坐在树桩旁边的田埂上，专门等待野兔子窜出来。可是又白白地等了一天。

后来，农夫每天就这样守在树桩边，希望再捡到兔子，然而他始终没有再得到。而农夫地里的野草却越长越高，把他的庄稼都淹没了。

这件事很快传遍了宋国，人们都笑话他的这种行为。

——《韩非子·五蠹》

【故事启示】 野兔撞到树桩上是一件非常偶然的事情。即使称不上奇迹，也离奇迹的境界不远了。遗憾的是，宋国的这个农夫竟然把千载难逢的一次偶然当成必然，不惜放下本职工作，专门等待偶然的出现，最后落得个田园荒芜，一无所获。的确很愚蠢呢。不靠自己勤勤恳恳的劳动，而想靠碰好运过日子，是不会有好结果的。我们一定不要做"守株待兔"式的蠢人。

【成语释义】 原比喻妄想不经过努力而侥幸得到意外的收获。现也比喻死守狭隘的经验，不知变通。株，树桩子。

【活用例句】 ～只会让机会擦身而过，只有不断主动争取，成功才属于自己。

【近义】 刻舟求剑、墨守成规

【反义】 通达权变、见机行事

百步穿杨

秦国的白起，是一位非常善于打仗的将军。由他指挥的战争没有失败的时候，所以人们称他为"常胜将军"。有一年，秦王派白起率兵前去攻打魏国。如果魏国被秦国攻下，会在多个诸侯国之间引起连锁反应，为此很多人都非常担忧。有个名叫苏厉的谋士，奉命前去游说白起不要攻打魏国。苏厉设法拜见白起，向他讲了这样一个故事：

有一位著名的射箭手，名叫养由基。养由基从小就练成一手好箭法，能在百步之外准确地射中杨树叶。当时还有一个名叫潘虎的勇士，箭术也非常高超。一天，两人在场地上比试射箭，许多人都前来围观。

比赛的靶子设在五十步外，那里撑起一块木板，木板上画出一个红心。潘虎拉开强弓，一连三箭都正中靶心，博得围观的人一片喝采声。

养由基环视一下四周，说："射五十步外的红心，目标太近、太大了。咱们还是比赛射百步以外的杨树叶吧。"

说罢，他指着百步外的一棵杨树，叫人在树上选了一片叶子，涂成红色作为靶子。接着，他拉开弓，"嗖"的一声，人们放眼望去，箭头正好贯穿那片红杨树叶的中心。

在场的人全部目瞪口呆了。潘虎自知没有这样高明的本领，但又不相信养由基箭箭都能射穿树叶，便走到那棵杨树下，选择了三片杨树叶，在上面用颜色编上号，请养由基按编号次序再射。

养由基走到树下，看清杨树叶上的编号后，便退到百步之外，拉开弓，连发三箭，分别射中三片编上号的树叶。这样一来，围观的人群大声喝采，潘虎虽然输了，却输得口服心服。

就在一片喝采声中，不料有个站在养由基身旁的人冷冷地说："嗯，有了百步穿杨的本领，才配受我的指教。"

养由基听这个人说话的口气这么大，不禁生气地转过身去问道："你准备怎样教我射箭？"

那人平静地说："我并不是教你怎样弯弓射箭，而是来提醒你该怎样保持射箭名声的。你是否想过，一旦你力气用尽，或者稍稍出一点儿偏差，只要射不中，你百发百中的名声就会受到很大的影响。一个真正善于射箭的人，应当注意保持名声。"

苏厉对白起说："你号称常胜将军，但魏国并不是一个非常容易打败的国家，如果你不能马上取胜，便破坏了自己的名声。"白起听后，想到要保持百战百胜的名气，不能轻易出战，便借口身体状况不佳，取消了进攻魏国的计划。

——《战国策·西周策》

【故事启示】 秦王派素有"常胜将军"雅称的白起攻打魏国，很多诸侯国纷纷自危。苏厉授命于危难之中，游说白起。他抓住人们爱惜名誉的心理，列举养由基百步穿杨的事例，借他人之口，侧面暗示白起不要凭借一时之勇，将来之不易的"常胜将军"名誉毁于一旦。最终，苏厉凭着"三寸不烂之舌"，在没有动用一兵一卒的情况下，成功击退秦国的百万之师，让我们着实领略了口才的巨大威力！

【成语释义】 春秋时楚国养由基善于射箭，能在一百步以外射中杨柳的叶子。后用来形容箭法或枪法非常高明。

【活用例句】 队长打靶十发全中，不愧"～神枪手"的称号。

【近义】 百发百中

【反义】 无的放矢

夸父逐日

　　远古时候，在北方荒野中有一座高耸入云的高山，在山林深处，生活着一群力大无穷的巨人。他们的首领耳朵上挂着两条金色的蛇，手里也抓着两条金蛇，他的名字叫夸父，因此这一群人就叫夸父族。夸父族人心地善良，勤劳勇敢，过着与世无争、逍遥自在的日子。

　　有一年，天气非常热，火辣辣的太阳直射在大地上，树木都被晒焦了，河流都被晒干枯了。人们热得难以忍受，夸父族的人纷纷死去。首领夸父很难过，他仰头望着太阳，告诉族人："太阳太可恶了！我一定要追上太阳，将它捉住，让它听人的指挥。"族人听了，纷纷劝阻。有的人说："你千万别去呀，太阳离我们那么远，你会累死的。"有的人说："太阳那么热，你会被烤死的。"但是夸父决心已定，他看着愁苦不堪的族人，说："为了大家的安乐，我一定要去！"

　　夸父告别了族人，向着太阳升起的方向，迈开大步，向风一样追去。太阳在空中飞快地移动，夸父在地上拼命地奔跑。他穿过一座座大山，跨过一条条河流，大地被他的脚步震得"轰轰"作响，来回摇摆。夸父跑累了，将鞋里的土抖落在地上，于是地上形成了一座大土山。夸父煮饭时，拣了三块石头架锅，这三块石头就成了三座鼎足而立的高山，有几千米高。

　　夸父一直追着太阳跑，眼看着离太阳越来越近，他的信心越来越强。终于，夸父在太阳落山的地方追上了太阳。一团红亮的火球就在夸父眼前，万道金光沐浴在他身上。夸父无比欢欣地张开双臂，想把太阳抱住。可是太阳炽热异常，夸父感到又渴又累。他就跑到黄河边，一口气喝干了黄河水，他又跑到渭河边，把渭河水也喝光了，但是仍不解渴。夸父又向北跑去，那里有纵横千里的大泽，大泽里的水足够夸父解渴。但是夸父还没有跑到大泽，就在半路上渴死了。

　　夸父临死的时候，心里充满了遗憾，他还牵挂着自己的族人，于是将自己手中的木杖扔出去。木杖落地的地方，顿时生出一片郁郁葱葱的桃林。这片桃林终年茂盛，为往来的过客遮荫，结的鲜桃为人们解渴，让人们能够消除疲劳，精力充沛地踏上旅程。

——《山海经·海外·北经》

【故事启示】 夸父逐日的故事，反映了中国古代先民战胜干旱的愿望。夸父虽然最后牺牲了，但是他顽强的精神却不死。在中国的许多古书中，都记载了夸父逐日的相关传说，中国有的地方还将大山叫做"夸父山"，以纪念夸父。

【成语释义】 夸父追赶太阳。指征服自然的抱负宏伟、意志坚强，也比喻做力所不及的事情。也作"夸父追日"。夸父，古代神话人物。逐，追赶。

【活用例句】 一只小鸟想把大海填平？哼！这无疑是～。

【接龙游戏】 夸父追日→日暮途穷→穷奢极欲→欲罢不能→能工巧匠→匠心独运→运用自如→如应斯响→响彻云霄→霄壤之别→别具一格→格格不入→入井望天→天翻地覆→覆车之鉴→鉴影度形→形枉影曲→曲高和寡→寡见少闻→闻过则喜→喜从天降

名落孙山

宋朝时期，有一个名叫孙山的才子，他为人不但幽默，而且很善于说笑话，所以附近的人就给他取了一个"滑稽才子"的绰号。

有一次，他和一个同乡的儿子一同到京城，去参加举人的考试。放榜的时候，孙山的名字虽然被列在榜文的倒数第一名，但仍然是榜上有名，而和他一起去的那位同乡的儿子，却没有考上。

不久，孙山先回到家里，同乡便来问他儿子有没有考取。孙山既不好意思直说，又不便隐瞒，于是，就随口念出两句不成诗的诗句来："解元尽处是孙山，贤郎更在孙山外。"解元，就是我国科举制度所规定的举人第一名。而孙山在诗里所谓的"解元"，乃是泛指一般考取的举人。他这首诗全部的意思是说："举人榜上的最后一名是我孙山，而令郎的名字却还在我孙山的后面。"

从此，人们便根据这个故事，把报考学校或参加各种考试却没有被录取，叫做"名落孙山"。

——《过庭录》

【故事启示】 孙山被人问及同乡儿子是否中榜时,采取委婉的方式答之,既不损人面子,又有效传递了信息。这启示我们,在求人办事的过程中,总会有一些使人们不便、不忍或者语境不允许直说的东西。于是,"遁辞以隐意,谲譬以指事",说话人故意说些与本意相关或相似的事物,来含蓄表达本来要直说的意思。在语言的表达艺术中,这种方法叫做"缓冲",能让听者(或观者)在比较舒适的氛围中接受信息。

【成语释义】 名字落在榜末孙山的后面。指考试或选拔没有被录取。孙山,人名。

【活用例句】 今年高考,小明又~了。

【近义】 榜上无名

【反义】 名列前茅

曲突徙薪

古时候,有一户人家建了一栋房子,许多邻居和亲友都前来祝贺,人们纷纷称赞这房子造得好。主人听了十分高兴。但是有一位客人,却诚心诚意地向主人提出:"您家厨房里的烟囱是从灶膛上端笔直通上去的,这样,灶膛的火很容易飞出烟囱,落到房顶上引起火灾。您最好改一改,在灶膛与烟囱之间加一段弯曲的通道(即"曲突",突:烟囱)。这样就安全多了。"顿了一顿,这个客人又说:"您在灶门前堆了那么多的柴草,这样也很危险,还是搬远一点好。"(即"徙薪",徙:移动,搬迁;薪:柴草。)

主人听了以后,认为这个客人是故意找茬出他的洋相,心里非常不爽。当然,也就谈不上认真考虑和采纳这些意见了。

过了几天,这栋新房的厨房失火,左邻右舍,齐心协力,拼命抢救,才把大火扑灭。主人为了酬谢帮忙救火的人,专门摆了酒席,并把被火烧伤的人请到上座入席。惟独没有请那位提出忠告的人。这就叫做:焦头烂额座上宾,曲突徙薪靠边站。

这时,有人提醒主人:"您把帮助救火的人都请来了,可为什么不请那位建议您改砌烟囱、搬开柴草的人呢?如果您当初听了那位客人的劝告，就不会发生这场火灾了。现在，是论功而请客，怎么能不请对您提出忠告的人，而请在救火时被烧伤的人坐在上席呢？"主人听了以后，恍然大悟，连忙把当初那位提出忠告的人请来。

——《汉书·霍光传》

【故事启示】 故事中的主人即便是对火灾隐患缺乏基本的防范常识，在有识之士提出警示和忠告后也应当有所提防，但是火灾还是发生了。试想，如果主人听从忠告，很可能就避免了火灾，也用不着众人相救和杀牛置酒了。故事中的"主人"，现实中不乏其例，许多安全事故的发生并非祸由天降，而是由来已久，逐渐积累而酿成的。如果"主人们"在有识之士提出各种安全建议和措施后，及时处理，完全可以把隐患扼杀在萌芽之中，避免国家和人民的生命财产受到不必要的损失。

【成语释义】 把烟囱改为弯曲的，把灶旁的柴草移开。比喻事先采取措施，防止危险发生。

【活用例句】 如果懂得～的道理，许多灾难都可以避免。

【近义】 防患未然

【反义】 临渴掘井

讳疾忌医

有一天，名医扁鹊去见蔡桓侯。他仔细端详了蔡桓侯的气色后，说："大王，您得病了。现在病只在皮肤表层，赶快治，容易治好。"蔡桓侯不以为然地说："我没病，用不着你来治！"

扁鹊走后，蔡桓侯对左右说："这些当医生的，成天想给没病的人治病，好用这种办法来证明自己医术高明。"

过了十天，扁鹊再去看望蔡桓侯。他着急地说："您的病已经发展到肌肉里去了。可得抓紧治疗啊！"蔡桓侯把头一歪，极为不悦地说："我根本就没有病！你走吧！"扁鹊走后，蔡桓侯很不高兴。

又过了十天，扁鹊再去看望蔡桓侯。他看了看蔡桓侯的气色，焦急地说："大王，您的病已经进入了肠胃，不能再耽误了！"蔡桓侯连连摇头："说什么鬼话呢，我哪来的什么病！"

扁鹊走后，蔡桓侯更不高兴了。

又过了十天，扁鹊再一次去看望蔡桓侯。他只看了一眼，马上掉头就走。对此，蔡桓侯感到非常奇怪，便派人去问扁鹊："您去看望大王，为什么掉头就走呢？"扁鹊说："有病不怕，只要治疗及时，一般的病都会慢慢好起来的。怕只怕有病说没病，不肯接受治疗。病在皮肤里，可以用热敷；病在肌肉里，可以用针灸；病到肠胃里，可以吃汤药。但是，现在大王的病已深入骨髓。病到这种程度只能听天由命了，所以我也不敢再请求为大王治病了。"

果然，五天以后，蔡桓侯的病就突然发作了。他打发人赶快去请扁鹊，但是扁鹊已经逃到别的国家去了。没过多久，蔡桓侯就病死了。

——《韩非子》

【故事启示】　蔡桓公因不听扁鹊的屡次劝说，以致自身病情不断恶化，终于病入膏肓，不治身亡。我们要引以为戒，善于听取别人的正确意见，并不断改正自身存在的缺点。实际生活中，不少人其实骨子里都是讳疾忌医的蔡桓公，他们不愿意查漏补缺，也不情愿听取别人的逆耳忠言。殊不知，讳疾忌医，小到可以使一个人不能成才，大到可以毁了一个国家。

【成语释义】　隐瞒病情，不愿医治。比喻掩饰自己的缺点和错误、不愿接受批评帮助。

【活用例句】　对错误采取～的态度很不明智。

【近义】　文过饰非、拒谏饰非

【反义】　从善如流

江郎才尽

南朝梁有个著名的才子叫江淹，他曾写过很多精彩的散文、诗歌，人称"才子江郎"。

江淹是济阳考城（今河南省兰考县）人，从小与母亲相依为命。尽管家境贫寒，但凭着自身的努力，青年时代的江淹就已写得一手好

173

文章。后来，江淹的才名传到了南朝宋建平王刘景素那里。刘景素很欣赏江淹的才华，于是便给江淹写信，希望江淹能够做他的属僚。随后，江淹去拜访刘景素，二人谈得十分投机。不久，刘景素就提拔江淹做了南兖州的官吏。没想到此时有个叫郭彦文的县令犯了罪，为了开脱罪责，竟诬告江淹接受过他的贿赂，所以，江郭二人被抓到州府的监狱。

江淹认为清者自清，无愧于心，便在狱中给刘景素写了一封长信，信中慷慨陈词，抒发内心委屈，堪称一篇好文章。刘景素看了这封信后，立刻派人把江淹从狱中放了出来。出狱后，江淹又以第一名的成绩考中了南徐州秀才，从此才子江淹的名气就更大了。

后萧道成灭宋立齐，请江淹做史官，专责编写历史。有一次，襄阳发掘出一座古墓，并出土了一面玉镜和一些竹简。竹简上刻着的古体字谁也看不懂，人们于是便把竹简拿给江淹看，江淹一看就认出竹简上写的是周宣王时候的事情。从此，江淹的名气广传。到萧衍建立梁朝以后，拜江淹为光禄大夫，即皇帝的高级顾问，后又被封为醴陵侯，并赐封地。

江淹当了大官以后，过着养尊处优的生活，再也不愿意动笔写文章了。时间一长，才思减退，有时勉强写出一点东西，但人们读了以后感到十分乏味。因此，人们都很惋惜地说："江郎才尽了。"

——《诗品·卷中·齐光禄江淹》

【故事启示】　文笔优美的江淹，后来之所以发生"才尽"的悲剧，与他失去创作动力，满足于功成名就的现状以及在文学上不思进取密切相关。江淹家境贫寒，本是一介书生，为了扬名，为了摆脱卑微的身份与地位，他发奋读书，厚积薄发，著成精美诗文。可惜，待江淹拥有官位名誉，拥有锦衣玉食的生活后，创作的热情便被养尊处优的怠惰渐渐取代，失去了创作的动力，自然也就"才尽"了。这个故事告诫我们不要满足现有的成就，只有不懈努力，积极进取才会取得更大的进步。

【成语释义】　比喻人的才思减退或是本领用尽。

【活用例句】　有人指出，果戈理《死魂灵》第二部之所以最终未能写成，并非～，而是由于他远离了俄国社会生活。

【近义】 黔驴技穷

【反义】 才思泉涌

汗马功劳

萧相国，即萧何，辅佐刘邦称帝的首要功臣。刘邦平定天下后，按功劳大小封赏群臣。他认为萧何的功劳最大，便封为酂侯，赐予丰厚的俸禄。而其他功臣却认为萧何的功绩不足以封侯赐地，他们向刘邦抗议说："我们跟随您征战天下，出生入死。有的人参战多达百余次，少的也有几十阵。我们攻城略地，杀敌无数，可以说功高劳苦。可是萧何呢？他只手持笔墨空发议论，从未亲身参战，哪有'汗马之劳'可言。但他得到的封赏却在我们之上，凭什么啊？"

刘邦解释道："各位都知道狩猎吧？"将军们异口同声地说："知道啊。"

刘邦说："那知道猎狗吧？"将军们点点头，但猜不透刘邦葫芦里到底要卖什么药。

刘邦接着说："狩猎时，猎狗负责追杀猎物，它们的行动完全按照猎人的指示。你们呢，攻城略地确实有功，但你们只是功狗而已。萧何，他是给猎狗发出指示的猎人，他是功人。而且你们多是单身跟随我，有同族两三人就算难得了，但萧何叫全家族的几十个男子都参加了我的队伍，跟着我一同出力。他的功劳是怎么也不应忘记的！所以我给他的封赏要比给你们的厚重。"

"功狗"们听了刘邦的这番言论，无话可说。只好屈居于"功人"萧何之下，不再争闹。

"汗马之劳"后多作"汗马功劳"，形容卓越、出众的功绩。

——《史记·萧相国世家》

【故事启示】 刘邦称帝后，功臣们日夜争功，不能决定高下。萧何、曹参之争，表面上看是两人争功，实际上是文武两班大臣的争夺战。处理不好功臣的问题，将造成严重的不稳定因素。在这个关键时刻，刘邦举猎犬与猎人的比喻，认为猎犬在前搏击野兽，须有猎人在后操纵指示；战将之功好比猎犬，萧何之功，好比猎人，平息了这场纷争。的确，自古以来，均是"劳心者治人，劳力者治于人"。关键时刻，一条心计的力量足以胜过千军万马。

【成语释义】　指在战场上建立战功。现多形容辛勤工作做出贡献。初作"汗马之劳"。汗马，指因奔驰而出汗的战马。

【活用例句】　韩信跟着刘邦打天下，为汉朝的建立立下了～。

【近义】　丰功伟绩、劳苦功高

【反义】　一事无成

负隅顽抗

战国时，有一年齐国发生饥荒，许多人饿死。孟子的弟子陈臻听到这个消息，急忙来找老师，心情沉重地说："老师，您听说了吗？齐国闹饥荒，人都快饿死了。人们都以为老师您会再次劝说齐王，请他打开棠地的谷仓救济百姓。我看不能再这样做了吧。"

孟子回答说："再这样做，我就成为冯妇了。"接着，孟子向陈臻讲述了有关冯妇的故事：

冯妇是晋国的猎手，善于和老虎搏斗。后来他成为善人，不再打虎了，他的名字也几乎被人们忘掉。有一年，某座山里出现了一只猛虎，常常伤害行人。

几个年轻猎人联合起来去打虎，他们把老虎追至山的深处，老虎背靠着一个山势弯曲险要的地方，面向众人。它瞪圆了眼睛吼叫，没有人敢上前去捕捉（《孟子·尽心下》："则之野，有众逐虎。虎负嵎（即隅），莫之敢撄。"）就在这时，冯妇坐车路过这儿。猎手们见了他，都快步上前迎接，请他帮助打虎。冯妇下了车，挽起袖子与老虎搏斗起来，经过一场拼搏，终于打死了猛虎，为民除了害。年轻的猎手们高兴地谢他，可是一些读书人却讥笑他。

东瓯国人把"火"叫做"虎"。他们"火"和"虎"的发音上没有什么区别。他们的国内没有砖瓦，而用茅草盖房顶，因此常常有火灾发生，国中的人都为这吃过苦头。有个住在海边的商人到晋国，听说晋国有冯妇善于打虎，他的所在就使当地没有虎患。这个商人回来就把这事告诉东瓯国君。东瓯国君听了大喜，就拿出马十匹、白玉两双、文锦十匹命令商人作为使者，到晋国聘请冯妇。冯妇到来，东瓯国君下令驾车，空出左位，迎接他在国门之外，同车回来，下榻宾馆，作为上宾客招待。第二天，集市中起火，国中人跑来告诉冯妇，冯妇捋袖伸臂跟国中人出了宾馆，寻找了半天老虎的踪影，也没看见。火势蔓延逼近宫殿和店铺，国中人簇拥着冯妇就奔向大火，冯妇被火烧死。于是商人因为欺君被判罪，而冯妇至死还没有认识到这是怎么回事。

——《孟子·尽心下》

【故事启示】　东瓯君为了解决国内问题不惜花费重金来引进人才，并且礼贤下士，值得称赞。但负责引进人才的东瓯君，在没有辨别出真假前，便盲目地引进人才，出事后还将罪责归于商人，则有推卸责任之嫌。再有，东瓯国多火灾，商人想为国人做点好事，他的动机应该说是好的，只是错把打虎能手当成救火能人，以至酿成大祸，最后冯妇被当作替罪羊，实属可悲。孟子以之设喻，告诉弟子自己并非救济天下苍生的主角儿，也不想因此命丧黄泉，引人深思。

【成语释义】　比喻依仗险阻，顽固抵抗。负，依靠；隅，山弯，引申为山势险要的地方。

【活用例句】　敌人扼守在堑壕中想～，我们劈头盖脸地一顿猛扫，打得他们落花流水。

【近义】　负险固守

【反义】　束手待毙、束手就擒

如火如荼

春秋末期，吴王夫差连续征服了越、鲁、齐三国，雄心勃勃，又继续向西北进军，打算一鼓作气征服晋国。

可正在这个时候，越王勾践抄了吴王的后路。他带领军队一直打到吴国的国都姑苏（苏州），又派人马占据淮河，把吴王的退路切断了。吴王夫差听说这个消息后，感觉当头一棒。在震惊之余，立即召集文臣武将商量对策。大家说，现在退回去等于打了败仗，还会两头挨打；如果能打败晋国，就等于在诸侯国中当定了霸主，再回去收拾越王勾践也不算晚。

大主意已经拿定，当务之急是尽快征服晋国。考虑再三，吴王决定出奇制胜。

当天傍晚，吴王下达了命令。全军将士吃得饱饱的，马也喂足了草料。从全军中挑出三万精兵强将。每一万人摆成一个方阵，共摆三个方阵。每个方阵横竖都是一百人。每一行排头的都是军官司。每十行，也就是一千人，由一个大夫负责。每一个方阵由一名将军率领。中间的方阵白盔白甲，白衣服，白旗帜，白弓箭，由吴王自己掌握，称为中军；左边的方阵，红盔红甲、红衣服；右边的方阵则皆为黑色。半夜出发，黎明时分到达离晋军仅有一里路的地方。天刚蒙蒙亮，吴王夫差亲自鸣金击鼓发令，三万人一齐大声呐喊，那声音简直像天崩地裂一般，惊动了到会的各路诸侯。

晋军从梦中醒来，一看吴军那三个方阵和声威气势，简直都惊呆了：那白色方阵，"望之如荼"——像开满白花的茅草地；那红色方阵，"望之如火"——如熊熊燃烧的火焰；而那黑色的方阵，简直就像深不可测的大海。最后，晋军一败涂地。

成语"如火如荼"便由此故事而来。

——《国语·吴语》

【故事启示】 吴王夫差兴师前往晋国，没想到"黄雀在后"，被越王勾践断了退路。结果，越王勾践不仅没能打击吴国军队的士气，反而弄巧成拙，加速了吴国胜晋的步伐。这启示我们，如果将对方逼迫到无路可退的地步，却又不能将其一举歼灭时，就不要轻举妄动。否则，对方往往会在求生欲望的支配下，爆发出惊人的智谋与战斗力。狗急还会跳墙呢，更何况是人。吴军急中生智，背水一战，使用奇计，大败晋军，便很好地说明了这一点。

【成语释义】 原形容军容盛大。后形容气势蓬勃、气氛热烈和生命力旺盛。茶，古代指茅草的白花。

【活用例句】 春天到了，杜鹃花开得~，把这个城市点缀得更加美丽。

【近义】 方兴未艾、热火朝天

【反义】 无声无息

买椟还珠

从前，一个楚国人，他有一颗漂亮的珍珠，他打算把这颗珍珠卖出去。为了卖个好价钱，他动脑筋将珍珠好好包装了一下。他觉得有了高贵的包装，珍珠的"身份"也会升高不少。

于是，这个楚国人找来名贵的木兰，又请来手艺高超的匠人，为珍珠做了一个盒子（即椟），用桂椒香料把盒子熏得香气四溢。然后，在盒子的外面精雕细刻了许多好看的花纹，还镶上了漂亮的金属花边，看上去，金光闪闪，实在是一件精致美观的工艺品。

然后，楚人将珍珠小心翼翼地放进盒子里，拿到市场上去卖。

到市场上不久，很多人都围上来欣赏楚人的盒子。一个郑国人将盒子拿在手里看了半天，爱不释手，终于出高价将楚人的盒子买了下来。郑人交过钱后，便拿着盒子往回走。可是没走几步他又回来了。楚人以为郑人后悔了要退货，没等楚人想完，郑人已走到楚人跟前。只见郑人将打开的盒子里的珍珠取出来交给楚人说："先生，您将一颗珍珠忘放在盒子里了，我特意回来还珠子的。"于是郑人将珍珠交给了楚人，然后低着头边走边欣赏木盒子。

楚人拿着被退回的珍珠，十分尴尬地站在那里。他原本以为买家会欣赏他的珍珠，可是没想到精美的外包装盖过了包装盒内珍珠的光芒，以致于"喧宾夺主"，令这个楚国人哭笑不得。

——《韩非子·外储说左上》

【故事启示】 故事中的那个郑人，由于眼睛只盯着那只精美的包装盒，反而丢掉了真正有价值的宝珠。可见，做什么事情都要分清主次，否则就会像这位"买椟还珠"的郑人一样，做出舍本逐末、

179

取舍不当的愚蠢之举来。再有，这个楚国人将盛放珍珠的包装盒用心修饰一番，结果，他用较小的成本换回了更大的收益，虽然楚国人是"无心插柳"，但盒子里的珍珠却可以再进行一次交易，实现双倍利润，却是事实。

【成语释义】 买下了盛珍珠的盒子，却退还了匣子里的珍珠。比喻没有眼光，取舍不当。椟，木匣；珠，珍珠。

【活用例句】 你必须慎重考虑一下，千万别做出～的蠢事。

【近义】 舍本逐末

【反义】 去粗取精

多多益善

公元前206年，非常有军事才能的韩信，由于在楚霸王项羽手下迟迟得不到重用，便背楚投汉，随汉王刘邦来到南郑（今汉中市汉台区）。

这位曾经"乞食漂母""胯下受辱"的七尺男子汉并非懦夫，而是千古难得的奇才。被刘邦委以"治粟都尉"小职的韩信常在丞相萧何面前谈及自己的报负，萧何发现韩信拥有"国士无双"的军事奇才，便三番五次向汉王刘邦举荐。刘邦终于采纳了萧何的建议，在汉中设坛拜将，把统帅三军的大权授予韩信。雄才伟略的韩信用明修栈道，暗渡陈仓之策夺三秦，后又逐鹿中原，消灭项羽，为刘邦建立西汉立下了汗马功劳。刘邦封他为齐王，后又改封为楚王。

刘邦称帝以后，害怕朝中大将争夺自己的皇位，所以时时提防着。有人密报韩信将要"谋反"，刘邦听后心中非常着急，召集大臣们商议，最后采取了陈平的计谋，把韩信骗到皇宫夺取韩信的兵权。韩信怒对："狡兔死，良狗烹；飞鸟尽，良弓藏；敌国破，谋臣亡！"刘邦或许也感内疚，应该也是没有韩信造反的确凿证据，就将其释放，贬为淮阴侯。此后，韩信清楚自己功高震主，所以常常称病不去上朝，但却时常和刘邦饮酒坐谈。

有一次，刘邦和韩信谈论武将的本领，当时他们两人的意见不同。

刘邦问道："像我自己，能带多少士兵？"韩信说："陛下不过能带十万人。"

刘邦说："那对你来说呢？"韩信回答："像我，越多越好。"

刘邦听后哈哈大笑："多多益善，何为为我禽？"意思是说，"既然你统帅士兵越多越好，那你为什么还被我捉住呢？"韩信镇定自若地解释说："陛下虽然不善于带兵，但善于统领将领，这就是韩信我被陛下捉住的原因了。而且陛下的能力是天生的，不是人们努力所能达到的。"后来，人们用"多多益善"表示越多越好。

——《史记·淮阴侯列传》

【故事启示】　刘邦和韩信的对话表明，人各有所长，也各有所短。智者往往善于取他人之长，补自己之短。再有，假如韩信能够学会谦让，不炫耀自己的功劳，不矜夸自己的率兵才能，那就好多了。他对汉朝的功勋，就可以跟周公、召公、姜太公这些人所建的功勋相比，也可以享用后代的祭祀。可是他不这样做，而在天下已经安定的时候仍然表现出劳苦功高的姿态，终于招来"图谋叛乱"的嫌疑，以致宗族被诛杀，不也是应该的吗？

【成语释义】　越多越好，不厌其多。益，更加；善，好。

【活用例句】　在竞争激烈的现代社会，一个人拥有的技艺和本领当然是～了。

【反义】　宁缺毋滥

老马识途

公元前679年，齐桓公召集各诸侯国订立盟约，十多个与会的中原诸侯国还宣了誓。主要内容如下：尊重周天子，扶助王室；抵御外族，不准他们向中原进攻；帮助弱小的和有困难的诸侯国。由此，齐桓公坐上了春秋五霸的第一把交椅。

这第一个撞枪眼儿上的入侵外族叫山戎，当时的山戎势力范围遍及河北北部、辽宁西部和内蒙古自治区东南部，还在其土地上建立了孤竹、令支、无终等好几个小国。山戎没事就跑到中原抢点东西惹点事，还先后挑起了好几次大规模战争，被欺负得最惨的就是燕国。

公元前663年，齐桓公正与管仲议事，燕国使者求见，说山戎又侵犯了燕国，希望齐国出兵支援。齐桓公决定亲自统率军队援救燕国，相国管仲和大夫隰朋随同前往。

齐军一路顺畅，灭掉了山戎中的令支小国。发现令支国君已逃往孤竹国，便向孤竹国进发。孤竹国君顿时慌了手脚，后采纳元帅黄花的计谋，引诱齐军到达孤竹国北边一个叫旱海的地方。凡是进旱海的，就没听说有谁活着出来。

齐桓公果然中计，大军在崇山峻岭的一个山谷里转来转去，最后迷了路，再也找不到归路。管仲派出几路兵马去探路，可探来寻去，犹如进入迷宫一般。时间一长，军队的给养发生困难。情况非常危急，再找不到出路，大军就会困死在这里。管仲思索了好久，忽然眼睛一亮，向齐桓公大声说："主公，有办法了！臣闻老马识途，当地的马对这一带地形肯定熟悉，咱们只要选几匹老马带路，一定能带引大军走出山谷。"齐桓公同意试试看。管仲立即挑出几匹老马，解开缰绳，让它们在大军的最前面自由行走。这一招儿果然灵验，老马左转右拐，带着齐军，不出两个时辰，便出了谷口。

齐军出了迷谷，顺原道返回孤竹国都城。孤竹国君忽听城外鼓号声惊天动地。赶到城墙上一看，只见齐军已到城下，将城围得水泄不通。天亮了。齐桓公与管仲入城，桓公挥剑砍去，孤竹国君人头落地。孤竹国就这么消失了，然而，"老马识途"的故事却流传至今。

——《韩非子·说林上》

【故事启示】　管仲在齐军深陷险境时，急中生智，巧妙利用动物的智慧来解决问题，最终在老马的带领下，齐军成功走出山谷。老马认识曾经走过的道路，同样，有经验的人由于熟悉情况，可以在某个方面或领域里起指引的作用。我们遇到不懂的事情时，要向有经验的人求教、学习，不管对方是什么身份。那种认为向人求教是羞耻的观念，万万不能有。

【成语释义】　老马能认识走过的道路。比喻富于经验的人熟悉情况，能在工作中起指导作用。识，认得；途，路。

【活用例句】　他虽然年近四旬，但～，不妨招聘来做个企业顾问。

【近义】　老于世故、熟能生巧

【反义】　涉世不深

老生常谈

　　管辂是三国时期山东平原的术士，他容貌丑陋，不讲礼仪，性好嗜酒，言谈无常。管辂从小勤奋好学，才思敏捷，尤其喜爱天文。他儿时常常仰视星辰，遇到人总是先向人询问天上星辰的名字，而且常常直到深夜也不肯睡觉，他的父母也管不了他。其他小孩玩耍的时候，管辂就在地上画天文图。十五岁时，管辂已熟读《周易》，通晓占卜术，渐渐有了小名气，人们都说他是奇才。

　　日子一久，管辂的名声传到吏部尚书何晏和侍中尚书邓飏耳里。这天，正好是农历十二月二十八日，这两个大官吃饱喝足后，闲着无聊，便派人把管辂召来替他们占卜。

　　管辂早就听说这两人是曹操侄孙曹爽的心腹，倚仗权势，胡作非为，名声很不好。他考虑了一会儿，便想趁这个机会好好教训他们一顿，灭灭他们的威风，于是欣然前往。

　　何晏一见管辂，就大声嚷道："听说你的占卜很灵验，快替我算一卦，看我能不能再有机会升官发财。另外，这几天晚上我还梦见苍蝇总是叮在鼻子上，这是什么预兆？"

　　管辂想了一会儿，说："古代八元、八凯辅佐虞舜，周公辅助周成王建国立业，国泰民安，都因其温和仁厚、谦虚恭敬而多福多寿。这不是卜筮所能决定的。现在你们两人位高权重，名若雷霆，比起周公一点都不逊色，但人们并没有受到你们的恩惠，只是畏惧你们的威势，这恐怕不是好预兆。而相反，有的人能够做到不在位，却人怀其德。对此，你们不该三思吗？至于你的梦按照卜术来测，青蝇逐鼻，是为大凶之兆，要想逢凶化吉，消灾避难，只有多效仿周公等大圣贤们，发善心、行善事才行。"

　　邓飏本来打算恭恭敬敬听管辂讲卜筮，谁料居然听到这样一番训

183

斥。他对管辂的一番话很不以为然，连连摇头说："你这都是些老生常谈，我们早就知道，何必还要再听你在这里啰唆。"何晏则脸色铁青，一语不发。

管辂不紧不慢地说道："虽说是老生常谈的话，却不能加以轻视啊！不听圣人言，吃亏在眼前。"于是起身拂袖而去。

不久，新年到了，洛阳传来消息说，邓飏、何晏与曹爽一起因谋反而遭诛杀。管辂知道后，连声说："老生常谈的话，他们却置之不理，所以难怪有如此下场啊！"

——《三国志·魏书·管辂传》

【故事启示】 何晏、邓飏把管辂的警示，视为平庸无奇的空话，也不理解管辂对老生常谈的精辟见解，不知引退。后来，何晏、邓飏应验卦象，被司马宣王杀害。唐代诗人刘禹锡为此曾作诗一首："常谈即至理，安事非常情。寄语何平叔，无为轻老生。"意在指出何晏（即何平叔）把管辂的卦言忠告，视为老生常谈的套话，不屑一顾，祸到临头，不知避祸。这便是瞧不起"老生"所付出的沉重代价。其实，正是因为有些道理极其重要，才会"老生常谈"。

【成语释义】 原指老书生经常发表的平凡的议论。后泛指毫无新意的理论或老话。

【活用例句】 勤俭节约是～，这种观点是错误的。

【近义】 陈词滥调、老调重弹

【反义】 标新立异、振聋发聩

老当益壮

汉光武帝刘秀靠武力夺取了江山，他手下有批出身豪强地主的大将谋臣，都是帮光武帝打天下立过赫赫战功的，其中功劳最大的有二十八个。光武帝死后，他的儿子汉明帝刘庄把二十八人的肖像画在南宫的云台上，称为"云台二十八将"。但是在二十八将之外，还有一员大将，他的名字虽然没有留在云台上，但在历史上却非常有名气。这个人便是马援。

马援在王莽统治的时候，做过扶风郡的督邮。有一次，郡太守派他送犯人到长安，半路上，他看犯人哭得挺伤心，就把他们放走了，自己也因此而丢了官，逃亡到北地郡躲起来。出于生计，马援一边种地，一边养殖，不到几年工夫竟有了牛、羊几千头，还积蓄了很多粮食。但是他并不想一直留在那里过"日出而作、日落而息"的田园生活。他心怀天下，常说："男子汉大丈夫，应该有远大志向。越穷越坚强，越老越健壮。"后来，王莽政权垮台，马援投奔刘秀，先后任陇西大将军、伏波将军，南征北战，立了很多战功。

公元44年秋天，马援从外面打仗回来，有人对他说："您已经够辛苦的了，还是在家里休养休养吧。"马援激昂地说："不行，现在匈奴和乌桓还在作乱，我正要向皇上请求保卫北方。男子汉大丈夫，死应该死在边疆，让别人用马革裹着尸首送回来埋葬。怎么能老呆在家里跟妻子儿女过日子呢？"接着就上了战场。

北方平定下来不久，南边五溪（在今湖南、贵州交界的地方）有一个部族入侵，汉光武帝两次派兵征讨，都被五溪部族打败，光武帝为了这件事很是烦恼。那时候马援已经六十二岁了，但还是请求让他带兵去打仗。

光武帝瞧了瞧马援，见他的胡子都白了，就说："将军老了，还是别去吧！"

可是马援不服老，就在殿前穿上铠甲，跨上战马，雄赳赳地来回跑了一圈。

光武帝不禁赞叹说："好硬朗的老人家！"于是，派他带领马武、耿舒两名将军和四万人马去攻打五溪。

马援的军队到了五溪，由于不太适应南方的气候，有不少兵士中暑死去了，马援自己也得了病，最后病死在军中，完成了马革裹尸的壮志。

由于马援性情耿直，得罪了小人，所以他自交趾打仗带回的一车薏米被说成了一车明珠宝贝，而朝廷一般大臣认为："好啊，你带回一车珠宝，竟然也不分给我们一点，太小气了。"纷纷举报马援贪污，使得光武大怒。

马援的家人不敢把他迎归埋葬，许多宾客故人连吊丧都不敢去。

————《后汉书·马援传》

【故事启示】　王莽当政时期，心怀仁慈的马援因放走哭泣的犯人，而逃到边区垦田、畜牧，拥有牛、羊数千头，也算是个创业有成的大商人了。但马援不以此为满足，他常常说："丈夫为志，穷当益坚，老当益壮。"正是在这种信念的指导下，六十二岁高龄的马援，主动向皇上请缨出战，这种为了国家利益，舍身忘死的大无畏精神与爱国情操，着实令人佩服。马援虽然没有列居"云台二十八将"之内，却也是真英雄。

【成语释义】　虽然年纪很大了，但志气和身体更壮。现引用为年纪老，体力精神更加旺盛或者干劲更大。

【活用例句】　心不衰老，勤于锻炼，自然能～。

【近义】　老而弥坚

【反义】　未老先衰

危如累卵

春秋时期，晋灵公贪图安逸，讲究享乐。他有吃不尽的山珍海味，穿不尽的绫罗绸缎，有很多美女侍奉，但他觉得还不够。

一天，他突发奇想，想要修筑一个九层高台，用来登高望远，俯瞰全国各地。于是，一声令下，把全国的财力、人力都集中起来修筑这个高台。无数农民被征来修高台，连很多妇女也被征来搞后勤，做饭送水，这样土地就荒芜了。

许多大臣认为，一个国家如果整天这样浪费人力、财力、物力，将十分危险，都想向晋灵公进言，劝他别这么做了。可是晋灵公早就下了口谕："谁敢进谏我修高台这件事，全部杀无赦！"如此一来，很多人都为了保住自己的小命，不再进言了，眼看着形势越来越严重。

有个名叫荀息的大臣终于看不下去了，说："我得向国君进言劝阻。"大家都说："这可危险。""你们放心，我自有办法。"于是，荀息就求见晋灵公。晋灵公知道荀息肯定是来阻止他修九层高台的，于是他摘下弓来，拿一只箭搭到弦上拉开，一手夹着箭，一手拿着弓，说："让他进来吧。"

荀息进来一看，晋灵公箭搭在弦上，看着他说："荀息，你来干什么？我知道你来干什么。""大王，您说我来干什么？""你是来谏阻我修九级高台吧？你不要说，看见这只箭了吗？只要你一说这话，我这手一松就把你射死了。""大王，您怎么知道我是来劝阻您修高台的？我说了吗？没有呀。大王，我是有一项本领，能够逗您高兴，想在您面前展示展示，我是为了这个来的。"

晋灵公来了兴趣，马上把弓箭放到一边，说："你有什么可供我观赏的技能？让我看看。""大王，我可以把这十二个棋子摆起来，然后在这上边再摆九个鸡蛋，还能让它不倒下来，您信吗？"晋灵公当然不相信，说："你给试验试验。"

于是荀息就让手下人拿来十二个棋子，把它们摆了起来，又让人拿来一筐鸡蛋，一个接着一个往上摆，晋灵公看得全神贯注，情不自禁地说："危险！太危险了！"荀息说："您别急，还有比这更危险的呢！"

晋灵公好奇地问："还有什么比这更危险？"荀息回答："更危险的是晋国就快灭亡了。现在农民都不种地，女人们都在烧水送饭，粮食自然也就没了，国库空虚。邻国都知道我国的财力已经不行了，都在磨枪擦剑，准备要进攻我们。他们一兴兵我们晋国可就亡了。"

听了这一番话后，晋灵公突然醒悟过来，于是便立即降旨，不再修高台了。

这便是"危如累卵"这个成语的由来。

——《史记·范雎列传》

【故事启示】　晋灵公执迷于贪图享乐，为了一己欢愉，动用大量的人力、财力、物力修建九层楼台，使得江山社稷的大厦摇摇欲坠而不自知。为了避免群臣劝谏，不惜以杀身之罪相威胁，真是昏聩到了极点！所幸的是，最终在荀息委婉的劝说下，停止了劳民伤财的土木工程。这个故事提醒我们，要有居安思危的意识，不能固执己见，而要理智地听从别人的劝说，从事物的细微之处看到潜在的危机，不能等到为时已晚才开始后悔。当然，指正他人过错时，相较于直言，曲折委婉的表述方式，效果更佳。

【成语释义】 危险得像垒起来的蛋，随时都有塌下打碎的可能。形容形势危险到了极点。卵，蛋；累，同"垒"。

【活用例句】 洪水的水位已经超过了警戒线，而且还在继续上涨，～。

【近义】 千钧一发

【反义】 安如磐石、稳如泰山

自相矛盾

楚国有一个卖兵器的人，他在集市上既卖盾又卖矛（古时候，矛和盾都是作战用的武器。矛用来刺杀敌人，盾则用来保护身体，以免被对方的矛刺中），为了让人家愿意买他的东西，使自己的商品尽快出手，他不惜夸大其辞、言过其实地高声叫卖。

他首先举起了手中的盾，向着过往的行人大肆吹嘘："列位看官，请瞧我手上的这块盾牌，这可是用上好的材料一次锻造而成的好盾呀，质地特别坚固，任凭您用什么锋利的矛也不可能戳穿它！"一番话说得人们纷纷围拢来，仔细观看。

接着，这个楚人又拿起了靠在墙根的矛，更加肆无忌惮地夸口："诸位豪杰，再请看我手上的这根长矛，它可是经过千锤百炼打制出来的好矛呀，矛头特别锋利，不论您用如何坚固的盾来抵挡，也会被我的矛戳穿！"此番大话一经出口，围观的人都觉得很好笑。

过了一会儿，只见人群中站出来一条汉子，指着那位楚人问道："你刚才说，你的盾坚固无比，无论什么矛都不能戳穿；而你的矛又是锋利无双，无论什么盾都不可抵挡。那么请问：如果我用你的矛来戳你的盾，结果又将如何？"

楚人听了，无言以对，只好涨红着脸，赶紧收拾好他的矛和盾，灰溜溜地逃离了集市。

"自相矛盾"就是由这个故事演变而来的。

——《韩非子·难一》

【故事启示】 现实生活中，我们在言辞、做事或写文章时，如果在同一时间和同一关系中，竟有两种截然相反的说法，前后互相抵触，那就会矛盾百出，像这个故事中的楚国商人一样，经不起推敲。楚国商人的经历告诫我们，说话要说实话，办事要办实事，不要任意夸大其词。倘若不能自圆其说，终会被人揭穿，招来嘲笑，落得一个灰溜溜的下场。

【成语释义】 比喻做事、说话前后自相抵触。

【活用例句】 你刚才的发言前后～，大家不知道该如何理解才好。

【反义】 自圆其说、无懈可击

负重致远

东汉末期，襄阳大名士庞德公有个很有才学的侄子，名叫庞统。那时候，隐居在隆中的诸葛亮常去拜访庞德公，和庞统也成了好朋友。庞德公非常赞赏他俩的才能，称诸葛亮为卧龙，庞统为凤雏。在庞德公的眼里，他俩都是当世俊杰。

周瑜任南郡太守时，庞统在他手下任功曹。不久周瑜病死，庞统送葬到吴郡。吴郡很多文人早就听说庞统的名声，所以等到他西归南郡去的时候，很多人都去拜会。连当时非常有名的文人陆绩（顾劭的舅舅）、顾劭也去了。

大家在昌门聚会话别，谈古论今，非常欢畅。谈论间，众名士请庞统评论一下在座人员。

庞统先评江东著名学者陆绩，他说："陆子可谓驽马有逸足力。"意思是说，陆先生像是一匹跑不动但脚力强劲的马，有超逸的才能。众名士听了，都说他评到了点上。然后，庞统又评论顾劭说："顾子可谓驽牛能负重致远也。"意思是说，顾先生好比是一头跑得很慢的耐劳的牛，但能够背负着沉重的东西送到远方。有人请他评评自己，他很自负地说："为帝王出谋划策，治理天下，我还是可以胜任的。"顾劭认为庞统的话有道理，和他亲近起来。

刘备占据荆州，任荆州牧，庞统以从事的身份试署耒阳县令。在任不理县务，治绩不佳，被免官。吴将鲁肃写信给刘备，推荐庞统，信中说"庞士元非百里才也，使处治中、别驾之任，始当展其骥足耳。"诸葛亮也对刘备说起过庞统。于是，刘备召见庞统。两人纵论上下古今，刘备对他大为器重，任命他为治中从事。此后，刘备倚重庞统的程度仅次于诸葛亮。

后来，刘备包围雒城（现今的德阳广汉一带）。庞统率众攻城，被飞箭射中，死去。时年三十六岁。刘备极为痛惜，一说到庞统就流泪。为表彰他的功勋，任命他的父亲为议郎，后升任谏议大夫。刘备追赐庞统为关内侯，定其谥号为靖侯。

庞统死后，葬于落凤坡，墓地只有简单的维护，据说这是刘备为其亲选的墓地，可俯北看南，是一块风水宝地，现有墓碑一块。

——《三国志·蜀书·庞统传》

【故事启示】 庞统善能知人自知，议论英发，多出奇计，实为一代英才，可惜英年早逝。再有，刘备能得"卧龙"诸葛亮与"凤雏"庞统两位奇才的誓死相随，其用人、识人之术亦可见一斑。

【成语释义】 背着重东西走远路。比喻能够负担艰巨任务。负，背着；致，送到。

【活用例句】 王淼这个人好逸恶劳，爱慕虚荣，怎么能够～呢！

【近义】 任重道远

防民之口，甚于防川

西周末期，周厉王横征暴敛，弄得民不聊生，百姓纷纷在私底下指责周厉王的暴行。

上卿召穆公三番五次地劝谏厉王："大王的苛捐杂税太多了，百姓生活很艰苦，都心存不满，快无法忍受了！"厉王听了之后很是愤怒，就从卫国找来一批巫师，把他们分派到全国各地去，让这些巫师用"神术"去监视那些指责他、对他心存不满的人，一经发现，就抓住杀掉。一时间，百姓人人自危，没人敢再议论朝政，连在街上碰到亲戚朋友打招呼，人们也只敢用眼睛互相看一下，生怕一不小心说错话而招来杀身之祸。

周厉王得知百姓已经没有人再公开指责自己了，便得意洋洋地对召穆公说："你看，谣言很容易止住的嘛！现在没有人再说我的坏话了吧。"

召穆公听后很是无奈："您这样做只是暂时减少了异议。您可知道，用这种方法去堵老百姓的嘴，比用泥土堵住河道更可怕。河道被堵塞，溢出来的水会冲垮堤岸，冲毁房屋，会有更多的人遭受水灾。百姓对您的怨恨和水是一样的，只能用疏导的办法。所以，治理百姓也应该让他们自由发表意见。"

召穆公看看周厉王，继续说："古代天子处理政务，让公卿列士献诗，瞽官献曲（民间歌谣），史官献书（记载古代帝王事迹），师官读格言，瞍官朗诵，矇官诵读，乐工们箴谏，平民百姓把对政事的意见间接地传达给天子，天子身边的近臣向天子进陈规谏之言，与天子同宗的大臣尽力弥补、监督天子的过失。瞽官、史官用音乐和礼法教育天子，上了年纪的师傅也经常对天子进行规劝、警告，天子再斟酌取舍，付诸行动。这样天子才不会做错事。"

"百姓有嘴如同大地和山川一样，百姓发表言论，国家政事的好和坏才能体现出来。百姓认为好的政策就实行，百姓认为不好的政策就应防范。百姓心中所想的从口中说出来，如果是好的政策就要施行，怎么能采取堵塞的方法，不让百姓说话呢？百姓心中担忧某些问题自然会说，一些事情他们考虑成熟之后也要说，这些你怎么能堵得住呢？就算暂时能够堵住百姓之口，但又能堵多久呢？如果堵住了他们的口，谁还能为国家提出好的建议呢？"

然而，遗憾的是，召穆公这番苦口婆心的精彩论述，周厉王根本没听进去，他仍旧是我行我素。就这样，一晃三年过去了，百姓终于无法再忍受厉王的暴政，起义反抗。他们抓住了周厉王，将他流放到彘（今山西省霍县）去了。这次起义，史称"国人暴动"。

——《国语·周语上》

【故事启示】　古语曰："得民心者得天下，失民心者失天下。"召穆公屡次规劝横征暴敛的周厉王，周厉王非但不听，反而变本加厉地"防民之口"，这种做法本身即是一种"失民心"的做法，这种做法不会降低他的失误，也不会消除民众的愤怒。周厉王终落得个被流放的下场。可悲！可怜！却又在情理之中。假如当初他勤政爱民，急百姓之所急，想百姓之所需，那么，他就可以在皇帝的宝座上安稳地一直坐下去。无论何时，处于何种境遇，都要记住：君与民，是舟与水的关系。水能载舟，亦能覆舟。统治离不开一国之君，更离不开国民。

【成语释义】　阻止人民进行批评的危害，比堵塞河川引起的水患还要严重。指不让人民说话，必有大害。防，阻止；甚，超过。

【活用例句】　唐太宗李世民深知～，所以他广开言路、善纳忠言，终成一代明君。

【近义】　防民之口，甚于防水

后来居上

汉武帝时期，朝中有三位有名的臣子，分别叫作汲黯、公孙弘和张汤。这三个人虽然同时在汉武帝手下为臣，但他们的情况却很不一样。

汲黯以刚直正义、敢讲真话而受人尊重。他为人和做官都不拘小节，讲求实效。虽然表面上不那么轰轰烈烈，却能把一个郡治理得井井有条，因此，朝廷把他从东海太守调到朝廷当主爵都尉———一种主管地方吏任免的官职。而当时的公孙弘和张汤两个人还只不过是个小官，职位低得很。

有一次，汉武帝说要实行儒家的仁义之政，为老百姓办好事。没等皇帝把话说完，汲黯就说："陛下内心里那么贪婪多欲，表面上却要装得实行仁政，这是何苦呢？"一句话把皇帝噎了回去。汉武帝当场脸色大变，宣布罢朝，满朝文武都为汲黯捏着一把汗，担心他会因此招来大祸。武帝回到宫里以后，对身边的人说，汲黯这个人也未免太粗、太直了！

从此以后，汲黯的官职再也没有提升。公孙弘和张汤则由于为人处事恰到好处，加上政绩显著，因此，二人都一步一步地被提拔起来，直到公孙弘封了侯又拜为相国，张汤也升到了御史大夫。

蹲在原地不动窝的汲黯对此情景很是不服气，总想要找个机会跟皇帝评评这个理。有一天退朝后，文武大臣们陆续退去，汉武帝慢步踱出宫，正朝着通往御花园的花径走去。汲黯赶紧趋步上前，对汉武帝说："陛下，有句话想说给您听，不知是否感兴趣？"汉武帝回过身停下，说："不知是何事，不妨说来听听。"

汲黯说："皇上您见过农人堆积柴草吗？他们总是把先搬来的柴草铺在底层，后搬来的反而放在上面，您不觉得那先搬来的柴草太委屈了吗？"汉武帝一脸迷茫地看着汲黯，不知道他想要表达什么意思。汲黯便进一步解释说："陛下用群臣，如积薪耳，后来者居上。"意思是说，公孙弘、张汤那些小官，论资历论基础都在我之后，可现在他们却一个个后来居上，职位都比我高多了，皇上您提拔官吏不是正和那堆放柴草的农人一样吗？

汉武帝听到这些牢骚话，很是不高兴。他本想贬斥汲黯几句，可又想到汲黯是位老臣，便只好压住火气，什么也没说，拂袖而去。

此后，汉武帝对汲黯更是置之不理，他的官职自然也原地不动了，甚至后来还被免了职。

——《史记·汲黯列传》

【故事启示】 后来者居上，原本是客观事物的发展规律，这就要看我们从哪个角度来看这个问题了。汲黯认为提拔人才一定要论资排辈，反对后来居上，这种观念是错误的。现实生活中，一些能力平平的老员工，看到来了没多久但能力突出的同事升职加薪，便心理不平衡，甚至采取恶性竞争的手段对之进行排挤，是不可取的。正确的做法是，努力提高自己，增强自己的不可替代性和专业技能，去赢得上级的赞许和重用。

【成语释义】 后来的人坐在了上面的位子。指后来的胜过先前的，后辈胜过前辈。居，处在。

【活用例句】 长江后浪推前浪，这些年轻人可真是～啊！

【近义】 青出于蓝

【反义】 望尘莫及

先发制人

公元前209年，陈胜、吴广发动农民起义后，各地的人们都纷纷起来造反，想联合起来推翻秦朝的残暴统治。

这时，项梁和他的侄子项羽因躲避战乱，来到江苏。当时，江苏有个叫殷通的郡守，对项梁非常器重。他就决定去找项梁商量起义的事情。项梁大胆地说了自己对起义的看法："现在江苏一带已经有很多人起来反对秦朝的暴政了。从全国的形势看，秦朝一定会被推翻。如果谁先发动起义，谁就会占据有利的地位，从而制服那些后来起兵的人。与之相反，如果谁后起义，肯定会被他人制服。"

殷通听了，觉得很有道理，就请求他说："您是楚国大将的后代，作战很有能力。我若是起兵反对秦朝的暴政，您愿意给我带兵吗？"

项梁一听要自己做殷通的部下，就很不情愿。项梁也看出殷通性格胆怯，难成大事，便十分机智地说："说到带兵打仗，我的侄子项羽比我强多了，您还是请他吧。"

说完，项梁就走出门外，悄悄地告诉项羽让他准备好剑，一有机会就马上把殷通杀了。叔侄二人计划好后，就进去见殷通，项羽瞅准时机一剑就把殷通杀了，收服了他的部下。

当时的老百姓最痛恨秦朝的官吏，他们看见项羽敢杀秦朝的官吏，就纷纷投靠他，很快项羽就组织了一支庞大的起义队伍，并且打出灭秦的旗号。项羽就是后来历史上赫赫有名的"西楚霸王"。

——《汉书·项籍传》

【故事启示】 当时，江苏郡守殷通闻听陈胜反秦后，之所以想拉项梁入伙反秦，除了因为项梁是楚国大将的后人，还因为项梁在吴县是个人气王。项梁性格豪爽，行侠仗义，结交了不少人，上至豪杰，下至乡里的偷鸡摸狗之徒都是他的朋友。"不是草莽不英雄"，正是项梁这个好叔父教导有方，项羽这个草莽英雄才果断剑杀殷通，进而收容其部下，壮大起义队伍，最终成就"西楚霸王"的事业。

【成语释义】 指争取主动，先动手来制服对方。现泛指先下手争取主动。发，开始行动；制，制服。

【活用例句】 辩论会一开始，他就～，论述了很多难以反驳的言论。

【近义】 先声夺人、先下手为强

【反义】 后发制人

休戚相关

春秋时期，晋国的国君晋悼公姬周，年轻的时候曾因受到晋厉公的排挤，无法留在国内，只好客居周地洛阳，在周朝世卿单襄公手下做事。单襄公很器重他，把他请到自己家里，就像招待贵宾一样地招待他。

姬周虽然年龄不大，却表现得十分老成稳重。他站立的时候稳稳当当，毫无轻浮的举动；看书的时候全神贯注，目不斜视；听人讲话的时候恭恭敬敬，很有礼貌；自己说话的时候总是谨记忠孝仁义；待人接物的时候总是既友善又和气；他自己虽然身在周地，可是听说自己的祖国晋国有什么灾难时就忧心忡忡，听说晋国有什么喜庆的事情时就非常高兴。

所有这些表现，单襄公都看在眼里，认为他将自己的忧愁喜乐与晋国的命运连在一起，是不忘本的表现，将来一定大有前途，肯定能回到晋国去做个好国君。因此，单襄公对姬周更加关心、爱护。不久，晋国国内发生了内乱，原来一直害怕失去权力而排挤王室公子的晋厉公被大夫栾书、中行偃杀害，晋国政局陷入了大动荡。于是，晋国大夫就派人到洛阳来，把姬周接了回去，让他做了晋国的国君。

晋悼公即位时年仅十四岁，即位之初，便承担起复兴霸业的重任。晋国朝野上下，都对他寄予厚望。晋悼公首先将厉公之死归罪于厉公心腹夷羊五等人，既对厉公被杀向国民做了交待，又巩固了与正卿栾氏和大族中行氏的关系，稳定了厉公被杀后的混乱局面。为平衡卿大夫之间的关系，他又对世代有功的其他旧族委以重任，一反景、厉两代打击世卿的态度，消除了君臣之间的信任危机。

以德治国，是晋悼公执政后的主要策略，他放弃公私旧债，减轻赋税劳役，减缩开支，禁止浪费。德政的施行使国内矛盾趋于缓和，社会生产力得到发展。晋悼公以仁义政策对待中原诸侯，革除外交弊政，重订同盟国的朝聘和贡纳制度以减轻职贡太重的诸侯国的负担，平均劳役，公平应允地处理同盟内部的事务。同盟稳固，晋悼公开始与楚国争霸。为有效孤立楚国，加强诸侯联盟，凸现霸主地位，晋悼公不断召集诸侯会盟。他改革文公三年一聘，五年一朝的旧礼仪，以讨伐叛逆，救弱扶倾，伐郑救宋为核心，从公元前571年到公元前562年，八年内九合诸侯。通过频繁的会盟，将齐、鲁、宋、郑等国紧密团结在晋国周围，将晋国的霸业推到了巅峰。

——《国语·周语下》

【故事启示】　姬周身处周地，却仍然时刻关注着晋国的吉凶祸福，颇有一国之君的气概与情操。待他即位后，便以国家的兴盛和百姓的安乐为己任，实现了晋国的复兴。一个人的命运总是与祖国休戚相关，国衰则民忧，国兴则民乐，这是亘古不变的真理。再者，单襄公通过观听姬周的言行举止，料定姬周日后必是非凡之人。单襄公识别人才的眼光可谓一流。

【成语释义】　忧喜、祸福彼此相关联。形容关系密切，利害完全一致。休，喜悦，吉利；戚，忧愁，悲哀。

【活用例句】　国家的命运与每一个公民～。

【近义】　息息相关、唇齿相依

行尸走肉

任末，字叔本，蜀郡新繁（今属成都市新都县）人，东汉时期的

196

学者和教育家。他自幼勤奋好学，年轻时与当时学者景鸾（字汉伯）等去都城洛阳游学。他通晓"五经"，对西汉齐郡人辕固生所传《诗经》特别有研究，在洛阳教授生徒达十余年，其一生事迹感人至深。

任末十四岁时，由于没有固定的教师，常背着书箱不怕险阻到处求学。有时，他在树林里搭个小茅棚住下，削树枝做笔，汲树汁当墨；晚上，他就在星月的辉映下读书；遇上没有月亮的黑夜，他便点燃麻杆、篙草取亮。他刻苦读书，到了晚年仍坚持不懈。每有心得，便写在衣服上，以免忘掉。学生们钦佩他的勤学精神，便用洗净的衣服换取他写满字的衣服。他常说："人如果不学习，怎能有所成就呢？"

任末不仅刻苦好学，而且还以爱友尊师闻名。他的友人董奉德在洛阳病死，因家境贫寒无力送棺木回老家埋葬，任末便用鹿车（古时一种独轮小车）载上棺木，亲自推着送回董奉德老家的祖墓。古代风俗，人死于异乡，如果不能归葬在祖坟，对死者和死者家属都是一件非常遗憾的事情。任末出于对朋友的至诚，不顾路途坎坷，风雨无阻地推车送友人尸骨还乡，这是一种十分令人感佩的高行义举，在当时传为美谈。

后来，任末回到家乡，蜀郡守曾聘请他做管理全郡总务的功曹史，他称病没有去。不久，他的老师去世，他又不顾路途遥远前去奔丧，不料死在奔丧途中。临终前，任末告诉陪他同行的侄儿任造说："你一定要把我的尸体送到老师家门前，如果人死后还有知觉，那么我为老师奔丧尽了弟子的礼节，魂灵也就不会感到惭愧；如果死后没有知觉，把我埋在泥土里，我也就满足了。"

任末爱友尊师的风范，对后世产生了很大的影响。东晋文学家王嘉所著《拾遗记》是这样记载的：任末一生，除非圣人的书，其他一律不看。他临去世时，告诫弟子们说："好学不倦的人，即使死了也好像活着一样；不学无术的人，即使活着也只是行尸走肉罢了！""行尸走肉"的成语便由此而来。

——《拾遗记》

【故事启示】 任末以勤学苦读闻名，但他的爱友尊师的义行更是声名远播，非常人所能及也。虽然古人重义，但能将"义"修到任末这种大境界，也算罕见。"义"是做人的本分，是道德，是情感，更是行动。"度义而后动"，向来为君子的信守之道。至于极至到大义所在，不惜舍生取义。任末的义行，在如今这个"义"缺失的现代社会，如夜中明珠，闪闪发亮。

【成语释义】 比喻庸碌无为，糊里糊涂过日子的人。行尸，会走动的尸体；走肉，能走动但无灵魂的肉体。

【活用例句】 他自从失恋后，便整天无所事事，颓靡不振，如同～一般。

【近义】 酒囊饭袋

【反义】 虽死犹生

因势利导

战国时期，有一次魏国攻打韩国，韩国向齐国求救。齐国派田忌为大将，孙膑为军师，发兵救韩。很快，齐军直捣魏国京都大梁。魏军统帅庞涓闻知后，急忙从韩国撤兵，火速赶回大梁解围。

孙膑听说庞涓回师救魏，就对田忌说："魏军向来都凶悍勇猛，而且目中无人，他们一直瞧不起我们齐军，认为咱们胆小怯弱。我们不如因势利导，引诱他们中计。等我们进入魏国后，第一天宿营时，我们修建十万人的锅灶，第二天就减少到五万，第三天则减少到三万。用这个办法一定能够迷惑、引诱魏军。"田忌觉得孙膑的话很有道理，便采纳了他的建议。

庞涓领着队伍急匆匆地追踪齐军，发现齐军的锅灶一天天减少，就洋洋得意地说："我早说过，齐军士兵个个胆小如鼠，果然不出我所料。现在进入我国国境只不过才三天，开小差逃跑的士兵就已经超过了半数。"

庞涓认为齐军的力量开始削弱，于是，决定只带领一些轻装骑兵，日夜追赶齐军。孙膑事先估计好了庞涓的行程，就在马陵这个地方设下了伏兵。

那里道路狭窄，两旁都是山，地势十分险要，正是打埋伏仗的好地方。孙膑还专门叫士兵把一棵大树的皮剥去，露出白木，在上面刻着："庞涓死于此树下。"又派齐军的射箭能手，全部埋伏在道路两旁，命令他们夜里一见到火光就立即放箭。

当天晚上，庞涓果然领兵赶到了马陵。他隐隐约约看到树上有字，便叫人点起火把照看。当庞涓看清树上的字时，不禁大吃一惊，才知上了当。正在庞涓暗自吃惊时，齐军冲着火光的地方发箭，顿时，魏军一片大乱，死伤无数。庞涓知道败局已定，就拔剑自杀了。

后来，齐军乘胜追击，彻底打垮了魏军。孙膑也从此名扬天下。

——《史记·孙子吴起列传》

【故事启示】《孙子兵法》有云："知己知彼，百战百胜。"善于用兵的孙膑猜透庞涓向来认为齐军胆小如鼠的心理，便因势利导，故意逐日减灶，营造出齐军士兵胆小逃跑的假象，请君入瓮。与此同时，暗中埋伏弓箭手，瓮中捉鳖。轻敌的庞涓果然上当，被迫自杀。这启示我们，与对手竞争时，千万要擦亮慧眼，识破对手的狡诈之术。倘若骄傲轻敌，很容易将自己推向穷途末路，甚至死无葬身之地。

【成语释义】顺着事情发展的趋势加以引导。

【活用例句】学校对于课外兴趣活动的组织应该～。

【近义】顺水推舟

【反义】引足救经

约法三章

秦二世是个无能的皇帝，他不但信任奸臣赵高，而且还杀了许多忠心的大臣。老百姓都生活得很不好，因此，到处都有人起来反抗暴秦。

楚怀王的军队中有两个后来影响历史的人。一个名叫刘邦，另一个名叫项羽。一天，楚怀王对他们说："你们谁要是先进入关中，谁就可以称王。"于是，刘邦和项羽分别带着军队向西路和北路出发。一路上，刘邦没有受到什么阻力，还打了几场胜仗。

公元前207年，刘邦领兵抢先由中原进入秦川到达秦王朝国都咸阳，秦王子婴出城献国玺投降，秦朝正式灭亡。

199

刘邦入城后，秋毫无犯将秦朝的宫廷重地及财宝物资府库予以保护或封存，将十万大军撤驻城外霸上。为了取得民心，刘邦把关中各县父老、豪杰召集起来，郑重地向他们宣布道："秦朝的严刑苛法，把众位害苦了。现在我和众位约定，不论是谁，都要遵守三条法律。这三条是：杀人者要处死，伤人者要抵罪，盗窃者也要判罪！除此之外，秦朝的繁律苛法均可全部废除！各级官吏都各自按原任职务坚守岗位，执行公务。"父老、豪杰们对此都表示拥护。接下来，刘邦又派出大批人员，到各县各乡去宣传约法三章，使约法三章家喻户晓。

三秦之地的老百姓们十分高兴，纷纷送牛羊酒食慰问刘邦的军队将士，刘邦一再推辞不肯收下，说："仓库里粮食很多，士兵们并没有挨饿，我不想再给父老乡亲们添麻烦，让大家破费财物了！"当地的老百姓们听到刘邦这番体贴人心的话，更加欢喜地宣传："如果刘沛公（刘邦）能留在关东，我们老百姓就有好日子过了。"唯恐刘邦不在三秦大地为王。而所有的秦廷官吏和以前一样，平安无事，也都很高兴。

由于坚决执行约法三章，刘邦得到了百姓的信任、拥护和支持，最后取得天下，建立了西汉王朝。

——《史记·高祖本纪》

【故事启示】 秦始皇的统治非常残酷，法网严密，民不聊生，不堪忍受，百姓终于揭竿而起，推翻了秦朝的暴政。要知道，一个社会法令越多，犯法的人越多，法令规定越繁，空隙漏洞毛病愈大。刘邦深谙"大道至简"，声称除约法三章，秦朝的繁律苛法均可全部废除。刘邦凭借简明扼要的约法三章，很快便树立起了新政权威严天下、取信于民的形象。按照道家的哲学，好的朝廷不要多管事，而要尽可能少管事。约法三章也闪烁着黄老思想的光芒。

【成语释义】 约定三条法律。原指订立法律，相约遵守，后泛指约好或订立简单的条款，大家监督遵守。约，商议确定；法，法律。

【活用例句】 为了帮助小明处理好学习与体育活动的关系，班主任老师对小明~：退出足球队；除上体育课外，平时不准进操场；禁止参加体育比赛。

有恃无恐

春秋时期，中原霸主齐桓公死后，他的儿子齐孝公继承了王位。

鲁僖公二十六年（公元前634年）夏天，鲁国遭遇了严重的灾荒，齐孝公乘人之危，亲自率领大军，浩浩荡荡地向东进发，去征讨鲁国。鲁僖公得知消息，知道鲁军无法和齐军分庭抗礼，于是派大夫展喜带着牛羊、酒食去犒劳齐军。这时，齐孝公的军队还没有进入鲁国国境，展喜日夜兼程，功夫不负有心人，他终于在齐鲁边界上堵住了齐孝公。

展喜对齐孝公说：“我们鲁国的君王听说大王亲自到我国，特地派我前来慰劳贵军。”

齐孝公傲慢地问：“你们鲁国人感到害怕了吗？”

展喜是个能言善辩的人，他不卑不亢地回答说：“那些没有见识的人可能有些害怕，但我们鲁国的国君和大臣们却一点也不害怕。”

齐孝公听了，轻蔑地说：“室如悬罄，野无青草，何恃而不恐？”意思是说，你们鲁国国库空虚，老百姓家中缺粮，地里没有庄稼，连青草也看不到，你们凭什么不感到害怕呢？

展喜胸有成竹，不慌不忙地说：“恃先王之命！”意思是说，我们依仗的是周成王的遗命。当初，我们鲁国的祖先周公和齐国的祖先姜太公，忠心耿耿、同心协力地辅助成王，废寝忘食地治理国事，终于使天下大治。成王对他俩十分感激，让他俩立下盟誓，告诫后代的子子孙孙，要世代友好，不互相侵害，这都是有案可稽的。我们的祖先是这样友好，大王您怎么会贸然废弃祖先盟约，进攻我们鲁国呢？我们正是依仗着这一点，才不害怕。

齐孝公听了，觉得展喜的话很有道理，而且他见展喜态度从容，以为鲁国已经做好了迎战的准备，自己这时候攻打鲁国不见得会捞到什么好处。于是，打消了讨鲁念头，班师回国。

——《左传·僖公二十六年》

【**故事启示**】　有道是："三寸不烂之舌，强于百万之师"。鲁国大臣展喜能言善辩、临危受命，凭借着一张巧嘴，智退齐军。口才的威力可见一斑。再有，鲁国的政治家们面对入侵的齐兵压境，没有惊慌失措，没有义愤填膺，而是想出了一个即使在今天看来也依然是妙绝的高招：犒赏前来入侵的齐军，并对之以令敌手无言以对的绝妙外交辞令，实在是令人拍案叫绝。

【**成语释义**】　因为有所依仗而无所畏惧，毫无顾忌。恃，依仗，依靠；恐，害怕。

【**活用例句**】　每当爸爸出差在外时，小明玩起电脑游戏来便～。

【**近义**】　仗势欺人

【**反义**】　诚惶诚恐

七画

别开生面

唐代著名的画家曹霸，擅长于画人物和马。他的名声传到京城长安，连深居宫廷的皇帝唐玄宗也知道了。玄宗经常召他进兴庆宫，命他当场作画，并时常给予丰厚的赏赐。

由于曹霸受到皇帝的宠幸，长安城里的王公贵族和官宦人家，都以藏有他的画为荣。大家不惜以很高的价钱，来购买他的墨迹。

长安北面的太极宫中，有一座著名的凌烟阁。阁内四壁上绘有唐朝二十四位开国功臣的肖像。这些肖像，是七十多年前著名画家阎立本画的。由于年代已久，原先栩栩如生的功臣像，现在大部分已经剥落，不仅失去了当年的风采，有的甚至难以辨认。为此，玄宗把曹霸召来，要他重新画过。

要重画功臣像谈何容易。曹霸阅读了大量史料，对照已经暗淡模糊的功臣肖像仔细琢磨，精心构思，然后挥笔绘制。不久，二十四位功臣的肖像重放光彩，并且以崭新的风格展现在人们面前。

曹霸既擅长于画人物，又擅长于画马。一次，玄宗传曹霸进宫，当场叫人把他最喜爱的一匹叫玉花骢（cōng）的名马牵过来，命曹霸为它作画。

曹霸叫侍从把一幅巨大的白绢裱糊在殿壁上，同时对玉花骢进行了很长时间的观察，然后转过身，飞快地挥舞墨笔。不多久，威武神骏的玉花骢就展现在白绢上。玄宗越看越满意，马上叫侍从取来许多金帛赏赐给曹霸，并且封他为左武卫将军。

但是好景不长，玄宗在任用李林甫、杨国忠等权臣后，沉迷声色，奢侈荒淫，长期不理政事，曹霸也越来越少被召去作画。后来他又因为一幅作品，有影射唐朝之嫌，被削职免官，降为平民，只得离开长安。

公元755年，安禄山、史思明发动叛乱，玄宗逃往四川。曹霸也流落到成都，靠在街头替路人画像过活，晚景非常凄凉。

一次，著名的诗人杜甫来到成都，在朋友家里看到曹霸画的《九马图》，得知这位闻名一时的画家也在成都，便马上去寻访。几经打听，终于在街头找到了曹霸。

杜甫了解了曹霸的身世和遭遇后，非常同情和感慨，写了一首诗曾给他，诗中有这样两句："凌烟功臣少颜色，将军下笔开生面。"

这两句诗的意思是：凌烟阁中功臣像已失去了往日鲜艳夺目的色泽，亏得你左武卫将军下笔使它们重放光彩。

——《丹青引赠曹将军霸》

【故事启示】 曹霸曾名噪一时，可惜命运弄人，后来流落街头，身无分文，仅靠为人绘画肖像谋生，生活困苦。曹霸一生浮沉，恰印证了那句话："富贵如浮云。"由于曹霸画作均已亡佚，其精妙之处，唯有透过杜甫诗作，才能一窥其貌。

【成语释义】 原指画像经重新绘制，面目一新。后比喻另外开辟一种新局面或创造一种新的风格或式样。别，另外；开，开辟、开创；生面，新的面目。

【活用例句】 作者用～的烘托手法，让主人公一出场就吸引了读者的眼球。

【近义】 别具一格

【反义】 千人一面、千篇一律

沧海桑田

从前有两个仙人，一个叫王远，一个叫麻姑。一次，他们相约到蔡经家去饮酒。

到了约定的那天，王远在一批乘坐麒麟的吹鼓手和侍从的簇拥下，坐在五条龙拉的车上，前往蔡经家。但见他戴着远游的帽子，挂着彩色的绶带，佩着虎头形的箭袋，显得威风凛凛。

王远一行降落在蔡经家的庭院里后，簇拥他的那些人一会儿全部隐没了。接着，王远和蔡家的成员互相致意，然后独自坐在那里等候麻姑的到来。

王远等了好久还不见麻姑到来，便朝空中招了招手，吩咐使者去请她。蔡经家人谁也不知道麻姑是天上哪位仙女，便翘首以待。

过了一会儿，使者在空中向王远禀报说："麻姑命我先向您致意，她说已有五百多年没有见到先生了。此刻，她正奉命巡视蓬莱仙岛，稍待片刻，就会来和先生见面的。"

王远微微点头，耐心地等着。没多久，麻姑从空中降落下来了。她的随从人员只及王远的一半。蔡经家的人这才见到，麻姑看上去似人间十八九岁的漂亮姑娘。她蓄着长到腰间的秀发，衣服不知道是什么质料制的，上面绣着美丽的花纹，光彩耀目。

麻姑和王远互相行礼过后，王远就吩咐开宴。席上的用具全是用金和玉制成的，珍贵而又精巧；里面盛放的菜肴，大多是奇花异果，香气扑鼻。所有这些，都是蔡经家的人前所未见的。

席间，麻姑对王远说："自从得了道接受天命以来，我已经亲眼见到东海三次变成桑田。刚才到蓬莱，又看到海水比前一时期浅了一半，难道它又要变成陆地了吗？"

王远叹息道："是啊，圣人们都说，大海的水在下降。不久，那里又将扬起尘土了。"

宴饮完毕，王远、麻姑各自招来车驾，升天而去。

——《神仙传·麻姑》

【故事启示】　"沧海桑田"的典故中指出，麻姑亲眼看到过大海变成桑田的景象。对于现代人而言，很容易理解"沧海桑田"是地球内部变化的缘故，而在科学不甚发达的古代，人们的思维居然达到了如此境界！毕竟，沧海桑田的变化也太过于形象地表达出地壳变化是地球板块运动的结果，这个过程是长期的，古代哲学家借助神话传说，将此理念渗透其中，中国传统文化真是博大精深。

【成语释义】　大海变成农田，农田变成大海。比喻世事变化很大。也作"桑田沧海"，又简称"沧桑"。沧海，大海；桑田，种桑树的地，泛指农田。

【活用例句】　～，日新月异，五十年之间中国发生了翻天覆地的变化。

【近义】　白云苍狗

【反义】　一成不变

围魏救赵

战国时期，有两位著名的军事家。一个叫孙膑，一个叫庞涓。两人曾拜同一位老师学习兵法，后来两人一同为魏国效力。庞涓小肚鸡肠，非常嫉妒孙膑的军事才能，便想方设法地陷害他，致使孙膑被削去膝盖骨。后来，孙膑被齐国大将田忌秘密营救到齐国。围魏救赵，就是孙膑与庞涓之间的一场战争。

当时，魏国率先在众多诸侯国中进行政治军事改革，国力日盛，并先后兼并了一些弱小的诸侯国。当时与魏国国力相当的诸侯国，在其东部有齐国，在其西部有秦国。魏国的邻国赵国、卫国则显得比较弱小。

公元前368年，赵国在齐国支持下，出兵攻打魏国的属国卫国。魏惠王派大将庞涓率兵近十万围攻赵国的国都邯郸。赵国只得向齐国求救。齐国大臣邹忌主张不救，因为这样会消耗本国的实力。但大臣段干纶认为，如果魏国打败赵国，魏国的势力会更加强大，进而对齐国造成威胁，因此极力主张支援赵国。

齐威王采纳了段干纶的建议，以田忌为大将、孙膑为军师，出兵八万救赵。身为军师的孙膑在分析形势后，认为魏国军队很强大，如果与魏军正面交锋会造成齐国的较大损失，所以应该避实就虚，趁着魏国精锐部队在外，魏国国都大梁防务空虚的机会，攻打它的国都，迫使魏军回救大梁，赵国的危险就会自然消解。

为争取战略主动，孙膑决定给敌军制造齐国部队弱小的假象。他故意派无能的军官带兵进攻魏国的军事重镇平陵，结果齐军大败。魏国大将庞涓以为齐军不堪一击，于是加紧对赵国的进攻，丝毫没有想到齐军会攻打魏国的国都大梁。

与此同时，孙膑亲自率领精锐部队进逼魏国国都大梁。庞涓闻讯，迅猛从攻打赵国的前线往回撤军，长途跋涉去保卫国都。因为兵困马乏，又陷入孙膑的包围圈中，结果魏军被打得落花流水。

成语"围魏救赵"由此而来。

——《史记·孙子吴起列传》

【故事启示】 齐国兵马在军事奇才孙膑的指导下，引兵去围攻魏国的京城大梁，避实击虚，以逸待劳，不仅援救了赵国，而且削弱了魏国的实力，创造中国军事史上著名的"围魏救赵"战法，对后世有着深远的影响。围魏救赵的故事启发我们，为了达到某个预定目的，如果直接去做，可能会得不偿失，甚至适得其反。但是，如果从另一个角度去做，就会取得事半功倍的效果。再有，从故事中不难看出，齐国能够战胜魏国，增强齐国实力，无疑孙膑起了很大的作用。由此不难看出，人才对兴邦振国有着举足轻重的意义。

【成语释义】 指攻击敌人后方，迫使进攻的敌人撤回兵力的战术。

【活用例句】 抗日战争期间，日本鬼子出来抢粮，我们使用～的战术，袭击鬼子的据点，他们就急忙撤回。

【近义】 声东击西

【反义】 围城打援

邯郸学步

相传两千年前，燕国寿陵地方有位少年，不知道姓啥叫啥，就姑且称他为寿陵少年吧！

话说这位寿陵少年不愁吃不愁穿，论长相也算得上中等水平，可他就是缺乏自信心，经常无缘无故地感到事事比不上他人：衣服是他人的好，饭菜是他人的香，站相坐相也是他人的优雅。他见什么学什么，却学一样丢一样，虽然花样翻新，却始终不能做好一件事，不知道自己该是什么模样。

久而久之，家里人也看不下去了，便劝他把这个坏毛病改一改，但他却认为家里人管得太多了。亲戚、邻居们说他是狗熊掰棒子，他也当成耳旁风。天长日久，他竟怀疑自己走路的姿势来，而且越看越觉得自己走路的姿势太笨，太难看了！

有一天，他在路上碰到几个人说说笑笑，只听得有人说邯郸人走路姿势那叫一个美啊！他一听，对上了心病，赶紧走上前去，想一探究竟。哪知，那几个人看见他凑过来，一阵狂笑之后便拂袖而去了。

邯郸人走路的姿势究竟怎样美呢？他自然琢磨不出来。于是，这又成了他的心病。终于有一天，他瞒着家人，忍不住跑到遥远的邯郸学人家走路去了。到了邯郸，他感到处处新鲜、眼花缭乱。看到小孩走路，他觉得活泼可爱，学；看见老人走路，他觉得稳重持成，学；看到妇女走路，摇摆多姿，学。

最后，他非但没有学到邯郸人走路，反而连原来的走路姿势都不会了，路费也花光了，只好爬着回去了。

——《庄子·秋水》

【故事启示】　一个人勤于向别人学习是值得肯定的，但是，一定要从自己的实际出发，取人之长，补己之短。如果像燕国寿陵人那样，缺乏自信心，盲目鄙薄自己，一味地崇拜和模仿别人，生搬硬套，必将陷入学习的误区，导致既学不好别人的优点，又失去了自己的立身之本的严重后果。

【成语释义】　比喻模仿别人不成，反把自己原来会的东西也忘掉了。邯郸，战国时赵国的都城；步，迈步走路。

【活用例句】　不管学什么，都不能～，生搬硬套。

【近义】　鹦鹉学舌、东施效颦

【反义】　标新立异、独辟蹊径、择善而长

沉鱼落雁

"沉鱼落雁"这个成语最先见于庄子的《齐物论》："毛嫱丽姬，人之所美也，鱼见之深入，鸟见之高飞，麋鹿见之决骤。"毛嫱和丽姬是战国时代闻名天下的两个大美女。这句话的意思是，毛嫱和丽姬，是人人都喜欢的美人，可是鱼儿见了她们却深深地潜入水底，鸟儿见了她们却高高地飞向天空，麋鹿见了她们却撒开四蹄飞快地逃离了。

这是为什么呢？因为鱼儿鸟儿和麋鹿不仅不会欣赏人类的美丽，还害怕被人伤害，所以它们都逃跑了。后来，"沉鱼落雁"逐渐被人们用来形容一个女人长有非常漂亮的容颜。

春秋时期，越国有一个叫做西施的美女，她每天都会到溪边去浣纱，溪中的鱼看到西施俊俏美丽的倒影，觉得自己长得比西施丑，都羞愧得不敢浮上水面，全沉到水底去。渐渐地，"沉鱼"成了西施动人的别名。

西汉时期，也有一个美女叫王昭君，汉元帝为安抚北方匈奴，将美艳宫女昭君升为义女，远嫁邻邦。在昭君受命成婚的路上，南飞的大雁听到她悦耳的琴声，因凝望她美丽的容颜，忘记了舞动翅膀，坠落地上。从此，"落雁"成了昭君美丽的代称。

这就是成语"沉鱼落雁"的由来。

——《庄子·齐物论》

【故事启示】 毛嫱和丽姬是众人欣赏的大美女，然而，鱼儿见了她们就潜入水底，鸟见了她们就飞到高空，麋鹿见了她们就赶紧逃跑。它们并不是因为比美失败而懊恼，而是源于害怕心理。如果依照庄子的原意，任何一个丑八怪都可以导致"沉鱼落雁"的结果。因为鱼、雁、麋鹿根本不懂得毛嫱、丽姬是否美丽，它们之所以沉、落、逃跑，只是在求生本能下表现出的一种高度警觉反应。听见、看见一点异常的动静就赶紧躲藏起来，保护自己罢了。

【成语释义】 原指女子貌美，使游鱼下沉，使飞雁降落，不敢与之比美。后来形容女子容貌美丽动人。沉，使下沉；落，使落下。

【活用例句】 一个人如果心灵龌龊，就算她拥有～之貌，人们也不会以其为美的。

【近义】 闭月羞花、美若天仙、国色天香

【反义】 其貌不扬、丑陋不堪

坐井观天

在一口废弃的井里，居住着一只青蛙。这只小青蛙对自己生活的小天地可满意啦，一有机会就要吹嘘一番。

有一天，它吃饱喝足后，蹲在井栏上闲得无聊，忽然瞧见不远处有一只大海鳖在散步。青蛙赶紧扯开嗓门喊起话来："喂，海鳖兄，快过来，快过来啊！"于是，海鳖来到枯井旁边。青蛙立刻打开了话匣子："今天算你运气了，我让你开开眼界，参观一下我的住处。那简直是一座天堂！你大概从来也没有见过这样宽敞的住所吧？"海鳖探头往井里一瞧，只见浅浅的井底积了一汪长满绿苔的泥水，还闻到一股刺鼻的怪味儿。

海鳖皱了皱眉头，赶紧缩回了脑袋。青蛙根本没有注意海鳖的表情，挺着大肚子继续对海鳖夸口说："你看，我住在这里多么惬意呀！我要高兴，就在井边跳跃游玩，累了就到井壁石洞里休息。有时把身子舒服地泡在水里，有时愉快地在稀泥中散散步。你看旁边的那些小昆虫、螃蟹和蝌蚪，它们谁能比我过得快乐呢！我独自一人占据这口废井，自由无比！海鳖兄，为什么不进到井中观赏游玩一下呢？"

海鳖听了青蛙的一番高谈阔论，感到盛情难却，便走向井口，可是左腿还没能全部伸进去，右腿的膝盖就被井栏卡住了。海鳖只好慢慢地退了回去，反问青蛙："你见过大海吗？"青蛙摇摆头。海鳖接着说："海的广阔，岂止千里；海的深度，何止千丈。古时候，十个年头里就有九年闹水灾，海水并不因此增多；八个年头里就有七年闹旱灾，海水也不因此而减少。大海不受旱涝影响，住在广阔无垠的大海里才是真正的享受快乐呢！"

青蛙听傻了，鼓着眼睛，半天合不拢嘴。

据此，后人演绎出了两个意思相近的成语："井底之蛙"和"坐井观天"。

——《庄子·秋水》

【故事启示】 唐朝大文学家韩愈在《原道》中说："坐井而观天，曰天小者，非天小也。"意思是说，坐在井里观察天空，就会觉得天很小很小。其实不然，不是天太小，而是由于看天者站得低，眼光过于狭窄罢了。世界广阔无边，知识永无穷尽。千万不要因一孔之见，便洋洋自得；不要因一得之功，便沾沾自喜。否则，就会跟枯井里的青蛙一样，成为孤陋寡闻、夜郎自大和安于现状的可怕角色。

【成语释义】 井底下的青蛙只能看到井口那么大的一块天。常用来讽喻那些见识狭窄、短浅，而又盲目自大、不接受新事物、不识大局的人。

【活用例句】 一个人如果没有经历些风风雨雨，见过一些世面，就好比是～一样。

【近义】 一孔之见

【反义】 高瞻远瞩

沐猴而冠

秦朝末期，各路起义军纷纷起兵反秦，天下大乱。起义军在全国各地和秦军作战，没有统一的指挥，于是便约定：如果谁能够先打入咸阳，推翻秦朝的暴政，谁就做关中王。

在这些起义军将领中，刘邦和项羽是最有实力的。刘邦虽然出身卑微，但善于用人，所以他有很多得力助手。而项羽本人就是一员能征善战的大将，所以他领导的起义军的军事力量是最强的。然而，项羽比较刚愎自用，爱独断专行，不喜欢听别人的逆耳忠言。

在战争发展的过程中，刘邦充分听取部下的意见，巧妙安排进攻路线，受到的军事阻力较小，抢先一步进驻咸阳，俘虏了秦王子婴，灭了秦朝。但是，刘邦清楚，凭自己的实力一时还无法与项羽对抗，他便以退为进，先将军队撤出了咸阳，等待日后有了机会再成就大事。

项羽的行军路线安排不是很好，所以总是和秦军正面遭遇，费尽千辛万苦还是晚来一步。所以他对刘邦极为不满，就以胡作非为来发泄心中的怒气。项羽率领大队人马到处冲撞杀戮，又放火烧了秦宫，大火烧了几个月，把一座富丽堂皇的宫殿烧成了一片焦土瓦砾。即便这样，他还觉得不够解气，又把秦朝留下的珠宝玉器洗劫一空，然后准备率领部下回到江东。

当时，项羽手下的有识之士劝说："咸阳处在关中要塞，土地肥沃，物产丰富，而且地势险要，您不如就在这里建都，这样有利于您奠定霸业。"项羽听完后有点心动，可是一看眼前的咸阳已被自己弄得残破不堪，没有一点都城的样子！于是，更加怀念起故乡来，所以一心只想回到故里去。他对那个劝他的人说："人要是富贵了，就应该回到故乡去，让父老乡亲知道你现在是什么样子。要是富贵了还不回故乡，就好像是穿着漂亮的锦绣衣服在黑夜里行走，你的衣服再好也没有人看得见，有什么用呢！所以我还是要回到江东去。"

那人听了这话，觉得项羽实在算不上顶天立地的大英雄，就私下对别人说："人言楚人沐猴而冠耳，果然。"意思是说，人家都说楚国人徒有其表，就好像是猴子戴上帽子假充人一样，我以前还不相信，这次和楚王谈话之后，我才知道此言不虚哇！孰料，这些话很快传到了项羽的耳朵里。火冒三丈的项羽立即派遣手下人把那人抓来，投入鼎镬里活活烹死了。

后来，人们将那句讽刺项羽的话简化为"沐猴而冠"。

——《史记·项羽本纪》

【故事启示】 项羽虽然能征善战、霸气十足，但他为人刚愎自用，心胸狭隘。刘邦虽出身贫寒，用兵打仗的本领也不及项羽，但后来项羽身边的很多能人志士都跳槽到了刘邦门下。项羽为什么流失大量人才，最终落得四面楚歌，自刎乌江的结局呢？从这个故事中，我们知道其实是项羽自己一手造成的。一个优秀的管理者应该是那种能倾听来自四面八方声音，且能斟酌损益，采纳良言的人。那种独断专行、自以为是的家伙最终是成不了什么大气候的。

【成语释义】 猕猴装扮成人样。比喻徒有仪表或地位而无真本领。也可形容坏人装扮成好人。沐猴，猕猴；冠，戴帽子。

【活用例句】 刘备之子刘阿斗后来虽贵为九五之尊，但却是～！

【近义】 虚有其表、沐猴衣冠、华而不实

【反义】 名符其实

杞人忧天

从前有个小国家叫杞国。杞国有一个胆子很小，而且有点神经质的人，他常会想到一些奇怪的问题，而让人觉得莫名其妙。这个人一会儿担心天会崩塌下来，砸扁了脑袋；一会儿担心地会陷落下去，埋住了身体。他越想越害怕，从此以后，整天忧心忡忡，白天吃不下饭，夜里不敢睡觉。这件事慢慢地传开了。

有个热心人看到他那副忧愁烦闷的样子，担心他把身体弄坏了，就去开导他说："天不过是一团积聚的气体，上下四方到处都有。人的一举一动，一呼一吸都要和它接触。你整天在气体里活动，为什么还要担心它会掉下来呢？"

这个杞国人将信将疑地问："如果天真是一团积聚的气体，那么太阳、月亮和星星不就有掉下来的危险了吗？"

"不会，不会！"热心人回答，"太阳、月亮、星星也不过是气体中会发光的物质。就是掉下来，也不会伤人的。你尽管放心。"

杞国人又继续问："那么地要是塌下去怎么办呢？"

热心人说："地不过是堆积起来的土块罢了。东南西北到处都有这样的土块。你东走西跑，蹦蹦跳跳，成天在地上活动，根本不必担心它会塌陷下去。"

杞国人听了，心里好像放下了千斤重担，脸上露出了笑容。那个热心人，因为解除了杞国人的忧愁，也十分高兴。

后来，人们就根据这个故事，引申成"杞人忧天"这句成语。

——《列子·天瑞》

【故事启示】 杞人担心天会掉下来，不切实际，危言耸听，理当批评，但从另外一个角度讲，这个杞人未雨绸缪、居安思危的思维却是值得表扬的。"杞人忧天"给我们的启示是：不要花费太多的时间和精力去忧虑那些在我们身边不可能发生的事情，而要安安稳稳、快快乐乐地过好自己的生活。即使发生了，提前做好防备，也是不会有什么大碍的。

【成语释义】 杞国有个人怕天塌下来。比喻不必要的或缺乏根据的忧虑和担心。杞，周代诸侯国名，在今河南杞县一带。

【活用例句】 我们做事要认真分析可能出现的困难，既不要～，也不能粗心大意。

【近义】 庸人自扰

【反义】 无忧无虑

兵贵神速

郭嘉，字奉孝，颍川阳翟（今河南禹州市）人。他足智多谋，受到曹操的信任和重用。

曹操打败了据有冀、青、幽、并四州的袁绍，杀了袁绍长子袁谭，袁绍的另外两个儿子袁尚、袁熙逃走，投奔辽河流域的乌丸族首领蹋顿单于。蹋顿乘机侵扰汉朝边境，破坏边境地区人民的正常生产和生活。曹操有心要去征讨袁尚和蹋顿，但有些官员担心远征之后，荆州的刘表会乘机派刘备来袭击曹操的后方。

郭嘉分析了当时的形势，对曹操说："你现在威镇天下，但乌丸仗着地处在边远地区，必然不会防备。进行突然袭击，一定能消灭他们。如果延误时机，让袁尚、袁熙喘过气来，重新收集残部，乌丸各部响应，蹋顿有了野心，只怕冀州、青州又要不属于我们了。刘表是个空谈家，知道自己才能不及刘备，不会重用刘备。刘备不受重用，也不肯多为刘表出力。所以你只管放心远征乌丸，不会有后顾之忧的。"

曹操于是率领军队出征。达到易县（今属河北）后，郭嘉又对曹操说："用兵贵在神速。现在到千里之外的地方作战，军用物资多，行军速度就慢，如果乌丸人知道我军的情况，就会有所准备。不如留下笨重的军械物资，部队轻装，以加倍的速度前进，乘敌人没有防备发起进攻，那就能大获全胜。"

曹操依郭嘉的计策行事，部队快速行军，直达蹋顿单于驻地，乌丸人惊慌失措地应战，一败涂地。蹋顿被杀，袁尚、袁熙逃往辽东，后为太守公孙康所杀。

——《三国志·魏书·郭嘉传》

【故事启示】　郭嘉分析形势，接连献计于曹操，结果令曹军大获全胜。充分体现了郭嘉的足智多谋，无怪乎受到曹操的信任和重用。论军事才能，郭嘉堪称三国第一谋士，可与诸葛亮比肩。然而，历史往往带有戏剧性。38岁的郭嘉病逝不久，刘备请诸葛亮出山了。两个三国时期最伟大的军事家擦肩而过。天妒英才，郭嘉的英年早逝，甚至可以说几乎标志着曹操在有生之年将难以完成一统天下的夙愿。假如郭嘉能再多活20年，也许三国乃至以后的中国历史都将改写，但历史就是历史，不容假设。

【成语释义】　用兵以行动迅速为可贵。意思是只有用兵神速，才能出其不意，攻其无备，取得胜利。

【活用例句】　我们要马上行动起来，～，贻误战机就必然失败。

【近义】　速战速决

【反义】　拖泥带水、优柔寡断

呆若木鸡

春秋时期，斗鸡是贵族们寻欢作乐的一项活动，齐王便是当时的一位斗鸡迷。有个叫纪渻子的人，擅长驯养斗鸡。齐王为了能在斗鸡场上取胜，特地请纪渻子这个专家帮他训鸡。

齐王求胜心切，没过几天，便派人催问道："训练成了吗？"

纪渻子说："鸡没训好，它一看见别的鸡，或听到别的鸡叫，就跃跃欲试，沉不住气。"

过了几天，齐王又派人来问，纪渻子说："还不到火候，看样子鸡虽不乱动了，但还不够沉稳。"

又过了几天，齐王又派人来问："怎么样？难道还没训练好吗？"纪渻子终于对来人说："请你告诉齐王，我把鸡训练到家了。"

待到斗鸡时，对手的鸡又叫又跳，而纪渻子训好的鸡却"望之似木鸡矣，其德全矣，异鸡无敢应者，反走矣"。意思是说，纪渻子训好的鸡看起来像只木雕的鸡一样，一点反应也没有，别的鸡看到它那副呆样竟然都被吓得掉头逃跑了。谁也不敢同它斗了。

齐王用这只鸡和别人斗，自然场场获胜，他那高兴的样子就甭提了。后来，他赏给纪渻子许多银两，表示谢意。

——《庄子·达生》

【故事启示】 纪渻子在训练斗鸡的时候，不是让鸡每日增加一点技巧，而是让它每日减少一些心理负担。这种情景好比是老子所描述的修道过程：为学日益，为道日损。损之又损，以至于无为。换句话说，学习知识技艺要逐步增加，而修道则相反，要每日努力消除一些东西。人们不断地消除种种私欲杂念，也就不断地接近理想的精神境界。人的处世倘若不断绝竞争之心，则易树敌，彼此仇视，如消除竞争的心理，反倒能挑战竞争的对手。

【成语释义】 原指已训练好的斗鸡能够心神安定，镇定自若，脸上表情呆板得跟木雕的一样。后用来形容因恐惧、困惑或惊讶而发愣的样子。

【活用例句】 他听到父亲离世的消息，~地站着，久久缓不过神来。

【近义】 目瞪口呆

【反义】 神色自若

请人捉刀

《世说新语·容止》："魏武将见匈奴使，自以形陋，不足雄远国，使崔季珪代，帝自捉刀立床头。既毕，令间谍问曰："魏王何如？"匈奴使答曰："魏王雅望非常，然床头捉刀人，此乃英雄也。"魏武闻之，追杀此使。

魏武帝曹操要接见匈奴的使者，他自己认为相貌不好看，不能用威仪震服匈奴，就让美男子崔季珪（崔琰）代替自己接见远方的使者，他自己握刀站在坐榻旁假扮侍从。已经接见完毕之后，曹操派人问匈奴使者："魏王这人怎么样？"匈奴使者评价说："魏王高雅的气质，不同寻常，但是坐榻边上握刀的那个人，才是真正的英雄。"

曹操听后，立即派人追去，杀掉了这个使者。

——《世说新语·容止》

【故事启示】 匈奴使者的眼光独到，证明其有真才实学。可惜遇到生性多疑，且奉行"人才不为我所用，必后患无穷"的曹操，恐

217

怕此人回到匈奴后会对自己不利，最终做了曹操的刀下冤魂。这位使者慧眼识珠，望见曹操气度非凡，乃真英雄。无怪乎易中天在《品三国》的时候，称曹操是"治世之能臣，乱世之奸雄"。

【成语释义】　形容代人做事或写文章。

【活用例句】　王宝强承认新书～，大部分内容由朋友代笔。

【近义】　代人捉刀、捉刀代笔

【反义】　亲力亲为、事必躬亲

近水楼台

范仲淹是北宋时期非常著名的政治家和文学家。他小的时候，家里非常贫穷，但他学习刻苦，博览群书。后来，他做过右司谏、知州、参知政事等地位很高的大官。他曾在岳阳楼题写下"先天下之忧而忧，后天下之乐而乐"的千古名句。而身为朝廷重臣，范仲淹为人却极为正直，待人谦和，尤其善于选拔人才。

据宋代俞文豹《清夜录》记载："范文正公镇钱塘，兵官皆被荐，独巡检苏麟不见录，乃献诗云：'近水楼台先得月，向阳花木易为春。'"接下来，我们便具体解释一下。

话说范仲淹在杭州做知府的时候，积极举荐城中的文武官员。很多官员靠此得到了可以发挥自己才干的职务，因此都很感激范仲淹。有一个叫苏麟的巡检官，由于在杭州外县工作，所以未能得到范仲淹的提拔。一次，苏麟因公事见到范仲淹，便乘此机会给范仲淹写了一首诗。诗中有这样两句："近水楼台先得月，向阳花木易为春。"意思是说，靠近水边的楼台可以最先得到月光，朝着阳光的地方生长的花草树木容易成长而开花，显现出春天的景象。

苏麟是以此表达自己"英雄无用武之地"的感慨，巧妙地指出接近范仲淹的人都得到了好处，自己却始终未见提携。范仲淹读后心领神会，哈哈大笑。于是，便按照苏麟的意愿，为他谋到了一个合适的职位。

这两句诗后来就流传开了，经过压缩也形成了成语"近水楼台"，不过有了些贬义。它往往用来讽刺那种利用某种方便而获得照顾，率先谋利的情况。在流传中"易为春"也常常写作"早逢春"。

——《清夜录》

【故事启示】 苏麟见到自己周围的同事，由于受到范仲淹的提拔，一一得到升迁，自己却没人理睬，心里很不平衡。他担心自己一定是被这位范大人遗忘了。怎么办呢？直接去找范大人吧，是去争官位，不太好。不说吧，心里又不是滋味。为此，他借诗传心意，委婉地请求范大人拉自己一把。学富五车的范仲淹心领神会，不久便为他谋了个合适的职位。这启发我们，求人办事时，方法得当，就会非常顺利地实现交际目的。

【成语释义】 水边的楼台先得到月光。比喻由于接近某人或事物而抢先得到某种利益或便利。

【活用例句】 和珅是皇帝身边的大红人，每次朝中有什么大事，他总会比其他大臣早知道，完全是因为～先得月啊。

【近义】 靠山吃山、靠水吃水

邻女窥墙

宋玉和登徒子都是楚国的大夫，跟楚王很亲近。登徒子嫉妒宋玉的才华，总是找机会在楚王跟前说宋玉的坏话。一次登徒子对楚王说："宋玉长得相貌堂堂，很有学识，而且很好色，所以大王一定不要让他陪您到后宫去。后宫有那么多漂亮的嫔妃，见到宋玉可能会惹出麻烦来。"

楚王于是召见宋玉，就登徒子的话向他求证。宋玉说："我长得相貌堂堂，是天生的，我才华横溢，是因为我勤奋好学，至于说我好色，则是子虚乌有的事。"

楚王问："你怎么能证明你不好色呢？"

宋玉说："天下美丽的女人，楚国最多，楚国美女最多的地方是我的家乡臣里。臣里最出名的美女就是我家的邻居。这位美女，增一分则太高，减一分则太矮。用了粉则显得太白，用了红脂则显得太红。她的牙齿、头发、一举手一投足，真是再美不过了。她微微一笑就迷倒了一大堆贵公子们。可是这位美女却常常透过她家的墙偷看我，足足有三年时间，我却不为心动，怎么能说我好色呢。实际上，登徒子才是一个好色的人。"

楚王请他说出理由。宋玉说："登徒子的老婆一点都不漂亮，可是登徒子一见她就迷上了，而且已经跟她生了五个孩子。大王您说，我们两个谁好色呢？"楚王听了也不知该说什么好了。

后来，人们从宋玉描述邻居之女的故事中引申出成语"邻女窥墙"。

——《登徒子好色赋》

【故事启示】 故事中的登徒子，的确是一个谗巧小人，但倘若说其好色，则有些令人啼笑皆非。登徒子嫉妒宋玉的才能，在楚王面前诋毁宋玉好色，宋玉则以自己对容貌绝伦的东家邻女不动心为例，证明他并非好色之徒。接下来，又以登徒子妻奇丑无比，登徒子却和她生了五个孩子，反驳说登徒子才是真正的好色之徒。其实呢，登徒子娶一个丑陋的女人为妻，并与之生子，恰能反映出登徒子是个感情专一的人。可惜，千百年来，世人却沿引宋玉之诡辩，以之作为好色之徒的代名词。

【成语释义】 形容女子对男子的倾慕。

【活用例句】 他英俊潇洒、玉树临风、才华横溢，至今仍然孤身一人，以致发生了～的现象。

囫囵吞枣

从前有个人看书的时候，总会把书中文章大声念出来，可是他从来不动脑筋想一想书中的道理，还自以为看了很多书，懂得许多道理。

有一天，他参加朋友的聚会，大家边吃边聊，其中有一位客人感慨地说："这世上很少有两全其美的事，就拿吃水果来说，梨对牙齿很好，但是吃了伤胃；枣能健胃，可惜吃多了会伤牙齿。"大家都觉得很有道理。这个人为了表现自己的聪明，就接下去说："这很简单嘛！吃梨子时不要吃进果肉，就不会伤胃；吃枣子时用吞的，就不会伤牙啦！"

这时桌上正好有一盘枣子，他便拿起枣子打算直接吞下去。大家怕他噎到，连忙劝他说："千万别吞，卡在喉咙多危险呀！"周围在场的人都笑了。

——《湛渊静语》

【故事启示】　这个故事给我们的启示主要有：首先，我们学习知识时不能囫囵吞枣，而应该把要学的知识彻底理解，再认真去掌握它、应用它。如果学知识只是笼统地学，缺乏思索，就不会学到真正的知识，也不可能对知识灵活运用。再有，倘若人们囫囵吞枣，很容易卡在喉咙，上下两难，甚至危害生命。这告诉我们，做事情时，不能一味地求快，乞求一步登天。有道是"欲速则不达"，一步一个脚印地循序渐进，方能规避风险，把事情做圆满。

【成语释义】　指不加咀嚼，把枣子整个吞下去。比喻学习时生吞活剥，缺乏思考，一股脑儿地吸收知识。囫囵，整个儿，完整的。

【活用例句】　说实话，我读《三国演义》不过是～地看了一遍。

【近义】　不求甚解、生吞活剥

【反义】　含英咀华、融会贯通

纸上谈兵

公元前262年，秦昭襄王派大将白起率兵攻打韩国，占领了野王（今河南沁阳）。截断了上党郡（治所在今山西长治）和韩都的联系，上党形势危急。上党的韩军将领不愿意投降秦国，打发使者带着地图把上党献给赵国。

赵孝成王（赵惠文王的儿子）派军队接收了上党。过了两年，秦国又派王龁围住上党。

赵孝成王听到消息，立即派廉颇率领二十多万大军去救援上党。他们赶到长平（今山西高平县西北），上党已经被秦军攻占了。王龁变本加厉，想率秦兵进一步向长平进攻。廉颇连忙守住阵地，叫兵士们修筑堡垒，深挖壕沟，跟远道而来的秦军对峙，准备打持久战。

王龁三番五次向赵军挑战，廉颇说什么也不跟他们交战。王龁想不出什么法子，只好派人回报秦昭襄王，说："廉颇是个富有经验的老将，不轻易出来交战。我军老远到这儿，长期下去，就怕粮草接济不上，该如何是好呢？"

秦昭襄王请范雎出主意。范雎说："要打败赵国，必须使计让赵国把廉颇调遣回去。"

秦昭襄王说："这哪儿办得到呢？"

范雎说："让我来想办法。"

过了几天，赵孝成王听到左右的人纷纷议论，说："秦国就是怕让年轻力强的赵括带兵。廉颇老了，不中用了，眼看就快投降啦！"他们所说的赵括，是赵国名将赵奢的儿子。赵括小时爱学兵法，谈起用兵的道理来，头头是道，自以为天下无敌，连他父亲也不在他眼里。赵王听信了此番议论之词，随即把赵括找来，问他能否打退秦军。赵括说："要是秦国派白起来，我还得考虑对付一下。如今来的是王龁，他不过是廉颇的对手。要是换上我，打败他肯定没问题。"赵王听了非常高兴，于是，拜赵括为大将，去接替廉颇。

蔺相如劝阻赵王说："赵括只懂得读父亲的兵书，不会临阵应变，不能派他做大将。"可是赵王对蔺相如的话当成耳旁风，不予理睬。

赵括的母亲也向赵王上了一道奏章，请求赵王别派他儿子去。赵王把她召了来，问她什么理由。赵母说："他父亲临终的时候再三嘱咐我说，'赵括这孩子把用兵打仗看作儿戏似的，谈起兵法来，就眼空四海，目中无人。将来大王不用他还好，如果用他为大将的话，只怕赵军会葬送在他手里。'所以我请求大王千万别让他当大将。"

赵王说："我已经决定了，你就别管吧。"

公元前260年，赵括领兵二十万到了长平，请廉颇验过兵符。廉颇办了移交，回邯郸去了。赵括统率着四十万大车，声势十分浩大。他把廉颇规定的一套制度全部废除，下了命令说："秦国再来挑战，必须迎头打回去。敌人打败了，就得追下去，直到杀得他们片甲不留。"

秦国范雎获知赵括替换廉颇为将的消息后，知道自己的反间计成功，就秘密派白起为上将军，去指挥秦军。白起一到长平，布置好埋伏，故意打了几阵败仗。赵括不知是计，拼命追赶。白起把赵军引到预先埋伏好的地区，派出精兵二万五千人，切断赵军的后路；另派五千骑兵，直冲赵军大营，把四十万赵军切成两段。赵括这才知道秦军的厉害，只好筑起营垒坚守，等待救兵。然而，秦国又发兵把赵国救兵和运粮的道路切断了。

就这样，赵括的军队，内无粮草，外无救兵，守了四十多天，兵士都叫苦连天，无心作战。赵括想带兵冲出重围，秦军万箭齐发，把赵括射死了。赵军听到主将被杀，也纷纷扔了武器投降。四十万赵军，就在纸上谈兵的主帅赵括手里全部覆没了。

成语"纸上谈兵"便由这个故事而来。

——《史记·廉颇蔺相如列传》

【故事启示】 大将军赵括仅仅懂得兵法原理，但是缺乏实践，最终兵败身亡。这启示我们，做事情时，需要理论联系实际，没有实际意义的理论是站不住脚的。四十万赵军被秦军打败，赵括固然逃脱不了责任。但真正导致赵国失败的原因其实在于赵括的大王。这位大王从选拔理论能力高，操作技能低的赵括率兵抗秦，便给赵军埋下了悲剧的伏笔。实际生活中，管理者要想取得成功，知人善任是非常关键的因素。

【成语释义】 在纸上谈论用兵。比喻空谈理论，不解决实际问题。兵，打仗，用兵。

【活用例句】 他就会～，跟别人理论起来头头是道，但面对实际问题的时候却傻了眼。

【近义】 坐而论道

返老还童

刘安，汉高祖刘邦之孙，淮南厉王刘长之子。汉文帝8年（公元前172年），刘长被废王位，在旅途中绝食而死。汉文帝十六年（公元前164年），文帝把原来的淮南国一分为三封给刘安兄弟三人，刘安以长子身份袭封为淮南王，时年十六岁。他才思敏捷，好读书，善文辞，乐于鼓琴，是我国豆腐的创始人，曾奉汉武帝之命作《离骚传》。"返老还童"是晋人葛洪撰写的《神仙传》一书中一则有关淮南王刘安的传说。

相传，刘安自年轻时代起，就喜欢求仙之道。封淮南王以后，更是潜心钻研，四处派人打听防老之术，访寻长生不老之药。

有一天，忽然有八位白发银须的老汉求见，说是他们有防老之法术，并愿把长生不老之药献给淮南王。刘安一听，以为是仙人求见，喜出望外，赶紧开门迎见。但一见那八个老翁，却不禁哑然失笑，大失所望。原来啊，这八个老汉一个个白发银须，虽然精神矍铄，但毕竟是老了呀！哪会有什么防老之术呢？

"你们自己都那样老了，我又怎么可以相信你们有防老之术呢？这分明是骗人！"刘安说完，叫守门人把他们撵走。八个老汉互相望了一眼，哈哈笑道："淮南王嫌我们年老吗？好吧！再让他仔细地看看我们吧！"说着，八个老翁一眨眼工夫，忽然全变成儿童了。

——《云笈七签》

【故事启示】 已经年老的人，一下子回复到了儿童时期，当然是传说故事而已。《云笈七签》这部道教书籍中提到的"返老还童"，也仅仅是炼丹、法术的有关传说罢了。然而，从那个妄图寻找长生不老药的秦始皇开始，中国的寻觅返老还童的道路可谓漫长。即使科学无数次地证明：衰老是不可逆转的自然现象，人们对"万万岁"的企望依然十分迫切。其实，人生如寄，多忧何为？人本来就在路上，保持平和而客观的心态才最重要。

【成语释义】 指老年人还复到了儿童时代。现形容老年人恢复了青春与活力，精神异常旺盛。

【活用例句】 奶奶最近心情很好，有～的感觉。

【反义】 未老先衰

弄巧成拙

北宋时期，有一个著名的画家叫孙知微，非常擅长画人。他画的人神态逼真，好像活的一样。当时的人，都争着让他画画，或者向他学画，因此他带了很多学生，画了很多画。

有一次，孙知微受人委托，为一个寺庙画一幅《九耀星君图》。孙知微把那幅画构思好以后，就先仔细打好了草稿。草稿上的人像活的一样，连衣带都好像在风中飘展。然而那仅仅是草稿，要等到涂上颜色之后才能算真正完成。

就在这个时候，一个朋友请他喝酒，于是他就跟朋友一起喝酒去了。临出门时，他对学生叮嘱说："那幅画我已经画得差不多了，就差上颜色了，你们就在家中给我上颜色吧。但一定要小心，千万不要上错了颜色。"

孙知微刚一走，他的学生就聚集到那幅画前，七嘴八舌地纷纷赞叹，只有一个叫童仁益的学生一言不发。其他的人很奇怪，就问他："童仁益，你认为这幅画有什么不妥吗？"童仁益平常不好好学画，这回却装出很内行的样子，认真地说："老师每次画瓶子，总要画花的，这次却没有画，我看老师一定是忘了。"说完就在瓶子上补画了一枝红梅。

孙知微喝酒回来到画前一看，发现瓶子上多了一枝红梅，非常生气，问道："这是谁干的蠢事？简直是弄巧成拙。那个瓶子是神仙用来装妖怪的，你却把它画成了一个花瓶，这可真是要让人笑掉大牙。"说完，他就将画撕了。

——《拙轩颂》

【故事启示】 著名画家孙知微打好了画的草稿，吩咐学生帮助自己着色即可。童仁益却自作聪明，在瓶口加梅，结果弄巧成拙，把整个画搞得不伦不类。这启示我们，做事情一定要把握好尺度，尊重事物的客观规律。否则，不但得不到应有的效果，还会失去应得的东西。一言以蔽之，做多余的事情，不但无益，反而有害。

【成语释义】 本想卖弄聪明，做得好些，结果却做了蠢事或把事情弄糟。弄，卖弄，耍弄；巧，灵巧；拙，愚笨。

【活用例句】 我原本以为劝告会起到安慰作用，没想到竟～，小红反而哭得更厉害了。

225

【近义】 画蛇添足
【反义】 恰到好处

抛砖引玉

唐代高僧从谂禅师，主持赵郡观音院多年。相传他对僧徒参禅要求极严，必须人人静坐敛心，集中专注，绝不理会外界的任何干扰，达到凝思息妄、身心不动的入定境界。

有一天，众僧晚参，从谂禅师故意说："今夜答话，有闻法解悟者出来。"此时众徒理应个个盘腿正坐，闭目凝心，不动不摇。恰恰有个小僧沉不住气，竟以解问者自居，走出礼拜。从谂禅师瞟了他一眼，缓声说道："刚才抛砖引玉，却引来一块比砖还不如的土坯！"

关于这个故事，宋人释道原在《景德传灯录·卷十·赵州东院从谂禅师》记载："大众晚参，师云：'今夜答话去也，有解问者出来。'时有一僧便出，礼拜。谂曰：'比来抛砖引玉，却引得个墼子（没有烧的砖坯）。'"

另外，还有一个抛砖引玉的故事。据《历代诗话》《谈证》等书记述：唐代诗人赵嘏，以佳句"长笛一声人倚楼"博得大诗人杜牧的赞赏，人们因此称赵嘏为"赵倚楼"。赵嘏，诗虽然写得很好，但从不轻易动笔，所以使得那些喜欢他诗作的人常常感到非常惋惜。

有一次，喜欢赵嘏诗作的人恰巧聚在一起饮酒谈诗，大家饮美酒，欣赏名诗，不知不觉中，就将话题集中到怎样才能让赵嘏自愿多写出一些好诗来。

其中有一个人提议说："不如我们每个人都找他题个扇面，这样一人一幅就能使他写出许多好诗来。"又有人说："我们还可以每人画一幅山水或人物画，故意找上门请他题咏，碍于面子，他一定不会拒绝，这样不也就有许多好诗出来了吗？"但马上有人反对说："诸位，你们说这些是完全不了解赵嘏的性格，他向来不给人题扇面，也不会题什么画。这个主意就不要再打了吧！"

这时，有个人大声地说："那我们就请他喝酒赏花，然后按规矩分韵作诗，谁如果不想作诗就罚酒，就像晋朝的名士那样，在金谷园饮酒赋诗，既风雅，又有趣。我想，这样的活动一定能引起赵嘏写诗的雅兴。"接着又有人反驳说："这办法倒是不坏，既有趣又风雅，但是大家有没有想过，我们在座的各位谁跟赵嘏有这样深的交情，能够去请他来这里陪我们喝酒？"

不久，这些人打听到赵嘏要到浙江余杭去游玩，于是他们依赵嘏的性格推断，他一定会到灵岩寺观赏前人的遗墨。很快，他们想出了一个好主意。他们花重金请了一个诗才不错的人，此人名叫常建。他先赶到灵岩寺去，到那里找了个风景别致的地方提前留下两句诗。

这天，赵嘏果然如众人所料来到灵岩寺游玩。他边欣赏附近的美丽风光，边细品山崖、僧堂壁上的那些诗。当他碰巧看到常建留下的两句诗时，觉得诗写得还不错，但语意未尽。于是他一时兴起，动手将那首诗续完。续完之后，他兴致昂然地吟诵了两遍，继续游玩去了。

常建的诗没有赵嘏写得好，他以"较差"的诗句引出赵嘏的佳句，后人便把这种做法叫作"抛砖引玉"。其实，常建、赵嘏并非同时代人，他们各自的活动年代相距百年之多，续诗之说不可信，只是由于这段故事很出名，人们也就承认它是成语"抛砖引玉"的出处之一。

——《景德传灯录·卷十·赵州东院从谂禅师》

【故事启示】 所谓抛砖引玉，指的是用相类似的事物去迷惑对方，使其懵懂上当，中己圈套，进而达到目的的一种计谋。"砖"和"玉"，是一种形象的比喻。众所周知，钓鱼需用钓饵，先让鱼儿尝到一点甜头，它才会上钩。这里的"砖"是诱饵；"玉"是行为目的，即对方依照自己的意愿说话办事的结果。"抛砖"，是为了达到目的的手段。实际生活中，我们要避免中了他人"抛砖引玉"的计，贪图一点小便宜，以致误入圈套，吃大亏。

【成语释义】 抛出砖头，引来白玉。比喻用自己粗浅的东西（多指意见、文章等）引出好的、珍贵的东西。

【活用例句】 刚才婢子费了唇舌，说了许多书名，原是～，以为借此长长见识，不意竟是如此！（清 李汝珍《镜花缘》第十八回）

【近义】 引玉之砖

鸡鸣狗盗

　　战国时期，齐国的孟尝君喜欢招揽各种人做门客，号称宾客三千。他对宾客是来者不拒，有才能的让他们各尽其能，没有才能的也提供食宿。

　　有一次，孟尝君率领众宾客出使秦国。秦昭王将他留下，想让他当相国。孟尝君不敢得罪秦昭王，只好留下来。不久，大臣们劝秦昭王说："孟尝君出身王族，留下他对秦国是不利的。毕竟他在齐国有封地，有家人，不太可能真心为秦国办事。"秦昭王觉得有理，便改变了主意，把孟尝君和他的手下人关起来，只等找个借口杀掉。

　　秦昭王有个最受宠爱的妃子，秦昭王很听她的话。于是，孟尝君派人去求她救助。妃子答应了，但必须用齐国那一件天下无双的狐白裘（用白色狐腋的皮毛做成的皮衣）作为回报。这可叫孟尝君为难了，因为刚到秦国，他便把这件狐白裘献给了秦昭王。就在这时候，有一个门客说："我能把狐白裘找来！"说完就走了。

　　原来这个门客最善于钻狗洞偷东西。他先摸清情况，知道昭王对那件狐裘喜爱至极，一时舍不得穿，放在宫中的精品贮藏室里。于是，他借着月光，避开巡逻人的视线，轻易地钻进贮藏室把狐裘偷了出来。妃子见到狐白裘美得不得了，便费尽一番口舌说服秦昭王放弃了杀孟尝君的念头，并准备过两天为他饯行，送他回齐国。

　　孟尝君可不敢再等过两天，立即率领手下人连夜偷偷骑马向东奔逃。到了函谷关（在现在河南省灵宝县，当时是秦国的东大门）正是半夜。按秦国法规，函谷关每天鸡叫才开门，半夜时候，鸡怎么可能叫呢？孟尝君心急如焚，距鸡鸣还有一些时辰，他担心夜长梦多。一旦秦昭王明白过来后，肯定要后悔，派人前来追捕时，可就走不掉了。大家正犯愁时，只听见几声"喔，喔，喔"的雄鸡啼鸣，接着，城关外的雄鸡都打鸣了。原来，孟尝君的另一个门客会学鸡叫，而鸡是只要听到第一声啼叫就立刻会跟着叫起来的。怎么还没睡踏实，鸡就开始打鸣了呢？守关的士兵虽然觉得奇怪，但也只得起来打开关门，放他们出去。

天亮了，秦昭王得知孟尝君一行已经逃走，立刻派出人马追赶。赶到城门口时，人家已经离开秦国土地多时了。

就这样，孟尝君靠着鸡鸣狗盗之士逃回了齐国。

——《史记·孟尝君列传》

【故事启示】 孟尝君在用人上不拘一格值得称赞。毕竟，人无完人，金无足赤，人不可能都是全才。只要拥有一技之长，在特定的时间、特定的场合也完全能够有所用处。会学鸡鸣、狗叫的人，固然为世人所不齿，但在关键时刻，却起到了至关重要的作用。不过，话说回来，倘若辅助孟尝君的都是些满腹经纶的大才，运筹帷幄，他怎么会品尝到在秦国被困之惊呢？

【成语释义】 指卑微的技能，也指具有这类技能的人。常形容偷偷摸摸等不正当的行为。

【活用例句】 这个人没什么大本领，只会做些~的小事情。

【近义】 旁门左道、雕虫小技

【反义】 屠龙之技

坚壁清野

苟彧，字文若，颍川（今河南中部）人。他的祖父荀淑博学多才，德高望众，所生的八个孩子，个个才华出众，被人们称为"八龙"。他的父亲荀绲，曾经担任济南相一职。叔父荀爽，位居三公之列。出身于这样的名门望族，荀彧从小就耳濡目染，具备了治国安邦的经世之才。南阳名士何隅对荀彧推崇备至，认为他有辅佐君王的才干。

汉献帝永汉元年（公元189年），荀彧以孝廉的身份被拜为守宫令。董卓作乱后，他要求外派，当了亢父（今山东济宁市南）县令，很快又弃官回乡。回到颍川后，他对父老乡亲们说："颍川是兵家必争之地，一旦天下有变，这里必定会遭受战火，应当尽早离开，不能久居。"但父老们都留恋故土，犹像不决。正好他们的老乡、时任冀州牧的韩馥派骑兵来迎接乡亲，荀彧就独自率宗族去了翼州。后来，董卓的部将李榷出关东一直掳掠到颍川、陈留一带，留在颍川的乡亲们果然多被乱军杀害。由此，人们不得不佩服荀彧的远见卓识。

荀彧在翼州待了没多久，就投奔当时以奋武将军的身份驻扎在兖州东郡的曹操帐下。曹操非常赏识他，曾经不止一次地拉着他的手说："你就是我的张子房啊！"将荀彧与辅佐汉高祖刘邦的名臣张良相提并论，可见他在曹操心中的重要地位。荀彧果然没有辜负曹操的期望，从二十九岁起，一直以司马这个最高军事长官的身份跟着曹操南征北战，为他出谋划策，直至曹操三分天下，建立曹魏政权。

东汉末年，天下大乱，群雄逐鹿。当时，曹操没有多少兵马，加上处于偏远之地，优势并不明显，所以前期荀彧做的主要工作是替曹操经营兖州，巩固后方。另外，他还不遗余力地为曹操招揽了不少人才，如郭嘉、钟繇、司马懿等。由于荀彧的加盟，曹操集团迅速壮大起来，为日后的发展奠定了坚实的基础。

公元194年，曹操借口报杀父之仇攻打徐州陶谦，他的老朋友张邈、陈宫却暗中与吕布勾结，以夺取兖州。吕布大军压境时，张邈为了骗取军粮，就对荀彧说吕布是来帮助曹操讨伐陶谦的。荀彧一眼识破了张邈的险恶用心，并果断采取对策：一面集中城中兵力准备对付吕布，一面急调东郡太守夏侯惇前来助守兖州。当时曹操带领主力去攻打陶谦，兖州城没有多少留守兵士，兖州州治鄄城里的不少官吏见大势不妙，就暗中与张邈、陈宫串通，好为自己留条后路。下辖诸县的官吏见吕布来势凶猛，审时度势之下，也纷纷选择投降，兖州情况危急！荀彧当机立断，在夏侯惇赶到的当晚，就安排他诛杀了谋叛的数十位官吏，这一招立刻稳住了人心和阵脚；同时，他又与程昱设计保全了范县、东阿县，与鄄城形成三足呼应之势。由于后方相对稳定，曹操回师后，很快得以整顿兵马，打败吕布，夺回兖州。

次年夏天，徐州牧陶谦去世了。曹操想趁机攻取徐州，再来对付吕布。但荀彧对曹操说："自从上一次战争结束后，徐州方面已经结成同盟，加上现在正是麦收季节，对方必定会把粮食藏起来，再巩固城池，使曹军受困。万一到时攻不下徐州城，我们在附近又无法完成粮草补给，那么，用不了十天，咱们这支十万人马的大军，不用作战就会陷入困境。现在的兖州虽然一片残垣断壁，但好比是汉高祖的关中、光武帝的河内，可以作为建功立业的根基。"曹操听了连连点头，又问："依你之见，我们现在该怎么办呢？"荀彧又说："假如现在我们分一支兵往东，去攻打陈宫，陈宫一定忙于应战，无法兼顾西边，我们就可以抽出人手把熟了的麦子收了。在粮草丰足的情况下，再去攻取吕布，就没有后顾之忧了。攻下吕布后，再与南方的扬州结为同盟，一起讨伐袁术，这样，我们的势力就能够延伸到淮河、泗水一带。假如现在舍弃吕布去夺徐州，就会陷入两难的处境：如果留守兖州的兵力多了，则攻打徐州不够用；留守兵少了，万一吕布乘虚而入，带兵前来攻打，我们就不足以应付。"

听了荀彧的一席话，曹操茅塞顿开。他按照荀彧的方案行事，果然取得了预期的成效。

——《三国志·魏书·荀彧传》

【故事启示】　"坚壁清野"的战术来源于曹操欲攻刘备，有远见卓识的荀彧，足智多谋，谏说徐州收麦，必坚壁清野，以逸待劳。曹军如至，必久攻不下，兵马劳顿，不战而返。于是曹操转而集中攻打吕布。所谓兵法，须集得天时地利人和之因素。荀彧谏言中的坚壁清野，是一种较为消极的防守法。由于它主要主张严防死守，因此常与诱敌深入相结合，以达到困死、饿死敌人的目的。

【成语释义】　加强防御工事，转移人口财物，收割已熟了的庄稼，以抗击敌人的入侵。现指游击战中暂时撤退前，收藏物资，使敌人一无所获。坚壁，加固营垒；清野，将四野的财物清理收藏起来。

【活用例句】　其实~虽是兵家一法，但这究竟是退守，不是进攻。（鲁迅）

饮鸩止渴

东汉时期，担任过廷尉的霍谞，从小勤奋好学，少年时代就读了大量的儒家经书，在当地出了名。

霍谞有个舅舅名叫宋光，在郡里当官。由于他秉公执法，得罪了一些权贵，被他们诬告私自更改朝廷诏书，从而被押到京都洛阳，关进监狱。

宋光下狱后，霍谞的心情一直不平静。当时霍谞虽然只有十五岁，但各方面都已经比较成熟。他从小常和宋光在一起，对舅舅的为人非常清楚，知道舅舅不可能干这种弄虚作假的事。他日思夜想怎样为舅父伸冤，最后决定给大将军梁商写一封信，为舅舅辩白。信中说："光衣冠子孙，径路平易，位极州郡，日望征辟，亦无瑕秽纤介之累，无故刊定诏书，欲以何名？就有所疑，当求其便安，岂有触冒死祸，以解细微？譬犹疗饥于附子，止渴于鸩毒，未入肠胃，已绝咽喉，岂可为哉！"该话的大概内容如下。

"宋光作为州郡的长官，一向奉公守法，以便得到朝廷的任用。怎么会冒触犯死罪的险去篡改诏书呢？这正好比为了充饥而去吃附子，为了解渴而去饮鸩（据说鸩是一种鸟，鸟的羽毛含有剧毒，只要把羽毛泡在酒里，立成毒酒，饮之立毙）。如果这样的话，还没有进入肠胃，到了咽喉处就已经断气了。他怎么可能这样做呢？"

梁商读了这封信，觉得很有道理，对霍谞的才学和胆识也很赏识，便请求顺帝宽恕宋光。不久，宋光被免罪释放，霍谞的名声也很快传遍了洛阳。

——《后汉书·霍谞传》

【故事启示】 霍谞为给舅舅洗冤，在致大将军梁商的信中提及："疗饥于附子，止渴于鸩毒，未入肠胃，已绝咽喉"，意在引导梁商换位思考，暗示舅舅不可能置身家性命于不顾，冒死篡改朝廷诏书。最终，霍谞的营救计划获得成功，舅舅被释放，重回自由身。这启示我们，人际交往中，如果我们能有效引导对方进行换位思考，对达到预期的沟通目的，有着非常重要的作用。再者，也从侧面警诫我们，不能用错误的办法来解决眼前的困难而不顾严重后果。

【成语释义】 喝毒酒解渴。比喻用错误的办法来解决眼前的困难，不顾严重后果。鸩，传说中的毒鸟，喝了用它的羽毛浸的酒能毒死人。

【活用例句】 我们现在毫无节制地滥采自然资源，无异于～，最终必然遭到大自然的报复。

【近义】 饥不择食、剜肉补疮

【反义】 深谋远虑

完璧归赵

战国时候，赵王得到了一块名贵的宝玉——"和氏璧"。这件事情让秦王知道了，他就派使者对赵王说，自己愿意用十五座城池来换"和氏璧"。

赵王看了信，心想："秦王一向是只想占便宜，不肯吃亏的人。这一次怎么这么大方？要是不答应他的请求吧，怕秦国兴兵来进攻；要是答应吧，又怕上当。"他想来想去，拿不定主意，就和大臣们商量，但大臣们也想不出什么好办法来。

蔺相如听说了这件事，便对赵王说："大王，让我带着'和氏璧'去见秦王吧。到那里我见机行事。如果秦王不肯用十五座城池来交换，我一定把'和氏璧'完整地带回来。"赵王知道蔺相如是个既勇敢又机智的人，紧皱的眉头舒展开来，欣然同意蔺相如去秦国。

蔺相如到了秦国，秦王在王宫里接见了他。蔺相如双手把"和氏璧"献给秦王。秦王接过来左看右看，非常喜爱。他看完了，又传给大臣们一个一个地看，然后又交给后宫的妃子们去看。

蔺相如一个人站在旁边，等了很久，也不见秦王提起割让十五座城的事情，他便知道秦王根本没有用十五座城池换取宝玉的诚意。可是宝玉已经到了秦王手里，怎么才能拿回来呢？他想来想去，想出了一个计策。只见蔺相如走上前去，对秦王说："这块'和氏璧'虽然看着挺好，可是有一点小瑕疵，让我指给大王看。"秦王一听"和氏璧"有瑕疵，赶紧叫人把宝玉从后宫拿来交给蔺相如，让他指出来。

蔺相如拿着"和氏璧"往后退了几步，身体靠在柱子上，愤怒地对秦王说："当初大王派人送信给赵王，说乐意拿十五座城来换赵国的'和氏璧'。赵国大臣都说，千万别相信秦国骗人的话，我可不这么想，我说老百姓还讲信义呐，何况秦国的大王呢！赵王听了我的劝告，这才派我把'和氏璧'送来。没想到方才大王把宝玉接了过去，自己看完了，还交给下面的人传看欣赏，闭口不提换十五座城的事情。这样看来，大王确实没有用城换璧的想法。现在宝玉在我的手里，如果大王硬要逼迫我，我情愿把自己的脑袋和这块宝玉一块儿撞碎在这根柱子上！"说着，蔺相如举起"和氏璧"，面对柱子，就要摔过去。

秦王本来想叫武士去抢，可是又怕蔺相如真的把宝玉撞碎，连忙向蔺相如赔不是，说："大夫不要着急，我说的话怎么能不算数哩！"说着叫人把地图拿来，假惺惺地指着地图说："从这儿到那儿，一共十五座城，都划给赵国。"蔺相如心想，秦王常常会耍鬼把戏，可别再上他的当！他就跟秦王说："这块'和氏璧'是天下有名的宝贝。赵王送它到秦国来的时候，斋戒了五天，还在朝廷上举行了隆重的赠送宝玉的仪式。现在大王要接受这块宝玉，也应该斋戒五天，在朝廷上举行接受宝玉的仪式，我这才能把宝玉献上。"秦王本不想这样做，但见蔺相如态度坚决，只得无奈地说："好！就这么办吧！"

说完，秦王就派人送蔺相如到安排的屋舍去休息。蔺相如拿着那块宝玉到了屋舍里。叫一个手下人打扮成一个买卖人的样儿，把那块宝玉包着，藏在身上，偷偷地从小道跑回到赵国去了。至于秦王会把他怎么样，他一点也没有考虑。后来秦王发觉这件事，后悔已经来不及了，想发兵攻打赵国吧，赵国在军事上作了准备，恐怕打不赢。最后，秦王见蔺相如机智勇敢，是位难得的人才，也没有为难他，便放他回到赵国去了。

成语"完璧归赵"即是从此故事中引申而来。

——《史记·廉颇蔺相如列传》

【故事启示】 完璧归赵，让蔺相如好不风光，官职一路攀升，直至宰相。但蔺相如上任后并无什么富国强兵之举，只是躺在完璧归赵的功劳簿上过日子，直到赵亡。所以，有人指出"完璧归赵"乃是秦王设计的圈套，故意成全蔺相如，使赵国尽在自己的掌握之中，此所谓"赵相秦用"，颇有道理。英武的秦王第一步使赵"以相如功大，位在廉颇之右"，造成将相失和，分化赵国。第二步就是诱导赵

234

王看重口舌之才。后来，孝成王不听众人劝说，任善于纸上谈兵的赵括取代廉颇的将军之职，使秦之计谋达到最终目的，加速了灭亡的进程。完璧归赵，让秦暂时丢了一点面子，却为顺利灭赵，进而一统天下铺平道路，可谓良计。

【成语释义】　比喻将原物完好无损地归还借主或物主。

【活用例句】　我今天要去舞会，你的帽子借一下，明天一定～。

【近义】　物归原主

【反义】　久假不归

冰山难靠

史料记载："君辈倚杨右相如泰山，吾以为冰山耳！若皎日既出，君辈得无失所恃乎？"这段文字涉及下面一个故事：

唐玄宗李隆基特别宠爱杨玉环，封她为贵妃，这下杨家便鸡犬升天了。公元752年11月24日，唐朝那个人品最差的宰相李林甫终于病死了，随后，另一个跳梁小丑般的人物粉墨登场，坐上了宰相之位，他就是杨贵妃的族兄杨国忠。

杨国忠除任宰相之职外，还兼领四十余个使官，大权在握，朝廷选任官吏都在他家里私下决定。大权在握的杨国忠，对什么事情都是说一不二，还常常在朝廷上捋起袖子，冲着王公大臣颐指气使，朝臣没哪个不怕他。

据史载，杨国忠掌权后，朝廷内外向他送礼的人络绎不绝，他家里仅收到的丝织品就有三千万匹。这些送礼的人，有些当然是迫于无奈，有些则恐怕认定了杨国忠就是稳如泰山，以为"靠"上去了就没错。

当时，陕西有一个进士，名叫张彖（tuàn），没有机会做官。他的朋友们都劝他去拜见杨国忠，那样就能立刻升官发财。可张彖是个有骨气的人，反倒对劝他的朋友说："君辈倚杨右相如泰山，吾以为冰山耳！若皎日既出，君辈得无失所恃乎！"意思是说，你们都把杨国忠看得像泰山一样稳固，可是我以为他不过是一座冰山罢了。将来天下有了动乱，他就会垮掉，好比冰山遇到太阳化掉一样，到那时候你们就失掉靠山了。后来，他跑到嵩山隐居了。

没过几年，杨国忠还真的成了"冰山"。安禄山起兵叛乱，攻下京城长安，杨国忠随同唐玄宗离开京城长安逃往四川，在马嵬（wéi）驿，将士们认为这场大乱是杨国忠一手造成的，愤怒地将他杀死，并且肢解其尸体，把头颅挂在门上示众。杨贵妃也被缢死，杨家这座靠山果然塌倒了。

——《资治通鉴·唐玄宗天宝十一年》

【故事启示】 当很多人争先恐后地去巴结大红大紫的杨国忠时，张彖居然把杨国忠这座一般人心目中的大靠山比作是"冰山"，认为在太阳出来后他就会"融化"。所以，他不但不"靠"上去，还敬而远之，躲了起来。此人真是既有个性，又眼光犀利！事实上，各朝各代的官场中，都存在像杨国忠这样的"冰山"。他们横行一时，肆无忌惮而又凄惨收场。政治斗争固然是一方面的因素，但更重要的原因还是出在他们个人素质上。"冰山"会倒塌，原因主要有二。首先，升迁途径不正当。其二，攀上高位后没能修身明德，好好改造并提升自己。

【成语释义】 比喻依靠别人权势，不能长久。

【活用例句】 他虽然位高权重，不过我劝你还是自食其力，要知道，～啊。

投笔从戎

东汉初年，有一位非常杰出的政治家和外交家，此人名叫班超。年轻的时候，班超家里很穷，靠帮官府抄写公文勉强过日子。

抄写工作十分辛苦，而且抄写的东西还非常多，经常要工作到半夜才能睡觉。官府对于抄写的要求也非常严格，抄错一个字，就要责骂，还要扣工钱，甚至开除。因此，班超工作时特别小心翼翼，每天都累得腰酸背痛，眼睛直冒金星。除了累以外，抄写工作还特别枯燥。一份同样的公文常常要抄好几遍，有时甚至多达几十遍，这使得班超非常烦躁。

有一天，他正在抄写公文的时候，写着写着，突然间站起来，狠狠地将笔扔到地上，非常愤怒地说："大丈夫应该像傅介子、张骞那样，在战场上立下功劳，怎么可以在这种抄抄写写的小事中白白地消耗一生呢！"傅介子和张骞两个人，生在西汉，曾经出使西域，替西汉立下无数功劳。因此，班超决定学习傅介子、张骞，为国家的外交事业做出伟大的贡献。

从那以后，班超就扔掉了手中的笔参了军。

永平十六年（公元73年），奉车都尉窦固出兵攻打匈奴，班超随从北征，在军中任假司马（代理司马）之职。假司马官很小，但它是班超文墨生涯转向军旅生活的第一步。班超一到军旅之中，就显示了与众不同的才能。他率兵进击伊吾（今新疆哈密西四堡），战于蒲类海（今新疆巴里坤湖），小试牛刀，斩俘很多敌人。窦固很赏识他的军事才干。

由于他作战非常勇敢，立下许多战功，很快就被封了官。

后来，他建议和西域各国来往，以便共同对付匈奴。朝廷采取他的建议，就派他带着数十人出使西域。在西域的三十多年中，他靠着智慧和胆量，度过各式各样的危机。

班超一生总共到过五十多个国家，和这些国家和平建交，也同时宣扬了汉朝的国威，后被封为定远侯。后来，人们把班超投笔于地、参军作战的故事叫做"投笔从戎"，用来比喻弃文从武，有志报国。

——《后汉书·班超传》

【故事启示】 班超四十岁投笔从戎，弃文就武，体现了他的雄心壮志。我们应像班超学习，从小就树立远大的志向，为实现自己的理想而努力奋斗。成为一个栋梁之材，报效祖国。我们要意识到，国家利益高于一切，国尚不能国，何及家与个人？武能定国，文能安邦，不管投笔从戎也好，弃武从文也罢，都只有一个目的，为国雄于地球而贡献出自己所有的力量。

【成语释义】 扔掉笔去参军。指读书人放弃文化工作参军入伍。投，扔掉；戎，军队。

【活用例句】 抗日战争爆发后，革命青年纷纷~，奔赴抗日的前方。

【近义】 弃文就武

利令智昏

　　战国时期，秦国派大将白起带领人马攻伐韩国。不几天，秦国便攻占了韩国的野王（今河南泌阳县），断绝了上党（今山西长治市北）的交通。这样一来，上党城孤立无援，眼看着要失守。上党守将冯亭看到野王已经失守，认为上党也会保不住的，与其让秦国占了上党，还不如亲手把它转交给赵国，韩国就可以和赵国联合起来共同抵抗秦国的侵略。

　　当冯亭派人把上党的地图带给赵孝成王时，赵王左右为难，他不知该怎么办，于是召集大臣们商议，其中有一个叫赵豹的大臣劝赵王不要接受，因为无端地接受别人送来的东西，就会引起祸患，韩国之所以把上党献给赵国，目的是想让秦国把矛头指向赵国。可是赵王并不同意他的意见，于是又和平原君赵胜商议，平原君认为即使发兵百万，一年半载也不一定能攻下一座城池，现在却不费一兵一卒，就可得到上党的土地，决不能坐失良机。

　　赵王听了平原君的话，非常高兴，于是派平原君到上党去接受土地，并封冯亭为华阳君。

　　然而，没过多久，赵国就大祸降临了。这是因为秦国看到即将到手的土地却被赵国占领了，便又派白起去攻打赵国，赵国派出了只会纸上谈兵的赵括（详见"纸上谈兵"小节）去应战，结果吃了败仗，秦国在长平之战中消灭赵国士卒40多万。后来，差一点儿还打进赵国的都城邯郸呢。

　　　　　　　　　　　　——《史记·平原君虞卿列传》

　　【故事启示】　司马迁在评价这件事时，认为平原君是一个行为高出一般世俗弟子的公子，但却不明白"利令智昏"的道理，利这个东西，能够使聪明人冲昏头脑，丧失理智。平原君贪图冯亭的利诱，以致赵国在长平损失了40多万人，几乎连赵国的都城邯郸也快失去了。后来，人们用"利令智昏"来形容因贪利而失去了理智。

【成语释义】 形容因贪图私利，使人头脑发昏，甚至失去理智，不辨是非。利，利益、私利；令，使；智，理智；昏，昏乱，神志不清楚。

【活用例句】 他见钱眼开，～，如今被绳之于法，实在是大快人心。

【近义】 见利忘义、利欲熏心

别有天地

李白，字太白，自号青莲居士，是我国唐代最伟大的诗人之一。他的祖籍是陇西成纪（今甘肃天水附近），先世因罪迁居西域，在绵州（今四川绵阳）的青莲乡长大。

李白年轻的时候，爱好剑术，轻财仗义，善于作诗。25岁那年，他身佩宝剑，辞别亲人，离开故乡，出外远游。几年间，漫游了现湖南、湖北、江苏、浙江的许多地方。他才华横溢，抱负远大，渴望参加政治活动，但是在黑暗的官场里，他光明磊落的情怀和正直不屈的性格是不受欢迎的，所以十多年未能如愿走上仕途。

四十二岁那一年，李白受到唐玄宗召见，他的才能在京城轰动一时。但当时的唐玄宗是个一心追求享乐的"太平天子"，国家政务操纵在奸相李林甫和宦官高力士手中。唐玄宗只希望李白做一个歌功颂德的御用文人。但李白性情孤傲，在皇帝和权贵面前没有丝毫媚态，因而遭到高力士等人的诽谤，唐玄宗逐渐对李白冷落下来。

当李白看清唐玄宗确实没有重用自己的意思之后，他担心会因小人的诽谤而遭祸害，就主动要求离开朝廷。在长安的三年生活中，他认清了现实的黑暗和统治者的腐败，写出了许多有深刻思想内容的诗篇。离开长安之后，李白又开始了十年的漫游生活。由于在现实生活中屡遭挫折，他产生了求仙访道的想法，希望摆脱丑恶的现实，追求美好生活。

《山中问答》就是他写的一首追求美好境界的诗："问余何意栖碧山，笑而不答心自闲。桃花流水窅然去，别有天地非人间。"诗意是这样的：有人问我为什么栖宿在碧山，我微笑着没有回答，心中自在悠闲。且看那桃花随着流水自由自在地飘向远方，这里另有一种境界，不同于黑暗、污浊的人间。

——《山中问答》

【故事启示】　李白与唐玄宗醉酒，居然指令杨国忠给他捧墨，高力士给他脱靴。要知道，杨国忠可是宠妃杨大美人的哥哥，高力士乃唐玄宗最得宠的宦官！这两位皇上的心腹宠臣，朝中大臣也没人敢这样无礼，李白一个小小的翰林，居然孤傲狂妄到这种地步。才华横溢的李白恃才傲物，不懂圆滑的为官之道，落得浪迹天涯的下场，屡屡叹息自己不得志，实属自取。

【成语释义】　另外有一种境界。形容风景或艺术创作等引人入胜。天地，风格或境界。

【活用例句】　小舟沿溪流荡去，尽头竟与一湖泊相通，碧波粼粼，～。

【近义】　别有洞天

【反义】　索然寡味

呕心沥血

　　唐朝中期的著名诗人李贺，诗写得非常好，诗的风格与李白极为相象。当时，人们称李白为"仙才"，称李贺为"鬼才"。鬼这个意像与诗人有着千丝万缕的联系。据统计，"在李贺二百四十首诗中，天神类四十首，鬼神类二十七篇，这两类约占李贺创作总量的百分之二十八"。由于李贺得不到朝廷的重用，精神抑郁苦闷，加之用尽心血进行诗歌创作，严重地损害了健康，只活了二十七岁，便溘然离世了。

　　李贺很小就会写诗了。他七岁就写了首《高轩过》，这首诗连当时的大学问家看了都很喜欢。消息一传出，整个京城都轰动了，人们称他为"神童"。

　　李贺写诗非常勤奋。十四五岁的时候，他每次骑马外出游玩，总是骑一匹瘦弱的小毛驴，背一个织锦书囊，里面装着纸和笔，让一名小书童跟随着。遇到好题材，吟得佳句，就赶紧记下来投入锦囊，回

240

家后再加工整理。等天晚回到家里，母亲看他从口袋里拿出许多诗稿来，总是心疼地说："我儿把全部的精力和心血放在写诗上了，真是要把心呕出来才罢休啊！"即"是儿要当呕出心乃已耳"。

的确，李贺把自己全部的心力都倾注在诗歌创作中。"天若有情天亦老""雄鸡一声天下白""石破天惊逗秋雨"，这些历代传诵的佳句，都是李贺呕尽心血的结晶。唐代文学家韩愈，曾写过这样两句诗："刳肝以为纸，沥血以书辞。"意思是说，挖出心肝来当纸，滴出血来写文章。

——《归彭城》

【故事启示】 从李贺骑弱驴外出一事，不难看出，他作诗注意实地观察，注意写作材料的积累。他的贫寒家境、仕途不顺和羸弱的身躯，均对他的诗作产生了深深的影响。他笔下的牛鬼蛇神是对现实生活中人的曲折的反映，是对中唐仕途中人的幻觉化的描写。他借助鬼神来倾诉着心中的苦闷，在自己营造的悲惨欲绝的鬼域里倾诉着对黑暗现实的不满。他的诗作以丰富的想象力、新颖诡异的语言开辟了自己凄艳诡激的诗风，被人誉为"鬼才"。

【成语释义】 比喻极度劳心苦思。多用于文艺创作或研究，亦指倾吐真情或怀抱真诚。呕，吐；沥，滴。

【活用例句】 如果没有他～地工作，就不会有现在的成绩。

【近义】 煞费苦心、挖空心思

【反义】 无所用心、漫不经心

迎刃而解

杜预是魏晋之际著名的政治家、军事家。他是曹魏尚书仆射杜畿之孙，幽州刺史杜恕之子。杜预学问广博，通晓历代兴亡成败之理，常道："立德，我难以达到；立功立言，我有可能达到。"最初，其父与司马懿不和，结果被关在监牢中死去，杜预久久不能入仕。

司马懿、司马师死后，司马昭承袭其父兄之位，杜预娶了司马昭之妹高陆公主为妻，被任为尚书郎，继承其祖父的爵位丰乐亭侯。在职四年后，进入司马昭的相府中担任军事幕僚，参与了曹魏灭蜀的军事行动，因功增加封邑一千一百五十户。曾经做过镇南大将军、荆州总督等高官。

他做镇南大将军的时候，曾带兵攻打吴国，不到十天就占领了吴国的许多重要城池。他觉得吴国军队的战斗力很差，就率兵趁胜追击。

正在此时，有人认为吴国实力雄厚，就出来劝阻他："吴国建国多年了，国力积蓄得很厚实，不可能一下子就被打垮。现在又是夏季，天气炎热，我们晋国的士兵从小就生活在北方，对南方的气候条件很不适应，与他们作战对我们很不利。我劝你还是趁早收兵，等夏天过去天气凉爽后，再考虑攻打吴国吧。"

杜预听他说完后，考虑了一会儿，说："今兵威已振，譬如破竹，数节之后，皆迎刃而解。"意思是说，现在我军连胜数仗，士气非常旺盛。而吴国则连败数仗，军队的士气非常低落。我们这种士气旺盛的军队，去打败那些士气低落的军队，其形势就如同用锋利的刀子劈竹子一样，只要把竹子的前几节劈开了，后面的几节，将刀放在竹子中，就会一下子破开。我们只要乘胜追击，一定会扩大战果，彻底打垮吴国。

于是，杜预就带领晋军大举进攻，结果真如他所说，很快就把吴国灭掉了，从而实现了全国的统一。杜预还朝，被封为当阳县侯，封邑增加到九千六百户。武帝仍命杜预镇守江南，杜预在这里兴修水利，兴办学校，造福一方，百姓亲切地称他为"杜父"。杜预虽然公务繁忙，但无论在朝中为官，还是担任将帅，都不忘记治学，他撰写了《春秋左氏经传集解》等著述，是当时《左传》研究的集大成者。

——《晋书·杜预传》

【故事启示】　杜预乘胜追击灭吴的史实启示我们，不管做什么事情，都要相信自己。只有坚定信心，才能把事情做成功。再者，杜预虽然生长在官宦人家，但不是那种只知贪图享乐的纨绔子弟，而是从小就博览群书，勤于著述，为日后立业报国奠定了坚实的基础。一个人没办法选择自己的出身是贫困还是富有，但却完全可以通过努力学习知识与才艺，常怀律己之心，把握自己的未来。记住：未来如何决定全在自己，其他人不过是从旁提供意见和帮助。

【成语释义】 把竹子劈开口，下面的一段竹子就迎着刀刃裂开了。比喻主要问题解决了，其他的问题就很容易解决。

【活用例句】 只要这位教士到场，任你事情如何棘手，亦无不～的。（清 李宝嘉《官场现形记》第五十四回）

【近义】 势不可当

【反义】 强弩之末

言不由衷

春秋时期，周王室衰弱，周天子不再受到诸侯的重视。郑庄公成为周平王的卿士后，执掌着朝中大权，他对平王就很不尊重。周平王有好些事情，不得不交给同时也在朝里做官的西虢公去处理。郑庄公因此对周平王很不满意，认为平王是有意要让西虢公代替自己处理朝政。周平王向郑庄公解释说他没有这样的意思，为了进一步消除隔阂，双方决定互换人质，以示信任。于是，周平王的儿子狐去郑国为质，而郑国的公子忽也到周国为质。

可是，就在这年（公元前720年）三月，周平王去世了，平王的孙子姬林继承王位，史称周桓王。周桓王即位，也想委政于西虢公。郑庄公非常生气，就在这年四月，派大夫祭仲率领兵马到周王畿内的温邑（今河南温县南），把已经成熟的麦子全都割走了，并全部运送到郑国。秋天，祭仲又带兵到周王畿内的成周（今河南洛阳东），把那里成熟的谷物也全部割跑，运回郑国。从此，周郑两国之间的关系越来越糟糕，彼此间结下了仇恨。

当时，有正直的史官在评论这件事时指出："信不由中，质无益也。明恕而行，要之以礼，虽无有质，谁能间之。"（《左传·隐公三年》杨伯峻注："人言为信，中同衷。"）这段话的意思是说，不是从内心里说出来的真话，即使交换人质也是没有信用的。如果相互间能坦荡、真诚，而且都能用礼仪来约束自己，即使没有人质，谁又能离间得了相互间的关系呢?

——《左传·隐公三年》

【**故事启示**】 郑庄公于春秋初年所做的总体说来算是集势,就好像一块石头你把它高高举起,它就会有势,而这个把石头高高举起的过程就叫做集势。庄公所做的就是举起石头去砸周王室,去砸其他诸侯,即使言不由衷也在所不惜。遗憾的是,庄公举起了石头,而等到后辈儿孙该享受祖宗阴德,去掷出这块石头的时候,郑国内乱频发,自相攻伐,最终郑国彻底颓废了。郑国的石头没有掷出去,可是举起石头的庄公却值得我们仔细品味。

【**成语释义**】 比喻不讲真心话,虚伪敷衍的行为。由,从;衷,内心。

【**活用例句**】 他的这些话,有些是真实的,但大部分是~的。

【**近义**】 言行不一、口是心非

【**反义**】 肺腑之言

走马观花

唐朝著名诗人孟郊,与贾岛齐名,人称"郊寒岛瘦"。相传孟郊小时候家里很穷,但他很有才华,学习也非常刻苦。长大后,他的诗作得很好。可是,他考试当官的路却走得相当坎坷,连续参加了好几次考试,都未能考中。

功夫不负有心人。孟郊四十六岁(一说四十五岁)的时候,终于考中了进士。几十年的读书当官梦终于实现了,孟郊非常高兴。他迅速穿上新衣,骑上马,在当时的京城长安尽情地游玩。玩到高兴时,他不由自主地取出笔,很快就写成了首叫《登科后》的诗。

他在诗中写道:"昔日龌龊不足夸,今朝放荡思无涯;春风得意马蹄疾,一日看尽长安花。"意思是说,过去那种贫穷的生活实在没有值得夸耀的,今天我中了进士,才真正感到皇恩浩荡。我很高兴,马儿也跑得飞快,一天就把长安城的美景全都看完了。

"走马观花"的成语由此引申而来。《登科后》中还出了另一个成语"春风得意"。

贞元十七年（公元801年），孟郊任溧阳尉。在任时常以作诗为乐，作不出诗则不出门，因此有"诗囚"之称，不事曹务，还被罚半俸。元和初，河南尹郑余庆任孟郊为河南水陆转运从事，试协律郎，自此，孟郊定居洛阳。元和九年，孟郊调职，死于就任途中。

——《登科后》

【故事启示】 孟郊数次落第，这次居然金榜题名，以往生活的困顿与思想的局促不安再不值得一提，郁结的闷气已消散不见，心中说不尽的畅快。这种情形好比是一下子从苦海中被超渡出来，登上了快乐之巅。眼前大道空阔，似乎只等他双足生风了。孟郊老来进士及第，说明平日里脚踏实地准备好，等到机会来临才能牢牢抓住。"怀才就像怀孕，时间久了才能让人看出来。"一个人若怀才不遇，整天怨天尤人，丧失进取之心，才华也终会泯灭于人世间。

【成语释义】 原形容事情如意，心境愉快。后比喻匆忙或粗略地了解事物或不深入地参观。

【活用例句】 学习上切不可～，否则害得是自己。

【近义】 浮光掠影、蜻蜓点水

两袖清风

于谦是明朝浙江钱塘人，二十四岁中进士，不久做了监察御史。他同情百姓疾苦，在任期间为老百姓做了不少好事，明宣宗很赏识他。于谦被破格提升为河南、山西巡抚后，衣食住行仍很俭朴。

明宣宗九岁即位，宦官王振专权。他以权谋私，是一个贪得无厌的坏蛋。每逢朝会，各地官僚为了讨好他，多献以珠宝白银，巡抚于谦每次进京奏事，总是不带任何礼品。他的同僚劝他说："你虽然不献金宝、攀求权贵，也应该带一些著名的土特产如线香、蘑菇、手帕等物，送点人情呀！"

于谦笑着举起两袖风趣地说："带有清风！"以示对那些阿谀奉承之贪官的嘲弄。两袖清风的成语从此便流传下来。

他曾作过《入京》诗一首：

绢帕蘑菇与线香，本资民用反为殃；

清风两袖朝天去，免得闾阎话短长。

绢帕、蘑菇、线香都是他任职之地的特产。于谦在诗中说，这类东西，本是供人民享用的。只因官吏征调搜刮，反而成了百姓的祸殃了。他在诗中表明自己的态度：我进京什么也不带，只有两袖清风朝见天子。诗中的闾阎是里弄、胡同的意思，引申为民间、老百姓。

后来，王振把于谦陷害下狱，终在群臣的反对和压力下，把于谦放了出来。

——《入京》

【故事启示】　于谦每次进京，不屑于行贿而是两袖清风，光名正大地去奏事，堪称清廉为官的楷模。那些送奇珍异宝给王振的官吏，只会"肥"了自己，"瘦"了百姓。"吃、拿、卡、要，打官腔"是官僚主义和消极腐败的具体表现，不可不除。为官者只有像于谦一样两袖清风，思人民之所想，给人民之所需，才能当好人民的公仆。

【成语释义】　原指两袖迎风而起，飘飘扬扬的姿态。后比喻做官的时候，十分清廉，除衣袖中的清风之外，别无所有。现也指清贫，没有财产。

【活用例句】　当官，就应该~，想人民之所想，急人民之所急，自觉接受人民的监督。

【近义】　洁身自好、廉洁奉公

【反义】　贪赃枉法

肝脑涂地

汉高帝五年（公元前202年），齐人娄敬到陇西戍守边塞，路过洛阳。当时汉高祖刘邦刚刚平定了天下，正住在洛阳。娄敬进城后就去找同为齐人的虞将军，请求觐见皇帝。虞将军就进宫报告皇帝，汉高祖果然召见了他。

刘邦问娄敬要谈什么事，娄敬说道："陛下要建都洛阳，难道是要跟周朝比比谁更兴盛吗？"刘邦说："是啊。"娄敬说："陛下取得天下跟周朝是不同的。周朝的先祖从后稷开始，积累德政善事十几代。周文王成为禀受天命、统治天下的人。周武王讨伐商纣时，八百诸侯都主动到孟津与周会盟，这才灭掉了商纣。周成王即位，在周公的辅佐下，在洛邑营造成周城，作为天下的中心，四方诸侯都来纳贡朝拜。所以说，凡是建都于洛阳的，都要像周朝一样用德政来感召人民，而不能依靠险要的天然地形。在周朝鼎盛时期，四方诸侯归附周朝，一起侍奉周天子，八方大国的百姓没有不归顺臣服的。到了周朝衰败的时候，天下再没有人前来朝拜，周室已经不能控制天下，不是它的恩德太少，而是形势太弱了。

"如今陛下从沛县起事，招集三千士卒，席卷蜀汉地区，平定三秦，与项羽在荥阳交战，争夺成皋之险，大战七十次，小战四十次，使天下百姓肝脑涂地，父子枯骨曝露于荒郊之中，横尸遍野不可胜数，悲惨的哭声不绝于耳，这样还想与西周兴盛相比，我认为这是不能同日而语的。再说，秦地有高山被覆，黄河环绕，四面边塞可以作为坚固的防线，即使突然有了危急情况，百万雄兵可备一战。借着秦国原来经营的底子，再加上肥沃的土地，可以说是形势险要、物产丰饶的'天府'之地。如果陛下进入函谷关内建都，控制秦国原有的地区，就是掐住了天下的咽喉啊。"

汉高祖就这个问题又征求大臣们的意见，群臣大都是华山以东的人，纷纷说周朝建都在洛阳，称王天下几百年，而秦朝建都在关内，只传到二世就灭亡了，所以不如建都在周朝都城。汉高祖听了犹疑不决。后来，留侯张良向汉高祖明确阐述了入关建都的利处。汉高祖听后，当口就乘车西行进入了关中。

建都关中后，刘邦感慨道："最早主张建都在秦地的是娄敬啊。"于是赐娄敬改姓刘，还授给他郎中的官职，称号叫奉春君。

——《史记·刘敬叔孙通列传》

【故事启示】　主张建都洛阳的大臣们为了一己私利，将都城位置与王朝的气数胡乱联系起来，而置国家安危兴衰于不顾。相比之下，娄敬则从实际情况出发，提出定都关中，乃远见卓识。再者，娄敬直言进谏的精神，也值得称颂。天子赐其皇族姓氏，享有荣耀，当之无愧。

【成语释义】 肝胆、脑浆溅了一地。形容惨死，也形容竭尽忠诚，任何牺牲都在所不惜。

【活用例句】 军人守土有责，为能击退来犯之敌，即使～，也在所不惜。

【近义】 马革裹尸、粉身碎骨

【反义】 贪生怕死

尾大不掉

春秋时期，各个诸侯国之间经常发生兼并战争，鲁昭公十一年（公元前531年）的春天，楚灵王在申地（今河南南阳）设埋伏诱捕了蔡侯，不久又把他杀害了。接着，楚灵王派大将公子弃疾率兵包围了蔡国，到了这年冬天就把蔡国灭掉了。然后，楚灵王任命公子弃疾为蔡公，掌管蔡地。

一天，楚灵王问大臣申无宇："公子弃疾将蔡地治理得怎么样啊？"申无宇说："天底下只有父亲最了解自己的儿子，也只有君王最了解自己的臣子。公子弃疾在蔡地政绩卓著，做得很好。您的选择是正确的。但是我听人们说：'在正常的情况下，和君王亲近的人是不会任外职的，而从他国来的人也不应该担任内官'，但是我国现在的情况是公子弃疾远在蔡国，而郑国的公子丹却在我国官居要职，您应该好好想想这个问题，早点加以防范。"

楚灵公听了之后就说："我国周围都有高大的城墙，虽然在国内有些人的封地面积很大，但我想应该不会对国都构成威胁，不会有什么问题的。"申无宇听了之后非常无奈，因为实际情况是国内过大的分裂势力已经威胁到楚灵公的统治，而他自己居然一点都察觉不到。见楚灵公还不明白现在的处境，申无宇只好直截了当地说："郑、宋、齐、卫都曾因封地势力过大而发生动乱，魏国的蒲邑、戚邑就是两个大封地，封地之主就凭借自己强大的势力驱逐了卫献公。献公的城墙也和您的一样高大，但是却遭到了这样的厄运，就是因为下属的势力太大之后就很难听从君主的指挥。这就好比动物的尾巴，如果太大了，就不容易摇动；树梢的枝叶如果过于茂盛就很容易导致整棵树折断。（原文为"末大必折，尾大不掉。"）我想我说到这里您应该明白了吧。"

听了申无宇的话，楚灵公这才明白自己现在的处境。

——《左传·昭公十一年》

【故事启示】 "尾大不掉""树大招风"，言简意赅，道破把握分寸的重要性。在一个整体中，某个部分不能过大，否则势必会影响到主体的权威。这是因为强者不甘于听从弱者的指挥和差遣，冲突或叛乱自然不可避免。唐朝时期，地方节度使安禄山势力强大后，就不再甘心受皇帝驱使，从而发动了"安史之乱"。因此，要保持事物在一定时期内的稳定状态，就要注意把握好整体与局部的关系，使事物的主体始终处于支配的地位。

【成语释义】 尾巴太大，掉转不灵。比喻部下的势力很大，无法指挥调度。也比喻机构庞大，指挥不灵。掉，摇动。

【活用例句】 袁世凯担心冯国璋"～"不是没有道理的。

【接龙游戏】 尾大不掉→掉以轻心→心花怒放→放虎归山→山高水低→低声下气→气象万千→千虑一得→得心应手→手无寸铁→铁树开花→花言巧语→语重心长→长年累月→月白风清→清规戒律

扶摇直上

很久很久以前，在北海生活着一种叫鲲的鱼。鲲的体形非常大，可能会有几千里那么长。它还能变化成鸟，鸟的名字叫鹏。鹏的背有几千里宽，驾它飞向天空时，翅膀大得就像能遮住天空的云气。大海上风起云涌的时候，就是鹏准备飞往南海的时候。那南海，就是天池。

在一本名为《齐谐》的专门记载各种各样奇异事情的书里，也有关于鲲鹏的记载："鲲鹏飞往南海时，滑过水面激溅起来的水花有三千里，羽翼拍打旋风就能直上九万里高空。它足足飞了六个月才停歇下来。"

　　鲲鹏之所以能够飞得那么高，是因为风的强度足够大，有足够力量负载鲲鹏巨大的翅膀。鲲鹏高飞九万里的时候，风就在它的下面，它乘着清风，背负苍天，悠然地飞往南海。

　　蝉和斑鸠看见大鲲鹏南飞就嘲笑它说："我们什么时候愿意飞就能一下子飞起来，如果碰到榆树、枋树就停落在上边休息；万一有时力气不够，飞不到树上，我们落到地上就是了。真不知道你为什么非要飞九万里那样高，去遥远的南海？"

　　小小的蝉和斑鸠又怎么会知道鲲鹏的远大志向呢？这就好比去近郊游玩，我们只带三顿饭，当天回来，还觉得肚子饱饱的呢；但是如果要去遥远的千里之外旅行的话，我们就必须准备够三个月的粮食。这两个安于现状的小生命又怎么能够体会鲲鹏一飞冲天、扶摇直上的快乐呢？

　　蝉和斑鸠不能理解鲲鹏的行为是因为它们不是鲲鹏，它们的生活和鲲鹏的生活是两种截然不同的状态。世界上的事情就是这样，不经历一种生活，就不能体会生活在其中的人的感受，而只能以自己的经历来揣测他人。

　　比如对于生命的长短，不同的生物就会有不同的感受。有一种一见太阳就会枯死的"朝菌"，它永远不可能感受一整天的时光；春生夏死、夏生秋死的"蟪蛄"，也不会明白一年的时光是多长。传说，楚国的南边有只灵龟，对于它来说五百年的时光才是一个春天，再过五百年它才觉得只过了一个秋天而已；上古时代有一棵大椿树，以八千年为一季，它的春天是八千年，它的秋天也是漫长的八千年；有个叫彭祖的人活了八百年，大家都羡慕他，认为他是个老寿星，比起"朝菌""蟪蛄"来说这的确是很长的了，但是和灵龟、椿树比起来这又算得了什么呢？

　　　　　　　　　　　　　　　　　　　　——《庄子·逍遥游》

　　【故事启示】　《庄子·逍遥游》描述了蝉、斑鸠、虫与鲲鹏不同的生存方式，表明层次差距太大。高层次的生存方式，低层次者永远也不会懂得。鲲鹏之所以能够扶摇直上、一飞冲天，跟其高远的志向、长时间的蛰伏积累以及孜孜不倦的追求密切相关。对于安于现状的蝉和斑鸠而言，鲲鹏一飞冲天的惬意它们永远体会不到。事实上，也正是基于此，注定了其一生只能在枝头停留，无法在高位盘旋。

【成语释义】 乘着大旋风之势一直上升。比喻事物迅速地直线上升，有时也比喻官职提升得很快。扶摇，迅猛盘旋而上的旋风。

【活用例句】 近些年来，他官运亨通，～，如今已当上了市长。

【近义】 青云直上、平步青云

【反义】 一落千丈、急转直下

八画

杯弓蛇影

有一年夏天，汲县（汉时县名）县令应郴召见主簿（办理文书事务的官员）杜宣，并在县衙的议事厅设酒款待他。

当时议事厅的北墙壁上悬挂着一张弓，阳光照在弓上，影子投在酒杯中。杜宣看了，以为是一条蛇在酒杯中蠕动，顿时吓得直冒冷汗。但县令是他的上司，上司赐酒，他又不敢不饮，所以硬着头皮喝了几口。仆人再斟时，他借故推却，起身告辞走了。回到家里，杜宣越来越疑心刚才饮下的是有蛇的酒，又感到随酒入口的蛇在肚中蠕动，觉得胸腹部疼痛异常，难以忍受，吃饭、喝水都非常困难。

家里人赶紧请大夫来诊治。但他服了许多药，病情还是不见好转。

过了几天，应郴有事到杜宣家中，问他怎么会闹病的，杜宣便讲了那天饮酒时酒杯中有蛇的事。应郴安慰他几句，就回家了。他坐在厅堂里反复回忆和思考，弄不明白杜宣酒杯里怎么会有蛇的。

突然，北墙上的那张红色的弓引起了他的注意。他立即坐在那天杜宣坐的位置上，取来一杯酒，也放在原来的位置上。结果发现，酒杯中有弓的影子，不细细观看，确实像是一条蛇在蠕动。应郴马上命人用马车把杜宣接来，让他坐在原位上，叫他仔细观看酒杯里的影子，并说："你说的杯中的蛇，不过是墙上那张弓的倒影罢了，没有其他什么怪东西。现在你可以放心了！"

杜宣弄清原委后，疑虑立即消失，病也很快痊愈了。

——《风俗通义》

【**故事启示**】 杜宣被假象迷惑，疑神疑鬼，差点儿丢了小命。应郴遇到问题，则喜欢追根问底，注重调查研究，终于揭开了"杯弓蛇影"之谜。这启示我们，实际生活中，无论遇到什么问题，都要问个为什么。争取通过调查研究弄清事情的真相，求得解决问题的正确方法。

此外，还说明致病因素是复杂多样的，疑心照样可以引起病症。对于此类疾病，应该遵循"心病还须心药医"的原则。

【成语释义】 比喻把虚幻误作真实，疑心恐惧。形容人神经过敏。

【活用例句】 她不知从哪儿听到要地震的消息，整天～，稍有动静就慌忙地夺门而出。

【近义】 草木皆兵

【反义】 安之若素

郑人买履

郑国有一个人，眼看着自己脚上的鞋子从鞋帮到鞋底都已破旧，于是准备到集市上去买一双新的。

这个人去集市之前，在家先用一根小绳量好了自己脚的长短尺寸，随手将小绳放在座位上，起身就出门了。

一路上，他紧走慢走，走了一二十里地才来到集市。集市上热闹极了，人群熙熙攘攘，各种各样的小商品摆满了柜台。这个郑国人径直走到鞋铺前，里面有各式各样的鞋子。郑国人让掌柜的拿了几双鞋，他左挑右选，最后选中了一双自己觉得满意的鞋子。他正准备掏出小绳，用事先量好的尺码来比一比新鞋的大小，忽然想起小绳被搁在家里忘记带来。

于是他放下鞋子赶紧回家去。他满头大汗地跑回家中，一把抓起小绳就急忙赶往集市。尽管他快跑慢跑，还是花了差不多两个时辰。等他到了集市，太阳快下山了。集市上的小贩都收了摊，大多数店铺已经关门。他来到鞋铺，鞋铺也关门了。

他鞋没买成，低头瞧瞧自己脚上，原先那个鞋窟窿现在更大了，他十分沮丧。有几个人围过来，了解情况后，忍不住问他："买鞋时为什么不用你的脚去穿一下，试试鞋的大小呢？"郑人回答说："那可不成，量的尺码才可靠，我的脚是不可靠的。我宁可相信尺码，也不相信我的脚。"

——《韩非子·外储说左上》

【故事启示】 这个郑国人犯了教条主义的错误。他只相信量脚得到的尺码，而不相信自己的脚，不仅闹出了大笑话，连鞋子也没买到。现实生活中，我们千万不要犯郑人买履的错误。为人处事要实事求是，更要根据实际情况灵活变通，不要死守教条，太墨守成规。

【成语释义】 比喻只相信教条，不相信实际。履，鞋。

【活用例句】 处事要灵活机变，不能像～一样，死守刻板的教条。

【近义】 墨守成规、生搬硬套

【反义】 随机应变、知机识变

河东狮吼

宋朝有一位文学家苏轼，又叫苏东坡。他擅长诗词，文章也写得很好，是朝中重臣，皇帝非常器重他。不过有一次，有人参奏他写诗讥刺朝政，皇帝很生气，就把他从朝中贬到黄州（现在的湖北黄冈）。

苏东坡在黄冈有个好友陈慥，号季常。他们两人的爱好差不多，都喜欢饮酒、游山玩水，写诗作赋，还喜欢研究佛理。他们饮酒的时候，都有一个习惯，就是喜欢请来一些歌女舞女，在一边歌舞助兴。可是陈慥的夫人柳氏很有个性，而且最爱吃醋，很不满意陈慥的行为，尤其不满意的就是陈慥喝酒时找美女来斟酒夹菜，跳舞唱歌。有时，舞女、歌女正唱着歌、跳着舞，柳氏就来了，把美女们全都赶走，还说："你们喝酒就好好喝酒，弄这些女孩子来，给你们斟酒夹菜，跳舞唱歌，有什么好的？是酒会多出来，还是菜会多出来？"

后来，陈慥跟苏东坡两人在喝酒的时候，就既不敢用伴舞，也不敢用伴唱了。

一天晚上，苏东坡又到陈慥家来。陈慥说："今儿晚上，咱们两个好好地喝酒。""好吧。"陈慥把苏东坡留下，吩咐下人做了一桌丰盛的菜，搬上好酒。两个人一边喝着酒，一边谈佛论道。佛教重点讲的是一个"空"字，两人讲来讲去，越讲越泄气。陈慥说："我们两个讲来讲去，把情绪搞坏了。我知道有两个美女唱得非常好，今晚干脆请她们给咱们唱两首歌。咱们边听边喝，不是挺好吗？""嫂夫人要是听见，还不得急了啊？你就注意点吧。""她已经睡着了。况且，她也就是闹一阵子，过后就没事。不用管她。"

说完，陈慥便马上吩咐手下人把那两个歌女找来，还说："不要唱激昂的，要抒情一点的，声音不要太大。"这下两个歌女明白了，他原来还是害怕夫人柳氏听见。

陈慥和苏东坡端着酒杯，听着两位歌女给他们唱歌，又觉得人世并不全都是空，也有美好的东西。比如现在喝着酒听着歌，这就挺好嘛。没料到夫人的丫鬟听见客厅里边有唱歌的声音，赶紧向夫人报告："今天老爷改了方子，白天不唱，改成晚上唱了。"夫人穿好衣服，从屋里出来一听，真是在那唱呢，顿时怒发冲冠："好啊，晚上你也不歇着，在这唱什么。"一边说，一边"啪、啪"地拍窗户（不敢打陈慥本人，因为那个朝代柳夫人还是害怕遭休妻之厄运）。两人赶紧说："停下来吧，别唱了。"只好这么散了。

第二天，苏东坡写了首诗，送给陈慥。这首诗是："龙丘居士亦可怜，谈空说有夜不眠。忽闻河东狮子吼，拄杖落手心茫然。"意思是说，您这位居士真是挺可怜哪，又说空又说有，晚上不睡觉。说了半天，护法的狮子来了，这么一叫唤，吓得您连拄杖都掉了，心里空空荡荡的。这话语带双关，另外一层意思就是说您这位夫人嗓门太大，都要赶上狮虎之声了。说河东狮子，是因为柳氏老家是河东人。

——《容斋随笔·卷三·陈季常》

【故事启示】　美国总统林肯的妻子玛丽是一个孤傲任性的女人。婚后，玛丽对林肯横挑鼻子竖挑眼。林肯入主白宫后，玛丽更是变本加厉，不仅经常不顾林肯的体面大吵大闹，还对总统周围的人指手画脚，动不动就大声斥责。这使她引来众多非议。林肯却默默地忍受着，他们的婚姻居然持续了二十多年，直到1865年4月林肯遇刺身亡。林肯的经历告诉我们：对于一个河东狮吼的妻子，实在没有办法时，忍耐也是上上策。

【成语释义】　比喻妇人好吃醋，凶悍，大吵大闹。河东，古郡名。

【活用例句】　一个女人如果婚后总是～，终归幸福不到哪里去。

【近义】　泼妇骂街、河东狮嚎

夜郎自大

汉朝时期，在西南方有个名叫夜郎的小国家（今贵州境内），它虽然是一个独立的国家，可是国土很小，百姓也少，物产更是少得可怜。但是由于邻近地区以夜郎这个国家最大，从没远行的夜郎国国王就以为自己统治的国家是全天下最大的国家。

有一天，夜郎国国王与部下巡视国境的时候，他指着前方问道："这里哪个国家最大呀？"部下们为了迎合国王的心意，于是就说："当然是夜郎国最大喽！"走着走着，国王又抬起头来，又望着前方的高山问道："天底下还有比这座山更高的山吗？"部下们回答说："天底下没有比这座山更高的山了。"后来，他们来到河边，国王又问："我认为这可是世界上最长的河川了。"部下们仍然不约而同地回答说："大王说得一点都没错。"

从此以后，无知的国王就更相信夜郎是天底下最大的国家了。

有一次，汉朝派使者来到夜郎。使者万万没想到的是，这个小国家的国王竟无知地自以为能与汉朝相比。却不知道自己统治的国家只和汉朝的一个县差不多大，居然不知天高地厚地问使者："汉朝和我的国家比起来，哪个大？"

——《史记·西南夷列传》

【**故事启示**】 夜郎国君发问"汉孰与我大"而留下了妄自尊大的笑柄。不过，杂文作家徐景洲的看法是，夜郎国王之所以会问这个被世人视为愚不可及的自讨其辱的问题，根本原因也在于夜郎国王面对着让他俯首称臣的汉使者，他心有不服，心有不甘，于是他要问"汉孰与我大"。言外之意是，如果汉朝并不太大，甚至于没有夜郎国大，那么又为何要俯首称臣呢？由此看来，夜郎自大，不仅不是妄自尊大，而且还是自强不屈精神的表现。

【**成语释义**】 比喻孤陋寡闻，妄自尊大。夜郎，汉代我国西南方的一个地方政权；自大，自以为很大。

【**活用例句**】 小霍这种~的神态，真是叫人啼笑皆非。

【近义】 自高自大、妄自尊大

【反义】 虚怀若谷

明修栈道，暗渡陈仓

秦朝被推翻的时候，项羽、刘邦以及其他参加反秦战争的各路将领，聚集起来商议获胜之后如何割据土地一事。当时势力最强的项羽妄图独霸天下，他表面上主张分地封王，划分领地，心里却已开始琢磨，将来怎样一个个地对付并消灭他们。

项羽对一般将领都没有什么顾忌，唯独对刘邦顾忌重重。刘邦很难对付，对此项羽心知肚明。早些时候，曾经约定：谁先攻下秦都咸阳（今陕西西安附近），谁就在关中为王。结果，首先进入咸阳的偏偏就是刘邦。关中，即今陕西一带，是秦的本土，由于秦的大力经营，关中不但物产丰富，而且军事工程也有强固的基础。

项羽不愿意让刘邦坐稳"关中王"的位子，也不愿他回到家乡（今江苏沛县）一带去，便故意把巴、蜀（今都在四川）和汉中（在今陕西西南山区）三个郡分给刘邦，封为汉王，以汉中的南郑为都城，想这样把刘邦关进偏远之地。而把关中划作三部分，分给秦朝的降将章邯、司马欣和董翳（yì），以便牵制刘邦向东发展。项羽则自封为西楚霸王，封地九郡，占领长江中下游和淮河流域一带广大肥沃之地，以彭城（今江苏徐州）为都城。

项羽的这一分配方案对颇有独霸天下野心的刘邦而言，显然行不通，而其他将领对于自己所得的更小的地盘也都不满。可是，慑于项羽的威势，大家都不敢违抗，只得听从支配，各就各位去了。刘邦也不得不暂时领兵西上，开往南郑，并且接受张良的计策，把一路走过的几百里栈道全部焚毁。

刘邦到了南郑，发现部下有一位才能出众的军事家，那就是韩信。刘邦就拜韩信为大将，请他策划如何向东发展、夺取天下的军事战略。

韩信的第一步计划是，先夺取关中，打开东进的大门，建立兴汉灭楚的根据地。于是派出几百名官兵去修复栈道。这时，守着关中西部的章邯听到了这个消息,不禁笑道:"谁叫你们把栈道烧毁的!你们自己断绝了出路,现在又来修复,这么大的工程,只派几百个士兵,看你们哪年哪月才得完成。"因此,章邯对于刘邦和韩信的这一行动,根本没有引起重视。

可是,没过多久,章邯便接到紧急报告,说刘邦的大军已攻入关中,陈仓(在今陕西宝鸡市东)被占,守将被杀。章邯起初还不相信,以为是谣言,待消息得到证实,才开始慌忙领兵抵抗,可惜,为时已晚。章邯被逼自杀,驻守关中东部的司马欣和北部的董翳也相继投降。号称三秦的关中地区就这样瞬息之间便被刘邦全部占领了。

原来啊,韩信表面上派兵修复栈道,装作要从栈道出击的姿态,实际上却和刘邦统率主力部队,暗中抄小路,趁章邯不备,袭击陈仓,取得了胜利。这就叫做"明修栈道,暗渡陈仓"或"陈仓暗渡"。

韩信这个用兵之计,当初张良建议烧毁栈道的时候,便曾向刘邦提起过。刘邦见他们两人先后所定的计策居然如此雷同,便高兴地说:"英雄所见,毕竟略同!"由此,后来又引申出了"英雄所见略同"或"所见略同"的成语。

——《史记·高祖本纪》

【故事启示】 栈道,是在险峻的悬崖上用木材架设的通道。刘邦当初烧毁栈道的目的是为了便于防御,而更重要的是为了迷惑项羽,使他以为刘邦真的不打算出来了,从而放松对刘邦的戒备。后来,刘邦听从韩信、张良等人的计谋,明面上修整栈道,暗地里却杀了回马枪,迅速占领了陈仓,接着打回关中,奠定了后来重新夺回咸阳,战胜项羽的基础。由此不难看出,当历史走到十字路口之际,一些谋臣参事的建议往往对局势演变起着至关重要的作用。

【成语释义】 比喻用一种假象迷惑对方,实际上却另有打算。也用来形容瞒着人偷偷摸摸地活动,并达到了目的。

【活用例句】 莫非他心里有这段姻缘,自己不好开口,却~,先说定了我的事。(文康《儿女英雄传》第九回)

【近义】 瞒天过海

【反义】 明目张胆、明火执杖

固若金汤

秦朝末期，农民起义军领袖陈胜派部下武臣进攻赵地。自武臣率兵往北攻打赵地以后，一路披荆斩棘，所到之处，豪杰纷纷响应，起义军占领了赵国的大部分地区。武臣自己也被加封为武信君。这时，武臣率军攻打到了范阳城，范阳令徐公准备誓死保城，到处修建防御工事，准备抵抗到底。

当时，范阳城里有一个名叫蒯（kuǎi）通的人，口才极好，得知武臣已经兵临城下了，就去拜见徐公。他张口就向徐公致哀，然后又向他道喜，弄得徐公莫名其妙，连忙问他究竟怎么回事。

蒯通说："大人当范阳令十多年来，杀戮抢掠，作恶多端，弄得百姓对你怨声载道，只因先前有严厉的秦法在为你挡灾阻祸，你才幸免于难。现在天下大乱，秦法不管用了，百姓还不把你剥皮剔骨以泄心中怒气？但大人若听小人的话就不会死，而且还会富贵。"那范阳令一听，就赶紧让他给自己出主意。蒯通就启程去求见武臣。武臣此时正在招揽四方豪杰，非常愿意接见他。

蒯通对武臣说："您来到这里，肯定是要先战胜范阳令，然后才能攻克范阳城，这未免大费周章。我现在有一个良方，可不伤一兵一卒就让您得到范阳城，而且只要一纸檄文，就能让您得到几千里土地。不知您意下如何？"

武臣一听就急忙问道："有如此妙计，赶紧说来听听？"

蒯通说："范阳令听说您要去攻城，正在整顿兵马，守城力保，但他是个贪生怕死、贪恋官职的人。他之所以到现在还一直不肯归降，实在是因为您先前打下十个城县后，把守城的官吏都给杀掉了。他觉得投降是死，守城也是死，而且范阳城固若金汤，料您一时半会儿也难强攻下来。退一步想，就算范阳的人民对范阳令恨之入骨，起义杀死他，也未必会愿意投靠武信君您，说不定会拼死守城不降。为您设想，最好的办法就是赦免范阳令，给他个一官半职，他喜得富贵，自然会愿意开城投降，而范阳城的人民也不敢随便杀他，这范阳城您不就轻而易举地得到了吗？您还可以用豪华的车辆去接范阳令，让他乘坐此车到附近的守城去巡游一番。附近城县的官员就知道投降大人后非但不会有性命之忧，还可以享受荣华富贵，那他们一定会很快向您投降。如此一来，您不需花费任何力气就可以得到天下，不用牺牲一兵一卒就使四方臣服。这就是我所说的用一纸檄文可定天下的良方！"

武臣听完蒯通的计策后，觉得很有道理，就按照他的计策行事。果然在范阳令投降后不久，附近几百里的守城官吏也都纷纷向武臣投降了。

——《汉书·蒯通传》

【故事启示】　武臣授命于陈胜北上扫荡赵地，攻打范阳城。城中眼光老到，善为长短之说的蒯通立刻游说范阳令徐公，为其分析当前形势，解说利害关系，以说服徐公降赵王武臣，又以三寸不烂之舌说动赵王武臣接受范阳县令徐公投降，传檄千里，兵不血刃而屈人之兵，拿下燕赵众多座城池。口才的威力可见一斑！

【成语释义】　金属筑成的城墙，滚水形成的护城河，形容城防极为牢固。汤，指汤池，防守严密的护城河。

【活用例句】　长安城防守严密，～。

【近义】　铜墙铁壁、坚如磐石

【反义】　一触即溃、不堪一击

取而代之

项羽少年时期，读书不用功，学剑不精通，叔父项梁骂他没有出息。可是项羽却说："读书不过是记个名姓而已，剑术学得再好，也只能是一个人作战，不值得学习。我要学习率领一万人作战的本事！"项梁听了这话，心里挺高兴，就教给他兵法。

自从秦国灭了其他的六个国家（齐、楚、燕、韩、赵、魏），建立起强大秦朝后，秦王为了显示他的威武，便经常在全国各个地方巡游。

有一次，秦始皇在会稽（现在浙江）巡游的时候，大路的两旁站满了看热闹的人。年少的项羽和他的叔叔项梁也在人群中。项羽看见秦始皇的车驾浩浩荡荡，威仪非凡，便用手指着秦始皇，说："彼可取而代之！"项羽的意思是说，我可以把他的位子夺过来取代他。

项梁听了这话，非常害怕，连忙堵住他的嘴，责骂道："可不要胡说八道，这是要灭掉九族的大罪啊！"虽然项梁这么责骂项羽，但是内心还是佩服项羽的胆量的。

后来，陈胜举兵起义反秦，项羽便跟项梁在会稽响应农民起义军，杀了太守，领兵投入了反抗秦王朝统治的斗争。项羽后来自称"西楚霸王"。

——《史记·项羽本纪》

【故事启示】 据司马迁记载，项羽和刘邦都曾经目睹过千古一帝嬴政的尊容和威严，然而，两者有着相似的遇见，却有着不一样的反应。刘邦见到威风凛凛的嬴政时，说："大丈夫当如是也！"貌似普天之下只有嬴政是大丈夫，其他人都是小丈夫了！项羽则大胆地说："取而代之！"英雄豪情溢于言表。他如此坦率直言，幸亏叔父项梁及时掩其口，也幸亏人多杂乱，秦始皇没听见。不然，项羽早就尸首异处了，哪里还有后来"西楚霸王"的好戏！

【成语释义】 夺取别人的地位、权力而代替他。

【活用例句】 这家工厂经过技术改造，许多传统、落后的旧工艺被先进的新工艺～。

【近义】 及瓜而代

宠辱不惊

唐高宗时期，有个叫卢承庆的人，在朝廷担任考功员外郎的职务，负责对官吏的工作业绩进行考校评定。

有一次，他给一个负责从运河运送粮食的官员打评语，因为这个官员曾在运粮时发生过一次事故，粮船也沉没了，损失了不少粮食，因此，卢承庆给他打了个"中下"的评分。卢承庆把评语拿给那个人看，那个人非常平静，一点抱怨的意思也没有。

卢承庆想了想，又觉得那次事故纯属意外，也不是这个官员有什

263

么过错造成的，而且在当时的情况下，任何人都的确无能为力，也不是这位官员的责任，这样给他评分貌似也不太恰当。于是，卢承庆给他改为"中中"。

卢承庆又把改评的事告诉了这位官员，他原本认为这位官员会非常高兴，毕竟业绩评定是一件很重要的事情，关系到一个官吏的升迁和俸禄，关系到他的切身利益啊！

可是，出乎卢承庆意料的是，这位官员依然非常平静，丝毫也没有喜悦的表情。卢承庆见了，心中暗暗赞叹："宠辱不惊，考中上。其能著人善类此。"意思是说，得宠或受辱都能做到镇定自如，心胸真是宽阔！是个难得的人才！于是，卢承庆又把他的评分改为"中上"。

这个运粮官名叫安学。后来，安学不失所望，成为一个政绩卓然的地方官，名留青史。

——《新唐书·卢承庆传》

【故事启示】　古人云："宠辱不惊，看庭前花开花落；去留无意，望天上云卷云舒。"可谓道出了人生境界的真谛。人生苦短，能视宠辱如草芥，不萦怀、不沉溺；能视名利如浮云，不抱怨、不迷恋，就可得人生大情怀。君子看淡荣辱得失，失之不忧，得之不喜，保持心平气和、淡泊自适，才是对待功名利禄应持的正确态度。这一点，这位运粮官可谓典范。

【成语释义】　受到宠信或侮辱都不感到惊异。指将荣辱置之度外。

【活用例句】　他总是默默无闻地工作着，从不考虑个人得失，可谓～。

【近义】　宠辱皆忘

【反义】　受宠若惊

孤注一掷

公元1004年，北宋的统治者为宋真宗。契丹人大规模入侵北宋，朝廷上下一时间人心惶惶。新任宰相寇准力劝真宗带兵亲征，副宰相王钦若和另一个大臣陈尧叟却暗地里劝真宗逃跑。王钦若是江南人，主张迁都金陵（今江苏南京）；陈尧叟是蜀人，劝真宗逃到成都去。

宋真宗听了这两个大臣的意见后，犹豫不决，最后召见寇准，问他说："有人劝我迁都金陵，有人劝我迁都成都，你看该怎么办才好？"寇准一看两边站着的王钦若和陈尧叟，心里早有了数，他声色俱厉地说："这是谁出的好主意？出这种主意的人，应该先斩他们的头！"他认为只要真宗亲自带兵出征，鼓舞士气，就一定能打退辽兵；如果放弃东京南逃，就会动摇军心，敌人也会乘虚而入，国家就保不住了。宋真宗听了寇准的一番话，也壮了壮胆，决定亲自率兵出征，由寇准随同指挥。

宋军兵马刚刚到韦城，一些随从的大臣听说南下的辽军实力强大，便吓得战战兢兢，趁寇准不在的时候，又在真宗身边唠叨，劝真宗暂时退兵，避一避风头。宋真宗意志本来就很不坚决，一听到这些意见便动摇起来，于是又召见寇准。宋真宗对寇准说："大家都说暂时到南方避一避风头比较好，你觉得怎么样呢？"寇准严肃地说："主张南逃的都是些懦弱无知的人。现在敌人已经迫近，人心动荡。我们只能前进，决不可后退！如果前进，前方将士便会斗志昂扬；如果后退，全军便会土崩瓦解。到那时，敌人紧紧追赶，陛下就是想到金陵去避难，恐怕也去不成了。"宋真宗听寇准说得义正词严，无话可说，才决定动身到澶州。

在寇准等文武大臣的护卫下，宋真宗渡过黄河，来到了澶州北城。这时候，各路宋军也已经集中到了澶州，将士们看到宋真宗的黄龙大旗，士气高涨，个个奋勇杀敌，果然大胜。

王钦若当时任副宰相一职，他本来就和寇准不和，现在看到寇准陪着皇帝亲征立下了这么大的功劳，真是又妒又恨。于是，他便借一次陪同宋真宗赌博的机会陷害寇准。王钦若对真宗说："皇上您知道赌博的时候最危险的是什么吗？"宋真宗从来没有想过这个问题，很想知道答案，王钦若就趁机对真宗说："最危险的是一次将所有的赌本都押上，因为这样一旦输了就可能会输得精光。上次澶渊之战，寇准分明是将皇上作为赌本押上了，这是把大宋所有的'本钱'都押上了。这个寇准丝毫不顾及皇上的安危啊！"宋真宗听了他的这番话后，非常生气，觉得自己被寇准利用了，不久便撤了寇准的宰相之职。

后来，人们根据史料记载："博者输钱欲尽，乃罄所有出之，谓之孤注。"引申出"孤注一掷"的成语。

——《宋史·寇准传》

【故事启示】 王钦若妒贤嫉能，不甘心寇准抢占战功，便花尽心思，用赌博设喻，在皇帝面前谗言寇准，居然论述得头头是道。如果他能把一半的才能运用到正道上来，宋氏王朝的生命周期说不定还能延长一些呢。王钦若所述的"孤注一掷"，的确不可取。实际生活中，我们要懂得按法则出牌和不轻易孤注一掷的道理。否则，鲁莽行事，只会自食恶果。

【成语释义】 赌徒在输急了的时候把所有的钱并作一次押上去，以决最后输赢。比喻在危急时用尽所有力量做最后一次冒险。

【活用例句】 有时，~是极为不明智的。

【近义】 破釜沉舟、垂死挣扎

盲人瞎马

据《世说新语》记载："桓南郡与殷荆州语次，因共作了语，复作危语。桓曰：'矛头淅米剑头炊。'殷曰：'百岁老翁攀枯枝。'顾曰：'井上辘轳卧婴儿。'殷有一参军在坐云：'盲人骑瞎马，夜半临深池。'"这段话的大概内容如下。

有一天，桓玄（即桓温的儿子，篡夺东晋帝位，被刘裕赶下台，并因此结束两晋进入南北朝，也算是中国历史转折点上的一个关键人物了），殷仲堪（荆州官员），还有顾恺之（博学多才，工诗赋、书法，尤善绘画。精于人像、佛像、禽兽、山水等，时人称之为三绝：画绝、文绝和痴绝），三个人在一起闲坐无聊，就做了个小游戏，要求根据一个字，说一句话，这句话必须能体现这个字的意思。

第一个字，是"了"语。顾恺之先想到了，说道："火烧平原无灰烬"。桓玄接着说道："白布缠棺幡旗飘"。此时殷仲堪也有了，说道："投鱼深渊放飞鸟"。三人笑成一团。

266

于是，又继续出第二个字。这一次是"危"字。桓玄先想到，于是说道："矛头洗米剑头炊"，殷仲堪笑了笑，说道："百岁老头攀枯枝"，顾恺之接着说道："井上辘轳卧婴孩"。

顾恺之刚说完，此时殷仲堪有一个参军坐在边上，一时技痒，脱口而出，说道："盲人骑瞎马，夜半临深池。"这参军纯属一时兴起，没想到，却不小心触到了殷仲堪的伤心事。原来呀，殷仲堪瞎了一只眼。只听见被惹火了的殷仲堪一声斥责："咄咄逼人！"

——《世说新语·排调》

【故事启示】 "盲人骑瞎马"，形容的是毫无方向、目标，乱闯乱动，是非常危险的。虽是笑谈，现实生活中，不可能真的有个盲人就恰好骑在一匹瞎马上。但是呢，世事难料，如果有些人道听途说，指鹿为马，另一些人却不假思索地信以为真，岂不正是"盲人骑瞎马"吗？曾看过一篇文章，说的是一个人在大街上鼻子流血了，便仰头向天，过路的行人不知怎么回事，也跟着一起仰着头，向天上望啊望，这就是不折不扣的"盲人骑瞎马"，随风就是雨了。

【成语释义】 瞎子骑着瞎马。形容乱闯瞎撞，非常危险。

【活用例句】 但是你们老兄，几乎入新党的那件事，要果真照你这样说起来，岂不是～，夜半临深池，也算他冒险一次么？（《冷眼观》第十七回）

【近义】 履冰临渊、履薄临深

抱薪救火

战国末期，魏国总是受到秦国的军事骚扰。魏国的安厘王即位后，秦国更是变本加厉地接连进攻，魏国连连战败。

安厘王元年，秦国进攻魏国，魏国失去了两个城镇，第二年，魏国又失去了三个城镇，不仅如此，秦国的军队当时还直逼魏国的都城，形势十分危急。韩国派兵来救，但也被秦军打败。魏国没有办法，只得割让了土地，才算了结了战争。可是到了第三年，秦国又发动进攻，强占了魏国的两个城镇，并杀死了数万人。第四年，秦国更

267

把魏、韩、赵三国联军打得大败，杀死兵士15万余人。

魏军的接连战败让安厘王寝食难安。此时，魏国军队的另一位大将段干子也十分恐惧，为了苟安，便向安厘王建议，把南阳割给秦国，请求休战议和。在秦兵压境的危急时刻，多数大臣也纷纷劝安厘王，用黄河以北和太行山以南的大片土地为代价，向秦王求和。安厘王本来对秦军的进攻十分恐惧，一心以为割让土地就可以求得太平，便打算割地议和。

当时有个人叫苏代（一贯主张"合纵抗秦"的苏秦的弟弟）。这个人也极力主张各诸侯国联合起来抵抗秦国。苏代得知魏国割地求合的事后，就对安厘王说："秦国贪得无厌，你这样用领土、主权，想换取和平，是办不到的，只要你国土还在，就无法满足秦国的欲望。现在这种求和方法，好比是抱着柴草去救火，柴草一把一把地投入火中，火怎么能扑灭呢？柴草一天不烧完，火是一天不会熄灭的。"（原文为："且夫以地事秦，譬犹抱薪救火，薪不尽，火不灭。"）尽管苏代讲得头头是道，但是胆小的魏王只顾眼前的太平，还是依大臣们的意见，一味屈膝求和，把魏国大片土地割让给秦国。

到公元前225年，果然秦军又向魏国大举进攻，包围了国都大梁，掘开黄河大堤让洪水淹没了大梁城，魏国终于被秦国灭掉了。

——《史记·魏世家》

【故事启示】 魏安厘王割让城池给秦国，后来的事实证明，这种方法只能暂时满足秦国的胃口，无法从根本上满足秦国对魏国全部国土的欲望。苏代劝谏魏安厘王，且暗示魏安厘王：如果只贪图眼前太平，魏国迟早会为秦所灭。但魏安厘王执迷不悟，终于亡国。魏安厘王抱薪救火，自取灭亡的事例告诉我们，如果用错误的方法来消除祸患，只会招致更大的损失。

【成语释义】 抱着柴草去救火。比喻用错误的方法去消除灾祸，结果使灾祸反而扩大。薪，柴草。

【活用例句】 清政府用土地、白银向帝国主义换取安宁是一种~的做法！

【近义】 火上浇油

【反义】 釜底抽薪

庖丁解牛

有一个名叫丁的厨师替梁惠王宰牛，手接触的地方，肩靠着的地方，脚踩着的地方，膝顶着的地方，都发出皮骨相离声，刀子刺进去时响声更大，这些声音没有不合乎音律的。它合乎《桑林》舞乐的节拍，又合乎《经首》乐曲的节奏。

梁惠王说："嘻！好啊！你的技术怎么会高明到这种程度呢？"

庖丁放下刀子回答说："臣下所探究的是自然的规律，这已经超过了对于宰牛技术的追求。当初我刚开始宰牛的时候，（对于牛体的结构还不了解），看见的只是整头的牛。三年之后，（见到的是牛的内部肌理筋骨），再也看不见整头的牛了。现在宰牛的时候，臣下只是用意念去接触牛的身体就可以了，而不必用眼睛去看，就像感觉器官停止活动了而全凭意念在活动。顺着牛体的肌理结构，劈开筋骨间大的空隙，沿着骨节间的空穴使刀，都是依顺着牛体本来的结构。宰牛的刀从来没有碰过经络相连的地方、紧附在骨头上的肌肉和肌肉聚结的地方，更何况股部的大骨呢？技术高明的厨工每年换一把刀，是因为他们用刀子去割肉。技术一般的厨工每月换一把刀，是因为他们用刀子去砍骨头。现在臣下的这把刀已用了十九年了，宰牛数千头，而刀口却像刚从磨刀石上磨出来的一样。牛身上的骨节是有空隙的，可是刀刃却并不厚，用这样薄的刀刃刺入有空隙的骨节，那么在运转刀刃时一定宽绰而有余地了，因此用了十九年而刀刃仍像刚从磨刀石上磨出来一样。即使如此，可是每当碰上筋骨交错的地方，我一见那里难以下刀，就十分警惕而小心翼翼，目光集中，动作放慢。刀子轻轻地动一下，哗啦一声骨肉就已经分离，像一堆泥土散落在地上了。我提起刀站着，为这一成功而得意地四下环顾，一副悠然自得、心满意足的样子，然后擦拭好了刀把它收藏起来。"

梁惠王说："好啊！我听了庖丁的话，学到了养生之道啊。"

——《庄子·养生主》

【故事启示】 这个故事启示我们：世间万物都有其固有的规律性，只要在实践中做有心人，不断摸索，久而久之，熟能生巧，就会把事情做得十分漂亮。再有，应该学会享受做事情的过程，把自己所从事的当成自己的爱好，这样既能愉快自己，又能将事情做得更加出色！

【成语释义】 厨师解割了全牛。比喻经过反复实践，掌握了事物的客观规律，做事得心应手，运用自如。庖丁，厨师；解，肢解、分割。

【活用例句】 只要平时多注意积累素材，写起文章来自然就会像～一样游刃有余了。

【近义】 得心应手、如臂使指

瓮中捉鳖

北宋末年，梁山好汉在山东起义，拥戴宋江为首领。起义军纪律严明，杀富济贫，镇压土豪劣绅，屡屡挫败朝廷派来讨伐的军队，声威震天下，老百姓拍手叫好。

在离梁山泊大寨不远的山下，有个杏花庄。庄上有个小酒店，开酒店的老汉叫王林，家中有一个十八岁的女儿，名唤满堂娇。满堂娇出落得美丽动人尚未许配人家，与老汉相依为命。父女俩虽不富裕，日子倒也过得平静。

有一天，两个地痞流氓窜来酒店喝酒。酒足饭饱后，不但不付酒钱，还对年轻美貌的姑娘起了歹念，强行将她抢走。老汉被一脚踢翻在地。两个恶汉嘿嘿冷笑几声，说道："俺们是梁山好汉宋江和鲁智深，你敢不从？！这小娘子陪我们玩两天就回来，你如声张出去，小心老命！"说罢扬长而去。

正当老汉悲愤欲绝的时候，梁山好汉李逵路过酒店。听说宋江和鲁智深干下这等伤天害理的事，生性耿直的他怒火中烧，决心上山找宋江和鲁智深算帐。

李逵急冲冲赶回山寨，大闹忠义堂，手提板斧要砍梁山大旗，并逼着宋江和鲁智深下山与老汉对质。当李逵知道错怪了宋江后，羞愧万分，命人将自己捆绑起来，向宋江赔罪。

这时，老汉上气不接下气地跑来报告，说那两个恶汉又来了，被他灌醉后在店里酣睡。李逵兴奋地说："来得正好，看老子瓮中捉鳖，收拾这两个坏蛋！"

李逵手提板斧，叫老汉前面带路，火速下山，终于除掉了这两个冒充梁山好汉、败坏梁山名声的地痞流氓。

"瓮中捉鳖"的成语便来源于李逵之言："这是揉着我山儿的痒处，管教他瓮中捉鳖，手到拿来。"

——《李逵负荆》第四折

【故事启示】　李逵手提板斧，无论是上山找宋江和鲁智深算帐，还是下山瓮中捉鳖，除掉骚扰良民的地痞流氓，行为都可以用"很暴力"来形容，是个义薄云天、行侠仗义的"杀星"。或许这就是"黑旋风"李逵千百年来颇得读者喜爱的原因吧。

【成语释义】　从大坛子里捉甲鱼。比喻想要捕捉的对象已在掌握之中。形容手到擒来，轻易而有把握。

【活用例句】　堂堂的正规军对付一群手无利器的乌合之众，就像～一样，毫不费力。

【近义】　手到擒来

【反义】　大海捞针

画龙点睛

南北朝时期，梁朝有个名叫张僧繇的著名画家，画技非常高超，连梁武帝都非常欣赏他的画。梁武帝信奉佛教，修建的很多寺庙，都叫他去作画。

传说，有一年，梁武帝要张僧繇为金陵的安东寺作画，在寺庙的墙壁上画四条金龙。他答应下来，仅用三天时间就画好了。这些龙画得栩栩如生，惟妙惟肖，简直就像真龙一样。

张僧繇画好后，吸引很多人前去观看，都称赞画得活灵活现，逼真到了极致。可是，当人们走近一点看，就会发现美中不足的是四条龙全都没有眼睛。大家纷纷请求他，把龙的眼睛点上。张僧繇解释说：

"给龙点上眼珠并不难，但是点上了眼珠这些龙会破壁飞走的。"

大家听后谁都不相信，认为他这样解释很荒唐，墙上的龙怎么会飞走呢？日子长了，很多人都以为他是在说谎。

张僧繇被逼得没有办法，不得不答应给龙"点睛"。这一天，在寺庙墙壁前有很多人围观，张僧繇当着众人的面，提起画笔，轻轻地给两条龙点上眼睛。奇怪的事情果然发生了，他刚点过第二条龙眼睛，突然间天空乌云密布，狂风四起，雷鸣电闪，在雷电之中，人们看见被"点睛"的两条龙震破墙壁凌空而起，张牙舞爪地腾云驾雾飞向天空。

过了一会，云散天晴，人们被吓得目瞪口呆，一句话都说不出来了。再看看墙上，只剩下了没有被点上眼睛的两条龙，而另外两条被"点睛"的龙不知去向了。

后来，人们根据这个传说引申出"画龙点睛"这句成语。

——《历代名画记·张僧繇》

【故事启示】 我们在做事情的时候，要抓住关键部位，设计合理的解决方案，使事情能够更圆满地完成。同理，说话或做事关键部位处理得好，就会使整体效果更加传神。

【成语释义】 画龙之后再点上眼睛。比喻在关键地方简明扼要地点明要旨，使内容生动传神。也比喻在整体中突出重点。

【活用例句】 一个好题目，常常对作品有～之妙。

【近义】 锦上添花、点石成金

【反义】 画蛇添足

画蛇添足

古代楚国有个贵族，在祭祀过祖宗后，把一壶祭酒赏给前来帮忙的门客们喝。门客们拿着这壶酒，不知如何处理。他们觉得，这么多人喝一壶酒，肯定不够，还不如干脆给一个人喝，喝得痛痛快快还好些。可是到底给谁好呢？于是，门客们商量了一个好主意，就是每个人各自在地上画一条蛇，谁先画好了这壶酒就归谁喝。大家都同意这个办法。

门客们一人拿一根小棍，开始在地上画蛇。有一个人画得很快，不一会儿，他就把蛇画好了，于是他把酒壶拿了过来。正待他要喝酒时，他一眼瞅见其他人还没把蛇画完，他便十分得意地又拿起小棍，边自言自语地说："看我再来给蛇添上几只脚，他们也未必画完。"边说边给画好的蛇画脚。

不料，这个人给蛇画脚还没完，手上的酒壶便被旁边一个人一把抢了过去，原来，那个人的蛇画完了。这个给蛇画脚的人不依，说："我最先画完蛇，酒应归我喝！"那个人笑着说："你到现在还在画，而我已经完工，酒当然是我的！"画蛇脚的人争辩说："我早就画完了，现在是趁时间还早，不过是给蛇添几只脚而已。"那人说："蛇本来就没有脚，你要给它添几只脚那你就添吧，酒反正你是喝不成了！"

那人毫不客气地喝起酒来，那个给蛇画脚的人却眼巴巴看着本属自己而现在已被别人拿走的酒，后悔极了。

——《战国策·齐策二》

【故事启示】　给蛇添脚的人多此一举，节外生枝，反而坏事，失掉了本应该是他的那壶酒。这启示我们，无论做什么事情，必须有具体的要求和明确的目标，要以清醒坚定的意志，追求它，完成它，不要被胜利冲昏头脑，不要节外生枝地卖弄小聪明，弄巧成拙而招致失败。再有，画蛇，就要画得像一条蛇，添上脚，就会变成"四不象"。做事情只有实事求是，才会走向真正的成功。

【成语释义】　画蛇时给蛇添上脚。比喻做了多余的事，非但无益，反而不合适。也比喻虚构事实，无中生有。

【活用例句】　故事已经很完整了，再加个尾声就有点～了。

【近义】　多此一举

【反义】　锦上添花、画龙点睛

垂头丧气

唐朝末年，政治腐败，各地的藩镇，都拥兵自重，形成军阀割据的局面。北方的两大藩镇李茂贞、朱全忠为了控制当时的傀儡皇帝唐昭宗，把持朝政，展开了激烈的斗争。

当时有个叫韩全诲的宦官，和李茂贞有点交情。他生怕朱全忠先打到京城长安，自己的性命难保，就哭着劝皇帝说："朱全忠如果打到长安，一定要皇帝禅位给他。臣下不忍心看到大唐江山在皇上手中失去，不如皇上到陕西凤翔去依靠李茂贞，再讨伐朱全忠。"

昭宗起先不答应，韩全诲就放火烧楼，最后逼着昭宗到了凤翔，朱全忠则紧追不舍，一路打到凤翔，把凤翔府团团围住，昼夜攻城。

围城日子久了，城中粮食不够吃，饿死了许多士兵和百姓，连昭宗也吃不饱。不少大将不得不出城投降了朱全忠。李茂贞也慌了，于是写信给朱全忠说："这次祸乱，是宦官韩全诲等人造成的。我害怕皇上被坏人利用，您当时又没有赶到，只能让皇上在凤翔住下。既然您有心主持社稷，我愿意鼎力相助。"

韩全诲等一批宦官把昭宗逼到凤翔，等于帮李茂贞劫持了皇帝，原以为立了大功。不料李茂贞无能，竟要把皇上交给朱全忠。这样，他们几个的性命一定不保。所以韩全诲和其他几个宦官越想越害怕。大势已去，又没有其他办法可想，一个个垂头丧气，默不作声。

果然不几天，昭宗便下命令处死了韩全诲等一批宦官。不久，昭宗也被朱全忠杀死。

——《新唐书·宦官·韩全诲》

【故事启示】 宦官韩全诲看到李茂贞、朱全忠集团争权争得不亦乐乎，考虑到自己与李茂贞的交情，生怕李茂贞失利，连累了自己的身家性命。于是，放火烧楼，迫使唐昭宗依照自己的计划抵达凤翔，帮"友人"李茂贞劫持皇帝。孰料，李茂贞却不顾昔日交情，在关键时刻，毅然出卖韩全诲，拱手将皇帝献给了竞争对手朱全忠。韩全诲想在夹缝中求生存，却落得个"机关算尽太聪明，反算了卿卿性命"的下场。可悲！可叹！

【成语释义】 形容失意懊丧、萎靡不振的样子。垂头，耷拉着脑袋；丧气，意气颓丧。

【活用例句】 众人都默不作声，~地聚坐在一起，不知如何是好。

【近义】 灰心丧气、萎靡不振

【反义】 趾高气扬

招摇过市

春秋时期，孔子曾做过鲁国大司寇，因与当权者意见不合而被疏远。于是，孔子带领着子路、颜回等一批学生，千辛万苦地来到了卫国，推行自己的政治主张。当时，卫国的国君卫灵公很热情地接待了孔子。卫灵公的夫人叫南子，很得卫灵公的宠信，南子很大程度上把持着卫国的政权。

卫灵公听说孔子是个大学问家，对他很尊敬，甚至还半开玩笑似的说要和孔子结为兄弟。孔子起初还真的以为卫灵公很赏识自己，很快会重用自己，便也很高兴。实际上卫灵公此人昏庸无能，对治理国家根本就不感兴趣。卫国的大权被他的妻子南子掌控。

南子知道孔子名声很大，也派人去对孔子说："想和卫国国君结为兄弟的人，一定得拜见我。我很希望能见见您。"孔子本不想去，可如果不去的话，得罪了卫灵公的夫人南子，可能会影响自己治国策略的推广。孔子只好到宫中去见南子。

南子在接见孔子时，故意只隔开一层薄薄的纱帘，而且还把衣服上装饰的玉佩弄得叮当作响，向孔子卖弄风骚，让孔子尴尬极了。孔子隔着帷帐向北行了个礼，就匆匆离去了。孔子的学生子路知道这件事后，气呼呼地埋怨老师不该和这种风骚轻浮的女人见面，觉得这样有失老师的尊严。孔子觉得子路错怪了他，便急得对天发誓说："我之所以去见南子，是由于她掌握着卫国的实权。我本来是想去向她宣传我的政治主张的。如果我有半句向你说谎，老天爷一定会惩罚我的呀！"

275

过了几天，卫灵公和南子两人乘一辆非常华丽的车子出游，并由一名太监雍渠陪着，特意让孔子坐在第二辆车中，跟在后面。招摇过市，引来很多百姓的围观。南子则在车中向卫灵公搔首弄姿，媚态百出。结果，孔子生气地说："卫灵公根本不是一个想把国家治理好的人，他只不过是一个好色之徒罢了。"

后来，孔子在卫国住了一个多月，见卫灵公确实没有重用他的意思，便带着学生们匆匆地离开卫国，前往曹国去了。

史料记载："居卫月余，灵公与夫人同车，宦者雍渠参乘，出，使孔子为次乘，招摇市过之。"人们便由此引申出"招摇过市"的成语。

——《史记·孔子世家》

【故事启示】 孔子从鲁国来到卫国，向当权者宣扬自己的政治主张。当他看到卫灵公只是一个好色之徒，无心政事，而卫灵公之妻也不过是一个轻浮风骚的女子，便毅然带领着学生离开卫国，前往曹国。孔子周游列国的故事启示我们，要在合适的地方发挥自己的能力，趁早离开那些不适合自己的地方。

【成语释义】 在公开场面故意制造声势，引人注意。招摇，故意炫耀自己；市，街。

【活用例句】 他爱慕虚荣，时常穿着一身伪名牌的衣服～，所以大家很反感他。

【近义】 引人注目

【反义】 匿影藏形

画饼充饥

三国时期，有一个人叫卢毓。他年仅十岁就失去了父母。过了不久，两个哥哥又先后去世。在兵荒马乱中，他辛勤努力养活着寡嫂和侄儿，日子过得很艰难，却从未放弃过读书，受到大家的赞许。后来，卢毓在魏国做了官。他为官清正，任职三年多，帮皇帝想出了许多好建议，因此，受到朝廷器重，升为侍中、中书郎。

那时选拔官吏，一般是凭人推荐，而推荐者一般又只在有名的人里考虑。其实，好多这些有名的人，只是嘴上能说，并不会干实际的事，还整天互相吹捧。因此魏明帝很不满意。

有一天，皇帝准备选拔一个有才能的人，到朝廷来做中书郎。这一次，皇帝特意要他很信任的大臣卢毓，来推荐人选。皇帝还特意对卢毓说："选举莫取有名，名如画地作饼，不可啖也。"意思是说，选择人才，不能光找那些有名声的人——名声只不过是画出来的一张饼，只能看，是不能吃的啊。

卢毓回答说："靠名声是不可能衡量才能的人，但是，可以发现一般的人才。由于修养高，行为好，而有名的，是不应该厌恶他们。我以为主要的是对他们进行考核，看他们是否真有才学。现在废除了考试法，全靠名誉提升或降职，所以真伪难辩，虚实混淆。"

皇帝采纳了卢毓的意见，下令制定考试法。

"画饼充饥"的成语就是从这个故事中引申出来的。

——《三国志·魏书·卢毓传》

【故事启示】 皇帝身居宫中，却能自发地意识到名与实的关系，并把名誉形象地比作一张画出来的大饼，只能看，不能吃，没有实际效用。皇帝此番"透过现象看本质"的思想境界，颇值得称颂。这启示我们，做事要做实在事，脚踏实地。只是凭空想象，不付诸实际行动，对结果无益。再有，皇帝任人唯贤、善于接纳良言的品质也是值得称颂的。

【成语释义】 画个饼子以解饥饿。比喻徒有虚名而无实惠。也比喻借空想来安慰自己。

【活用例句】 黄海涛是个讲究实际的人，他对这种~的做法是不屑一顾的。

【近义】 望梅止渴

舍本逐末

战国时期，各个诸侯国之间经常有使节往来。

有天，齐襄王派出了一名使者到赵国去问候赵威后。这位使者没

有到过赵国，更没见过赵威后。但他早就听说赵威后是一位很贤德的
王后，所以愉悦地接受了这一差事。他想，我作为齐国使者去向赵威
后问安，赵威后一定会很高兴。她一高兴，说不定会赏赐一些贵重的
小礼品。因此，他觉得此行是一件十分难得的美差。

使者经过长途跋涉，终于到了赵国的都城邯郸。

邯郸，在齐王使者的想象中是十分漂亮的：那雕梁画栋的梳
妆楼，那清水碧透的照眉池，那热闹非凡的市桥，那巍峨秀丽的丛
台……他听人描述过很多次，可就是没有见过。因此，一路上盘算
着，等办完了公事，一定要好好地游游览览邯郸，饱饱眼福。

到了邯郸，他直奔赵王城，去问候赵威后。

赵威后果然不负贤名。当齐王使者被一位美丽的宫娥引进后宫
时，赵威后早已端坐在一个绣墩之上等候了。她一身威严正气，满脸
的慈祥。

齐王使者以礼拜见之后，便把随身带来的齐王亲笔信呈给了赵威
后。但不知怎的，那赵威后竟然没有先去拆阅齐王的信，却躬身对齐
王使者说："你们齐国今年的收成好吗？"

"好。"齐王使者答。

赵威后又问："老百姓们好吗？"

"好。"齐王使者答。

赵威后再问："齐王也很好吗？"

"也很好。"齐王使者答。

齐王使者回答完问话，心里感觉很异样。他是个心直口快的人，
心中想什么，便直接问出来："尊敬的威后，我奉我国大王的旨意，
专程向您来问安。照说，您若回问的话，也该先问候我们的大王。可
您先问的却是年景和百姓，您怎么把低贱的摆在了前头，而把尊贵的
放在了后面呢？"

赵威后笑着说："话可不能这么说。我之所以先问年景和百姓，
后问候你们大王，自有我的道理。"

齐王使者更是一脸迷茫，问："您有什么道理？可否详述？"

赵威后慢条斯理地解释说："你想想看，假如没有好年景，那老

278

百姓靠什么活下去呢？假如没有老百姓，又哪里有大王呢？所以说，我这样问才合乎情理；不这样问，便是舍本逐末。你说是不是这样呢？"

"这……"齐王使者哑口无言了。

召见一结束，齐王使者，一没有去观光那雕梁画柱的梳妆楼，二没有去踏看那清水碧透的照眉池，也没有去游览那巍峨的丛台和热闹的市桥，便直接回齐国去了。

在归国的路上，齐王使者一直觉得肩上沉甸甸的。虽说那赵威后什么礼品也没有赐给他，可他并不认为是空手而回。他觉得，赵威后那"舍本逐末"的话语，比什么礼品都贵重，都沉重……

——《战国策·齐策四》

【故事启示】 大儒孟子曰："民为贵，社稷次之，君为轻。"意思是说，人民放在第一位，国家其次，君在最后。这是因为，有了人民，才需要建立国家；有了国家，才需要有个"君"。国家是为民众建立的，"君"的位置是为国家而设立的。这里，轻重主次的关系是显而易见的。国家政治，一切以民为本。要说真有什么"天子"，那么民众才是真正的"天子"。在古代社会，赵威后抱有"民贵君轻"的情怀，是难能可贵的，无愧于贤德的美誉。

【成语释义】 抛弃根本，追求枝节。比喻做事不注意根本，而在细枝末节上下功夫。

【活用例句】 写文章只追求形式，不注重内容，那是～。

【近义】 本末倒置

【反义】 追本穷源

居安思危

春秋时期，有一次，宋、齐、晋、卫等十二个诸侯国联合围攻郑国（国都在今郑州新郑），弱小的郑国知道自己兵力不足，于是请晋国做中间人，希望宋、齐等诸侯国能够取消攻打的念头。晋国同意后，其他诸侯国因为害怕强大的晋国，并不想得罪晋国，于是纷纷决定退兵，停止了进攻。

为了感谢晋国，郑国国君就派人献给晋国许多美女与贵重的珠宝作为礼物。收到这份礼物之后，晋悼公十分高兴，论功行赏，记大臣魏绛头功，把礼物的半数分赠给魏绛。

没想到正直的魏绛一口谢绝了赠礼，并劝晋悼公说："《书》曰：'居安思危'；思则有备；有备无患。"意思是说，现在晋国虽然很强大昌盛，但是我们绝对不能因此而大意，因为人在安全的时候，一定要想到未来可能会发生的危险，这样才会先做准备，以避免失败和灾祸的发生。

晋悼公听完魏绛的话之后，认为他言之有理，就采纳了他的建议，知道他时时刻刻都牵挂国家与百姓的安危，从此对他更加敬重。

——《左传·襄公十一年》

【故事启示】 这个故事告诉我们，做事应该未雨绸缪，居安思危，这样在危险突然降临时，才不至于手忙脚乱。话说一只野狼卧在草地上勤奋地磨牙，对此，狐狸困惑不已："没有任何危险，为何要这么用劲磨牙？"野狼停下来回答说："如果有一天我被猎人或老虎追逐，到那时，我想磨牙也来不及了。而平时我就把牙磨好，到那时就可以保护自己了。"野狼的思维与魏绛的理念可谓异曲同工。

【成语释义】 虽然处在平安的环境里，也想到有出现危难的可能。指随时有应付意外事件的思想准备。居，处于；思，想。

【活用例句】 有道是"生于忧患，死于安乐"，我们应该～。

【近义】 安不忘危

【反义】 高枕无忧

取长补短

战国时期，有一个叫孟子的人。他是我国历史上非常著名的政治家、思想家，很受人们的尊敬。无论人们有什么困难，有什么不懂的，都去向他请教。他会给人们提供好的建议，从而帮助人们排忧解难。

当时的滕国是个非常弱小的国家，很多大国都想欺侮它。滕国实在没有办法，只好去寻求大国的保护。滕文公觉得一味让大国保护也不是长久之计，只有让滕国真正富强起来，才是解决问题的根本所在。可是，他不知如何才能使国家富强起来。于是，他就和大臣们商量这件事，但讨论了半天，一直没有想出一个令人满意的办法。

后来，滕文公从楚国路经宋国时会见孟子。孟子给他讲一些人性本是善良的道理，勉励他要以尧舜之道治理天下。

孟子首先勉励滕文公，要想使国家真正富强，就必须实行仁政。孟子说："今滕绝长补短，将五十里也，犹可以为善国。"意思是说，现在的滕国，如果把长的地方去掉，然后补到短的地方，方圆大概有百里吧！若以仁政来治理，滕国肯定能变得富裕强大。

滕文公听了孟子的言论未置可否，只是微笑应付。

——《孟子·滕文公上》

【故事启示】　大象和蚂蚁争论，认为自己的力气比对方大。大象对蚂蚁说："你能拔起这棵树吗？"蚂蚁无能为力，大象就用鼻子把树连根拔起。蚂蚁对大象说："你能搬动这片草叶吗？"大象无论如何也不能用鼻子卷起地上的草叶，而蚂蚁却能背起草叶轻松自如地走动。这个故事与孟子进谏的思想主旨有异曲同工之妙，启示我们为人处事要取长补短。

【成语释义】　吸取别人的长处，来弥补自己的不足。也泛指在同类事物中吸取这个的长处来弥补那个的不足。

【活用例句】　充分发挥各地区的优势，～，分工协作，有利于各地区和全国经济的发展。

【近义】　扬长避短

【反义】　师心自用

兔死狗烹

春秋时期，吴越之间经常起争端。公元前497年，吴国大败越国，越王勾践委曲求全向吴国求降，去吴国给吴王夫差当奴仆。在大夫范蠡的帮助下，越王勾践终于骗得夫差的信任，三年后，被释放回国。勾践为了不忘国耻，就每天晚上睡在柴草上，坐卧的地方也悬着苦胆，每天吃饭之前都要先尝一口苦胆。经过十年的奋斗，越国终于打败了吴国。

辅助越王勾践报仇雪恨的主要是两个人，一个是范蠡，还有一个是文种。当时勾践在会稽山一战中大败，国力也不足以与吴国相抗。他就和范蠡、文种两个大臣商议怎样才能报仇雪耻。范蠡劝勾践主动向吴王示好，以便争取时间发展生产，增强国力，提高军事力量。

这时候，夫差因当上了霸主，骄傲起来，一味贪图享乐。文种劝勾践向吴王进贡美女。越王勾践就派人到处物色美女，结果在浣溪边找到了花容月貌、沉鱼落雁的西施。越王派范蠡把她献给了夫差。夫差一见西施，顿时被迷住了，把她当作下凡的仙女，宠爱得不得了，也逐渐放松了对勾践的监视。随后，文种和范蠡又帮助勾践取得夫差的信任。他们还设计让夫差杀了忠臣伍子胥，送给吴国浸泡过、不能发芽的种子，害得吴国当年颗粒无收，到处闹饥荒，国内人心大乱。

越国能够灭掉吴国，范蠡和文种是最大的功臣。勾践在灭掉吴国后，因范、文二人功劳卓著，便要拜范蠡为上将军，文种为丞相。但是范蠡不仅不接受封赏，还执意要离国远去。他不顾勾践的再三挽留，离开越国，隐居齐国。范蠡离开后，还惦记着好友文种，于是就派人悄悄送了一封信给文种，在信上告诉他：你也赶快离开吧，我们的任务已经完成了。勾践心胸狭窄，只可与他共患难，不能同他共富贵。你要记住："飞鸟尽，良弓藏；狡兔死，走狗烹。"

但是，文种不相信越王会加害自己，坚持不肯走，还回信说："我立下这么大的功劳，正是该享受的时候，怎么能就这样离开呢？"果然在文种当丞相不久，勾践就给他送来当年夫差叫伍子胥自杀时用的那把剑，同时带了这么一句话：先生教给寡人七种灭吴的办法，寡人只用了三种，就把吴国给灭了，还剩下四种没有用，就请先生带给先王吧。文种一看，就明白了，后悔当初没有听范蠡的话，无奈之下只好举剑自刎而死。

——《史记·越王勾践世家》

【故事启示】　范蠡劝文种舍弃功名利禄，以免招灾惹祸。文种

282

不听劝告，结果被越王杀害。文种跟着主子出生入死，对主子感恩戴德，却遭受"卸磨杀驴"的凄境，让人唏嘘不已。事实上，并不是所有的"狗"都会遭受"兔死狗烹"的下场。如果抛开主子残酷无情的方面，是否会遭遇"兔死狗烹"，其实取决于做"狗"的是否懂得进退之术。范蠡审时度势，全身而退；文种则贪图功名利禄，才落得个被主子"烹"了的下场。

【成语释义】 野兔捕杀了，猎狗无用，被煮着吃了。比喻事情成功之后，把效力有功的人抛弃或杀掉。

【活用例句】 在封建社会里，许多为统治者立下汗马功劳的人，最终都落了个~的下场。

【近义】 卸磨杀驴、鸟尽弓藏

拔帜易帜

韩信被刘邦拜为大将后，率领汉军攻占了魏国和代国，接着又在张耳的协助下，带领几万兵东下井陉，攻击赵国。赵王和主将陈馀在井陉口聚集了二十万大军阻拦。

谋士李左军建议陈馀拨给他三万军队，从小路出发，出其不意地截取汉军的后勤装备和粮食，而他的前军到达井陉时不与交战。这样的话，不到十天就可以取下韩信和张耳的头颅。

陈馀是个读书人，不爱使用诈谋奇计，认为韩信的兵不过数千，经过千里行军，已经非常疲惫，可以直接予以攻击，因此没有采取李左军的计谋。

韩信手下的人探听到这个消息后，十分高兴，放心东下井陉。进军到离井陉口三十里之处，韩信下令休息。半夜里，他选出两千名轻骑兵，让他们每人拿着一面红色旗帜，从小道来到井陉口山后隐蔽起来，同时对他们说："我将另派一支军队与赵军对垒，并假装败退。这样，赵军必定倾巢而出，前来追击。你们趁此机会快速进入赵营，拔掉赵军的旗帜，换上我们汉军的红色旗帜。"

接着，韩信又派出一支一万人的军队，叫他们背水摆开阵势。赵军见汉军排出兵法上最忌讳的背水之阵，都哈哈大笑，以为汉军自己

283

断了后路。

　　天刚亮，韩信指挥这一万人的军队向井陉口进发，赵军立即打开营门迎击。战了一段时间后，韩信、张耳命汉兵丢掉旗鼓，向水边退去。汉兵退到水边阵地，再也无法后退，只得拼死作战。

　　这时，隐蔽在山后的两千汉兵，趁赵营无人守卫，快速冲进赵营，飞快地拔掉赵军旗帜，换上汉军红色的旗帜。而在水边作战的赵兵，因遇到背水一战的汉兵的顽强抵抗，无法取胜，想返回营地，却见那里全是汉军的红旗，以为赵王已被汉军抓住，顿时军心大乱，各自逃命。接着，汉军两面夹击赵军，结果主将陈馀被杀，赵王被活捉。

　　　　　　　　　　　　　　　　——《史记·淮阴侯列传》

　　【故事启示】　读书人陈馀不好诈术，且自以为是地认为汉军远道而来，属于疲军，经不起攻打。结果，陈馀在与汉军的战役中命丧黄泉。这启示我们，无论做任何事，都不能想当然。欲无往不利，所向披靡，就得在思想观念的修炼上，注意培养不想当然的品质。军事斗争中，需谨记"兵道，诡计也""兵不厌诈"等古训。当自身实力并无绝对优势的情况下，可以通过选择对手、隐藏实力、计出奇兵等各种手段实现最终的胜利，这与道德无关。

　　【成语释义】　比喻取而代之。
　　【活用例句】　如今那里已~，另换新主了。
　　【近义】　取而代之

披荆斩棘

　　东汉王朝的建立者光武帝刘秀，起兵初期势力单薄。由于当时他的队伍生活条件非常艰苦，因此有人离他而去，但曾任主簿的冯异却毫不动摇，一直追随在他左右。

　　有一次，刘秀率领一队人马路过饶阳的芜蒌亭（今属河北），天降大雪，军士们又饿又冷，都支持不住了。晚上，冯异四处想办法才勉强煮了一大锅豆粥让大家吃，饥寒顿时消除。

　　又有一次，队伍来到南宫县（今河北邢台东北部），遇到大风

成语故事

284

雨，将士们的衣服都被雨水淋湿了，都冻得直打哆嗦。就在众人难以忍受的时候，冯异又设法找来一些柴草，让众人烤干衣服，暖和身体；紧接着他又为大家煮了麦饭，填饱肚子。在艰难处境中冯异做的这两件事，给刘秀留下了深刻的印象。

公元25年，刘秀登基做了皇帝，派冯异平定关中，冯异非常出色地完成了任务。当时有人向刘秀上书，劝他防备冯异权重谋反，刘秀不仅不信，还把所上的书送给冯异看，叫他不必忧虑、害怕。

公元30年，冯异从长安长途跋涉来到京城洛阳朝见光武帝。光武帝指着他对满朝公卿大臣说："他便是我起兵时的主簿，过去为我在创业的道路上劈开丛生的荆棘，扫除了重重障碍，现在还为我平定了关中之地！"

朝见结束后，光武帝赐给冯异大量金银财宝，还写了一封信给他。信中说："我一直记着当年将军在芜蒌亭端给我的豆粥，在南宫县递给我的麦饭。这些深情厚谊，我到现在还报答不了呢！"

后来，人们根据光武帝"是我起兵时主簿也，为吾披荆棘，定关中"的话，引申出成语"披荆斩棘"。

——《后汉书·冯异传》

【故事启示】 冯异能屡立战功，名垂青史，原因固然很多，但他虚怀若谷、平易近人，体恤士卒，应该说是重要的方面。因为一个人如果自视清高，好大喜功，甚至揽功邀赏，居功自傲，以至声色犬马，作威作福，飞扬跋扈，必然导致众叛亲离，更谈不上建功立业。只有那些不居功自傲，不追名逐利的人，才有可能胸怀全局，排除尔虞我诈的干扰，增强凝聚力和战斗力，团结一切可以团结的力量，最终取得大成。

【成语释义】 拨开荆，砍掉棘。指在创业阶段清除阻碍，艰苦奋斗。也指在前进道路上清除各种阻碍，克服各种困难。比喻在创业过程中或前进道路上扫除障碍、克服困难。披，拨开；斩，砍断；荆、棘，丛生多刺的小灌木。

【活用例句】 为了新中国的成立，我们的先辈抛头颅洒热血，～，才有我们现在的幸福生活。

【近义】 乘风破浪
【反义】 畏首畏尾、瞻前顾后

卧薪尝胆

春秋时期，我国南方有两个小国——越国和吴国。两国相邻，经常打仗，势力相当，始终难分胜负。有一次，吴王阖闾领兵攻打越国，在战斗中被越王勾践的大将灵姑浮砍中了右脚，最后伤重不治而亡。吴王死后，他的儿子夫差继承了他的王位。三年以后，夫差带兵前去攻打越国，以报杀父之仇。

公元前497年，两国在夫椒交战，吴国大获全胜，越王勾践被迫退居到会稽。吴王派兵追击，把勾践围困在会稽山上，情况非常危急。此时，勾践听从了大夫文种的计策，准备了一些金银财宝和几个美女，派人偷偷地送给吴国太宰，并通过太宰向吴王求情，吴王最后答应了越王勾践的求和。

但是吴国的伍子胥认为不能与越国讲和，否则无异于放虎归山，可是吴王不听。

越王勾践投降后，便和妻子一起前往吴国，他们夫妻俩住在夫差父亲墓旁的石屋里，做看守坟墓和养马的事情。夫差每次出游，勾践总是拿着马鞭，恭恭敬敬地跟在后面。与此同时，他又想方设法为吴王夫差送去很多美女和金银财宝。结果吴王以为他真的不想复仇了，就放松了戒备。

后来吴王夫差有病，勾践为了表明他对夫差的忠心，竟亲自去尝夫差大便的味道，以便来判断夫差病愈的日期。夫差病好的日期恰好与勾践预测的相合，夫差认为勾践对他敬爱忠诚，于是就把勾践夫妇放回越国。

越王勾践他回国以后，立志要报仇雪恨。为了不忘国耻，他睡觉就卧在柴薪之上，坐卧的地方挂着苦胆，表示不忘国耻，不忘艰苦。为了使越国强大起来，他亲自参加劳动，生活也十分俭朴。他非常尊重那些有才能的人，而且对老百姓也非常爱护。经过十年的积聚，越国终于由弱国变成强国，最后打败了吴国，吴王羞愧自杀。

后来，越王勾践"卧薪尝胆"的故事，就越传越广，演变为我国的成语典故了。

——《史记·越王勾践世家》

【故事启示】 春秋时期越王勾践的"卧薪尝胆"和三国时期蜀国末帝刘禅"乐不思蜀"的故事一经对照，越王勾践的风采和蜀帝刘禅的颓废让人感触良多。相似的背景、同样是君主，却以不同的志向、不同的人格演绎出史上最富戏剧性的不一样的结局。后世人常用"卧薪尝胆"的故事警醒自己，其用意并非强调报仇雪耻方面，也不是当真要挂起苦胆来尝一尝，而是比喻为了达到一个目的而刻苦自励，激励自己奋发图强。

【成语释义】 睡在柴草上，经常尝一尝苦胆。比喻刻苦激励自身，发奋图强，不敢安逸享受。薪，柴草。

【活用例句】 中国足球要想冲出亚洲，走向世界，必须～，刻苦训练。

【近义】 发愤图强、宵衣旰食

奋不顾身

李陵，字少卿，是汉武帝时的著名大将，很受汉武帝信用，任命他为骑都尉，率兵抵御匈奴的入侵。李陵擅长骑射，又懂得兵法，当时很得朝廷信任。

天汉二年（公元前99年）的夏天，太史令司马迁全身心地撰写《史记》。武帝则派自己宠妃李夫人的哥哥、二师将军李广利领兵讨伐匈奴，另派李广的孙子、别将李陵随从李广利押运辎重。李陵带领步卒五千人出居延，孤军深入浚稽山，与匈奴遭遇。匈奴以八万骑兵围攻李陵。经过八昼夜的战斗，李陵斩杀了一万多匈奴，但由于他得不到主力部队的后援，寡不敌众，无奈投降了匈奴。

李陵兵败的消息传到长安后，武帝本希望他能战死，后却听说他投了降，认为李陵辱没了自己对他的信任，愤怒万分。朝中大臣察言观色，趋炎附势，几天前还纷纷称赞李陵的英勇，现在却附和汉武帝，指责李陵没有骨气。

汉武帝询问司马迁的看法，司马迁一方面安慰武帝，一方面也痛恨那些见风使舵的大臣，尽力为李陵辩护："我和李陵一向没什么交情，但我见李陵平时孝顺母亲，对朋友讲信义，对人谦虚礼让，对士兵有恩信，常常奋不顾身地急国家之所急，有国士的风范。李陵只率领五千步兵，深入匈奴，孤军奋战，杀伤了许多匈奴人，立下了赫赫功劳。在救兵不至、弹尽粮绝、走投无路的情况下，仍然奋勇杀敌。就是古代名将也不过如此。李陵自己虽陷于失败之中，而他杀伤匈奴之多，也足以显赫于天下了。他之所以不死，而是投降了匈奴，一定是想寻找适当的机会再报答汉室。"

司马迁说得在情在理，但汉武帝却认为司马迁的意思似乎是二师将军李广利没有尽到责任。他的直言触怒了汉武帝，汉武帝认为他是在为李陵辩护，讽刺劳师远征、战败而归的李广利，于是下令将司马迁关进了大牢，施行"腐刑"。

不久，有传闻说李陵曾带匈奴兵攻打汉朝。汉武帝信以为真，便草率地处死了李陵的母亲、妻子和儿子。李陵知道后很是痛心，于是在匈奴娶妻成家，至死不回故土，未能实现他奋不顾身、为国捐躯的愿望。

——《报任安书》

【故事启示】 司马迁痛恨那些只知道保全自己和家人的大臣，他们见李陵出兵不利，就一味地落井下石，夸大其罪名。相比之下，司马迁直言表态，让人肃然起敬。汉武帝固然政绩卓越，然而他鲁莽行事，杀害李陵一家老小，对司马迁施以腐刑，显示了他残暴的一面。当我们看待历史人物时，要一分为二地、全面地进行评价。不能尽看到好的一面，当然也不能一棍子打死，对其全面否定。

【成语释义】 指勇往直前，不顾个人安危。奋，振作精神，鼓起干劲。

【活用例句】 幼儿园发生火灾后，消防员～地冲进火海，挽救了很多孩子的生命。

【近义】 舍生忘死、万死不辞

【反义】 贪生怕死

金针度人

相传，织女是一个聪明漂亮、心灵手巧的仙女，她与牛郎私自相爱，结果被王母娘娘"棒打鸳鸯"，经过不断抗争，才争取到每年农历七月初七晚上和牛郎在银河的鹊桥上相会的权利。每到这天晚上，凡间的妇女便向织女乞巧，希望自己也能像她那样有一双灵巧的手，有一颗聪慧的心，能够过上幸福美满的生活。从此，"七夕"就成了中国传统节日中最具浪漫色彩的节日。

唐朝有个叫郑采娘的女子，每年七夕都要向织女乞巧。这年七夕又到了，夜深人静的时候，采娘设案焚香，独自进行祭拜仪式。不一会儿，她似乎听到空中有什么动静，不由瞪大眼睛，只见一列华丽的车辆，遮住了天空。在中间那辆最精致的车上，坐着一位仪态高雅的女人，穿着彩霞似的轻柔衣裳。她走下车来，面带微笑地说："我就是织女，你要祈求什么福气呢？"

采娘见织女亲自询问自己的需求，非常高兴，连忙跪在地上，激动地说："我希望有一双巧手。"于是，织女就拿出一根长一寸左右的金针，放到采娘手里，并叮嘱说："你把金针别在裙子里。三天之内，自己一人呆在一间屋子内，不要说话。"采娘连连叩谢，等她抬头时，发现天边空荡荡的，车辆、仙女全都不见了。这一切真像是一场梦啊！采娘揉了揉眼，当她看到自己手上的金针时，才明白一切都是真的。于是，她朝天空又拜了几拜。一连三天，采娘都非常谨慎地按织女的叮嘱去做了。三天后，采娘走出屋子，开始织布绣花，飞针走线，果然手巧无比。

金代文学家元好问听说这个神话传说后，大发感慨，写了首诗。诗云："鸳鸯绣了从教看，莫把金针度与人。"说的是刺绣工艺的高超技巧与针法，定要秘而不传。但是，综观元好问的一生，我们会发现，他一直在"金针度人"，启迪后学。元好问是金朝最有成就的文史学家。他学识渊博，著述丰富，援引后进，为官清正，在金元文坛上是数一数二的人物，即使到了明清时期，能与他相提并论的学者也寥寥无几，他的学生、师友及后人尊称他为"一代宗匠"。

金哀宗天兴二年（公元1233年）四月，蒙古兵攻破汴京，元好问立即向时任蒙古国中书令的耶律楚材推荐了五十四个中原名士，请耶律楚材加以保护并任用。而元好问教育或指导文坛名人如郝经、王恽、王思廉、孟琪等人的事迹，尤其是他对剧作家白朴的教育与关爱一直传为文坛佳话。据说，白朴之所以能成为"元曲四大家"之一，与元好问"金针度人"是分不开的。

——《论诗》

【故事启示】 织女"金针度人"，使得郑采娘拥有了一双巧手；元好问"金针度人"，启迪后生，为后辈在文坛上崭露头角发挥了重要作用。在与人交往过程中，我们也应该具有"金针度人"的心胸，将自己所知倾囊相授，多多与他人交流，在互相的切磋中更上一层楼。

【成语释义】 把金针给人。比喻把某种技艺的秘法、诀窍传授给别人。金针，高超的技艺；度，通"渡"，越过，引申为传授。

【活用例句】 她是个闻名全国的师奶级演员，但非常乐意扶助年轻人，经常有～之举，把自己的表演技巧毫无保留地传授给年轻人。

【近义】 诲人不倦

图穷匕见

战国末期，秦国实力强盛，攻灭了韩、赵两国后，又北侵至燕国南边的边界，燕太子丹非常恐惧，便请荆轲（此人擅长剑术，是行刺秦王的最佳人选）刺杀秦王，希望借此可以扭转局势。荆轲说："如今空手而去，恐怕也没有什么信用，那么秦王也就无法接近了。如果能够得到樊於期将军的头颅和燕国督亢地区（今河北涿县东）的地图献给秦王，秦王一定会很高兴地接见我，那么我才有办法来报答太子。"

为了使荆轲能接近秦王，太子丹最终成功为荆轲备好了需要的两样东西。这两样东西分别放在匣子里。行刺秦王的匕首，就放在卷着的地图的最里面。此外，太子丹还为荆轲配了一名助手，此人叫秦舞阳。

临行时，太子丹等身穿丧服，将荆轲送到易水边。

秦王得知燕国派人来献两样他急于获得的东西，高兴极了，便在都城咸阳宫内隆重接见。荆轲捧着装有樊於期头颅的匣子走在前面，秦舞阳捧着装有地图的匣子跟在后面。

秦舞阳在上台阶时，紧张得双手颤抖，脸色变白。荆轲赶紧作了解释，并按秦王的要求，接过秦舞阳手里装有地图的匣子，当场打开，取出地图，双手捧给秦王。秦王慢慢展开卷着的地图，细细观看。地图快展到尽头时，突然露出一把匕首。荆轲见匕首露现，左手抓住秦王衣袖，右手举起匕首去刺秦王。但是，荆轲并未刺中秦王。秦王非常吃惊，耸身站了起来，挣断衣袖，想拔剑自卫，怎料剑太长，又插得太紧，没办法拔出来。荆轲在后面紧追秦王，秦王绕着柱子跑。左右大臣都提醒说："大王快把剑背在背上！大王快把剑背在背上！"秦王顿时醒悟过来，依法迅速拔出剑来，一剑砍断了荆轲的左腿。

荆轲伤残倒地了，就举起匕首投向秦王。没投中，击中了柱子。秦王又砍杀荆轲，荆轲身中八处剑伤。荆轲自知事情不能成功，靠在柱子上大笑，两腿张开，两膝微曲地坐着，痛骂道："事情之所以没有成功，是因为我想活捉你，然后要你同我们订下誓约来回报太子啊！"秦王的左右大臣上前，斩了荆轲。秦王吓得很长时间头晕目眩。

——《战国策·燕策三》

【故事启示】　从荆轲刺秦王这一悲壮的历史典故中，有人看到了侠道，有人看到了悲壮，有人看到了爱国，有人看到了大义。事实上，我们还可以看到不放弃的精神。当荆轲被秦王砍断一条腿后，他没有束手就擒，而是继续努力，举起匕首试图投中秦王。现实生活中，我们也要有不轻言放弃的精神。当然，荆轲那种舍生忘死、反抗强暴的侠义精神更值得我们学习。国家危难之时，我们绝不能袖手旁观，而是要拿起武器与入侵者作不懈的斗争。

【成语释义】　比喻事情发展到最后，真相或本意显露了出来。图，地图；穷，尽；见，通"现"。

【活用例句】 他虚情假意一番后，便～，露出了丑陋的嘴脸。
【近义】 东窗事发、原形毕露

鱼目混珠

古时候，在街市上，住着一个名叫满意的人。有一次，他到一个很远的地方办事，那地方在未经开发的荒蛮的南方。在一家绝不起眼的铺子里，他用身上所有的钱和带着的所有值钱的物品，买到一颗径长一寸的闻所未闻的大珍珠。回到家，满意用最好的材料做了一个盒子，上面镶嵌了金银和其他宝物，然后把那大珍珠放在里面，严密地收藏着。只在大的年节，他才拿出来给二三知己看。

满意有个邻居名叫寿量，也听到满意获得一颗大珍珠的事。看到别人谈论时脸上那种企慕之色，有好几次他都想把家里密藏的祖传大珍珠，拿出来同满意比一比。只是碍于祖宗"不可轻易示人"的遗训，这才作罢。

事有凑巧，不久两人都得了一种奇怪的病，卧床不起。四处问卜求医，古怪稀奇的东西吃了若干，只是病不见有任何起色。两家人家上上下下的人都急得像热锅上的蚂蚁，但还是一筹莫展。一日街上走来一个游方郎中，说能医治各种疑难杂症。也是病急乱投医，请到家里，郎中看了看病人，说这种病需要珍珠粉来合药，才能药到病除。他匆匆写了一个方子，就走了出去。可是满意说什么也不肯残损那颗稀世之珍，所以就只吃了方子上的药；寿量则忍痛吃了用家传珍珠粉合的药。

几天以后，游方郎中来到满意家问病况如何，满意如实以告，郎中说："我能否看看你的珍宝？"满意打开盒子，那颗珍珠熠熠生辉，耀眼夺目。"果然是不世之珍！"郎中道，"你为什么不拿着它到外面更大的世界去展示它的风采呢？"

寿量告诉郎中，吃了药却没什么作用。"那么你把所用的珍珠给我看。"郎中说。于是，寿量挣扎着起身，拿出了珍珠。郎中一看，那所谓的"珍珠"暗淡无光，于是大笑着说："这哪是什么珍珠？！

这是海洋中一种大鱼的眼睛。真是鱼目混珠。哪能治好你的病啊！"寿量羞得面红耳赤。

——《参同契》上篇

【故事启示】 寿量见满意的珍珠后，不止一次地想把自己的"珍珠"示人，以便与满意的珍珠争个高下。这充分反映出寿量的虚荣心。后来，寿量终于有了让"珍珠"示人的难得机遇，郎中不看则罢，一看顿时自信地指出，这颗所谓的"珍珠"只是一颗鱼眼睛而已。此时，寿量必定感慨良深，恐怕还在暗自庆幸自己幸亏没有轻易示人吧！

【成语释义】 用鱼眼来假冒珍珠。形容以假乱真，以次充好。鱼目，鱼眼；混，混同，冒充。

【活用例句】 在市场上琳琅满目的LED电视产品背后，的确存在着～的现象。消费者应该练就一双辨识的慧眼。

【近义】 以假乱真、滥竽充数

【反义】 货真价实

明珠暗投

西汉时期，有一个很有声望的文学家，名叫邹阳。他最初是吴王刘濞手下的门客，因为吴王刘濞准备阴谋叛乱，他上书阻谏这件事，引起了吴王的猜忌与反感。为了免遭吴王的迫害，邹阳只好离去，投奔到梁孝王的门下。

邹阳最初到梁孝王门下的时候，因才华出众颇受重用，但由于他为人太过耿直，不会阿谀奉承讨好权贵，所以引起了一些人的不满。梁孝王刘武是文帝窦皇后的小儿子，汉景帝的同母弟弟，有篡夺皇位之心。邹阳得知后极力劝阻，惹得梁孝王很是不愉快。而受梁孝王重用的羊胜、公孙诡等大臣乘机轮番在孝王面前说邹阳的坏话。梁孝王对谗言信以为真，一气之下将邹阳关入监牢。

邹阳本是满怀希望和抱负投奔到梁孝王门下的，谁料竟遭此陷害。邹阳并不怕死，但如果就此被治罪而含冤死去，邹阳又不甘心。

他在狱中茶饭不思，度日如年。后来他充满激愤地上书梁孝王，陈述了自己的一片忠心，批驳了那些想要置他于死地的奸佞之人。

邹阳在写给梁孝下的信中有如下一段话："我虽然是个愚人，但也知道这样一个事实：明珠和璧玉，本是众人至爱的珍宝，可若是在黑夜里将它抛掷在路人的身上，人们非但不会将它视若珍宝，反而会按着剑对它怒目而视，怪它砸了自己；相反，一些盘根错节的破木头做成车子后却能被显赫的人物看重，这是为什么呢？因为明珠如果随随便便就弄到手了，没有经过任何的修饰，就显现不出它的高贵品质；而朽木加上些点缀，雕上花纹，就会显得高贵华丽。人也是一样，哪怕像珠玉那样的品质高洁，没人引荐，也不会受到别人的重视，甚至还会结下仇怨；若是有人大力推荐，那么即使是才能平平的人，也会显得高人一等。由此看来，布衣百姓，即使有尧舜的治国之道，像伊尹、管仲那样才华横溢，如龙逢、比干那样忠心耿耿，没有人在大王面前替他们美言，他们也无法施展才能报效国家啊！"

邹阳的信辗转到了梁孝王的手中。孝王读完信后，很受感动，立即下令释放邹阳。后来汉景帝听从大臣爰盎的建议，立七岁的刘彻为太子，就是后来的汉武帝。羊胜、公孙诡为梁孝王献谋，派人刺杀爰盎。景帝追查凶手，梁孝王不得不令二人自杀以谢罪。从那以后，梁孝王就把邹阳敬为上宾。

——《史记·鲁仲连邹阳列传》

【故事启示】 邹阳忠心耿耿，不会溜须拍马地奉承，这些品质原本是他的优点，却由于遇见不明事理、乱听谗言的主子，招来牢狱之灾。幸运的是，他采取设喻的方式，积极陈述自己的忠心，终于赢得了主子的重用。由此可见，在小人当道、主子昏庸的世道中，明珠暗投时有发生。反之，主子明晓事理，除奸去恶，英雄始有用武之地。

【成语释义】 比喻有才能的人得不到重视。也比喻好东西落入不识货者手里。

【活用例句】 对一个国家而言，～是一件很悲哀的事情。

【近义】 怀才不遇

【反义】 蛟龙得水

九画

洗耳恭听

传说上古时代有个十分英明的帝王叫尧。他为人非常正直，处处为人民着想，而且特别善于采纳别人的意见，对有才的人尤其重视。

有一次，尧帝听说有个叫许由的世外高人品行高尚，就很想把自己的帝位让给他，以便他治理天下。

于是，尧帝就派人去邀请许由出来治理天下。使者来到许由隐居的地方，见了许由之后，告诉了许由尧帝想把帝位传给他的事，希望他认真考虑。

许由听后，毫不犹豫地说："我看不上当什么帝王，你回去吧！"

使者没办法，只好走了。尧听说这件事后，还以为许由谦虚，更加敬重，便又派人去请他，说："如果坚不接受帝位，则希望能出来当个'九州长'。不料许由听了这个消息，更加厌恶，立刻跑到山下的溪水边去，掬水洗耳。因为许由认为自己可为良民，而不可任高官，所以用洗耳朵来表示自己不愿听。

许由的好朋友巢父也和许由隐居在同一个地方。非常碰巧，巢父正牵着他的小牛到溪边饮水。巢父看到许由洗耳朵的样子，感到非常奇怪，就问许由到底怎么回事。

许由把使者对他说的事一五一十地告诉了巢父，说完后又补充了一句："听了这样不干净的话，我生怕这些名禄之言把自己的耳朵污染了，只好跑到这里来洗洗耳朵。"

巢父听后，感到非常生气，就冷冷地说道："洗什么耳朵！算了吧，别再把水污染了，从而污染了我的小牛的嘴。"说完，巢父牵着他的小牛，急忙往溪水的上游走去。

许由以自己淡泊名利的崇高节操赢得了后世的尊敬，从而被奉为隐士的鼻祖。战国时代的思想家荀子就曾称赞说："许由、善卷，重义轻利行显明。"

——《梦昭公》

【故事启示】 许由听到名禄之言，觉得耳朵受到了污染，得及时清洗。巢父更夸张，他甚至以为许由洗耳后的水也会污染到他的小牛。在追名逐利的滚滚红尘中，与那些利欲熏心的现象比起来，许由与巢父有淡泊名利之心，固然值得称赞。然而，一个人如果有真才实学，却一味地隐居遁世，从某种意义上说，是对国家与人民不负责任的表现。这种做法是不可取的。

【成语释义】 洗干净耳朵恭恭敬敬听别人讲话。常用于请人讲话时的客气话，形容专心地听。洗耳，擦洗耳朵，比喻很重视听对方说话。

【活用例句】 陈兄对这件事有何高见？小弟愿意～。

【近义】 倾耳细听

【反义】 充耳不闻

罚不当罪

战国后期，赵国出了一位著名的思想家，名叫荀况，人们把他的著作称为《荀子》。

《荀子》这部著作共有三十二篇，其中一篇叫《正论》，是专门议论政治的。文中提出一个看法：国君要在百姓面前作出好的榜样。残暴的国君被推翻，如夏桀被商汤打倒，商纣被周武王消灭等，这些都是好事而不是坏事。

荀况主张刑罚要严明，犯罪的应根据罪行的大小，给予相应的处罚。如果杀人的不偿命，伤人的不判刑，那就会纵容犯罪，扰乱社会。有人说："古代没有肉刑，只是象征性地用刑。比如不使用黥刑（古代在犯人脸上刺刻涂墨的刑罚，又称墨刑）而用墨画脸来替代；不使用劓刑（古代一种割掉鼻子的酷刑），而用戴上草做的帽子来替代，这种办法在混乱的现在是行不通的。如果继续这样做，犯罪的人得不到应有的惩罚，犯罪行为将越来越多。"

在阐述了上面这些情况后，荀况提出了自己的主张："夫德不称位，能不称官，赏不当功，罚不当罪，不祥莫大焉。"意思是说，一个人的地位要和品德相称，官职要和才能相称，赏赐要和功劳相称。

如果不是这样，弄得地位和品德不相称，官职和才能不相称，赏赐和功劳不相称，处罚和罪行不相称，那就会带来极大的不幸和严重的后果。

——《荀子·正论》

【故事启示】　荀况期望国家通过罪罚相等，对犯罪行为起到震慑作用，进而维护封建统治。随着我国社会主义民主和法制建设的日益发展，如今明目张胆地枉法裁判、违规执法已不多见，但也并未销声匿迹。"罚熊冬眠""罚鱼淹死"更多地表现为重罪轻判、轻罪不究等罚不当罪的现象。中国的矿难为什么频频发生，连绵不绝？罚不当罪是很重要的一个因素。罚不当罪现象小觑不得，否则将直接威胁社会主义法治建设。

【成语释义】　表示处罚过宽或过严，与所犯的罪行不相称。罚，处罚；当，相当，相称。

【活用例句】　赏不当功则不如无赏，～则不如无罚。

独当一面

楚汉相争时，汉王刘邦趁项羽率领大军攻打齐王田荣的时候，采用谋士陈平的计策，率军东进，直捣项羽的根据地彭城（今江苏徐州），并很快攻下了彭城。项羽获悉后，怒发冲冠，立刻率精兵回救彭城。结果，刘邦的汉军被楚兵打得大败，伤亡惨重。

刘邦逃到夏邑（今安徽砀山西）才松了口气。他在休息的时候，一脸愤怒地对张良说："这次战败，我军损失惨重，现在士气十分低落，我想只要有人能帮我出这口恶气，打败项羽，我愿意把函谷关以东的土地全拿出来封赏给他们，以此来鼓舞士气，你看怎么样？"

张良听了，回答说："九江王黥布，作战非常勇猛，他虽然是楚国的将领，但一向与项羽有矛盾；拥有一万多人马的大将彭越，不久前刚扯起反楚的大旗。这两支力量，大王可派人去和他们联络，和他们联合起来。至于大王手下的将领，只有韩信能够担负起独当一面的重任。大王如果将关东的土地封赏给他们三个人，使他们全力帮你进攻项羽，那么项羽一定可以打败的！"

刘邦听了这番话，斟酌过后，觉得很有道理，便采纳了张良的建议，派人去和黥布、彭越联系，和他们合力攻击项羽。同时，又重用韩信，派他到黄河以北开辟战场，不久又封韩信为齐王。韩信果然不负刘邦所望，在和项羽的战斗中接连取得了好几次胜利。

刘邦依靠韩信、黥布、彭越的帮助，加上萧何为他建立了巩固的后方，张良不断为他出谋划策，终于取得了汉楚战争的胜利，建立了汉朝。

——《汉书·张良传》

【故事启示】　仔细研读史料的蛛丝马迹，就会发现，在当时人的眼里，刘邦的作战能力是相当受推崇的。但为什么会留下与项羽作战屡次败北的记录呢？原因只能是项羽的作战能力更高，刘邦与项羽不在一个档次上，所以刘邦长期处在项羽阴影下，其作战能力根本显不出来，以至于让韩信嘲笑"不能将兵"。好在刘邦羽下有诸多谋士以及能独当一面的诸如韩信之类的军事大才，帮着献计献策，率兵出生入死，终建帝王之伟业。

【成语释义】　单独承担或负责一个方面的重要工作。形容有本事，有能力。当，承担，担当。

【活用例句】　老总不在公司时，王雷就～，使各部门的工作进行地井然有序。

【反义】　百无一能

道不拾遗

商鞅，原名卫鞅，卫国人，战国时期政治家。他在秦孝公时任秦国的宰相，因功劳显赫而封赐商地十五邑，故称商鞅。

商鞅年轻时代就喜欢刑名之学（古代研究依法治国、赏罚分明的学问）。他之所以会到秦国去任宰相，完全是出于逃生。那时，他的父亲卫叔痤在魏国当宰相。有一次，卫叔痤病重，魏王来探望。魏王问卫叔痤："如果你的病难以治愈，朝廷中有谁能代替？"叔痤说："我儿子卫鞅可以代替我。"想不到，魏王不是个喜欢以法治国的人，所以，对叔痤的荐举自然不高兴。叔痤望着魏王不悦的脸色，心里明白了许多，为了表示对魏王的效忠，就对魏王说："既然你大王不用他，就把他杀了吧！千万不要让他跑到别国去，让别国用他。"卫鞅听到这个消息，就逃到了秦国。

在秦国，秦孝王录用了他。他不断地劝说秦孝王进行治理国家的改革。秦孝王听从了他的建议，任他为宰相。他制定了一系列新法，废除了维护贵族特权的旧法。这就是历史上有名的"商鞅变法"。

他坚决主张法律面前人人平等，不管是什么人，只要对国家有功，就应该予以奖励。他鼓励耕织，生产多的可以免去徭役。他认为，贵族世袭的制度应该废除，应当按军功的大小给予不同的爵位等级。执法应该严明，不讲私情，以法为准。商鞅的变法遭到了贵族势力的反对，但在秦孝公的支持下，变法很快就推行开了。

由于商鞅积极地推行变法，老百姓的生产积极性提高了，军队纪律严明，兵士都乐意打仗。民风也变得纯朴起来，社会秩序安定，夜不闭户，道不拾遗，秦国一天天强大了起来。

——《战国策·秦策一》

【故事启示】 商鞅变法启示我们，事无大小，遇到难题不能解决，哪怕到山穷水尽的地步，一定要想到去变化，用合理的变化来解决难题。如果一味地走老路，只会越走越窄。"改则进"，改革是社会发展到一定时期所酝酿的一种特殊形式，人只能当"弄潮儿"顺应历史的潮流，并积极推动它，而不是当时代发展的"绊脚石"。积极推动变法的商鞅正是那个时代的弄潮儿，因此，秦国大受其利，路不拾遗，夜不闭户，社会风气日益良好，国家实力逐渐强大，最终鲸吞六国，完成了统一六国的壮举。

【成语释义】 道路上有遗落的东西，却无人拾捡。形容人民生活富裕，社会风气良好。遗，丢失的东西。

【活用例句】 解放了，社会安定，很快就出现了～、夜不闭户的新气象。

【近义】 路不拾遗

成语故事

300

举案齐眉

东汉时期，有一位叫梁鸿的年轻人，他的父母早亡，家境贫寒，可他的志向却很高远，他发奋读书，一直读完了太学。

梁鸿从太学院毕业后，并没有求官入士，而是回到家乡，埋头苦读经史，学问更加渊博。家乡一些有钱有势的大户人家都钦慕梁鸿的贤德，纷纷托人前来提亲，可都被梁鸿回绝了。

家乡有位姓孟的姑娘，长得又黑又丑，但心地善良厚道，她已年过三十，尚未嫁人。父母要为她提亲，她却说："除非像梁鸿那样才学渊博、品德贤良的人，我才愿意出嫁！"

梁鸿听说了这个消息，就同意娶她为妻。到了出嫁那天，孟家姑娘身着绫罗绸缎，脸上搽满香粉，坐着花轿来到梁家，梁鸿见花轿里走出来的竟是位浑身珠光宝气的女子，不禁大失所望，说："这哪里是我梁鸿要娶的妻子！"说完，拂袖走进书房，几天不与妻子说话。

结婚后的第七天，新婚妻子脱掉艳装，抹去脸上的脂粉，换上一身粗布衣裳。接着她亲自下厨煮了碗小米粥，盛放在一只托盘上，用手托着走进梁鸿的书房。梁鸿只顾低头看书，理都不理新婚娘子。妻子跪在梁鸿面前，把托盘举到与眉毛平齐的地方，轻声说道："请相公用餐！"

梁鸿见妻子这身打扮，吃了一惊，愣在那儿不知如何是好。妻子继续说道："我听说相公的志向很高，选择妻子的条件不同一般，我能被您选为妻，倍感荣幸，可您七天不与我说话，我一定是犯了什么过失，请您向我指明！"

梁鸿诚恳地解释道："我想娶的是俭朴厚道、能与我隐居深山的女子。可结婚那天，你却戴金披银，搽脂抹粉，这哪是我所希望的呢？"梁鸿刚说完，妻子就抿嘴笑了："相公，那天我之所以那样穿戴，只是想看一看你的志向是真是假啊！"

听了妻子这番话，梁鸿方才明白，原来妻子是有意试探自己的呀！他忙扶起妻子，兴奋地说："这才是我心目中的好妻子呀！"他高兴之余，还给妻子起了个名字叫孟光。不久，他们夫妻二人一起来到霸陵山，在那里过起了闲适的隐居生活。

——《东观汉记·梁鸿传》

【故事启示】 轰轰烈烈的爱固然吸引眼球，但相濡以沫、细水长流的爱更能沁人心扉，深入骨髓。难道爱一定要是那种韩剧里死去活来？难道爱就得整天把它挂在嘴上？其实，丑姑娘孟光对丈夫梁鸿的举案齐眉未尝不是一种爱。这种爱是相知，是理解，是相容，更是在彼此深情目光中坚定地"执子之手，与子偕老"。

【成语释义】 孟光送饭给梁鸿时，把托盘举到齐眉高的地方，表示对她丈夫的尊敬。后来形容夫妻互敬。案，古代有脚的托盘。

【活用例句】 这对伉俪可以说是志同道合，～，相敬如宾。

【近义】 相敬如宾、夫唱妇随

【反义】 琴瑟不调

草船借箭

三国时期，魏国占据北方，蜀国占据西南方，吴国占据南方。

有一次，魏国派出大军，从水路攻打地处长江边上的吴国。不多久，魏军就进发到离吴国不远的地方，在水边扎下营地，寻找时机出兵作战。

吴国的元帅周瑜，在研究了魏军的情形后，决定用弓箭来防守来犯之敌。可是怎么在较短时间内造出作战所必需的十万支箭呢？因为根据当时吴国的工匠情况，要造出这么多箭，至少要用十天时间，而这对于吴国的防守来说，显然等不了这么长的时间！

当时蜀国的军师诸葛亮正好在吴国进行访问。诸葛亮聪明过人，周瑜于是向他请教怎样以最快的速度得到战事所需的十万支箭。诸葛亮对周瑜说，三天时间就可以了。众人都认为诸葛亮是在说大话，但是诸葛亮却写下了军令状，如果到时完不成任务，就甘愿被斩首示众。一直嫉妒诸葛亮才能的周瑜则在暗地里乐开了怀，一心等着诸葛亮完不成任务，命丧黄泉。

话说诸葛亮写下军令状后，并不着急。他向吴国的大臣鲁肃说，要造这么多箭，用常规办法自然行不通。接着，诸葛亮让鲁肃为他准备二十只小船，每只船上要军士三十人，船上全用青布为幔，并插满草，诸葛亮一再要求鲁肃为他的计谋保密。鲁肃为诸葛亮准备好船和其他必需品，但并不知道诸葛亮用来做些什么。

诸葛亮说三天时间就能备好十万支箭，可是第一天并不见到他有什么动静，第二天还是这样，第三天马上就要到了，一支箭也没有见到，大家都为诸葛亮捏了一把冷汗，如果到时候没有完成任务，诸葛亮的人头可就不保了。

话说第三天半夜时分，诸葛亮悄悄地把鲁肃请到一只小船中，鲁肃问："你请我来干什么？"诸葛亮说："请你跟我一起去取箭。"鲁肃满脸迷茫地问："到哪里去取？"诸葛亮故作神秘地笑着说："到时候你就知道了。"于是诸葛亮命令二十只小船用长绳子连接在一起，向魏军的宿营地进发。

当天夜里，大雾漫天。雾越大，诸葛亮越是命令船队快速前进。到船队接近魏军营地时，诸葛亮命令船队一字排开，然后命令军士在船上敲鼓呐喊。鲁肃吓坏了，对诸葛亮说："我们只有二十条小船，三百余士兵，万一魏兵打来，我们必死无疑！"诸葛亮却从容地说："我敢肯定魏兵不会在大雾中出兵的，我们只管在船里喝酒好了。"

再说魏军营中，听到敲鼓呐喊声，主帅曹操连忙召集大将商议对策。最后决定，因为长江上浓雾重重，不知道敌人的具体情况，所以派水军弓箭手乱箭射击，以防敌军登陆。于是魏军派出约一万名弓箭手火速前往江边，朝着有呐喊声的地方一个劲儿地射箭。霎时间，箭像雨点般飞向诸葛亮的船队，不一会儿，船身的草把上都扎满了箭。

诸葛亮瞅准时机，命令船队火速转头，把没有受箭的一面朝向魏军，这一面很快也扎满了箭。诸葛亮估计船上的箭扎得差不多了，就命令船队迅速返回，这时大雾也渐渐开始散去，等魏军弄清楚发生的事情时，气得捶胸顿足，那叫一个悔啊！

诸葛亮的船队到达吴军的营地时，吴国的主帅周瑜已经派五百名军士等着搬箭了，经过清点，船上的草把中足足有十万支箭。吴国元帅周瑜对诸葛亮的智慧佩服得五体投地，自叹不如。那么，诸葛亮怎么会知道当天晚上水上会有大雾呢？原来啊，他善于观察天气变化，经过推算，得出当天晚上水面上会有大雾的结论。就这样，诸葛亮运用自己的智慧巧妙地从敌军那里弄来了十万支箭。成语"草船借箭"便由此引申而出。

——《三国演义》第四十六回

【故事启示】 周瑜虽有大将之才，却心胸狭窄，嫉妒胜己一筹的"智多星"诸葛亮，甚至想置诸葛亮于死地，他以军中缺箭为由，生出一计，诱导诸葛亮立下军令状，短时间内造出十万支箭，由此看来，周瑜不仅妒忌心强，而且万分狡猾、阴险。然而，足智多谋的诸葛亮却胸有成竹地答应下来，趁着大雾漫天，用草船从曹营借了十万支箭，顺利完成任务。诸葛亮用实际行动给了周瑜一个响亮的耳光。有道是"临渊羡鱼，不如退而结网"，与其妒贤嫉能，不如努力让自己百尺竿头，更进一步。

【成语释义】 运用智谋，凭借他人的人力或财力来达到自己的目的。

【活用例句】 诸葛亮观察天象，～，周瑜甘拜下风。

【接龙游戏】 草船借箭→剑（箭）拔弩张→张灯结彩→彩笔生花→花容月貌→貌合神离→离心离德→德高望重→重于泰山→山清水秀→秀外慧中→中庸之道→道听途说→说三道四→四面八方→方寸之地→地久天长

养虎遗患

传说，很久以前，地广人稀。那时的人们除了种地之外，靠山近水的大都以渔、猎为生。每当北风吹，雪花飘的时候，人们便进山打猎。

有次，猎人们进山居然用陷阱成功捕获了一雄一雌两只猛虎。大家将两只猛虎牢牢绑住，一个猎人便循着猛虎的踪迹，在深山的洞穴里找到了一只小虎崽儿。这只小虎崽儿还刚刚睁开双眼，还没有断奶呢！只见它好奇地睁着双眼望着猎人，一点也不慌张胆怯。猎人看到小虎崽儿毛绒绒、胖乎乎，憨态可掬，格外喜爱。

猎人一时高兴便将小虎崽儿抱回了家中。猎人的妻子和小孩看到猎人带回一只小虎崽儿，也觉得非常好玩，小孩子去抚摸小虎崽儿，小虎崽儿丝毫不怕他，还与他玩耍起来。

小虎崽儿在猎人一家的精心饲养下，随着时间的推移，慢慢长大，变成了一只大老虎。但它并不伤人，吃饱了便在村里村外闲逛，逛累了就找个树荫趴下睡一觉，这样，人虎处得十分融洽，虎见人不避，人见虎也不躲，都习以为常。

转眼间，冬去春来，轻风吹拂，冰消雪融，河水也解冻了。这时候，人们纷纷收起猎具，开始下河捕鱼了。猎人沿河捕鱼，十几天后才回家，可到家一看，不禁惊慌失措。因为他发现家中饲养的那只老虎嘴角上残留着血渍，自己的妻子和孩子却都不见踪影了。猎人顿时有一种不祥之感。他被一种巨大的恐惧笼罩了。还没等他回过神来，那只老虎猛地向他扑去，只几口便将他咬死了。

此外，还有一个"养虎遗患"的故事，是张良等人用之来说服刘邦的。

话说秦朝末期，由于秦国统治十分残暴，激起了天下民众的反抗。其中刘邦和项羽是起义军的代表。刘邦比项羽先攻下秦的都城咸阳，项羽很不服气，决定攻打刘邦。

当时项羽的势力很强大，刘邦不敢应战，只得退守到汉中。后来，刘邦任用贤臣，广施仁政，势力逐渐强大起来。而项羽却相反，一天天被孤立。这时，刘邦并没有攻打项羽，而是派人去和项羽商量，愿意以鸿沟作为界线，两人各占领一边，并签订互不侵犯的和约。

项羽明白以自己的力量很难打败刘邦，只好接受。双方签下合约后，项羽带兵往东去了，刘邦感到很满意，打算撤兵往西回到自己的地方去。但大臣张良等人却对他说："楚兵罢食尽，此天亡楚之时也，不如因其机而遂取之。今释弗击，此所谓养虎遗患也。"张良这段话的意思是说，您已占领天下大部分的土地，诸侯又都投靠了你。项羽的军队已经不堪一击，如果不趁现在消灭他，将会留下后患，真是养虎遗患呀！

刘邦也觉得张良等人说的很有道理，于是发兵消灭了项羽，建立了西汉王朝。

——《史记·项羽本纪》

【故事启示】 养虎遗患的故事启示我们，无论做任何事，都要认清形势，慎重采取行动，不要一时兴起，自己给自己埋下悲剧的伏笔。虎，作为肉食动物，吃人是其本性使然。正所谓"江山易改，本性难移"，如果出于悲悯之心或玩乐之好，疏于防范，就会导致灾难性的后果。现实生活中，我们要"亲君子，远小人"，识破小人的丑恶嘴脸，并时刻对其保持警惕。

【成语释义】 养着老虎，留下祸患。比喻纵容坏人，给自己留下后患。也作"养虎留患"。遗，留下；患，祸患。

【活用例句】 他为人阴险狡诈，你现在给他这么高的职位，怕会～。

【近义】 养痈遗患、养虺成蛇

【反义】 除恶务尽、斩草除根

结草衔环

"结草"的典故见于《左传·宣公十五年》。公元前594年的秋7月，秦桓公出兵伐晋，晋军和秦兵在晋地辅氏（今陕西大荔县）交战，晋将魏颗与秦将杜回相遇，二人厮杀在一起，正在难分难解之际，魏颗突然见一个老人用草编的绳子套住杜回，使这位堂堂的秦国大力士站立不稳，摔倒在地，当场被魏颗所俘，使得魏颗在这次战役中大败秦师。

晋军获胜收兵后，当天夜里，魏颗在梦中见到那位白天为他结绳绊倒杜回的老人，老人说，我就是你把她嫁走而没有让她为你父亲陪葬的那女子的父亲。我今天这样做是为了报答你的大恩大德！

原来，晋国大夫魏武子有位没生儿子的爱妾。魏武子刚生病的时候嘱咐儿子魏颗说："我死之后，你一定要把她嫁出去。"不久，魏武子病重，又对魏颗说："我死之后，一定要让她为我殉葬。"等到魏武子死后，魏颗并没有听从父亲病重时把那爱妾杀死陪葬的吩咐，而是把她嫁给了别人。魏颗说："人在病重的时候，神智是昏乱不清的，我嫁此女，是依据父亲神智清醒时的吩咐。"

"衔环"典故则见于南朝宋范晔《后汉书·杨震传》中的注引《续齐谐记》。杨震父亲杨宝九岁时，在华阴山北，见一只黄雀被老鹰所伤，坠落在树下，为蝼蚁所困。杨宝怜悯它，就将它带回家，放在巾箱中，只给它喂饲黄花，百日之后的一天，黄雀羽毛丰满，就飞走了。当夜，有一黄衣童子向杨宝拜谢说："我是西王母的使者，君仁爱救拯，实感成济。"并以白环四枚赠与杨宝，说："令君子孙洁白，位登三事，当如此环矣。"意思是，它（环）可保佑君的子孙位列三公，为政清廉，处世行事如同这玉环一样洁白无暇。

果如黄衣童子所言，杨宝的儿子杨震、孙子杨秉、曾孙杨赐、玄孙杨彪四代官职都官至太尉，而且都刚正不阿，为政清廉，他们的美德为后人所传诵。

后世将"结草""衔环"合在一起，作为报恩的典故，流传至今。

——《左传·宣公十五年》《续齐谐记》

【故事启示】　感恩就是结草衔环，滴水之恩涌泉相报。感恩的关键在于回报意识。回报，就是对哺育、培养、教导、指引、帮助、支持乃至救护自己的人心存感激，并通过自己十倍、百倍的付出，用实际行动予以报答。在别人危困时刻，你向对方伸出援手，那么，当你遇到困顿时，对方才有可能为你指点迷津，让你明确前进的方向。人人倘能心怀感恩之心，我们生存的世界将变成美好人间。一个缺乏感恩和报恩意识的民族，很难想象它能够可持续发展。

【成语释义】　比喻感恩报德，誓死不忘。结草，把草结成绳子，搭救恩人。

【活用例句】　日后我定会～，报答姑娘的救命之恩。

【近义】　感恩报德、饮水思源

【反义】　以怨报德、忘恩负义

举棋不定

春秋时期，卫国的国君卫献公残暴无道，引起了人们的不满。后来，卫国的大夫孙文子和宁惠子发动政变，将卫献公赶下台，另立卫殇公。

宁惠子临死前觉得自己错了，将儿子宁悼子叫到跟前说"我曾将献公赶出了卫国，我死以后，你要把他接回来。"说完，就去世了。

一直流亡在外的卫献公听说宁惠子已死，便开始了复国的活动。他派人同宁悼子联系，并许诺自己回国后让宁悼子掌权，自己不管朝政，只管宗庙、祭祀的事。

宁悼子有些心动，和诸位大臣们商议。

大家都反对。因为将卫献公接回来很简单，问题是卫献公虽然流亡多年，但残忍暴虐的脾气依旧没什么变化。大家也不相信他的为人，于是纷纷提反对意见。

其中一位大夫说："12年前，你们宁家驱逐了卫献公，没有什么错。可现在又要接卫献公回来，我想这很危险。这如同下棋，棋手如果举棋不定就会遭到失败。对国君的废与立更是这样，犹豫不决会招来灭族之祸。"

宁悼子没有听从劝说，迎回了卫献公。

后来，果不其然，卫献公杀了宁悼子全家。

——《左传·襄公二十五年》

【故事启示】 宁悼子没有听从众人的劝告，执意把卫献公接了回来。后来，宁悼子做了卫献公的刀下鬼。对此，我们既可怜之，又气愤之。倘若当初他认真听取众人建议，看透卫献公的为人，又怎会落得如此悲惨的下场呢？"群众的眼睛是雪亮的"，当事情徘徊在十字路口之际，我们应虚怀若谷，仔细听取众人的建议，斟酌损益，再做出决定。

【成语释义】 拿着棋子，不知下哪一着才好。比喻犹豫不决，拿不定主意。

【活用例句】 在这紧要时刻，作为领导者应该果断，不能～。

【近义】 优柔寡断

【反义】 雷厉风行

急功近利

董仲舒是西汉时期著名的哲学家和今文经学大师，汉景帝时为博士官，以通晓《公羊春秋》闻名于世。他专心治学，三年不到花园游玩，很负盛名，当时的士人都以师礼尊奉他。

在汉武帝时期，因朝廷长期对外用兵和统治者的穷奢极欲，赋役日益苛重，致使百姓怨声载道，封建统治集团内部孕育着严重危机。汉武帝元光元年（公元前134年），董仲舒提出"罢黜百家、独尊儒术"的主张。汉武帝采纳了他的主张，董仲舒也被派遣到诸侯王那里担任了国相之职。但是没过多久，董仲舒却因才遭妒，备受其他官员的排挤，后因提出"灾乱说"而被人诬陷有颠覆国家的意图，差点被处死。汉武帝念及旧情，亲自出面赦免了他。后来，汉武帝听从丞相公孙弘的意见，将其派往胶西。让他做了胶西王国相。

公孙弘与董仲舒同为儒学经师。公孙弘擅长逢迎附和，深得汉武帝的器重，被任命为丞相。董仲舒却时常不识时务，正言直谏，汉武帝对他很头疼，所以敬而远之。公孙弘一直以来都嫉妒董仲舒的才华，这次，他找到了机会，希望可以一举铲除董仲舒。举荐，也是有计划的谋杀。

胶西王是汉武帝的兄长，倚仗自己是汉室宗亲，有恃无恐，骄横暴戾。之前，朝廷派去的国相统统被他以各种罪名斩杀，无一幸免。幸运的是，因为董仲舒的声名与才学，胶西王不但没有杀他，反而十分敬重他。有一次，胶西王对董仲舒说："勾践的贤明，加上范蠡（lí）、文种的才能，我认为这是越国的'三仁'，你怎么看待这三仁呢？当初齐桓公有问题请教管仲，我的疑虑就由先生解决了。"

董仲舒回答说："我才疏学浅，没能力决断大王的疑虑。虽然如此，大王向我提问，我不能不尽我所知回答。我听说，过去鲁国国君问柳下惠：'我想攻打齐国，你看怎么样？'柳下惠回答说：'不行。'他退下来满脸忧愁地说：'我听说，阴谋侵略邻国的，不会向仁爱者讨教，这次国君为什么问我呢？'可见，柳下惠连被问都觉得羞耻，更别说参与讨伐齐国了！由此看来，越国本来就没有一个'仁'，哪来的'三仁'？所谓仁人，是'正其道不谋其利，修其理不急其功'（端正自己奉行的道义而不谋求眼前的小利，修养自己信奉的理念而不急于取得成果）的仁。致力于以德教化民众而使社会风气大变，才是仁的最高境界，尧、舜、禹就是榜样！"

——《春秋繁露·对胶西王》

【故事启示】 做事情要想取得成功，必须有合理的规划和长远的打算。不能急功近利，只注重眼前的成效与利益。"正其义不谋其利，明其道不计其功"者，才是能大行其道者。一个社会倘若盛行急功近利之风，将加深国人的精神危机，最终导致道德修养出现滑坡，对社会的可持续发展以及政权的巩固都会带来不利。

【成语释义】 急于追求成效，贪图眼前利益。急，急于；功，成效，成就；近，眼前的利益。

【活用例句】 失败后才明白，创业是不能～的。

【近义】 急于求成

【反义】 深谋远虑、高瞻远瞩

按兵不动

春秋末期，诸侯争霸，弱肉强食，位于晋国东部的卫国由于国力微弱，长期以来受着强大晋国的压迫，苦不堪言。当时在位的国君是卫灵公，卫灵公不愿长久地处于屈辱的地位，便毅然与晋国同样强大的齐国缔约结盟，从而与晋国断绝了关系。

卫灵公的这种做法让当时晋国的执政者赵简子非常恼火。赵简子立即调集军队，想讨伐卫国的都城帝丘，迫使卫灵公屈服。大军出发之前，赵简子先派出大夫史默前往卫国暗中了解情况，并命令他一个月内回国报告。可是，一个月很快过去了，史默还是没有回国，赵简子不知道究竟发生了什么事，因此心神不安。晋国官员也开始议论纷纷：史默可能已被卫国杀害，不会再回来了。况且，卫国只不过是一个微弱的小国，没有多少军事力量，晋国出兵必会一举击破卫国，所以请求赵简子下令出兵。

赵简子并未接受这个建议。他认为卫灵公既然敢与晋国断绝往来，一定已经做好了充分的准备，贸然进攻，会使晋国损失巨大。所以他坚持要等史默回来，然后再考虑出兵事宜。

半年之后，史默终于回来了。赵简子问："你为什么耽搁这么长的时间呢？"史默回答说："经过六个月的考察，卫灵公很有才干，国内贤臣很多，人民拥戴，举国上下团结一心。如果我们要依靠武力使卫国屈服，恐怕要付出很大的代价！"

史默还讲述了卫灵公为激励国人抗击晋国的情绪而采用的方法：卫灵公派大夫王孙贾向国人宣告，说晋国已经下令卫国——凡是有两个女儿的家庭，都要抽出一个送往晋国去当人质。消息传开之后，卫国到处是痛哭声和愤恨声。为了使国人相信这是事实，卫灵公又让王孙贾抽选出一批宗室大夫的女儿，准备送往晋国。结果他们出发那天，成千上万的百姓前来阻拦，不让她们去晋国当人质，并且愤慨地表示要和来犯的晋军拼战到底，宁死不屈。

赵简子听了史默介绍的情况之后，认为进攻卫国的时机还不成熟，于是便"按兵不动"，等待有利时机。

——《吕氏春秋·恃君览·召类》

【故事启示】　赵简子气愤于卫国的背叛，欲出兵讨伐，却在进军卫国之前，派出使者史默去考察实情。史默未能如约归来，赵简子力排众议，耐心等待史默的讯息，并接纳良言，按兵不动。赵简子堪称智者的典范。现实生活中，一个人要想有所作为，就得顺势而为，培养良好的洞察力，并耐得住寂寞。丝毫不分析周围环境以及变化了的情境，仅凭一时之勇，草率行事，到头来吃亏的还是自己。这样的人也往往更容易被扣上"莽夫"的帽子。

【成语释义】　这个成语原来指掌握力量而暂不行动，以等待时机。现在也比喻事情发生后持观望态度而不肯行动。按，止住。控制住军队，暂不行动。

【活用例句】 在探清敌人虚实之前，我军还是先～为妙。

【近义】 静观其变

【反义】 闻风而动

城门失火，殃及池鱼

传说，有个地方，城门下面有个池塘，一群鱼儿在里边快乐地游着。突然，城门着了火，一条鱼儿看见了大叫说："不好了，城门失火了，快跑吧！"但是其他鱼儿都不以为然，认为城门失火，离池塘很远，用不着大惊小怪。除了那条鱼儿之外，其他鱼都没有逃走。这时，人们拿着装水的东西来池塘取水救火。过一会，火被扑灭了，而池塘的水也被取干了，满池的鱼都遭了殃。这就叫做"城门失火，殃及池鱼"。

北齐·杜弼《檄梁文》曰："但恐楚国亡猿，祸延林木，城门失火，殃及池鱼。"故事大概如下：

南北朝时，北方的东魏有一员大将，叫侯景，坐镇河南，拥有十万军队。因为与大丞相高欢之子高澄不和，在东魏武定五年（公元547年）背叛东魏，投降西魏。高澄指派韩轨讨伐侯景，侯景担心与西魏的联系被切断，又转身向南方的梁朝投降。

梁朝许多大臣认为侯景反复无常，千万不能接受他的投降，而损害了与东魏的友好关系。但是垂垂老矣的梁武帝却认为这是统一国家的征兆，便不顾群臣反对，接受了侯景的投降，还封他为河南王。

同年八月，梁武帝派萧渊明率领军队讨伐东魏。九月，萧渊明的军队逼近彭城（今江苏徐州）。十一月，高澄指派高岳和慕容绍宗率军救援彭城，派杜弼担任救援大军的军司。慕容绍宗用诱敌之计，引诱萧渊明深入追击，然后以伏兵夹击，活捉萧渊明，梁军伤亡逃走的有数万人。

大胜之后，军司杜弼写了一篇给梁朝的檄文。文中说："东魏皇帝和大丞相有心平息战争，所以多年和南朝通好。如今逆臣侯景生了背叛之心，先投靠西魏，后又说尽好话投靠梁朝，企图容身。而梁朝君臣竟然幸灾乐祸，忘了道义，连结奸人，断绝了与邻邦的友好关系。侯景这样的卑鄙小人，一有机会还会兴风作浪。怕只怕楚国的猴子逃亡，灾祸延及林中树木，宋国城门失火，连累池中鱼儿遭殃，将来会无辜地使长江淮河流域、荆州扬州一带的官员百姓遭受战争之苦……"

后来，正如杜弼文中所说，公元548年，侯景发动叛乱，由此导致梁朝多年政局动荡，人民饱受战乱之苦。

——《檄梁文》

【故事启示】 这个故事告诉我们：火——水——鱼是有联系的，池塘的水能灭城门的火，这是直接联系，鱼儿与城门失火则是间接联系，它是通过池水这个中间环节而发生联系的。比喻无端受祸。

【成语释义】 城门失火，大家都到护城河取水，水用完了，鱼也死了。比喻无辜被连累而遭受灾祸。殃，灾祸；池，护城河。

【活用例句】 某主持人与某贪官几年前曾谈过恋爱，如今贪官落马了，该主持人也被电视台雪藏起来，这可真是～啊！

【反义】 一人得道，鸡犬升天

草木皆兵

东晋时期，秦王苻坚控制了北部中国。公元383年，苻坚率领步兵、骑兵90万，攻打江南的晋朝。晋军大将谢石、谢玄领兵8万前去抵抗。苻坚得知晋军兵力不足，就想以多胜少，抓住机会，迅速出击。

谁料，苻坚的先锋部队25万在寿春一带被晋军出奇击败，损失惨重，大将被杀，士兵死伤万余。秦军的锐气大挫，军心动摇，士兵惊恐万状，纷纷逃跑。此时，"坚与苻融登城而望王师，见部阵齐整，将士精锐；又北望八公山上草木，皆类人形。"意思是说，苻坚在寿春城上望见晋军队伍严整，士气高昂，再北望八公山，只见山上一草一木都像晋军的士兵一样。苻坚回过头对弟弟苻融说："这是多么强大的敌人啊！怎么能说晋军兵力不足呢？"他后悔自己过于轻敌了。

出师不利给苻坚心头蒙上了不祥的阴影，他令部队靠淝水北岸布阵，企图凭借地理优势扭转战局。这时晋军将领谢玄提出要求，要秦军稍往后退，让出一点地方，以便渡河作战。苻坚暗笑晋军将领不懂作战常识，想利用晋军忙于渡河难于作战之机，给它来个突然袭击，于是欣然接受了晋军的请求。

谁知，后退的军令一下，秦军如潮水一般溃不成军，而晋军则趁势渡河追击，把秦军杀得丢盔弃甲，尸横遍地。苻坚中箭而逃。这就是历史上以少胜多的著名战役——淝水之战。

——《晋书·苻坚载记下》

【故事启示】 秦晋之战说明，参战人员的紧张、畏惧、恐慌等不良情绪对战争胜败起着不容忽视的影响。参战人员应该增强自身遇险不惊、遇强不惧、遇惑不乱的心理应变力。具体来说，即面对突如其来、出乎意料的危险紧迫情况，能够控制自己情绪，冷静分析判断，找出解决问题的办法；面对激烈战斗所带来的极度疲劳和生命威胁时，能够敢于直面伤亡、不怕流血牺牲，始终保持顽强的战斗意志；面对敌人的蛊惑、离间，能够牢固筑起心理防线，不为金钱所动、不为名利所惑，始终保持坚贞的斗志。

【成语释义】 把野草树木都当成敌兵。形容在受到某种打击时惊恐万状、疑神疑鬼的心理。

【活用例句】 做事情要胆大心细，那种～的心态，实在是不能有。

【近义】 风声鹤唳、杯弓蛇影

【反义】 若无其事、镇定自若

草菅人命

秦王嬴政统一中原，建立秦王朝以后，制定了非常严酷的法令。他的小儿子胡亥从小就由赵高负责传授历朝的法令，所以胡亥对于用各种刑法杀人非常熟悉。

秦始皇起初是打算把皇位传给大儿子扶苏的，但秦始皇在一次出去巡视的时候，在路上得病死了，赵高就和丞相李斯一起，帮助胡亥夺取了皇位，杀害了哥哥扶苏。就这样，胡亥成为了秦王朝的第二个皇帝。

为了巩固自己夺来的皇位，秦二世采用赵高的计谋，把自己的兄弟姐妹——十二个公子和两个公主都定了死罪，一一杀害，而且还杀了许多有功的大臣。他还让许多没有生育的宫女去为秦始皇殉葬，把那些为秦始皇建造陵墓的民工全部活埋在墓中，就连曾帮助他夺取皇位的丞相李斯，也被他定罪腰斩了。秦二世把朝政大权交给赵高，自己整天变着法子寻欢作乐。他在打猎的时候，看到路过的行人无缘无故地用箭把他们射死，自己还觉得这样开心。

秦二世过于残暴，"其视杀人，若艾草菅然"。意思是说，秦二世把人的生命看得如同野草一样轻贱，随意杀害。秦朝老百姓的徭役赋税负担非常沉重，刑法愈加苛毒。广大劳动人民在饥饿与死亡线上挣扎徘徊。终于在公元前209年，陈胜、吴广在大泽乡发动了农民起义，反抗暴秦统治。秦王朝很快就灭亡了。

——《汉书·贾谊传》

【故事启示】 赵高在教导胡亥时，传授他的是严刑酷法，因此，胡亥所学的不是杀头割鼻子，就是满门抄斩。所以，胡亥一当上皇帝，就杀人如麻，看待杀人，就好像看待割草一样，不当一回事。难道只是胡亥的本性生来就坏吗？绝对不是。"人之初，性本善"，胡亥之所以草菅人命、残暴昏庸，完全是教导他的人没有引导他走上正道，这一点才是根本原因所在。

【成语释义】 把人的生命看得像野草一样轻贱而任意摧残杀戮。菅，一种野草。

【活用例句】 对那种仗势行凶、～的昏聩官吏，一定要严惩不贷。

【近义】 滥杀无辜、杀人如麻

【反义】 为民请命、爱民如子

残杯冷炙

北齐的文学家颜之推，学富五车，他有一部《颜氏家训》流传下来。这本书的内容是以儒家的传统思想作为立身治家之道。《颜氏家训》中有一处告诫说："不可令有称誉，见役勋贵，处之下坐，以

315

取残杯冷炙之辱。"意思是说，不能因为有点称赞，你就去受权贵驱使；不能因为处在低下的座位上，你就去受权贵施舍的屈辱。

唐代的大诗人杜甫，有一段时间就被迫在颜之推提到过的这种悲苦的处境里生活。

杜甫从小聪明好学，志高务实，但一直没有遇到施展才华的机会。直到三十五岁那年，早已盛负诗名的他才踏上通往京都长安的大道。考试完后，杜甫觉得文章写得得心应手，但他哪里知道，主持这次考试的大臣李林甫，根本不想选用贤才，而对有才能有胆识的人，一概采取排斥的态度，竟然向唐玄宗说无人中举。

杜甫没有料到自己会应试落第，内心非常痛苦，对前途悲观失望。从此，他流落长安，以"宾客"的身份出入于达官贵人之家，过着寄人篱下的生活。他时常陪王公大臣宴饮，席间吟诗赋词助兴。这样做，是为了维持生计，也是希望得到权贵们的推荐，求得一官半职。最后，终于得到右卫率府胄曹参军（主要是看守兵甲仗器，库府锁匙的小官）的职位。

后来，杜甫有一首名叫《赠韦左丞》的诗作："骑驴十三载，旅食京华春。残杯与冷炙，到处潜悲辛。"这首诗是写杜甫当年身困长安时遭受的冷落。境遇如此可悲，令人"消魂"。不过呢，杜甫这种"朝扣富儿门，暮随肥马尘"的屈辱生活，也使他看到了下层人民的痛苦和统治阶级的罪恶，从而写出了《兵车行》《丽人行》《赴奉先咏怀》等现实主义杰作。

——《颜氏家训·杂艺》

【故事启示】　杜甫到长安应试之时，恰逢当朝宰相李林甫一心想达到权倾朝野之际。由于奸臣当道，使得杜甫空有一番才华却无用武之地，报国亦无门。杜甫的境遇令人黯然神伤。他只好向贵人献赋投赠，希望借此谋得一官半职，一方面解除生活之困顿，另一方面实现报国之志向。杜甫如此悲辛的求仕之路启示我们，无论是企业，还是国家，要想取得发展，必须建立起一套开放的人才流动与竞争机制以及公正的人才录用体系。否则，将导致人才大量流失。

【成语释义】　原指吃剩的饭菜酒食。也比喻别人施舍的东西。

残，剩余；杯，指酒；炙，烤肉。

【活用例句】 君子不可攀结权贵，靠人施舍，以受～之辱。

【近义】 残羹冷炙、残汤剩饭

【反义】 山珍海味

重蹈覆辙

东汉初年，外戚专权，使皇帝的权威大大降低。皇帝为了打击外戚的势力，只能依靠身边的宦官。公元159年，汉桓帝与宦官单超等人合谋，将长期专揽朝政的外戚大将军梁冀一伙诛灭。但是，这些宦官和外戚一样，很快发展成政治集团，权力越来越大。他们广树党羽，把持朝政，残酷搜刮人民。这样，东汉便由外戚专权变为宦官专权，从而激起人民的强烈反抗，也引起世家豪族以及一些文人的不满。

在这种形势下，司隶校尉李膺等与太学生首领郭泰等结交，反对宦官专权。公元166年，宦官诬告李膺等结党诽谤朝廷，将他们逮捕下狱，受到株连的有数百人，称其为"党人"。

当时，窦武的女儿是皇后，窦武受封为侯爵，他为人正直，从不仗势欺人。看到宦官的胡作非为，十分愤慨。于是给桓帝上了一道奏章，痛斥宦官祸国殃民，为李膺等伸冤。窦武在奏章中写道："今天再不吸取过去宦官专权祸国的教训，再让宦官这样胡作非为下去，走翻车的老路，恐怕秦二世覆灭的灾难会重新出现，像赵高发动的造反作乱，最终失去江山，迟早会出现。陛下可要吸取教训，千万别重蹈覆辙呀！"

这样，经过窦武提醒，桓帝体会到自己的错误，于是就释放了李膺等人，结束了"党锢之祸"。但这些人终身被禁锢，禁止做官。

——《后汉书·窦武传》

【故事启示】 东晋时期，面对宦官的干政谋私，一些正直的士大夫欲除之而后快，于是在外戚与这些士大夫之间形成了一股反对宦官的合力。对此宦官心生惧怕，便以"结党"之名诬陷这群反对者。要知道，皇帝最怕的就是臣子结党对统治不利。所以听从宦官们的

317

话，对这些人加以拘捕。而外戚窦武则以江山社稷与秦二世亡国的史实为言谈焦点，最终成功劝说桓帝释放了李膺等人。不难看出，如何最大限度地维护自己的统治是帝王行事的出发点，而东晋的党锢之祸实际上是宦官集团与士大夫太学生外戚集团的朝堂斗争。

【成语释义】 比喻不吸取失败教训，重犯错误。蹈，踏上；覆，翻车；辙，车轮压过的痕迹。

【活用例句】 他屡教不改，~是必然的。

【近义】 复蹈前辙

【反义】 前车可鉴、吃一堑，长一智

按图索骥

孙阳，春秋时秦国人，相传是我国古代最著名的相马专家，他一眼就能看出一匹马的好坏。因为传说伯乐是负责管理天上马匹的神，因此人们都把孙阳叫做伯乐。

据说，伯乐把自己丰富的识马经验，编写成一本《相马经》，在书上，他写了各种各样的千里马的特征，并画了不少插图，供人们作识马的参考。

伯乐有个儿子，资质很差，他看了父亲的《相马经》，也很想出去找千里马。他看到《相马经》上说："千里马的主要特征是，高脑门，大眼睛，蹄子像摞起来的酒曲块"，便拿看书，往外走去，想试试自己的眼力。

走了不远，他看到一只大癞蛤蟆，赶紧捉回去告诉他父亲说："我找到了匹好马，和你那本《相马经》上说的差不多，只是蹄子不像摞起来的酒曲块！"

伯乐看了看儿子手里的大癞蛤蟆，不由感到又好笑又好气，幽默地说："这'马'爱跳，没办法骑呀！"

——《汉书·梅福传》

【故事启示】 伯乐儿子把癞蛤蟆误认为千里马带回家，这是文学作品中的一种夸张手法。然而，实际生活中，死背教条，生搬硬

套，以致闹出笑话，招致损失的事例，确实是屡见不鲜。前人传下来的书本知识，固然应该努力学习，虚心继承，但是，"尽信书不如无书"，在借鉴前人知识的同时，也应该注重实践，在实践中切实验证，牢固掌握，并加以发展。

【成语释义】 按照画好的图形去寻找好马。比喻按线索去寻找需要的东西。也比喻依照教条办事，不知变通。按图，按照图形；索，寻找；骥，好马。

【活用例句】 工具书中索引的作用，就在于能让人～，很快找到自己所要的资料。

【近义】 照本宣科、生搬硬套

【反义】 不落窠臼、随机应变

退避三舍

春秋时期，晋献公听信谗言，杀了太子申生，又派人捉拿申生的弟弟重耳。重耳闻讯，逃出了晋国，在外流亡十几年。经过千辛万苦，重耳来到楚国。楚成王认为重耳日后必有大作为，就以国君之礼相迎，待他如上宾。

一天，楚王设宴招待重耳，两人饮酒叙话，气氛十分融洽。忽然楚王问重耳："你若有一天回晋国当上国君，该怎么报答我呢？"

重耳略加思索说："美女侍从、珍宝丝绸，大王您有的是，珍禽羽毛，象牙兽皮，更是楚地的盛产，晋国哪有什么珍奇物品献给大王呢？"

楚王说："公子过谦了。话虽然这么说，可总该对我有所表示吧？"

重耳笑笑回答道："要是托您的福。果真能回国主持朝政的话，我愿与贵国友好。假如有一天，晋楚国之间发生战争，我一定命令军队先退避三舍，如果还不能得到您的原谅，我再与您交战。"

四年后，重耳真的回到晋国当了国君，就是历史上有名的晋文公。晋国在他的治理下日益强大。

公元前633年，楚国和晋国的军队在作战时相遇。晋文公为了实现他许下的诺言，下令军队后退九十里，驻扎在城濮。楚军见晋军后退，以为对方害怕了，马上追击。晋军利用楚军骄傲轻敌的弱点，集中兵力，大破楚军，取得了城濮之战的胜利。

成语"退避三舍"便由此而来。

——《左传·僖公二十三年》

【故事启示】 两军交战时，一方退让，情况大致有二：一是另一方实力较强，暂时避其锋芒，二是麻痹另一方，使其放松警惕，起到骄敌的作用。随后，出其不意，攻其不备，一举战胜之。晋文公的退避三舍，便属于后者。此外，此举还有回报当年楚王知遇之恩的意思。退避三舍，即你来，我先退，给你警告。再来，再退，再给警告。但事不过三。退，将发生两种情况：一种是有远见的人会考虑，这不是软弱可欺，应该谨慎，以防有诈；另一种是对方软弱可欺，逼对方到墙角，再予打击。如果楚军在晋文公退避三舍后，不麻痹轻敌，而是谨慎追击，可能城濮之战会有另一番结局。

【成语释义】 主动退让九十里。比喻退让和回避，避免冲突。舍，古时行军以三十里为一舍。

【活用例句】 看他那怒发冲冠的样子，就是老虎看见了，也得～。

【近义】 敬而远之

【反义】 针锋相对

柳暗花明

陆游，字务观，号放翁，是南宋著名的爱国诗人。他的诗抒发了抗金爱国的情怀，一度得到孝宗的赏识，所以入朝当了军器少监。公元1166年，陆游由于力主抗金，受到朝廷里主和派的百般排挤，不断上书皇帝，诬陷他终日赏花吟诗，不务正业，皇帝偏听偏信，陆游被免去隆兴（今南昌）通判的职务，遣送回家乡山阴。

回家途中，陆游去看望临川（抚州）的老朋友李浩。此时，李浩刚接到受任靖江知府的职务。陆游一方面向他表示祝贺，同时又为自己不能有机会报效国家而感到万分难过。经过一个多月的长途跋涉，陆游怀着满腔的愤怒，终于回到了山阴。陆游回到故乡山阴闲居三年，靠读书打发日子。

　　话说陆游家坐落在县西九里以外鉴湖边上的三山，那里山清水秀，松竹成荫，屋前场后种着海棠、辛夷、杜鹃等奇花异草，是个风景美丽的地方。陆游非常喜爱这个地方。

　　公元1167年4月的一天，春光明媚，风和日丽，气候宜人。陆游独自一人拄着拐杖外出游览，沿着鉴湖，踏上了去西山游览的道路。走着走着，山路渐渐盘曲起来。大约走了一个多时辰，人烟越来越少。当他登上一个斜坡时，只见前面山重水复，无路可走了。陆游游兴正浓，不肯回去，便顺着山坡向前走了几十步，拐过山角，突然发现前面有一片空旷的谷地，一个几十户人家的村庄掩映在绿柳红花之中，就像传说里的桃花源一样。陆游高兴极了，进村去拜访村民，村民们也摆酒设宴盛情款待了这位来自山外的客人。

　　那地淳朴的民风使陆游十分感动，所以回到家后，便写了一首著名的七言律诗《游山西村》，其中的"山重水复疑无路，柳暗花明又一村"，就成为千古传颂的名句。上述诗句既描绘了大自然的景象，又表达了诗人对未来寄予希望的心境。

　　　　　　　　　　　　　　　　　　——《游山西村》

　　【故事启示】　人生道路上，只要人们正视现实，面对重重艰难险阻，不退缩，不畏惧，勇于开拓，发奋前进，那么，前方将是一个充满光明与希望的崭新境界。别轻易言降，而要记住："有困难，就有突破口！"关键在于我们能否勇往直前、义无反顾。很多时候，挺一挺，坚持坚持，就能柳暗花明又一村。

　　【成语释义】　垂柳浓密，鲜花夺目。形容柳树成荫，繁花似锦的春天景象。也比喻在困难中遇到转机。

　　【活用例句】　走到小路尽头，一拐弯，我顿时觉得～，又是一番景象。

　　【反义】　穷途末路、走投无路

前倨后恭

　　战国时期，诸侯国林立，主要有秦、燕、赵、齐、楚、韩、魏，史称"战国七雄"。其中，秦国由于在政治上和经济上实行一系列的改革，国家实力最强，时不时与其他六国交战。六国的统治集团内部，于是出现了亲秦、反秦两派：亲秦派主张六国同秦国和好相连，尽量不招惹秦国，不给秦国发动战争的借口叫做"连横"；反秦派则主张六国由南到北联合起来，对抗秦国，叫做"合纵"。

当时有许多谋士，在各个诸侯国推行自己的主张，一旦这些主张被采纳，谋士们就一日成名，身价倍增。苏秦就是这样的一个谋士。

苏秦先到秦国，游说秦王，竭力宣传"连横"的主张，鼓励秦国先稳住其他六个诸侯国，然后逐步将其一一吞并。秦王拒绝采纳苏秦的主张，表面上的理由是秦国对别的诸侯国并无野心，因此对"连横"没有兴趣。实际上是秦国还没有做好统一中国的充分准备。苏秦眼看钱财行将用完，衣服也都破旧了，无奈之下，垂头丧气地回到洛阳的老家。

家里的人，见苏秦这样狼狈地回来，父母懒得同他讲话，妻子只顾织布，看也不看他一眼，他要求嫂子给他弄点吃的，嫂子不但不给，还数落了他一顿。苏秦非常伤心，立志苦读，一定要争口气。他日夜用功，研究兵法，研究各诸侯国的形势，认为说服六国采纳"合纵"的策略以应会秦国是可行的。

后来，他去燕、赵，说服了燕国、赵国，然后又逐步使燕、赵、齐、楚、韩、魏六国结成以楚国为首的同盟，联合对付秦国。苏秦则兼任六国的军队总参谋。秦国得知这一形势后，再也不敢随便出兵攻打六个诸侯国中的任何一个了。这种状况相持了约十五年之久，直到秦始皇统一中国。

苏秦既是六国的军队总参谋，所以在六个诸侯国间来往就很有地位了。有一次，他因公路过老家洛阳，当地的官员早就命人预先清扫街道，列队欢迎。苏秦的父母，拄着拐杖，也早早在大路口等候。回到家里，妻子躲在旁边，不敢正眼看他。苏秦的嫂子更是毕恭毕敬，连连行礼。苏秦笑道："嫂何前倨而后卑也？"意思是说，嫂子，你的态度怎么变化这么大呀。以前瞧不起我，现在却这样谦卑。苏秦的嫂子战战兢兢地回答说："如今小叔子做了大官，发了大财，我哪敢像从前一样啊。"苏秦不禁感叹道："人贫穷了，父母都懒得瞧自己一眼，富贵了，连亲戚都害怕你，难怪人们看重权势利禄了！"

——《战国策·秦策一》

【故事启示】　苏秦出生于穷乡僻壤，但他不甘贫苦，立志要活得有尊荣。他勤学苦读，终于靠着口才让诸侯国君采纳了他的"合纵术"，一朝成名而拥有万贯家财。家人对他的态度也由冷嘲热讽到毕恭毕敬、巴结奉承，来了个一百八十度大转弯，受到的待遇可用天壤之别来形容。其实，像苏秦嫂子这样的人属小人之列，这些人往往靠巴结富贵之人，谋得些许银两。而君子则靠自己的真才实学来发财致富。君子应当以平等心对待他人，做人要有志气，有骨气。

【成语释义】　先前傲慢，后来恭敬。多用来指以貌取人或特别势利的人，对人接物的态度前后不一。倨，傲慢；恭，恭敬。

【活用例句】　小丽平日里总嘲笑老公没本事，自从老公中了800万巨奖，小丽对老公好极了！真是～啊！

【近义】　前倨后卑

南辕北辙

战国后期，一度称雄天下的魏国国力渐衰，可是国君魏安厘王仍想出兵攻打赵国（邯郸）。正出使别国的谋臣季梁听到这个消息后，走到半路赶紧返回来，衣服上的皱折顾不得整理平整，脸上的尘土也顾不得洗干净，就急急忙忙去见魏安厘王，进行劝阻。

魏王正在布署攻打赵国的计划。他看见季梁风尘仆仆的样子，很奇怪，问季梁："你有什么事这么着急见我？连衣帽都不整理一下？"季梁说："大王，刚才我在路上遇到一件奇怪的事。赶紧来禀报大王。"魏王很好奇，连问是什么事。季梁说："这回我从外地回来的路上，在太行山脚下碰见一个人，正坐在他的马车上，面朝北面，告诉我说，他要到楚国去。我对他说：'到楚国去应往南方走，你这是在往北走，方向不对。'那人满不在乎地说：'没关系，我的马快着呢！'我替他着急，拉住他的马，阻止他说：'方向错了，你的马再

323

快，也到不了楚国呀！'那人说：'没关系，我带的路费多着呢！'

我说：'虽说你路费多，可是你走的不是那个方向，你路费多也只能白花呀！'那个一心只想着要到楚国去的人有些不耐烦地说：'这有什么难的，我的车夫赶车的本领高着呢！'我只好无奈地松开了拉住车把子的手，眼睁睁看着那个盲目上路的魏人在马车的带领下，一直向北走去。那个魏国人，不听劝说，仗着自己的马快、钱多、车夫好等优越条件，固执地朝着相反的方向走。他条件越好，他就只会离要去的地方越远，因为他的大方向错了。"

季梁偷偷观看了一下魏王的脸色后，接着说："现在大王动不动就想称霸，依仗自己的国家和军队强大，就去攻打赵国，想扩展地盘，抬高声威。可是，您知道吗？您这样的行动越多，距离统一天下为王的目标就越远，这正像要去楚国却向北走的行为一样啊！"

魏王这才明白，原来季梁是在绕着圈子劝说自己。他低头默默地想了一会儿，觉得季梁说的有道理，于是取消了攻打赵国的计划。

由这个故事，就产生了成语"南辕北辙"。

——《战国策·魏策四》

【故事启示】　大方向错了，花的力气越大，离目标就越远。因此，办事之前，一定要选好方向。具体到学习方面，方法对头，事半功倍，轻轻松松就能取得好成绩。如果学习方法或解题方法不对头，即使花费再多的时间和精力，学习效率也不会高到哪去。尤其是在解数学题时，一定要先想好解题的方法，理清思路，然后再进行演算。解题思路不对，花再多的时间演算，也是白白浪费力气。

【成语释义】　本来要向南前进的车却向北行驶。现常比喻实际行动与预定目标相反。辕，车前驾牲口的横木，表示车前进的方向；辙，车轮留下的痕迹，表示车走的道路。

【活用例句】　这件事的最终结果，跟当初的设想一比，简直是～，相差太远了！

【近义】　背道而驰

【反义】　殊途同归

指鹿为马

秦始皇死后，赵高和李斯专政，他们为保住自己权势，假传"圣旨"，令本应继承皇位的秦始皇大儿子扶苏自杀身亡，控制秦王的次子胡亥即位成了秦二世。赵高则做了宰相高职。"一人之下，万人之上"的赵高仍不满足，日夜盘算着要篡夺皇位。可是，朝中大臣有多少人能听从他，有多少人反对他，他心中没底。于是，他想了一个办法，准备试一试自己的威信，同时也可以摸清敢于反对他的人有多少，都有谁。

一天上朝时，赵高让人牵来一只鹿，满脸堆笑地对秦二世说："陛下，我献给您一匹好马。"秦二世一看，心想：这哪里是马，这分明是一只鹿嘛！便笑着对赵高说："丞相搞错了，这里一只鹿，你怎么说是马呢？"赵高面不改色心不跳地说："请陛下看清楚，这的确是一匹千里马。"秦二世又看了看那只鹿，将信将疑地说："马的头上怎么会长角呢？"赵高一转身，用手指着众大臣，大声说："陛下如果不信我的话，可以问问众位大臣。"

大臣们都被赵高的一派胡言搞得不知所措，私下里嘀咕：这个赵高搞什么名堂？是鹿是马这不是明摆着吗！当看到赵高脸上露出阴险的笑容，两只眼睛骨碌碌轮流地盯着每个人的时候，大臣们忽然明白了他的用意。

一些胆小又有正义感的人都低下头，不敢说话，因为说假话，对不起自己的良心，说真话又怕日后被赵高陷害。有些正直的人，坚持认为是鹿而不是马。还有一些平时就紧跟赵高的奸佞之人立刻表示拥护赵高的说法，大言不惭地对皇上说："这确是一匹千里马！"

结果，赵高通过各种手段把那些不顺从自己的说真话的正直大臣纷纷治罪，甚至满门抄斩。从此，留下"指鹿为马"成语。

——《史记·秦始皇本纪》

【故事启示】　赵高通过"指鹿为马"的戏份考验群臣，应用了心理学上的顺从现象。顺从性强的人缺乏主见、易受暗示，或慑于权势、权威的情境下，常会表现出顺从现象。秦二世虽然对马提出质疑，但毕竟年幼，还要听听群臣之见。而群臣当中，一些人慑于权势而不表态，一些人阿谀奉承，说假话，进而又带动了一些顺从者及从众的人也跟着颠倒黑白。这样，赵高"指鹿为马"的谎言就占了上风。

【成语释义】 把鹿说成马。比喻故意颠倒黑白、混清是非。

【活用例句】 官职越大的人，越是应该明辨是非。如果故意~，混淆视听，终会让人讨厌。

【近义】 颠倒黑白、混淆是非

【反义】 是非分明

栉风沐雨

大禹姓姒，是上古的治水英雄，也是中国历史上杰出的部落首领。

远古时期，天地茫茫，混沌初开，人民饱受海浸水淹之苦。尧当政时，派大禹的父亲鲧去治水，但是鲧逢洪筑坝，遇水建堤，主要采用堵塞洪水的办法来治水，结果洪水泛滥的情况反而越来越严重。舜接替尧做部落联盟首领之后，多次亲自到各处去巡视治水情况，但是洪水泛滥的局面并没有改变，于是舜处置了治洪不力的鲧，并派鲧的儿子禹继续治水。

大禹来到洪水泛滥的地区以后，并没有马上动手治理洪水，而是对各地灾情进行认真研究。他发现以前治水之所以不能取得成功，是因为自己的父辈一直采用堵塞洪水的办法，结果堵得越久，洪水泛滥的程度就越严重，所以他决定改用疏导的办法来治理水患。确定了治水方案之后，大禹亲自率领徒众和百姓，带着简陋的石斧、石刀、石铲等工具开始治水。他根据山川河流的位置重新设计水道，决定开山劈石，以便让洪水由小河流入大河，最后再流进大海，这样一来就可以解决洪水泛滥的问题了。

但是治水说起来容易，做起来难。在大禹生活的年代，人们的生活条件非常艰苦，再加上连年遭受洪灾，生活更加困苦。现在大禹要开山劈石，掘渠引洪，那劳动有多艰苦，工程有多宏大也就不用多说了。为了治水，人们用坏了一件又一件工具，磨坏了一身又一身衣服，但他们从来没有放弃过。他们风餐露宿，粗衣淡饭，风里来雨里去，辛勤劳动。尤其是大禹，他起早贪黑，亲自掘土背筐。他兢兢业业，腰累疼了，腿累肿了，仍然不敢懈怠。大禹的脸晒黑了，人累瘦了，甚至连小腿肚子上的汗毛都被磨光了，脚指甲也因长期泡在水里而脱落。但大禹没有时间注意这些，他心里想的只有治水，根本就顾不上仪表风范和身体病情。下场雨他就当借机洗洗头发，刮阵风他就当老天来给他梳了梳头发。他为了治水终日奔走，但是却从来没有抱怨过。

大禹治水十三年，三次路过自己的家门都没有时间进去看一看。有一次他在自家屋檐下躲雨正碰上妻子生产，大家都劝他进去看一下，但他怕影响治水，还是狠狠心离开家继续去治理洪水了。就这样，他把自己的全部身心都用在开山挖河、治理洪水的事业中了。通过努力，大禹终于带领百姓疏通了河道，洪水再也不能为害作乱，全都乖乖地流到大海中去了。

后来，人们根据史料记载大禹治水时"沐甚雨，栉疾风"，引申出成语"栉风沐雨"。

——《庄子·天下》

【故事启示】　尧用鲧治水，"九年而水不息"，最终由于鲧"治水无功"被尧流放。事实上，鲧除了脑子爱钻牛角尖外，其实并没有太大过错。相反，尧却犯了用人不当的错误，他明知鲧不可用而用之，最后鲧"治水无功"还把责任推到鲧身上。这和今天有些领导的行事作风倒是非常相像。鲧之后，大禹登场了。他"沐甚雨，栉疾风"，治起水来不辞劳苦，采用"改堵为疏"的治理之道，治水成功。这说明只要积极发挥个人聪明才智，人定胜天。

【成语释义】　风梳发，雨洗头。形容人经常在外面不顾风雨地辛苦奔波。栉，梳头发；沐，洗头发。

【活用例句】　崔医生常常到偏远地区行医，救死扶伤，～，令人无比敬仰。

【近义】　风餐露宿

327

城狐社鼠

晋朝时期，朝廷上有个左将军叫王敦，他的长史官是谢鲲，他俩常在一块议论朝廷上的事情。由于王敦在当时掌握着长江上游的几乎全部兵力，对东晋朝廷形成潜在威胁。为了削弱他的兵力，皇帝司马睿分别任命刘隗和戴渊为镇北将军，各拨万人严加防范。名义上是防范北方各国的南侵，实际上是对付王敦。

王敦觉察到这些后，有一天，王敦便对谢鲲说："刘隗这个人，奸邪作恶，危害国家，我想把这个恶人从君王身边铲除掉，以此来报效朝廷。你看行吗？"

谢鲲想了想，摇着头说："隗诚始祸，然城狐社鼠也。"意思是说，千万使不得呀，刘隗虽然是个祸害，但是他就像是藏在城墙里的狐狸，躲在神庙里的老鼠一样，要想捕杀不得不有所顾忌。毕竟，要挖掘狐狸，恐怕要把城墙弄坏；要用火熏死老鼠，或用水灌死老鼠，又怕毁坏了神社庙宇。如今这个刘隗是君王的近臣，依靠的是晋元帝司马睿的力量，势力相当大，恐怕不容易除掉他。

王敦听了谢鲲的话，非常不高兴。后来，王敦对谢鲲很是不满，用他为豫章太守，但又不放他去上任。永昌元年（公元322年）正月，王敦从荆州起兵，以诛刘隗为名进攻建康，犯上作乱。司马睿知道后大怒，命刘隗等人回建康准备防守，司马睿更亲自披甲出镇城郊。后来，王敦之乱得以平定。王敦被摆成长跪的姿势戮尸。

——《晋书·谢鲲传》

【故事启示】 王敦拥兵自重，皇帝任用刘隗和戴渊，牵制王敦。王敦深感受到束缚，借口说刘隗是奸邪，危害国家，必须清除他这个潜伏在皇帝身边的"君侧之奸"，为起兵反叛寻求一个冠冕堂皇的借口。起兵前他就此事询问谢鲲的意见时，谢鲲说："隗诚始祸，然城狐社鼠也。"阻止王敦起兵。也正因为此，朝廷平定王敦之乱后，谢鲲没有受到什么牵连。正所谓"邪不压正"，一个人惟有擦亮双眼，认清邪正，不随波逐流，才是安身立命之本。

【成语释义】 以城墙为凭借的狐狸，以土地庙为依托的老鼠。比喻依仗别人的权势，为非作歹的坏人。社，古时指土地神及其庙宇。

【活用例句】 以事论，则现在的教育界中实无豺虎，但有些～之流，那是当然不能免的。（鲁迅《华盖集·"公理"的把戏》）

【近义】 牛鬼蛇神

【反义】 正人君子

食言而肥

史书记载：六月，公至自越。季康子、孟武伯逆于五梧。郭重仆，见二子，曰："恶言多矣，君请尽之。"公宴于五梧，武伯为祝，恶郭重，曰："何肥也！"季孙曰："请饮彘也。以鲁国之密迩仇雠，臣是以不获从君，克免于大行，又谓重也肥。"公曰："是食言多矣，能无肥乎？"饮酒不乐，公与大夫始有恶。

春秋时期，鲁哀公二十五年六月，鲁哀公从越国回来，孟武伯和另一位卿士季康子在五梧迎接他。当时，大臣郭重跟随在哀公身边。郭重看到孟武伯等人表面一套，背后一套，便对鲁哀公说："大王，这两个人经常说你坏话，你要留心观察。"当然孟武伯也十分厌恶郭重。

后来，鲁哀公在五梧设宴宴请群臣，孟武伯代表向哀公敬酒时，便想找机会羞辱郭重，于是，在宴席上孟武伯就故意问郭重："你吃了什么东西这样肥胖啊？"当下季康子认为孟武伯说话失当，便插话说："应该罚孟武伯的酒。郭重跟随国君辛苦奔波，你却说他胖，真不像话。"鲁哀公听了，便代替郭重说道："食言多也，能无肥乎！"意思是说，郭重吃自己的话太多了，能不肥吗？这话表面上是说郭重，其实是暗讽孟武伯和季康子一惯说话不算数。

大家虽然喝酒但都不高兴，哀公和大夫孟武伯、季康子从此就互相有了厌恶感。

"食言而肥"就是从此而来。

——《左传·哀公二十五年》

【故事启示】 诚信是做人之本，也是立业之基。如果不讲诚

329

信，即使暂时能占点小便宜，但最终会失掉人心。失掉人心，也就意味着自己远离了朋友，远离了成功。孟武伯的可悲之处便在于，不仅不反省自己的缺点，反而总是从别的人身上找原因，以致于自取其辱。

【成语释义】　指不守信用，说话不算数，只图自己占便宜。食言，失信。

【活用例句】　小刚这个人～，万万不可与他深交。

【近义】　自食其言、言而无信

【反义】　言必行，行必果

信口雌黄

魏晋时期的上层社会盛行清谈之风，西晋大臣王衍就是个很有名的清谈家。他从小就口齿伶俐，曾在文学名家山涛府上做客。大家都对他清秀的外表和文雅的举止加以称赞，但山涛却感叹道："日后耽误天下的，就是这种人啊！"

王衍成年后，担任元城县令时很少办公事，经常约人在一起没完没了地闲聊。他喜欢老庄学说，每天谈的多半是老子、庄子的玄理，还常常用老子、庄子的学说解释儒家经义。清谈时手里拿着麈尾拂尘，满嘴都是空虚的怪话。他讲话时轻声慢语，时常前后矛盾，漏洞百出，别人指出他的错误或提出质疑，他也满不在乎，甚至不假思索，随口更改。于是当时人说他是"口中雌黄"。

王衍做事也是这样。他先是看太子很有前途，就把女儿嫁给太子为妃。后来太子被别人陷害，他怕牵连到自己，又立刻上书请求与太子脱离关系。太子的冤案真相大白后，他被判终身禁锢。在这之后的"八王之乱"中，王衍被两位很有权势的王爷看中，任他为尚书令。他只顾着扩大自己的势力，而不管天下百姓。

当西晋灭亡时，他还随口说："我一向不干预朝政，罪不在我。"不过，王衍还是难逃一死，最终被敌军活埋在瓦砾堆里。

《颜氏家训》中也有"观天下书未遍，不得妄下雌黄"之论。

——《晋阳秋》

【故事启示】 其实，"雌黄"原本是一种矿物，其化学成分为三硫化二砷，其晶体多呈柠檬黄色，可用来制成颜料或做褪色剂，而古代写字用的纸多为黄色，古人在抄书或校书时一旦遇有错字误书处，便可用雌黄将错误处涂掉，然后改写。后来，人们进一步将用雌黄涂改、修正错误字句的动作亦称为"雌黄"，并将其义引申为评论和修改别人的诗文。而将"信口"与"雌黄"联系在一起的正是故事中的这位王衍先生。令人好笑的是，他是做为一个形容不顾事实，随口乱说的典范，这种"典范"还是不做为好吧！

【成语释义】 古时写字用黄纸，写错了就用雌黄涂了重写。比喻不顾事实，随口乱说。雌黄，鸡冠石，黄赤色。

【活用例句】 这个盗窃犯交待犯罪事实时躲躲闪闪，～。

【近义】 胡说八道、信口开河

【反义】 言之凿凿

挟天子以令诸侯

战国中期，秦国因为实行了一系列的改革措施而逐渐强大起来，便开始谋求开疆扩土。那么，先攻打哪里最好呢？秦惠王九年（公元前318年），大臣司马错和张仪在秦惠王面前就此问题展开了一场争论。

张仪说："我们先跟魏国和楚国搞好关系，然后出兵三川（今河南洛阳一带，因境内有黄河、洛河、伊河三川，而称为"三川"之地），堵住韩国的要塞，再让魏、楚两国配合我们，就可以攻占新城（今河南伊川县西）和宜阳（今河南宜阳西），逼近东西二周的城郊，讨伐周王。周王自知没有人能救他，必然会献出象征天下王权的九鼎宝器。我们九鼎在手，地图、户籍在握，挟持天子然后向天下诸侯发号施令，这就是王业啊！那小小的蜀地，不过是僻远之土，夷狄居住的地方。俗话说'争名于朝，争利于市'，三川和周室就是天下的'朝'和'市'。我们放着这样的好地方不去，却偏偏要兴师动众，劳民伤财，去占领蜀地那个穷乡僻壤，这不是离大王的霸业越来越远吗？"

司马错只是微微一笑，摇了摇头说："事情不会像你说的那样简单。"说着，他把脸转向惠王，伸出三个手指说："大王，下臣听说，要想成就霸业，必须具备三个条件：一是富国，二是强兵，三是要天下人响应。要想富国，就要想办法开疆扩土；要想强兵，就要使百姓丰衣足食；要想让天下人响应，就要广施德政。这三个条件具备了，大王一统天下的霸业也就完成了。现在大王您地少人稀，下臣觉得还是应从容易的地方入手。蜀地地域偏远，是戎狄之邦，首领暴虐，国内混乱不堪。我们秦兵一到，就如同猛虎进了羊群，不用费什么力气就可以占领蜀地。我们有了那里的土地，扩大了疆土，从那里得到的财物可以使我们的百姓生活得更好。我们的军队不受损失，蜀地的百姓也不受伤害，而我们还获得了除暴安良的好名声，岂不是名利双收吗？"

司马错说到这里，转头对张仪说："你说要攻韩、劫持天子。天子力量虽弱，但众诸侯表面上还得尊崇他，我们根本就没有必要担这样的恶名。其他六国地域相连，他们一旦看清了利害关系，必然会联兵抗秦。凭我们现在的力量，灭掉蜀国是不会有问题的，但要击败六国的联军，恐怕还不行，那又何必自找麻烦呢？"

秦惠王最后决定采用司马错的主张，立刻兴兵伐蜀。蜀地被征服后，秦国更加富强，诸侯国相比之下更加弱小了。

——《战国策·秦策》

【故事启示】　这是记叙战国时秦国关于外交军事的一番争论。有道是："欲速则不达"。张仪的"～"一策看似切中要害，但未免有点急功近利。相比之下，司马错的"富国强兵得天下"的思想，则比较务实。这两种策略如何取舍，也是需要分实际情况来讨论，在运用时，不能盲目照搬。

【成语释义】　挟制着皇帝，用皇帝的名义发号施令。现比喻用领导的名义按自己的意思去指挥别人。

【活用例句】　曹操将"～"作为自己的政治优势，借天子的号令讨伐敌对势力，平定了北方，拥有了统一天下的实力。

闻鸡起舞

晋代的祖逖是个胸怀坦荡、具有远大抱负的人，可他小时候却是个不爱读书的淘气孩子。进入青年时代，他意识到自己知识的贫乏，深感不读书无以报效国家，于是就发奋读起书来。他广泛阅读书籍，认真学习历史，从中汲取了丰富的知识，学问大有长进，渐渐受到人们的称赞。他曾几次进出京都洛阳，接触过他的人都说，祖逖是个能辅佐帝王治理国家的人才。祖逖24岁的时候，曾有人推荐他去做官，他没有答应，仍然不懈地努力读书。

后来，祖逖和幼时的好友刘琨担任司州主簿。二人志趣相投，白天同赴州府办公，晚上合盖一条被子睡觉，而且还有着共同的理想：建功立业，复兴晋国，成为国家的栋梁之才。

一次，半夜里祖逖在睡梦中听到公鸡的鸣叫声，他一脚把刘琨踢醒，对他说："别人都认为半夜听见鸡叫不吉利，我偏不这样想，咱们干脆以后听见鸡叫就起床练剑如何？"刘琨欣然同意。从此，"闻鸡起舞"就成了他们每天必修的功课。每天鸡叫后，两人就起床练剑，剑光飞舞，剑声铿锵。春去冬来，寒来暑往，从不间断。

功夫不负有心人，经过长期的刻苦学习和训练，他们终于成为能文能武的全才，既能写得一手好文章，又能带兵打胜仗。祖逖被封为镇西将军，实现了他报效国家的愿望；刘琨做了都督，兼管并、冀、幽三州的军事，也充分发挥了他的文才武略。

公元311年6月，匈奴攻陷洛阳，晋怀帝被俘。祖逖要求北伐，收复中原。司马睿内心不愿作战，只任命他为豫州刺史，要他自己招募军队，祖逖率领自己的部属横渡长江，当船到中流时，他举起桨来叩击着船舷，起誓说："我如果不能收复中原，就决不再渡江回到南方去！"有勇有谋的祖逖不久就夺回了黄河以南的全部国土。但他的行动引起了晋朝统治集团的疑忌，对他施加压力。公元321年，祖逖五十六岁时，怀着未了的志愿饮恨而死。

——《晋书·祖逖传》

【故事启示】 我们要学习祖逖的勤奋、自强不息和精忠报国，学习他坚持不懈的精神。克服惰性，严格要求自我，努力把自己塑造成一名栋梁人才。如此一来，既能报效祖国，又能实现个人价值，生活得更加美好！何乐而不为呢？那么，如何克服惰性呢？不妨先为自己树立一个理想的目标。有道是："意志是克服惰性的一种力量。"而这意志的形成，是要靠一个值得追求的目标。有这个目标在那里等待我们去达到，我们就觉得有理由激励自己。

【成语释义】 听到鸡叫就起来舞剑，后比喻有志报国的人及时奋起。

【活用例句】 岳飞从小立下报国志向，～，苦练武艺，终于成为一个精忠报国的民族英雄。

【近义】 奋发图强、孜孜不倦、废寝忘食

【反义】 苟且偷安、饱食终日

洛阳纸贵

晋代著名的文学家左思，小时候既顽皮，又不爱读书，加上身材矮小，容貌丑陋，说话又结结巴巴的，他的父亲左雍很看不起他，常常对外人说："我好后悔生了这么个儿子。"

有一天，左雍与朋友们聊天聊到左思，左雍叹口气说："快别提他了，小儿左思虽然快成年了，可他掌握的知识还不如我小时候呢。看来啊，他真是没多大出息了。哎！"说完，脸上流露出失望的表情。左思知道这些后，难过极了，不甘心受到这种鄙（bǐ）视。于是，开始发愤读书。

由于左思坚持不懈地发愤读书，他终于成为一位学识渊博的人，文章写得也非常好。当他读东汉班固写的《两都赋》和张衡写的《两京赋》时，虽然很佩服文章中宏大的气魄（pò）和华丽的词语，文章也写出了东京洛阳和西京长安的京城气派，但他觉得文章有点虚而不实。于是，他决心依据事实和历史的发展，写一篇《三都赋》，把三国时魏都邺（yè）城、蜀都成都、吴都南京写入赋中。

为写好《三都赋》，左思拜访专家，收集大量的历史、地理、物产、风俗人情的资料，还到蜀都、吴都、魏都三地去做实地调查，真是称得上"读万卷书,行万里路"了。他把自己关在一个书纸铺天盖地的屋子里,常常是好久才推敲出一个满意的句子。花了十年心血,左思的《三都赋》终于写成了!

可是,当左思把自己的文章交给别人看时,却受到了讥讽。当时一位著名文学家陆机也曾起过写《三都赋》的念头,他听说名不见经传的左思写《三都赋》,就挖苦道:"不知天高地厚的小子,竟想超过班固、张衡,太自不量力了!"他还给弟弟陆云写信说:"京城有位自高自大的家伙写《三都赋》,我看他写成的东西只配给我用来盖酒坛子!"

然而,左思却不甘心自己的心血被埋没,于是,找到了著名的文学家张华。张华先是逐句阅读了《三都赋》,然后细问了左思的创作经过,再回头来阅读时,越读越爱,连连称赞:"文章非常好!那些世俗文人只重视名气,不重视文章,别把他们的话放在心上。"

当时很有名气的皇甫谧(mì)看过《三都赋》后,还亲自提笔写了序言。很快,《三都赋》就在京都流行开了,连以前讥笑过左思的陆机听说后,也细细阅读起来,还说自己写《三都赋》肯定不会超过左思,便停下不写了。

后来,喜爱《三都赋》的人用手抄写下来阅读,抄写的人实在是太多了,京城洛阳的纸张供应不能满足人们的需求,一时间全城纸价大幅度上升,这就是"洛阳纸贵"的故事。

——《晋书·左思传》

【故事启示】 一个人要想写出一篇好文章、一部好书确实不是件容易的事情。左思写出《三都赋》让洛阳出现纸贵的现象,与他之前勤奋读书,积累下扎实的文学知识,以及收集了大量民情资料,做了大量的艰苦工作是分不开的。现实生活中,我们要想写出美文、精品书,就得以左思为学习的榜样。另外,洛阳纸贵的现象也说明写好文章的作用之大,无法估量,不仅能给予大众以精神食粮,还能给社会带来巨大的经济效益。

【成语释义】 因为抢着抄写左思的《三都赋》,以致洛阳的纸价高起来了。形容写文章、著作有价值,广泛流传,风行一时。

【活用例句】 此书一出,顿时~,受到学界的普遍重视。

335

狡兔三窟

春秋时期，在齐国有位名叫孟尝君的人，他非常喜欢与文学家还有侠客风范的人交朋友，为了能与他们常讨论国家大事，总喜欢邀请这些人到家中长住。在这些人当中，有位叫冯谖的人，他常常一住就是住上很长一段时间，但是却什么事都不做，孟尝君虽然觉得很奇怪，但是好客的他还是热情招待冯谖。

有一次，冯谖替孟尝君到薛地这地方讨债，但是他不但没跟当地百姓要债，反而还把债倦全烧了，薛地人民都以为这是孟尝君的恩德，而心里充满感激。直到后来，孟尝君被齐王解除相国的职位，前往薛地定居，受到薛地人热烈的欢迎，孟尝君才知道冯谖的才能。

一直到这时候，不多话的冯谖才对孟尝君说："通常聪明的兔子都有三个洞穴，才能在紧急的时候逃过猎人的追捕，而免除一死。但是你却只有一个藏身之处，所以你还不能把枕头垫得高高地睡觉，我愿意再为你安排另外两个可以安心的藏身之处。"

于是，冯谖去见梁惠王，他告诉梁惠王说，如果梁惠王能请到孟尝君帮他治理国家，那么梁国一定能够变得更强盛。于是梁惠王派人邀请孟尝君到梁国，准备让他担任治理国家的重要官职。可是，梁国的使者一连来了三次，冯谖都叫孟尝君不要答应。梁国派人请孟尝君去治理梁国的消息传到齐王那里，齐王一急，就赶紧派人请孟尝君回齐国当相国。

冯谖要孟尝君向齐王提出希望能够拥有齐国祖传祭器的要求，并且将它们放在薛地，同时兴建一座祠庙，以确保薛地的安全。祠庙建好后，冯谖对孟尝君说："现在属于你的三个安身之地都建造好了，从此以后你就可以垫高枕头，安心地睡大觉了。"

此即成语"狡兔三窟"的来历。阅读时，可与"高枕无忧"的成语故事进行对照。由于焦点不同，所以即使是同一情节，在文字表述上也不尽相同。

——《战国策·齐策四》

【故事启示】 当孟尝君因遭人诬陷而不得不返回薛地，却出乎意料地受到当地民众扶老携幼的夹道欢迎，让孟尝君明白冯谖为他"买义"的缘由，并由衷感激冯谖的良苦用心。应该说，冯谖为孟尝君出谋划策纯出于一个食客对主人的赤胆忠心，但至少可以看出，冯谖的"狡兔三窟"之计是因为他看到了"天有不测风云，人有旦夕祸福"，所以他未雨绸缪，为孟尝君后来的平安打下了坚实基础。

【成语释义】 狡猾的兔子有三个洞穴。原比喻藏身的地方特别多，用来躲避灾难祸患。现多比喻掩盖的方法多，隐身的计划周密。窟，洞穴。

【活用例句】 在旧社会，官僚政客们常常～，八面玲珑，为自己多留后路。

绕梁三日

战国时期，韩国有一个叫韩娥的女子来到齐国，因为一路饥饿，断粮已好几日了，于是在齐国临淄城西南门卖唱求食。她美妙而婉转的歌声深深地打动了听众的心弦，给人们留下了深刻的印象。三天以后，人们还听到她的歌声的余音在房梁间缭绕，人们都说韩娥之歌"余音绕梁，三日不绝"。

韩娥投宿一家旅店，因为贫困，旅店的老板对韩娥很不礼貌，还辱骂她，韩娥遭到了旅店主人的侮辱，伤心透了，"曼声哀哭"而去。声音是那么悲凉，凡是听到她歌声的人都觉得好像沉浸在哀怨里。一时间，"老幼悲愁，垂泪相对，三日不食"，旅店主人只好又把她请回来唱一首欢乐愉快的歌曲。韩娥"复为曼声长歌"，众人闻之"喜跃抃舞，弗能自禁"，气氛顿时欢悦起来，把此前的悲愁全忘了。其歌声之动人，乃至于此。

韩娥的歌声，婉转动听，几天后，似乎还在耳边回响，在屋梁间飘荡。因此，后世就有了"绕梁三日""余音绕梁"的成语典故。

——《列子·汤问》

【故事启示】 韩娥、秦青、薛谭是战国时期的歌唱家。韩娥

337

先于秦青和薛谭，是一位女歌唱家。她的歌声如此动听，可惜生不逢时，贫困度日。倘若生在当今，她凭借天籁般的歌喉，定当吸引无数粉丝前来，成为坐拥千百万资金的女富豪。

【成语释义】 绕梁，在房梁间缭绕飘荡。余音环绕屋梁旋转三天。形容美妙动听的声音。

【活用例句】 音乐会上那美妙的钢琴声，现在仿佛还回响在我耳边，真是~啊。

【近义】 余音绕梁

南柯一梦

传说，有一个叫淳于棼的人，平时喜欢喝酒。他家的院中有一棵根深叶茂的大槐树，盛夏之夜，月朗星疏，晚风习习，是一个乘凉的好地方。

淳于棼过生日的那天，亲朋好友都来祝寿，他一时高兴，多喝了几杯酒。天色晚了，亲友们都陆陆续续地回去了，淳于棼带着几分醉意在大槐树下歇凉，不知不觉间睡着了。

梦中，淳于棼被两个使臣邀去，进入一个树洞。洞内晴天丽日，别有世界，号称大槐国。正赶上京城举行选拔官员考试，他也报了名。考了三场，文章写得十分顺手。等到公布考试结果时，他居然名列榜首。紧接着皇帝进行面试。皇帝见淳于棼长得英俊潇洒，又很有才气，非常喜爱，就亲笔点为头名状元，并把公主嫁给他为妻。状元郎成了驸马郎，一时京城传为美谈，好有面子。

婚后，夫妻感情十分美满。不久，淳于棼被皇帝派往南柯郡任太守。淳于棼勤政爱民，经常到属地内调查研究，检查部下的工作，各地的行政都非常廉洁有效，当地百姓大为称赞。三十年过去了，淳于棼的政绩已是全国有名，他自己也有了五男二女七个孩子，生活非常得意。皇帝几次想把淳于棼调回京城升迁，当地百姓听说后，都纷纷涌上街头，挡住太守的马车，强行挽留他在南柯继任。淳于棼为百姓的爱戴所感动，只好留下来，并上表皇帝说明情况。皇帝欣赏他的政绩，就赏给他许多金银财宝，以示奖励。

有一年，檀萝国派兵侵犯大槐国，大槐国的将军们奉命迎敌，不料几次都被敌兵打得大败。败报传到京城，皇帝震动，急忙召集文武官员们商议对策。大臣们听说前线军事屡屡失利，敌人逼近京城，凶猛异常，一个个吓得呆若木鸡，你看我，我看你，都手足无措。

皇帝看了大臣的样子，非常生气地说："你们平时养尊处优，享尽荣华富贵，一旦国家有事，却都成了没嘴的葫芦，贪生怕死，要你们有什么用？"

这时宰相想起了政绩突出的南柯太守淳于棼，于是向皇帝推荐。皇帝立刻下令，调淳于棼统率全国的精锐兵力与敌军作战。

淳于棼接到皇帝的命令，立即领兵出征。可是他对兵法一无所知，与敌军刚一交战，就被打得一败涂地，手下兵马损失惨重，他自己也险些当了俘虏。皇帝得知消息，非常失望，下令撤掉淳于棼的一切职务，贬为平民，遣送回老家。淳于棼想想自己一世英名就这样付诸东流，羞愤难当，大叫一声，从梦中惊醒。他按梦境寻找大槐国，原来就是大槐树下的一个蚂蚁洞，一群蚂蚁正居住在那里。

——《南柯太守传》

【故事启示】 美梦易醒。看荣华眨眼般逝去，如同南柯一梦。淳于棼梦中享尽荣华富贵，统帅全国精锐兵力，好不威风。可是，梦醒后终究是一场空。这启示我们，梦想固然妙不可言，但倘若缺乏实实在在的行动，也是难以品尝到实实在在的美味。

【成语释义】 指一场大梦，或比喻一场空欢喜。南柯，朝南的树枝。

【活用例句】 本来打算"五一"时去西安看兵马俑，如今看来，只是～而已。

【近义】 黄粱美梦

南橘北枳

晏婴，字平仲，也称晏子，夷维（今山东高密）人，是春秋时期著名的政治家，曾经辅助齐灵公、庄公、景公。景公时为相，辅政长达四十余年，既是三朝元老，也是齐国一代名相。据说晏婴身材不高，其貌不扬，但足智多谋，为官清廉，敢于犯颜直谏，匡正国君之谬；

生性敏捷，能言善辩，奉命出使他国，临危不俱，从不让国家受辱。

晏婴第一次出使楚国，楚王听说晏婴善于言辞，便对身旁的谋士说："晏婴在齐国是有名的能言善辩之人。现在要来楚国，我想当众羞辱他一番，让齐国人知道我们的厉害，挫一下齐国的锐气。你们看有什么好办法？"大臣们左思右想，终子想出了一个羞辱晏婴的办法。

晏婴来了，楚王设宴款待。酒浓之时，差役押着一个被缚之人来见楚王，楚王装模作样地问："这人犯了什么罪？"差役连忙回答说："这个人来自齐国，到我们楚国偷东西被我们抓到了。"楚王回过头去看着晏婴，故意装作很惊讶地说："啊，难道齐国人都喜欢偷东西吗？"

晏婴早就看出楚王是在演戏，于是站起来，不慌不忙地对楚王说："我听说橘树生长在淮河以南时就结出甘甜的橘子，如果将其移栽到淮河以北，结的果实就变成又酸又苦的枳了。同种植物所结果实的味道却大不相同，这是为什么呢？这就是因为水土不同的缘故啊！大王殿上的这个人在齐国时不偷盗，到了楚国后却学会了偷盗，莫非是楚国的水土会使人变成盗贼么？"一席话噎得楚王是张口结舌，面红耳赤，最终只好赔笑收场。

时隔不久，晏婴再次奉命出使楚国。楚王还记得上次宴会上晏婴让自己难堪的事，就想伺机报复。他知道晏婴身材矮小，于是就派人在城门的旁边开了一个狗洞大小的门，等晏婴来的时候就不开城门而让晏婴走那个小门，想要以此来羞辱他。晏婴来到城门前看到这种情景，知道是楚王故意羞辱自己，就对前来迎接的楚国大臣说："只有出使狗国的人才走狗洞，我现在出使的是楚国，为什么也要走狗洞呢？"楚王羞怒极了。无奈之下打开大门，以礼接待了晏婴。

晏婴临危不惧，凭借自己的机智和三寸不烂之舌把想要侮辱自己的楚王反驳得哑口无言，维护了齐国的尊严和荣誉。

——《晏子春秋·内篇杂下》

【故事启示】　"人不可貌相，海水不可斗量。"其貌不扬的晏婴机智敏捷、能言善辩，让我们见识到了他热爱祖国、维护祖国尊严的可贵品质。外交无小事，晏婴以绝佳的口才，毫不客气地驳斥了楚王不友善的嘲讽，不但为自己出了一口气，也维护了国家的尊严。这启示我们，在待人接物时，应该谦虚有礼，不可以像楚王一样尖酸刻薄，否则，最终只会自取其辱。

【成语释义】 南方之橘移植淮河之北就会变成枳。比喻同一物种因环境条件不同而发生变异。枳，落叶灌木，味苦酸，球形。也叫枸橘。

【活用例句】 孟母考虑到～，于是数次搬迁，以便给孟子提供一个良好的成长环境。

【近义】 橘化为枳、淮橘为枳

差强人意

有一个叫吴汉的人，字子颜，南阳人。吴汉家贫，他年轻时候就跟汉高祖刘邦发迹前一样，在县里做个小小的管治安的小干部——亭长。像那时候的豪杰一样，吴汉虽然家里面没有多少资财，可是他也好养宾客。王莽末年的时候，因为他家的宾客犯了法，他也因此被连累得亡命到了河北的渔阳，因为缺乏生计来源，只好干起了贩马的营生，从此往来于燕、蓟之间，而他也因此结交了不少豪杰人物。

后来，新莽王朝灭亡而更始帝刘玄代立，刘玄先是派出了使者韩鸿巡抚河北，这时候便有人对韩鸿说道："有个叫吴汉的人，是一位奇士，您可以与他共商大事。"于是这韩鸿便召见了吴汉，一见之下果然对他很满意，于是就把吴汉任命为了安乐县令。

过了一段时间，王郎起兵，北州扰惑，人心不安。而吴汉一向听闻说刘秀是一位宽厚的长者，于是便归附了刘秀。由于吴汉为人质朴、勇敢、有智谋，打了很多胜仗，所以逐渐受到刘秀的信任，刘秀做皇帝后，封吴汉为大司马、舞阳侯。吴汉不仅勇敢，对刘秀也十分忠心。他出生入死为刘秀打江山，刘秀出征远行，吴汉总是伴其左右，保护他的安全，而且只要刘秀没睡，他也就恭敬地站在一旁，不肯先睡。

当时，天下仍然很乱。有个叫刘永的汉室宗亲，早于刘秀索立为皇帝。刘秀登基前后，主要就是镇压，剿灭各路势力，巩固自己的地位。其中，大司马吴汉立下了汗马功劳。

建武（光武帝刘秀的年号）二年春，吴汉率领大司空王梁、建义大将军朱祐等9位将领，接连打败了多路人马，接着又在广东包围了刘永的部将苏茂。刘永部下另一将领周建招聚了10多万人救苏茂，吴汉和他交战失利，跌下马伤了膝盖，周建趁机进了广东，和苏茂合兵一处。吴汉回营后，众将领对他说："大敌当前，而您负伤躺下，士兵们心里担扰啊。"吴汉听了，立刻起床包裹好伤口，命令杀牛宰羊，让部下美美地饱餐一顿，鼓励大家说："敌人虽然很多，但都是些抢掠财物的盗贼，没有肯主持大节为义而死的。现在是力争封侯的时候，大家努力杀敌啊！"于是，军中士气大振。

第二天清晨，苏茂、周建率领军队包围吴汉。吴汉派出四部精兵和乌桓的3000骑兵，摆着鼓齐头并进迎击敌人。吴汉自己不顾伤痛，披上盔甲，高举战戟，大声下令："听到鼓声，必须大声呼喊前进，后退者斩首！"士兵们闻此争先恐后地冲向敌军，周建大败，返身逃进城去。吴汉部下长驱直入，抢进城门，周建、苏茂只得弃城而逃。

吴汉作战，即使在战阵不利、将士垂头丧气的形势下，也能镇静自若地激励士兵，鼓舞军中士气。有时，光武帝刘秀派人察看大司马吴汉在做些什么，使者总是回报"在修整攻战的器具"。刘秀赞叹道："吴司马差强人意。"

——《后汉书·吴汉传》

【故事启示】　吴汉为人质厚，不太会讲话，但他能够于天下纷乱之际选择一位明主，这也证明了他的非凡眼光。吴汉英勇杀敌，赤胆忠心，刘秀拥有如此得力的部将，实乃三生之幸。吴汉病重之际，刘秀亲往探视，吴汉遗言：希望死后刘秀能够依据他从前所犯下的罪过而对其依法治罪，而不须念及他的功劳。无疑，吴汉对自己那些不光彩的往事是非常自责的。吴汉死后，刘秀为其举行了隆重的送葬仪式，足见恩宠之厚。

【成语释义】　原指还算能振奋人的意志。现形容某人某事还不错，大体上还能使人满意。差，稍微、大致；强，振奋。

【活用例句】　这篇文章虽然说不上隽永，但在结构安排上尚能～。

【近义】　聊胜于无

【反义】　大失所望

十画

倒行逆施

春秋末期，楚国伍子胥的父亲和哥哥都被楚平王无辜杀害。伍子胥历尽艰险，才逃到吴国，帮助阖闾刺杀了吴王僚，夺取了王位。接着，他又帮助吴王整军经武，使吴国的国势日益强盛。在此基础上，他协助吴王征伐楚国，不久攻下楚都，楚昭王逃往随国（今湖南随县南）。

伍子胥帮助吴王攻楚的目的，是为了替自己的父兄报仇。现在楚国郢都已被攻下，可以付诸行动了。他首先向吴王建议，拆毁楚国的宗庙。大将孙武反对这样做，但吴王贪图楚国的地盘，一心想把楚国灭了，因此接受了伍子胥的建议。

接着，伍子胥请求吴王让他去挖楚平王的坟，以解他心头之恨，吴王说："你帮了我不少的忙，这种小事你就自己瞧着办吧。"

但是，伍子胥并没能立刻找到楚平王的陵墓。后来在一个石工的指引下才获悉了陵墓的确切位置。可是挖开墓、打开棺材一看，里面只有楚平王的衣冠。伍子胥大失所望。那石工又指点说，这上面的是假的，下面的才是真的。伍子胥命人继续往下挖，果然有楚平王的尸体。伍子胥一见楚平王的尸体，就满腔怒火，抄起鞭子，一气打了三百下，最后把头颅砍下来，才解了心头之恨。

伍子胥的好友申包胥知道这件事后，派人送了一封信给伍子胥，指责他这样做太残忍了，伍子胥叫来人回话给申包胥说："忠和孝不能两全，我好比一个走远路的人，天快黑了，可是路途还很遥远，我已弄得没有办法了，所以才故意干出这种倒行逆施的举动。"

这个"倒行逆施"的伍子胥，最后的命运也很悲惨。他因反对吴王夫差宽容越王勾践，并且要求夫差停止攻伐齐国，遭到吴王夫差冷遇，渐渐被疏远，最后被逼自杀。

——《史记·伍子胥列传》

【故事启示】 伍子胥为报家仇隐忍苟且，假借吴王阖闾之力得鞭楚平王之尸，此谓之孝。明知吴王夫差将要败亡，依然死谏，此谓之忠。将儿子送走，远离凶险，是慈父之心。而从伍子胥对危险的预知判断，他是大智之人。忠孝慈智，伍子胥是真英雄、大丈夫。然而，从另一角度来看，伍子胥的所作所为又有将个人利益凌驾于国家利益之上的嫌疑。他为了报家仇，倾吴国之人、财、物力，攻打自己的国家，搭上了多少无辜的生命。这样做是不可取的。

【成语释义】 原意是所作所为违反常规，违背事理。现在一般用来表示坚持错误方向，干违背历史潮流的错事、坏事。逆，相反，违背；施，作事。

【活用例句】 一切违反人民意愿的～，都会遭到人民和历史的唾弃。

【近义】 大逆不道

党同伐异

公元前141年，刘彻即位，史称汉武帝。他当政的第二年就下了一道诏书，命朝廷大臣和各地诸侯王、郡守推荐贤良文学之士。诏书下达后不久，各地送来了一百多个有才学的读书人。武帝命他们每人写一篇怎样治理国家的文章，其中有个名叫董仲舒的文章写得不错，武帝亲自召见他两次，问了他不少话。董仲舒回话后，又呈上两篇文章，武帝看了都非常满意。

董仲舒的三篇文章，都是论述天和人的关系的，所以合称为《天人三策》，又称为《举贤良对策》。其中宣扬的理论，叫做"天人感应"。这种理论把封建统治尤其是皇帝的权力神化：谁反对皇帝，谁就是反对天，就是大逆不道。

为了贯彻这种理论，董仲舒在《天人三策》中提出了三项建议：一是将诸子百家的学说当作邪说，予以禁止，独尊孔子及其儒家经典，以通过文化上的统治，达到政治上的统一。这就是所谓"罢黜百家，独尊儒术"。二是设立传授儒家经典的最高学府。三是网罗天下人才，使他们忠心耿耿地为朝廷服务。

董仲舒"罢黜百家，独尊儒术"的主张，非常合乎武帝一统天下的心思。他亲政后，就设置了专门传授儒家学说的五经博士，向五十名弟子讲述《诗》《书》《礼》《易》《春秋》等五部儒家经典。这些弟子每年考试一次，学通一经的就可以做官，成绩好的可以当大官。后来，博士弟子人数不断增加，最多时达三千人。

到汉宣帝刘询当政的时候，儒家思想已经成为维护封建统治的正统思想，儒家学说更是盛行，刘询自己也让五经名儒萧望之来教授太子，但由于当时儒生对五经有不同的理解，所以宣帝决定进行一次讨论。

公元51年，由萧望之主持，在皇家藏书楼兼讲经处的石渠阁，进行了一次大规模的讨论。在讨论过程中，儒生们把和自己观点一样的人作为同党，互相纠合起来；而对观点不一样的人，则进行攻击。为此，《后汉书》的作者在评述这一现象时，把它称为"党同伐异"，也就是纠合同党攻击异己。

——《后汉书·党锢传序》

【故事启示】 董仲舒在新的历史条件下复兴了被扼杀达百余年之久的儒家文化，他的"大一统"和"天人感应"的思想，为封建统治者提供了统治的理论基础。事实上，也正是基于这个原因，当政者才接受了他"罢黜百家，独尊儒术"的主张，并加以宣扬普及。

【成语释义】 排斥、攻击跟自己意见不同的人。泛指社会上成帮结派，相互斗争。党，原同"傥"，指偏袒，现在也指结伙；伐，攻击偏袒或聚集同自己意见相同的人。

【活用例句】 一个～，任人唯亲的领导者是干不好事业的。

【近义】 结党营私

【反义】 公正无私

乘风破浪

南北朝时期，有个年轻人名叫宗悫（què），字元干。他从小就跟着父亲和叔叔舞剑弄棒，练拳习武，年纪不大，武艺却十分高强。

有一天，正是他哥哥结婚的大喜日子，家里宾客盈门，热闹非凡。这时有十几个盗贼冒充客人，乘机混了进来。

盗贼很快就潜入宗家的库房里。有个家仆正巧去库房拿东西，发现了盗贼，于是便大叫着奔进客厅。

一时间，客厅里的人都惊呆了，不知道该怎么办。只见宗悫镇定自若，拔出佩剑，直奔库房。

盗贼一见来了人，都挥舞着刀枪威吓宗悫，不许他靠前。宗悫面无惧色，举剑直刺盗贼，随后赶来的众人也在一旁呐喊助威。盗贼见势不妙，丢下抢得的财物，脱身逃跑了。

众宾客纷纷称赞宗悫机敏勇敢，年少有为。问他长大后想干什么？他昂起头，大声地说："愿乘长风破万里浪，干一番伟大的事业。"

几年以后，林邑王范阳迈侵扰边境，当朝皇帝派交州刺史檀和之前往讨伐，宗悫自报奋勇地请求参战，被皇帝任命为振武将军。

有一次，檀和之率兵包围了区粟城里林邑王的守将范扶龙，命宗悫去阻击林邑王派来增援的军队。宗悫设计，先把部队埋伏在援兵的必经之路，等援兵一进入埋伏圈，就命令伏军立即出击，结果把援兵打得个落花流水。

就这样，宗悫为国家打了不少胜仗，立下许多战功，后来被封为洮阳侯，最终实现了他年少时的抱负。

——《宋书·宗悫传》

【故事启示】　宗悫少年立志做出一番伟业，长大后凭借一番好武艺被皇帝任命为将军，为国家立下不少战功，实现了年少时的志向。现实生活中，我们对自己也应该有个清晰的人生规划，明确以下三点：首先，我的原点在哪里（优点、缺点、专长、嗜好）；其二，我的目标点在哪里（短、中、长期的目标）；其三，直线如何构成（怎么利用现有的一切达到目标）。

【成语释义】　船只乘着风势破浪前进。形容船行进速度很快。比喻不怕艰难险阻，奋勇前进。

【活用例句】　无论处在何种艰苦的困境下，她总是以～般的勇气面对。

【近义】　披荆斩棘

【反义】　裹足不前

乘兴而来

　　王徽之是东晋时的大书法家王羲之的儿子，生性高傲，不愿受人约束，行为豪放不拘。虽说在朝做官，却常常到处闲逛，不处理官衙内的日常事务。

　　后来，他干脆辞去官职，隐居在山阴（今绍兴），天天游山玩水，饮酒吟诗，倒也落得个自由自在。

　　有一年冬天，鹅毛大雪纷纷扬扬地接连下了几天。

　　到了一天夜晚，雪停了。天空中出现了一轮明月，皎洁的月光照在白雪上，好像到处盛开着晶莹耀眼的花朵，洁白可爱。

　　王徽之推开窗户，见到四周白雪皑皑，真是美极了，顿时兴致勃勃地叫家人搬出桌椅，取来酒菜，独自一人坐在庭院里慢斟细酌起来。他喝喝酒，观观景，吟吟诗，高兴得手舞足蹈。忽然，他觉得此景此情，如能再伴有悠悠的琴声，那就更动人了。由此，他想起了那个会弹琴作画的朋友戴逵。

　　"嘿，我何不马上去见他呢？"

　　于是，王徽之马上叫仆人备船挥桨，连夜前往。也不考虑自己在山阴而戴逵在剡溪（水名，在浙江省），两地有相当的距离。

　　月光照泻在河面上，水波粼粼。船儿轻快地向前行，沿途的景色都披上了银装。王徽之观赏着如此秀丽的夜色，如同进入了仙境一般。

　　"快！快！把船儿再撑得快点！"

　　王徽之催促着仆人，恨不能早点见到戴逵，共赏美景。

　　船儿整整行驶了一夜，拂晓时，终于到了剡溪。可王徽之却突然要仆人撑船回去。

　　仆人莫名其妙，诧异地问他为什么不上岸去见戴逵。

　　王徽之淡淡地一笑，说："我本来是一时兴起才来的。如今兴致没有了，当然应该回去，何必一定要见戴逵呢。"

　　"可是，"船夫又不解地问道，"既然这大自然风光的生生不息，永恒美好使老爷排解了独处的寂寞，让老爷精神焕发，那老爷

348

何不请戴先生与您一同泛舟游湖，共同分享这片自然的景致，诗词唱和，交换彼此愉悦的心情，这样不是更好吗？"

王徽之淡然一笑："我乘兴而来，兴尽而返，是顺应我自己的本性。如果，此刻我邀请戴逵与我泛舟游湖，共赏湖光山色，戴逵想必会同意，虽然这未必是戴逵的本意。如果这不是出自戴逵的本意，那我就等于让好朋友戴逵违反了他的本性。那既然我是一个顺应本性生活的人，那我又为何要勉强戴逵去违反他的本性与我游湖呢？所以我只是顺应自己的本性，乘兴而来，兴尽而返；至于，此刻好友戴逵如何顺应他的本性去安排他的生活，那是他的自由，我不需要去打扰他、勉强他。"

——《晋书·王徽之传》

【**故事启示**】 通过辞官、雪夜访友却半途而返，我们可以看出，书圣王羲之的公子王徽之天性率直，总是按自己的本性生活，但同时又兼顾他人的本性，自然和谐，是一个懂得天道自然、逍遥自由的人。

【**成语释义**】 趁着兴趣浓厚的时候到来。比喻高高兴兴地到来。乘兴，趁一时的高兴。

【**活用例句**】 为了不让远道来参观的人～，败兴而归，王小姐仔细讲解，亲切接待。

【**近义**】 欣然而至

【**反义**】 败兴而归

秦晋之好

春秋时期，晋国和秦国是相邻的大国，晋献公把自己的女儿嫁给了秦穆公，称"穆姬"，以加强同秦国的关系。献公死后，公子夷吾即位。夷吾因长期在外，于是请秦穆公派兵护送自己回国，承诺割让河外五城给秦国作为报酬。谁料，夷吾（晋惠公）即位后，食言了。

晋惠公言而无信，引起秦穆公的不满。但公元前641年，晋国发生饥荒，秦穆公还是送去了大批粮食，帮助晋国渡过了难关。第二年冬天，秦国遇到了同样的饥荒，晋惠公却一点粮食也没有支援。秦穆公气愤极了，便亲自率军讨伐晋国，活捉了晋惠公。

穆姬得到消息后，身穿丧服，带着四个儿女登上一座堆满干柴的楼台，并派人对秦穆公说："上天降灾，使秦、晋两君兵戎相见。现在晋君被您俘虏，他什么时候来到京城，我就什么时候死去，请君王早做打算！"秦穆公一听着了慌，决定宽恕晋惠公，把他安置在灵台，待以上宾之礼，两国国君还缔结了盟约。

之后，秦、晋两国一直保持着友好的关系。晋惠公把太子子圉（yǔ）派到秦国去当人质，秦穆公将宗女怀嬴嫁给子圉。但子圉担心当不上晋国的国君，就于公元前638年秋天，偷偷逃回晋国。第二年，晋惠公因病去世，子圉即位，史称晋怀公，他生性刻薄，不能容人，弄得朝廷上下人人不安。这时，晋公子重耳来到了秦国。穆公决定帮助他回国夺取政权。公元前636年，重耳在秦国军队的护送和国内群臣的拥戴下，回到都城曲沃，派人杀死恶劣的怀公，即位为君，史称晋文公。

晋文公才华出众，忠厚谦逊，深得秦穆公的欢心。从此，秦晋两国在整整六年的时间里一直友好相处，没有发生过严重的冲突。"秦晋之好"由此而来。

——《左传·僖公二十三年》

【故事启示】 春秋时期，地处黄河东、西岸的秦国与晋国从未停止过明争暗斗。不过春秋时期的政治格局，分分合合，有争斗就有结盟。联姻是结盟的重要手段，嫁往对方国家的贵族女性在和平时期，是一枚维持双方政治平衡的砝码，一旦两国交战，该砝码则可能使政治的天平发生戏剧性的倾斜。因此，从本质上讲，秦晋之好不过是不折不扣的政治联姻罢了。

【成语释义】 原指春秋时期秦国与晋国两国家世代联姻。后泛指两性之间的联姻或婚配关系。

【活用例句】 经历一番波折后，这对恋人终于结为～，幸福洋溢在他们脸上。

【近义】 秦晋之缘、天作之合

【反义】 反目成仇

胸有成竹

北宋时候，有一个著名的画家，名叫文同，他是当时画竹子的高手。

文同为了画好竹子，不管是春夏秋冬，也不管是刮风下雨，他都常年不断地在竹林子里头钻来钻去。三伏天气，太阳像一团火，烤得地面发烫（tàng）。可是，文同照样跑到竹林里对着太阳的那一面，站在烤人的阳光下，全神贯注地观察竹子的变化。他一会儿用手指头量一量竹子的节把有多长，一会儿又记一记竹叶子有多密。汗水湿透了他的衣衫，满脸都流着汗，可他就跟没事儿似的。

有一回，天空刮起了一阵狂风。接着，电闪雷鸣，眼看着一场暴雨就要来临，人们都纷纷往家跑。可就在这时候，坐在家里的文同，急急忙忙抓过一顶草帽，往头上一扣，直往山上的竹林子里奔去。他刚走出大门，大雨就跟用脸盆泼水似地下开了。

文同一心要看风雨当中的竹子，哪里还顾得上雨急路滑！他撩（liāo）起衣服，爬上山坡，奔向竹林。他上气不接下气地跑进竹林，顾不得抹流到脸上的雨水，就两眼一眨不眨地观察起竹子来了。只见竹子在风雨的吹打下，弯腰点头，摇来晃去。文同细心地把竹子受风吹雨打的姿势记在心头。

由于文同长年累月地对竹子作了细微地观察和研究，竹子在春夏秋冬四季的形状有什么变化；在阴晴雨雪天，竹子的颜色、姿势又有什么两样；在强烈的阳光照耀下和在明净的月光映照下，竹子又有什么不同；不同的竹子，又有哪些不同的样子，他都摸得一清二楚。所以画起竹子来，根本用不着画草图。

有个名叫晁（cháo）补之的人，称赞文同说："文同画竹，早已胸有成竹了。"后来，"胸有成竹"就成了一句成语。

——《文与可画篔筜谷偃竹记》

【故事启示】　文同之所以能画好竹子，关键在于他不怕辛苦地观察，再观察，付出了很多心血，有成竹在胸中。我们在做事之前，

also要像文同一样，作好充分的心理准备，对事情有个完全的把握。

【成语释义】 原指画竹子时心里已经有竹子的形象。后用来比喻人们在办什么事情以前，早就打好了主意，心里有谱儿了。

【活用例句】 主管担心这个月完不成任务，老段～地说："没问题！"

【近义】 心中有数

【反义】 茫无头绪

钻木取火

传说，在远古蛮荒时期，人们还不知道有火，也不知道如何用火。到了晚上，一片漆黑，野兽的吼叫声时断时续，人们蜷缩在一起，又冷又怕。由于没有火，人们只能吃生的食物，经常生病，寿命也不长。

有个叫伏羲的天神，他看到人间生活得这样艰难，心里很难过，他想帮助人们意识到火的用处。于是，伏羲大展神通，在山林中降下一场雷雨。随着"咔嚓"一声巨响，雷电劈在树木上，树木不一会就燃成了熊熊大火。人们被雷电和前所未见的大火吓得四处奔逃。不久，雷雨停了，夜幕降临，雨后的大地更加湿冷。逃散的人们又聚到一起互相取暖，他们惊恐地看着燃烧的树木。

有个年轻人突然察觉到，之前经常在周围出现的野兽的吼叫声没有了，他想："难道野兽怕这个发亮的东西吗？"于是，他勇敢地走到火边，他发现身上顿时暖和了好多。他兴奋地招呼大家："快来呀，这发亮的东西一点不可怕，还能给我们带来光明和温暖！"与此同时，还有人发现不远处烧死的野兽，散发出阵阵香味。人们试探性地聚到火边，分吃烧过的野兽肉，觉得自己从没有吃过这样的美味。

就这样，人们感觉到了火的可贵，他们捡来树枝，点燃，并将其作为火种保留起来。每天都有人轮流守着火种，不让它熄灭。可是有一天，值守的人睡着了，火燃尽了树枝，熄灭了。人们又重新陷入了黑暗和寒冷，痛苦至极。

成语故事

352

天神伏羲看到了人世间这一切，便托梦给那个最先发现火的用处的年轻人，告诉他："在遥远的西方有个燧明国，那里有火种，你可以去那里把火种取回来。"年轻人醒了，想起梦里天神说的话，决心到遂明国去寻找火种。

年轻人翻过一座座高山，涉过一条条大河，穿过一片片树林，历尽千辛万苦，终于来到了燧明国。可是这里没有阳光，不分昼夜，四处一片黑暗，根本没有火。年轻人非常失望，就坐在一棵叫"燧木"的大树下休息。突然，年轻人眼前有亮光一闪，又一闪，把周围照得很明亮。年轻人立刻站起来，四处寻找光源。这时候他发现就在燧木树上，有几只大鸟正在用短而硬的喙啄树上的虫子。只要它们一啄，树上就闪出明亮的火花。年轻人看到这种情景，脑子里灵光一闪。他立刻折了一些燧木的树枝，用小树枝去钻大树枝，树枝上果然闪出火光，可是却着不起火来。年轻人没有气馁，又找来各种树枝，耐心地用不同的树枝进行摩擦。终于，树枝上冒烟了，然后出火了。年轻人喜极而泣。

后来，年轻人重返故地，为那里的人们带来了永远不会熄灭的火种——钻木取火的办法，从此，人们再也不用生活在寒冷和恐惧中了。人们被这个年轻人的勇气和智慧折服，推举他做首领，并称他为"燧人"，也就是取火者的意思。

——《韩非子·五蠹》

【故事启示】 人工取火是一个了不起的发明。自从人类学会了人工取火，就随时可以吃到烧熟的东西，而且食物的品种也增加了，大大提高了生活质量，人们也延年益寿了。据此传说，燧人氏对人类社会的进步做出了巨大的贡献。然而，燧人氏发明取火并非一帆风顺，充满了坎坷。如果当初他忍受不了跋山涉水的辛苦，忍受不了漆黑一片的恶劣自然环境，没有见此思彼的创新思维，没有锲而不舍的反复实践，就不会成为受人尊崇的燧人氏。

【成语释义】 硬木棒对着木头摩擦或钻进去，靠摩擦取火。

【活用例句】 原始人类曾经过着～、茹毛饮血的生活。

【接龙游戏】 钻木取火→火树银花→花言巧语→语重心长→长驱直入→入情入理→理不胜辞→辞不达意→意气飞扬→扬长避短→短兵相接→接踵而至→至纯至真→真情实感→感慨万千→千山万水→水落石出→出类拔萃

索米长安

汉朝时期，有一个名叫东方朔的文人，写得一手好文章，且性情诙谐。起初在京城长安做"公车"（一个很小的官），起初还非常兴奋，可是，时间一长，东方朔就犯嘀咕了。眼看董仲舒、公孙弘官居显赫，自己却仍然是个小小的"公车"待诏，无权无势，自然很不甘心。东方朔想吸引住皇帝的眼球，以便得到重用，便谋划了一个点子。

当时为皇家照看马队的都是些侏儒。尽管这些侏儒官阶很低，但他们却可以经常接近皇帝。一天，东方朔对看马的一个侏儒说："皇上最近说啊，你们这些人，身材矮小，耕田种地，力气不如别人，从军打仗也打不过别人，做地方官也管不住别人，白白消耗国家的财物，他准备把全国的侏儒都杀掉。"侏儒听闻后，吓得不得了，居然痛哭流涕。

东方朔见此情景，赶紧说："别害怕，我给你们想个办法吧。"那侏儒非常感激，连忙问是什么办法。东方朔说："你应该联合所有的侏儒，一见到皇帝就长跪不起，请皇帝宽恕你们的小个儿。"果然，所有的侏儒在皇帝出行时，齐刷刷地跪在皇帝面前请罪，一个劲儿地说着："皇上饶命！皇上饶命！"这可把皇帝整晕了，便问到底是怎么一回事。侏儒们说："东方朔说皇帝要杀掉我们。"

皇帝于是召见东方朔，质问他为何造谣惑众。东方朔理直气壮地说："……臣朔饥欲死。臣言可用，幸异其礼；不可用，罢之，无令但索长安米也。"意思是说，"反正我可能被杀头，那我就直说吧。这些侏儒们身高不到一米，每月的俸禄是一袋米、二百块钱。我身高差不多两米，每月的俸禄也是一袋米、二百块钱。结果侏儒们快撑死了，我却要饿死了，这是不合理的。如果皇帝认为我说的有道理，就先让

354

我吃饱饭。如果觉得我没用，请立即罢免，也好为长安节约点米。"

皇帝听后怒气顿消，还开怀大笑，不久便让东方朔从"公车"待诏转到金马门待诏。从此，东方朔收入提高了，和皇帝接触的机会也明显多了。这就是脍炙人口的"索米长安"的故事。

——《汉书·东方朔传》

【故事启示】 从东方朔"索米长安"的故事中，我们不难看出东方朔并非一个中规中矩的读书人，他的身上不仅充满诡诈之气，而且还有一股诙谐之风。东方朔故意吓唬侏儒将有杀身之祸，借侏儒和自己身高悬殊，却享受同等俸禄一事，表达对皇帝分配方案的不满。这种对比极富喜剧性，东方朔一没求官，二没要地，只求填饱肚子。他言语得当，诙谐幽默，惹得汉武帝乐不可支，不仅化解了对东方朔造谣惑众的愤怒，还提拔了东方朔，可谓一石二鸟！

【成语释义】 求取米粮。后多用来形容谋生。

【活用例句】 东方朔靠着～，让皇帝给他升了职，加了薪。

【接龙游戏】 索米长安→安居乐业→业精于勤→勤兵黩武→武不善作→作壁上观→观变沉机→机变如神→神安气定→定国安邦→邦家之光→光被四表→表里如一→一心一意→意气风发→发扬光大→大失所望

唇亡齿寒

春秋时期，晋献公想要扩充自己的实力和地盘，就找借口说邻近的虢（guó）国经常侵犯晋国的边境，要派兵灭了虢国。可是在晋国和虢国之间隔着一个虞国，讨伐虢国必须经过虞地。而虞、虢这两个国家山水相连，他们的祖先又都姓姬，所以相处的十分和睦。

"怎样才能顺利通过虞国呢？"晋献公问手下的大臣。

大夫荀息说："虞国国君是个目光短浅、贪图小利的人，只要我们送他价值连城的美玉和宝马，他不会不答应借道的。"

晋献公一听有点舍不得，荀息看出了晋献公的心思，就说："虞虢两国是唇齿相依的近邻，虢国灭了，虞国也不能独存，您的美玉宝马不过是暂时存放在虞公那里罢了。"

晋献公采纳了荀息的计策。

虞国国君见到这两个珍贵的礼物，顿时心花怒放，听到荀息说要借道虞国之事时，当时就满口答应下来。

虞国大夫宫之奇听说后，赶快阻止道："不行，不行，虞国和虢国是唇齿相依的近邻，我们两个小国相互依存，有事可以彼此帮助，万一虢国灭了，我们虞国也就难保了。俗话说：'唇亡齿寒'，没有嘴唇，牙齿也保不住啊！借道给晋国万万使不得。"

虞公说："人家晋国是大国，现在特意送来美玉、宝马和咱们交朋友，难道咱们借条道路让他们走走都不行吗？"

宫之奇连声叹气，知道虞国离灭亡的日子不远了，于是就带着一家老小离开了虞国。

果然，晋国军队借道虞国，轻而易举地灭掉了虢国。晋军得胜归来，借口整顿兵马，驻扎在虞国，然后发动突然袭击，一下子又灭掉了虞国，活捉了虞公。荀息特意找回宝玉和良马，当面归还给晋献公。晋献公望着失而复得的宝物，十分得意地说："宝玉还是我原来的那一块，没有变样。只是这马又多长了一颗牙齿，比去年大一岁了。"

——《左传·僖公五年》

【故事启示】 辅车相依，唇亡齿寒，比喻两者利害相关，互相依存。宫之奇用这个恰当的比喻，指出了虢、虞两个小国的命运是息息相关的。虞公没有听信宫之奇的劝谏，只顾得贪图眼前利益，缺乏远见和纳谏情怀，结果既损害了虢，也葬送了虞的江山，自己还沦为了俘虏。唇亡齿寒的教训实在是太深刻了。

【成语释义】 嘴唇没有了，牙齿就会感到寒冷。比喻关系密切，利害相关。

【活用例句】 朝鲜自古就是我们一衣带水的友好邻邦，～，可谓一体。

【近义】 唇齿相依、息息相关

破釜沉舟

秦朝末期，秦始皇死后，他的小儿子胡亥即位。

秦始皇称霸于诸侯列国，胡亥也想称霸于列国。为此，他刚刚登上王位，就派大将章邯率领大军首先打败了陈胜、吴广的起义队伍，然后北渡黄河前去攻打赵国。赵国不是秦国的对手，结果，赵军退守巨鹿（今河北平乡西南），并被秦军重重包围。于是，赵王就派使者前往楚国去请求援助。

赵国的使者到楚国后，就直奔楚宫去见楚怀王，一五一十地哭诉起了秦将章邯攻打赵国的暴行……当时，项羽正好在场。项羽怒火中烧。他对楚怀王说道："我们应当马上发兵救赵，我愿去跟章邯拼一个死活……"楚怀王于是封宋义为上将军，项羽为副将率军救援赵国。

谁知，宋义率领兵马到达安阳（今山东曹县东南）后，就安营扎寨，不再前进，一连四十六天一直按兵不动，不敢与秦军决战。对此项羽十分不满，于是要求进军决战，解困赵国。但宋义却希望秦赵两军交战后待秦军力竭之后再进攻。此时军中粮草缺乏，士卒困顿，而宋义仍旧饮酒自顾，项羽见此忍无可忍，进营帐杀了宋义，并声称他叛国反楚。于是将士们则拥项羽为上将军。项羽杀宋义的事，威震楚国，名闻诸侯。

杀了宋义之后，项羽就立即派他的手下将领英布等人带领两万人马要渡过漳河去打秦将章邯。听说楚军要渡河，章邯派司马欣和董翳领兵去拦阻。他们哪里是英布等人的对手？一交锋就打了败仗，急忙后退。于是，英布等人就顺利地渡过了漳河，并牢固地占领了河的对岸。紧接着，项羽即率领所有的军队都渡过河去。

就在全军刚刚渡过河后，项羽便吩咐士兵，每人只许带上三天干粮，把所有做饭的釜（即锅）砸了，把所有渡河的舟沉在了河底，把兵营也毁了（"皆沉船，破釜甑，烧庐舍，持三日粮"）。他对将士们说："成败在此一举。这次咱们打仗，只准进，不准退，三天里头必须将秦兵打败。我们要和敌人血战到底，不获全胜，誓不收兵！"

将士们看到锅砸了，船沉了，一点退路也没有了，因此，就都抱着死战到底的决心和秦军拼杀起来。结果，楚兵以一当十，喊声震天，锐不可当。经过九次激战，楚军最终大破秦军，救了赵国。而前来增援的其他各路诸侯却都因胆怯，不敢近前。楚军的骁勇善战大大提高了项羽的声威，以至战胜后，项羽于辕门接见各路诸侯时，各诸侯皆不敢正眼看项羽。

后来，"皆沉船，破釜甑"演化为成语"破釜沉舟"，以比喻拼死一战，决心很大。

——《史记·项羽本纪》

【故事启示】　公元前207年，秦将章邯派秦军主力围攻巨鹿，项羽率楚军前往营救，由于兵力相差悬殊，项羽引兵渡过漳水后，破釜沉舟，结果在无路可退的情况下，楚军以一当十，最终大破秦军，取得了巨鹿之战的胜利。其实，不论是行军打仗，还是学习或工作都犹如逆水行舟，不进则退，只有不断进取，坚定不移地向目标冲刺，才能取得最后的成功。

【成语释义】　砸碎锅子，凿沉船只。比喻战斗到底。釜，古代的一种锅；舟，船。

【活用例句】　我们遇到关键性问题时，不能拖泥带水，需要拿出~的勇气，全力以赴。

【近义】　背水一战

釜底游鱼

东汉顺帝时，皇上无视宦官为恶，放任外戚专权。很多人无才无德，本来就是草包一个，只是因为能阿谀奉承，讨好皇帝，或是家里有漂亮的姑娘做了后妃贵人，便可以全家跟着享受富贵。皇上的身边，王侯结队，侍从成群。官吏则整天想的是巧取豪夺、中饱私囊。在朝廷的欺压盘剥下，百姓生活的艰难困苦就可想而知了。

广陵人张婴，不堪忍受残酷的暴政，发动群众举起了义旗。义军们杀刺史，斩富豪，劫库府，济贫民，纵横扬州、徐州一带几十年。

朝廷对此感到十分棘手，更令郡守胆寒心惊。

当时朝中有一位侍御史，名叫张纲。此人廉洁刚正，多次上书，痛陈时弊，请求诛杀违法犯罪的大臣，削减朝廷的费用开支。皇上对他十分头疼，许多贪赃枉法的奸佞之臣更是恨他恨得咬牙切齿。于是，当时一个权倾朝野的外戚——皇后的兄长、大将军梁冀便想了个好办法，他串通几个当权人物跟皇上上奏说，派张纲去做广陵太守，让他平息人民的暴动，企图用这件事情加害于他。

以前别人被派去光陵的时候，临行时都反复要求多派兵马。张纲此去，却要单车独行，仅带着十几名吏卒。到了广陵，张纲径直来到张婴的大营，好言好语，请求会见军中头领。张婴起初十分惊讶，后来看到来的人特别诚恳，便出来相见。张纲请张婴坐上座，张婴也不推辞。张婴坐下来冷冷地问道："太守大人屈尊来到贼营，不知有何见教？"

张纲立刻站起身来，一边打躬施礼，一边说："将军何出此言？下官办事不周，不恤民情，上愧卓恩，下愧百姓，以至于陷民于水火之中。俗话说，'官逼民反'，将军体恤乡民疾苦，挺身赴险，实在是出于万不得已。而将军清廉自律，行侠仗义之举，实令下官敬佩不已。"

张纲的这一番话，出乎张婴的意料，他急忙站起来赔礼，激动地说："太守早来十年，我张婴怎么会像现在这样？我是个草莽之人，不知礼仪，更无法结交朝廷。我也知道，我们这些人都是锅里的游鱼，苟延残喘而已，哪里会活得长久？只是想到，横竖都没有出路，闹一天算一天吧。今天大人到此，就请您给我指点迷津吧！"

张纲就这样用安抚的办法，不动一兵一卒，经过与张婴反复协商，妥善处置，终于平息了广陵的暴乱。

——《后汉书·张纲传》

【故事启示】 釜底游鱼，有点像常见的温水煮清蛙。一尾在炊器游弋的活鱼，无论它是否察觉水在加热，无论它如何地用尽力量求生，都无法跳出炊器。在它落入炊器之际，便已经注定是局中的死者。正当广陵暴乱的头目张婴为自己的处境殚精竭虑时，张纲采取以退为进的策略，首先将责任揽到自己头上，然后称赞对方是为民赴险。这一行为顿时让张婴从困顿不堪的局中解脱出来。于是，张婴就坡下驴，从而使张纲不费一兵一卒即平息暴乱。

【成语释义】 开水锅中尚在游动的鱼。比喻处境非常危险或即将灭亡。釜，古时的一种锅。

【活用例句】 这个小村庄，三面是山，一面临水，外来入侵者在此地如～，任我方宰割。

【近义】 鱼游沸鼎、鱼游釜中、瓮中之鳖

破镜重圆

南朝末期，隋文帝杨坚灭掉了周围的南陈北齐，建立隋朝，此时，南方有好几个小国家并存，国都在建康（今南京）的陈国就是其中之一。隋朝对南方的小国家觊觎已久，随时准备统一整个中国。

徐德言是陈国皇帝陈叔宝的侍从官，他娶了皇帝的妹妹乐昌公主为妻，两人情深意重，非常相爱。但当时陈国朝政腐败，而且天下统一是大势所趋。徐德言预料到，总有一天国家会遭受灭亡之祸，因此非常忧虑。

一天，他愁容满面地对妻子说："可能不久就会发生兵战，到时我要保护皇帝，我们夫妻将被迫拆散。但只要我们活着，总会有再次见面的机会。我们应该先留下一件东西，作为将来重见的凭证。"随后，徐德言取来一面圆形的铜镜，将它一破为二，一半自己留下，一半交给妻子，告诉她好好保存，并对她说："如果我们失散后，就在每年正月十五日那天，托人将这半面镜子送到市场上去叫卖。只要我还活着，我一定前去探听，用我的半面镜子为凭，想办法跟你团聚。"

不久，已经统一中国北方的隋文帝杨坚，果然发兵攻打陈国的都城建康，小小的陈国被消灭，陈国国王被杀，徐德言被迫逃亡。隋文帝奖赏攻打陈国有功的人，被俘获的乐昌公主则被赏给了大臣杨素为妾。

流亡的徐德言打听到妻子已到了隋的京都大兴（今陕西西安），

便风尘仆仆地赶到那里，打听妻子的具体下落。每当夜深人静，他总是取出半面镜子，回想起与妻子在一起的美好时光。而他的妻子乐昌公主，虽然在杨素的官府中过着荣华富贵的生活，但内心一直惦记着丈夫，也经常抚摸半面镜子，追忆往昔。

正月十五日终于来到了。徐德言赶到热闹的市场，看见一个老人以高价兜售半面铜镜，自然没有人愿意出高价买半面镜子，所以老人就来回在市场上走动。徐德言假装要买老人的镜子，细细察看，果然是妻子的那半面。原来他是杨府的仆人，受乐昌公主委托来卖镜寻夫的。于是徐德言写了一首诗，交给仆人带回。诗写道：

镜与人俱去，镜归人未归。

无复嫦娥影，空留明月辉。

这首诗的意思是，镜子与人都去了，但如今镜子归来而人却没有归来。正好比月中没有嫦娥的身影，只空留明月的光辉。

乐昌公主见到丈夫保存的半面铜镜和写的小诗后，想到与丈夫咫尺天涯，难以相见，更是大放悲声，终日容颜凄苦，茶饭不思。杨素再三盘问，才知道了其中情由，也不由得被他二人的真情深深打动。他立即派人将徐德言召入府中，并为其设宴庆祝。府中上下都为徐陈二人破镜重圆和越国公杨素的宽宏大度、成人之美而感叹不已。宴罢，夫妻二人携手同归江南故里。这段佳话被四处传扬，所以，就有了"破镜重圆"的典故，一直流传至今。

——《本事诗·情感》

【故事启示】　"镜子"是中国传统文学中是一个广泛使用的文学意象。文学家把满月比作镜子，也用镜子来形容一个人的品德没有瑕疵，还有的时候说某人心如明镜，形容他对事情的明晰洞察。成语"破镜重圆"是借镜子比喻离散夫妻重新团聚。乐昌公主与夫婿得以破镜重圆，究其原因，两人彼此恩爱、不贪恋荣华是关键。

【成语释义】　比喻夫妻失散后重新团聚或决裂后重新和好。

【活用例句】　刘大妈是我们的街道主任，非常热心，曾使好几个家庭～。

【近义】　和好如初、言归于好

逐鹿中原

東晋时期，十六国中后赵的开国皇帝名叫石勒。

有一天，石勒设宴招待高丽的使臣，喝酒喝得快醉的时候，他大声地问臣子徐光道："我比得上自古以来的哪一位君王？"

徐光想了一会儿说："您非凡的才智超过汉代的高祖，卓越的本领又赛过魏朝的始祖，从三皇五帝以来，没有一个人能比得上您，您恐怕是轩辕黄帝第二吧！"

"人怎么能不了解自己呢？你说的也太夸张了点吧！"石勒听后笑着说，"朕若逢高皇，当北面而事之，与韩彭竞鞭而争先耳。朕遇光武，当并驱于中原，未知鹿死谁手。"意思是说，我如果遇见汉高祖刘邦，一定做他的部下，听从他的命令，只是和韩信、彭越争个高低；倘若碰到光武帝刘秀，我就和他在中原一块儿打猎，较量较量，未知"鹿死谁手"。

"逐鹿中原"的成语便由此引申而来。后来，人们用"鹿死谁手"来比喻双方争夺的对象不知道会落在谁手里，引申指比赛双方还不知道谁胜谁负。

——《晋书·石勒载记下》

【故事启示】 身为一国之君的皇帝石勒，醉酒后问徐光："可以和哪位君王相媲美？"徐光圆滑处世，凭借着一番拍马匹的功夫，把皇帝这匹"马儿"拍得是心花怒放！所幸，这个皇帝尚有自知之明，还没有被手下忽悠地找不到北。我们从石勒的一番言论不难看出，他的豪情，他对自己才能的欣赏。现实生活中，我们也要有这种高远的志向与自信。

【成语释义】 常比喻帝位、政权。指群雄并起，争夺天下。逐，追赶；鹿，指所要围捕的对象；中原，本来指我国黄河中下游一带，是中华民族的发祥地。现泛指整个中国。

【活用例句】 春秋战国时期，诸侯国林立，争相～，成就一番霸业。

【近义】 龙争虎斗、鹿死谁手

恶贯满盈

商朝末年，商纣王暴虐无道，激起老百姓极大的愤慨，就连诸侯们也看不过，认为他不像一个治国之君。当时有个诸侯叫姬昌（即周文王），能遵从先人之法，继承祖先业绩，礼贤下士，国力日益强盛。再加上他主张实施仁政，反对纣王的暴政，纣王担心他会对自己不利，便把他抓了起来，囚在羑里。后来姬昌的儿子姬发（即周武王）即位，联合诸侯起兵讨伐商纣。大军渡过黄河，向商都进发，在牧野这个地方与纣王的军队交战，打了一场大仗。

姬发领兵进攻纣王之前，曾对全军发表誓言："商罪贯盈；天命诛之。"姬发列举了商纣的种种罪行，说商纣所做的坏事已经到头了，他罪大恶极，应该受到惩罚，号召大家齐心协力，为民除害。

牧野战争中，商军中的奴隶和战俘心向姬发，这时便纷纷起义，掉转戈矛，帮助周帅作战。"皆倒兵以战，以开武王"。姬发乘势以"大卒（主力）冲驰帝纣师"，猛烈冲杀商军。于是商军十几万之众顷刻土崩瓦解。纣王见大势尽去，在当天晚上仓惶逃回朝歌，登上鹿台自焚而死。周军乘胜进击，攻占朝歌，灭亡商朝。尔后，武王分兵四出，征伐商朝各地诸侯，肃清殷商残余势力。商朝灭亡。

——《尚书·泰誓上》

【故事启示】 "仁者无敌"，得民心者得天下。由于姬发所率领的是仁义之师，深得老百姓的欢迎，百姓因而给予了很大的支持，而老百姓对纣王的军队却是深恶痛绝的，加上军中那些临时仓促征发的奴隶阵上起义，反戈一击，其一败涂地也就不可避免了。商纣王之所以迅速败亡，关键在于殷商统治集团政治腐朽，横行暴敛，严刑酷法，导致丧尽民心，众叛亲离。

【成语释义】 罪恶多得像穿钱一样，已经穿满了一贯还没完。形容罪大恶极。恶，罪恶；贯，穿钱的绳子，每一千枚为一贯；盈，满。

【活用例句】 这个坏事做尽、～的歹徒，终于受到了法律的制裁。

【近义】　罪大恶极、罪恶滔天

【反义】　功德无量

狼狈为奸

相传古时候有两种长相非常相似的野兽，分别叫狼和狈。它们都是喜欢偷吃农家猪羊的野兽。二者唯一不同的是：狼的两条前脚长，两条后脚短；而狈却是两条前脚短，两条后脚长。这两种野兽，经常一起去偷猪、羊等家畜。

有一次，一只狼和一只狈共同来到一个羊圈外，看到羊圈中的羊又多又肥，就想偷吃。但是羊圈的墙和门，都很高，狼和狈都不能爬去。于是，它们就想了一个办法。先由狼骑到狈的脖子上，然后狈站起来，把狼抬高，再由狼越过羊圈把羊偷出来。商量过后，狈就蹲下身来，狼爬到狈的身上。然后，狈用前脚抓住羊圈的门，慢慢伸直身子。狈伸直身子后，狼将脚抓住羊圈的门，慢慢伸直身子，把两只长长的前脚伸进羊圈，把羊圈中的羊偷了出来。

这样偷羊的事，狼和狈经常合伙干。假如狼和狈不合作，就不能把羊偷走。养羊的农民也会少很多损失。然而，狼和狈却经常那样合作，而且走在一起的时候，显得非常亲密。

后来，人们就根据这种现象总结了"狼狈为奸"这个成语，用来形容那些相互勾结干坏事的人。

——《二十年目睹之怪现状》

【故事启示】　"狼狈为奸"看似小人得志，但从另一个角度来看，其实是个合作共赢的成功案例。狼与狈这两种动物为了一个共同的目标，走到一起，并通过合作懂得了取长补短，相互利用各自的优势资源，弥补各自的不足之处，进而提高了猎物本领以及生命力。从这种意义上看，"狼狈为奸"其实是对自己生命负责的行为。在生活和工作过程中，忽略掉凶残的狼狈形象，领略"狼狈为奸"背后的合作共赢要义，并将其落到实处，将对我们大有裨益。

【成语释义】　比喻坏人互相勾结一起干坏事。

【活用例句】　在封建社会里，地方上的豪绅经常与官府中的坏人～，欺压百姓。

【近义】　朋比为奸

【反义】　洁身自好

高枕无忧

春秋时期，齐国有一位叫孟尝君的人，他在家里养了三千个门客，孟尝君把这些人分成上、中、下三种等级。上等的门客每天都可以吃到大鱼大肉，出门的时候还有车子可以坐；中等的门客每天只有吃到鱼和菜；下等的门客每天吃到的就只有蔬菜而已。

有一天，孟尝君的朋友介绍一个名叫冯谖的人到孟尝君家，孟尝君问他的朋友："这个叫冯谖的人有什么专长呀？"朋友想了很久说："好像没什么专长耶！"孟尝君听了之后，就不怎么理会冯谖，家里的佣人看到孟尝君不理会冯谖，以为主人瞧不起冯谖，便纷纷把冯谖当下等的门客招待。冯谖心里很不高兴，天天发牢骚："既然大家都瞧不起我，我干脆离开算了！"孟尝君知道以后，就把冯谖由下等的门客升为上等的门客，还送给冯谖的母亲吃的和用的东西，冯谖心想："孟尝君对我这么好，我一定要找机会报答他！"

有一次，冯谖自愿替孟尝君到薛地去收租讨债，结果不但没有把租子收回来，反而假装是孟尝君下的命令，把收租的契约烧掉了。薛地百姓以为是孟尝君让他那样做的，所以对孟尝君非常感激。后来，孟尝君被齐王免去了官职，只好回到薛地，却受到当地老百姓的热烈欢迎。孟尝君这才明白冯谖烧契约的目的。冯谖声称薛地所有欠孟尝君钱的人不用还钱，替孟尝君买了个"义"的好名声！

过了不久，冯谖又对孟尝君说："一只兔子要有三个洞藏身，才能免除被猎人猎杀的危险。您现在住在薛地，就好像兔子只有一个洞，是很危险的！万一齐国国君对您不满意要杀您，您连其他躲的地方都没有呢！所以，您现在还不能把枕头垫高，安心地睡觉！"孟尝君一听："那我该怎么办呢？"冯谖回答说："这件事就交给我去办！我会让您像狡兔一样，有三个安全的洞藏身！"

于是，冯谖就跑去找梁国的国君梁惠王，告诉梁惠王孟尝君非常能干，梁惠王听了之后立刻派人带着一千斤黄金、一百辆马车去请孟尝君到梁国做相国。接下来，冯谖抢在使者前面回到薛地，建议孟尝君不要接受梁国的聘请。因此，梁国的使者跑了三趟，都没有把孟尝君请去。梁国聘请孟尝君的消息传到了齐国，齐国国君马上慌张起来，赶快用隆重的礼节请孟尝君回去齐国仍做相国。

冯谖又建议孟尝君向齐王请求赐给他先王传下来的祭器，让他把祭器放在薛地，并建立庙宗，这样就可以保证薛地的安全了。等到薛地的宗庙建成时，冯谖就对孟尝君说："现在三窟已经完成，从今天起，您可以'高枕无忧'了！"

此成语故事可与"狡兔三窟"的典故进行对照阅读。

——《战国策·齐策四》

【故事启示】 严格地来说，冯谖的"狡兔三窟"属于居安思危的智慧，但因其不同于一般的谨慎戒惧，而是主动寻找遇到危险时的缓冲，是一种更为积极主动的进取智慧。再有，从健康角度而言，冯谖所说的"高枕无忧"并不科学。睡眠过程中，只有选用适宜的枕头，才能有利于全身放松，保护颈部和大脑，促进和改善睡眠。现代研究认为，枕头以稍低于肩到同侧颈部距离为宜；枕头的长度应够睡眠翻一个身后的位置；宽度以15～20cm为宜。

【成语释义】 垫高枕头，无忧无虑地睡觉。比喻认为太平无事，无所忧虑。

【活用例句】 今年雨水大，不要认为有大堤，就可以～了。

【近义】 无忧无虑

【反义】 枕戈待旦

顾左右而言他

战国中期，有一个名叫孟子（又称孟轲）的人。他是儒家的代表人物。

据说，有一次，他对齐宣王说："有一个人，因为要到楚国去，把老婆孩子交托给他的朋友，请予照顾。等到他回来的时候，才知道他的老婆孩子一直在受冻挨饿，那位朋友根本没有尽到照顾的责任。你说这该怎么办？"

齐宣王答道："和他绝交！"

孟子又说："有一个执行法纪、掌管刑罚的长官，却连他自己的部下都管不了。你说这该怎么办？"

齐宣王说："撤他的职！"

最后，孟子说："全国之内，政事败乱，人民不能安居乐业。你说这又该怎么办？"

齐宣王"顾左右而言他"，即望着两旁站立的随从，把话故意扯到别处去了。

上面这段对话，在《孟子·梁惠王》有详细记载。原文是：

孟子谓齐宣王曰："王之臣，有托其妻子于其友而之楚游者，比其返也，则冻馁其妻子，则如之何？"

王曰："弃之。"

曰："士师不能治士，则如之何？"

曰："已之。"

曰："四境之内不治，则如之何？"

王顾左右而言他。

——《孟子·梁惠王下》

【故事启示】 这段对话的背景是，齐宣王喜欢穷兵黩武、聚敛财物。于是，上大夫封悦请孟子劝告齐宣王。孟子先后问齐宣王：朋友受托而不尽责与官员不称职，如何？齐宣王回答：断交与撤职。当孟子问到君主对外用兵、对内敛财，如何？齐宣王东张西望而不回答。因为根据齐宣王之前的逻辑，理当废君。孟子运用层层剥笋的问话技巧，无形之中将齐宣王引入套中，实在是高！

【成语释义】 看着两旁的人，说别的话。形容无话对答，有意避开本题，用别的话搪塞过去。

【活用例句】 当大庆对心仪已久的女孩表白时，女孩涨红了脸，～。

【近义】 顾而言他

顾名思义

在古代，大多数人尤其是当官的人和读书人既有"名"又有"字"，有些人除了"名""字"之外还有"号"。所谓"名"，即个人在社会上所使用的符号。"字"则是"名"的解释和补充，它与"名"互为表里，因而古人又称其为"表字"。从《礼记·檀弓上》一书中可以知道，在古代，"名"是一个人小的时候起的，主要是供长辈称呼。长大之后，男子到了二十岁，要举行"结发加冠"之礼，这标志着本人已经成年，从此进入社会，这时就要取字；而女子长大后也要离开父母的家而嫁人，未许嫁的叫"未字"，也叫"待字"，等到十五岁要举行"结发加笄"之礼，以示可以嫁人了，这时也要取字。

在上古时期，人们的名字一般都很朴实，如夏、商两代留下的名人有孔甲、盘庚、外丙、武丁、小辛等，都以干支命名，这可能与当时重视时辰的观念有关。随着社会的进步，人的名字也越来越复杂，甚至代表了一个人立身处世的行为准则。因而，古人往往对名字的内涵慎重考虑。关于这点，我们可以从汉末王昶为儿子与侄子起名的故事上得到印证。

王昶，字文舒，山西太原人。他开始时担任主管皇帝衣着的典衣官，后来又担任洛阳的典农官，主要任务是督导百姓开垦荒地。王昶为官期间，一直关心国家大事，他曾经写了二十多篇《治论》和十几篇《兵书》呈送朝廷，表明自己的治国主张。

王昶是个十分有修养的人，他提倡谦虚、诚实，反对骄傲、虚伪。他要求儿子学习当时北海人徐伟长不慕虚名、淡然自守的品格，学习乐安等谦逊与内省的长处。为此，他给侄子与儿子起名与字时，都颇费心思。

王昶给大侄子起名为默，字处静；二侄子名沉，字处道；给大儿子起名为浑，字玄冲；二儿子名深，字道冲。王昶还写文章告诫他们说："我给你们起的名和字，是想让你们懂得，为人处世要遵循孔子和孟子的教诲，实现老子和庄子的主张。所以就以'玄默冲虚'这些圣贤的基本理念做你们的名字。想让你们看到名字，就想到这些做人的道理，不敢违背。古时候，人们盛东西的器物以及几案、手杖上都有铭文或诫言，随时可以看到，从而规范自己的行为，不犯或少犯错误。铭文和诫言尚且如此，更何况自己的名字，能不顾名思义、引为借鉴吗？"

——《三国志·魏书·王昶传》

【故事启示】 王昶生活的时代特征是儒家学说的独尊地位发生动摇，玄学和佛学得以重见天日，并日渐发扬光大，因此，主张"遵儒者之教，履道家之言"的文官王昶，以"玄默冲虚"为后代命名。王昶的所作所为随着时代的脉搏跳跃。试想，王昶假若生在"罢黜百家，独尊儒术"的汉武帝时期，他还敢以明显带有"老庄"玄学气息的词语为后代命名，并写文章述以缘由吗？当然不敢！除非他不想要他的官和命。

【成语释义】 看到名称就可想到它的含义。顾，看；名，指人或事物的称呼；义，意义，含义。

【活用例句】 足球，～，是用脚踢的球。

【近义】 望文生义

爱屋及乌

商朝末年，商纣王的统治十分残暴，民心尽失。周武王就率兵灭了商朝，建立了周朝。建国后，武王对如何处理商朝留下的官员很伤脑筋，他问姜太公："周朝建立了，对商朝的官员到底应该怎样处置？"姜太公说："我听说爱其人者，也爱其屋上的乌鸦（注：乌鸦常被人认为是不吉利的鸟）。还是把他们全部杀了为好。"

听了姜太公的意见，武王不大赞同。于是，他又召见召公，问了同样的问题。召公回答说："我曾听人说：贪官污吏跟商纣王一起压榨老百姓，一定要把他们处死；而对老百姓公正、廉洁的好官员，就应该让他们活着。我们必须把有罪的和无罪的，好的和坏的区分开来。坏的处以死刑，一个也不留。"

周武王听了还是不满意，最后他向周公询问这个问题。周公说："我认为应当让这些官员们全部回到自己的家里，各自耕种自己的田地，自食其力。然后，再通过施行仁政来感化全国的老百姓，天下必然太平。"

武王听后十分高兴，就照周公的办法去治理国家，结果，天下很快就安定下来了。

——《尚书大传·大战》

【故事启示】　一个人看到房子好，喜欢房子，连房顶上的乌鸦也跟着喜欢了。这种现象在心理学上被称为晕轮效应。所谓晕轮效应，即在认知过程中放大了对方的优点，掩盖了其缺点，有以点盖面的意思。更明确地说，就是在对某一个人的评价中，评估者对评估对象在某些方面的良好印象会影响对其他方面的评估。人际交往中，我们应该懂得利用晕轮效应，以便给人留下良好的印象，进而赢得对方的爱戴与友谊。

【成语释义】　喜爱那所房屋，连房屋上的乌鸦也一并喜爱。比喻由于喜爱某人也连带地喜爱与他有关系的人或物。

【活用例句】　小涛认为女朋友画的画精美绝伦。朋友却说他～，并不以为然。

【反义】　殃及池鱼

捕风捉影

谷永，字子云，长安（今陕西西安市）人，汉成帝时担任过光禄大夫、大司农等职。

汉成帝二十岁做皇帝，到四十多岁还没有孩子。他听信方士的话，热衷于祭祀鬼神。许多向汉成帝上书谈论祭祀鬼神或谈论仙道的人，都轻易而举地得到高官厚禄。成帝听信他们的话，在长安郊外的上林苑大搞祭祀，祈求上天赐福，花了很大的费用，但并没有什么效验。

谷永向汉成帝上书说："我听说对于明了天地本性的人，不可能用神怪去迷惑他；懂得世上万物之理的人，不可能受行为不正的人蒙蔽。现在有些人大谈神仙鬼怪，宣扬祭祀的方法，还说什么世上有仙人，服不死的药，寿高得像南山一样。听他们的说话，满耳都是美好的景象，好像马上就能遇见神仙一样；可是，你要寻找它，却虚无缥缈，好像要缚着风、捉着影子一样不可能得到。所以古代贤明的君王不听这些话，圣人绝对不说这种话。"

谷永又举例说："周代史官苌（cháng）弘想要用祭祀鬼神的办法帮助周灵王，让天下诸侯来朝会，可是周王室更加衰败，诸侯反叛的更多；楚怀王隆重祭祀鬼神，求神灵保佑打退秦国军队，结果仗打败了，土地被秦削割，自己做了俘虏；秦始皇统一天下后，派徐福率童男童女下海求仙药，结果一去不回，遭到天下人的怨恨。"

最后，他又说道："从古到今，帝王们凭着尊贵的地位、众多的财物，寻遍天下去求神灵、仙人，经过了多少岁月，却没有丝毫应验。希望您不要再让那些行为不正的人干预朝廷的事。"

汉成帝认为谷永说得很有道理，便听从了他的意见。

后来，人们便根据史料记载的谷永所述："听其言，洋洋满耳，若将可遇；求之，荡荡乎如系风捕影，终不可得。"引申出"捕风捉影"的成语。

——《汉书·郊祀志下》

【故事启示】 汉成帝刘骜虽然长得一表人才，但却是个酒色之徒，身体欠佳。加上后宫争宠，以至于成帝不惑之年仍然未有生存的子嗣。为此，他试图通过祭祀鬼神的方式以求后继有人。谷永劝谏他不要捕风捉影，着眼于江山社稷、勤于政事，才是为帝之根本。这个故事从反面启示我们，无论做什么事情，都要有自己的辨别力，认真客观形势，切忌相信一些子虚乌有的事情，为心怀不轨的小人所蒙蔽，以至于做出荒唐可笑的举动来。

【成语释义】 比喻说话做事没有确切的事实依据，或无事生非。

【活用例句】 对于～的谣言，我们切不可相信。

【近义】 望风捕影、无中生有

【反义】 实事求是

闭门思过

西汉昭帝时，燕人韩延寿曾做过东郡（今山东郓城）的太守。他善于听取部下的劝告，积极采纳好的主意。他在东郡当官三年，号令严明，办案果断迅速，结果，社会风气大大好转，使东郡成为当时全国治理得最好的一个郡县。后来，韩延寿又当上了左冯（píng）翊（yì）（今陕西大荔）的太守。在任的前几年，他从不到地方巡视。

有一次，有一个部下劝他到下面走一走，视察一下各地县官的政绩。韩延寿说："各县都有贤明的长官，督邮也能明辨善恶，我下去巡视恐怕用处不大反而增加麻烦。"

部下说："现在正值春忙时节，下去也好看看农民的耕种之事。"韩延寿只好出行。

他刚走到高陵县（今陕西高陵），就有兄弟俩因争田之事直接找他告状。这件事使他感到非常难过，他说："我作为太守，是一郡之长，却不能教化百姓，结果导致民众有骨肉争讼，既伤风化，又使贤人孝子受辱，责任全都在我身上，我还是自己退职让贤吧。"

第二天，他就推辞称病，闭门思过。地方官员见他这样，也都深感自己失职。

韩延寿的举动也深深感化了争田地的那兄弟俩，他们两人由互争变为互让，并且主动前来请罪。韩延寿非常高兴，亲自接见，并以酒肉热情地款待，勉励他们知错能改。

这件事让当地老百姓和官员都对韩延寿更加敬重。

从此，在冯翊再也没有争讼之事发生，韩延寿颇受吏民爱戴。可惜，树大招风。身居要职的韩延寿在朝中受到了御史大夫萧望之的嫉妒与陷害，被盖上"狡猾不道"的罪名，遭斩首的刑法。行刑那一天，官吏和老百姓几千人送到刑场，扶老携幼，攀住囚车，进奉酒肉，痛哭流涕。由此足见他的名望和声誉。

——《汉书·韩延寿传》

【故事启示】 韩延寿推行礼义，注意礼教感化。他择善行施、公正清廉。担任左冯翊职守京师重地期间，坚决反对名为视察，实为敛财的"下巡"恶习，避免奢侈浪费，侵扰百姓。他是个爱民如子的好官，以廉洁名世，史称"循吏"乃实至名归。将"治民犯错"归结到"治者"之过而闭门反省，那些推过揽功的官吏应汗颜。也许，他是吹起"问责之风"的第一人。

【成语释义】 关起门来反省自己的过错。比喻人有自知之明能够自我批评，检查自己的过失。

【活用例句】 犯了错误除了~外，还应当争取大家的帮助。

【近义】 反躬自省、闭阁思过

【反义】 不思悔改、文过饰非

望尘莫及

南朝时期，宋国有个叫吴庆之的人，很有才学。当时的扬州太守王义恭对吴庆之特别赏识，便请他出来担任类似秘书的幕僚工作。王义恭在办公务时遇到什么问题，都向吴庆之请教之后才做决定。后来王义恭因公事被皇帝杀害，吴庆之觉得很惭愧，认为是自己的才能不足，辅佐不力，才导致这种不幸的结果。于是就找了个地方隐居起来，过着躬耕田亩、诗书自娱的日子，决心以后不再出来做官。

不久之后，有个叫王琨的人就任吴兴太守。他早就听说过吴庆之的贤名，便决定请他出来，担任"功曹"的官职。可是，吴庆之不愿再参加政治活动。所以，尽管王琨开出的条件非常优厚，都没能说服他。王琨不甘心轻易放弃，找机会又与吴庆之谈起来做官这件事。吴庆之对王琨说："我一向资质鲁钝，实在不懂什么官场规矩，只因为从前有个太守看得起我，所以，才勉强出来替他奔走了一段时间。如果你还是要我，那简直是'蓄鱼于树，栖鸟于泉'（把鸟放在水里，把鱼养在树上）！"吴庆之说完后，连告辞都没说一声拔腿就跑。王琨急忙跟在后面追赶。但是，出门以后，只见前面扬起漫天的尘土，吴庆之已经跑得不见踪影了。

另据《后汉书·赵咨传》记载：赵咨受命为"东海相"，上任时经过荥阳。荥阳县令曹暠等候在路口，专诚迎接他，因他俩原本相识，想请他在荥阳稍事停留，彼此谈谈。但赵咨见了曹暠，连车也不下就走了。曹暠想送他到城外的十里长亭，不料赵咨的车子走得挺快，一会儿就"望尘莫及"了。

——《后汉书·赵咨传》

【故事启示】　吴庆之将王义恭被害之事揽到自己身上，认为是自己辅佐不力。这种出现问题，不推卸责任的精神确实可嘉。然而，他此后一直生活在过去失败的阴影中，不可自拔。仅仅因为这么一次错误，就彻底否认自己的才能，显得过于消极，不足为取。有道是："人无完人，金无足赤。"犯错误在所难免，不足为惧，怕就怕推卸责任。要知道，能够承担责任的人，才是能够委以重任的人。一个人只有敢于承认错误，并从错误中吸取教训，修正自身的缺点，才会取得他人信任。

【成语释义】　望见前面人马扬起的尘土而追赶不上。比喻远远落在后面，相差很远。也用于表示自谦。

【活用例句】　当年我俩是同桌，但现在他的学问高深莫测，我是～了。

【近义】　不可企及

【反义】　迎头赶上

兼听则明，偏信则暗

魏征从小丧失父母，家境贫寒，但喜爱读书，不理家业，曾出家当过道士。后任宰相之职，为唐朝贞观名相。话说玄武门之变以后，唐太宗李世民把他任为谏官之职，并经常引入内廷，询问政事得失。魏征喜逢知己之主，竭诚辅佐，知无不言，言无不尽。加之性格耿直，往往据理抗争，从不委曲求全。

有一次，唐太宗曾向魏征问道："何谓明君、暗君？我作为一国之君，怎样才能明辨是非，不受蒙蔽呢？"魏征回答说："君之所以明者，兼听也，君之所以暗者，偏信也。以前秦二世居住深宫，不见大臣，只是偏信宦官赵高，直到天下大乱以后，自己还被蒙在鼓里；隋炀帝偏信虞世基，天下郡县多已失守，自己也不得而知。由此可见，作为国君，只听一面之辞就会糊里糊涂，常常会作出错误的判断。只有广泛听取意见，采纳正确的主张，您才能不受欺骗，下边的情况您也就了解得一清二楚了。"唐太宗对这番话深表赞同。

从此，唐太宗很注意听取下面的谏言，鼓励大臣直言进谏。

魏征去世后，唐太宗伤心欲绝地说："用铜做镜子，可以看出衣帽穿着是否整齐；用历史做镜子，可以明白各个朝代为什么兴起和没落；用人做镜子，可以清楚自己与别人的差距和得失。今天魏征不在了，我真是失掉了一面好镜子啊！"

成语"兼听则明，偏信则暗"就是从魏征劝唐太宗的话演变而来。

——《资治通鉴·唐太宗贞观二年》

【故事启示】 魏征先提出自己的观点，然后列举一系列的实例来论证自己的观点，事例正反对比，有气势，说服力强。通过君臣对话，惟妙惟肖地刻画出了一个善于纳谏的明君形象和一个敢于进谏直言的大臣形象。

【成语释义】 指要听取各方面的意见，才能明辨是非，只相信单方面的话，必然愚昧不明。明，清楚；暗，昏暗，糊涂。

【活用例句】 ～所阐发的深刻哲理，已为无数事实所证实。

胯下之辱

韩信是秦汉时期著名的军事统帅。他出身贫贱，从小就失去了双亲。建立军功之前的韩信，既不会经商，又不愿种地，家里也没有什么财产，过着穷困而备受歧视的生活，常常是吃了上顿没下顿。他与当地的一个小官有些交情，于是常到这位小官家中去蹭饭吃，可是时间一长，小官的妻子对他很反感，便有意提前吃饭的时间，等韩信来到时已经没饭吃了。韩信一气之下便与这位小官绝交了。

为了保住小命，弄点吃的，韩信只好到当地的淮水钓鱼，有位洗衣服的老太太见他没饭吃，便把自己带的饭菜分给他吃，这样一连几十天，天天如此。韩信很受感动，便对老太太说："总有一天我一定会好好报答你的。"老太太听后说："你是男子汉大丈夫，不能自己养活自己，我看你可怜才给你饭吃，谁还希望你报答我。"韩信听了很惭愧，立志要做出一番丰功伟绩来。

在韩信的家乡淮阴城，有些年轻人也瞧不起韩信，有一天，一个少年看到韩信身材高大却常佩带宝剑，以为他是胆小，便在闹市里拦住韩信，说："你要是有胆量，就拔剑刺我；如果是懦夫，就从我的裤裆下钻过去。"围观的人都知道这是故意找茬羞辱韩信，不知道接下来形势如何演变。只见韩信稍作思考，便默默地从那人的裤裆下钻了过去。当时在场的人都哄然大笑，认为韩信是胆小怕死、没有勇气的人。这就是后来流传下来的"胯下之辱"的故事。

其实呢，韩信是一个很有谋略的人。他看到当时社会正处于改朝换代之际，于是专心研究兵法，练习武艺，相信会有自己的出头之日。公元前209年，全国各地反对秦朝统治的农民起义爆发了，韩信加入其中一支实力较强的军队。军队的首领就是后来成为下个朝代开国皇帝的刘邦。最初，韩信只是做了一个管押运粮草的小官，很不得志。后来他认识了刘邦的谋士萧何。在萧何的引荐下，韩信由一名运粮官变成了一位将军。在帮助刘邦打天下的过程中，他立下了赫赫战功。

——《史记·淮阴侯列传》

【故事启示】 大丈夫能忍天下之不能忍，故能为天下之不能为之事。如果韩信当初杀死那个无赖，依据"杀人偿命"的律条，韩信也不会当上大将军，更不会辅助刘邦攻打项羽，一统天下。韩信的事例启示我们，任何时候都要清楚自己追求的主要目标，当遇到干扰自己实现主要目标的境况时，要保持冷静，迅速摆脱干扰，继续向着那主要目标前行。这样的思维方式应该成为一种习惯。

【成语释义】 胯下，两条腿之间。从胯下爬过的耻辱。比喻受到极大的侮辱。

【活用例句】 小魏家境贫寒，常常被人冷嘲热讽，自感经受了~的他，勤学苦读，锐意进取，希望有出人头地的一天。

班门弄斧

采石江边一抔土，李白之名高千古；

来来往往一首诗，鲁班门前弄大斧。

这是明朝梅之涣写的题李白墓诗。李白，字太白，好饮酒，人称李谪仙，是唐代伟大的诗人。关于他的死，有种种神话般的传说。

例如，有的说李白晚年浏览洞庭、岳阳和金陵（现在的南京）等地。一天，泊舟采石（今安徽当涂县境内，北临长江）江边。晚上，月明如昼，李白在舟中对月畅饮，喝得大醉，见水中月影，竟探身去捉，于是溺水身亡。有的传说更是神乎其神，说这时江中忽然风浪大作，有巨鲸现身，仙童二人，手持旌节，请李白坐于鲸背，伴乐腾空而去。

上述传说，当然不能信以为真，但是在采石，后来却因此出现不少名胜。不但有李白墓，还有谪仙楼、捉月亭等，并引起了无数游人的兴趣。有些文章不通却想冒充风雅的游人更在李白墓上胡写乱题，十分可笑。梅之涣的这首诗，就是讥讽这类游人的。他认为在大诗人的墓上乱题歪诗，简直是"鲁班门前弄大斧"——太不自量。

诗中提到的鲁班，据说姓公输，名般，是战国时代的鲁国人，也称鲁般。他是一个善于制作精巧器具的能手，人们叫他"巧人"。民间历来把他奉为木匠的始祖。谁敢在祖师爷鲁班面前卖弄使用斧子的技巧？换句话说，想在大行家面前显示自己的本领，这种太不谦虚的可笑行为，就叫做"鲁班门前弄大斧"，简作"班门弄斧"。和俗语所说的"关公面前耍大刀"的意思差不多。

——《梅之涣题李白墓诗》

【故事启示】 现实生活中，人们运用"班门弄斧"的时候，往往带有贬义色彩。可是，数学天才陈景润不正是在一代大师华罗庚门前"弄斧"，才有所突破的吗？还有许多文坛上的后起之秀，不正是在文学泰斗门前"弄斧"，才写出一篇篇佳作吗？所以，我们期待更多的人敢于在"鲁班"门前弄几下"大斧"。人们拥有了"班门弄斧"的精神与勇气，天才们才会层出不穷，社会才有创新，并不断进步。

【成语释义】 在鲁班门前舞弄斧头。比喻在行家面前卖弄本领。

【活用例句】 人不能自以为是，～。因为人外有人，天外有天，要认识到自己的不足，努力提高自己的能力。

【近义】 布鼓雷门

豺狼当道

东汉末年，外戚诸梁姻族满朝，大将军梁冀专权。顺帝派遣周举、张纲等八名大臣分道巡按各州郡，纠察收审贪官污吏。

在这八个人当中，张纲年纪最轻，官职也最小，但他为人正直，敢于说话，对朝廷内部政治腐败、皇帝昏暗无能的现状极为不满。他认为，要整顿好官吏，首先应严厉惩办朝廷中贪赃枉法的大官。如果能这样做，地方上的小官吏就不敢为非作歹，否则，绝不会解决多大问题。为此，他对这次考察不感兴趣，没有马上成行。经再三催促，才勉强离京。

张纲的车辆还未驶出京城洛阳的范围，在都亭他就下令停车，命手下人把乘坐的车子拆毁，把车轮埋在地下，不再往前走。手下人疑惑不解，于是问他这是为什么。张纲愤慨地说："豺狼当路，安问狐狸！"表面的意思是说，豺狼横在路中间，何必再去查问狐狸！张纲的意思很清楚：那些横行不法的大官在朝廷上掌握大权，又何必去查问那些违法乱纪的小官呢？言下之意是首先应惩办不法的大官。

张纲回到京城向顺帝上书，揭发大将军梁冀等人结党营私、坑害百姓、陷害忠良的罪行，请求顺帝严加惩办。由于顺帝很宠爱梁冀的妹妹梁皇后，所以他虽然知道张纲的请求正直有理，却没有照着办理。

——《后汉书·张纲传》

【故事启示】 在由营私舞弊的"一把手"一手遮天之所，正是"豺狼当道"之地。平心而论，在"豺狼当道"的地方，要求下属干部洁身自好，甘当"另类"并非易事。不去深究"豺狼"何以能"当道"的原因，并严肃处理这些"当道的豺狼"，反而拿"狐狸"兴师问罪，这种做法本身就是本末倒置。顺帝派周举、张纲等八名大臣，到各地去考察官吏情况，却对豺狼般的梁冀置之不理，避重就轻，实乃昏庸之举。

【成语释义】 豺狼两种凶残的野兽横在道路中间。比喻残暴的人掌权得势或违法横行，也作"虎狼当路"。豺、狼，两种凶残的野兽；当道，横在路中间挡路。

【活用例句】 在那个～的黑暗时代，老百姓衣食无着，无法生存，不得不起来闹革命。

【近义】 豺狼塞路

【反义】 舜日尧年、舜日尧天

谈笑自若

三国时期，东吴有一员叫甘宁的大将，作战英勇而且很有智谋。因有战功，被任命为西陵太守、折冲将军。

公元208年，曹操在赤壁之战中失败后，被迫向江陵撤退。孙权和刘备的联军乘胜追击，一直追到南郡（今湖北江陵境内）。驻守南郡的魏将曹仁以逸待劳，奋勇击退了吴军的先头部队。吴军大都督周瑜大怒，准备与曹仁一决高下。甘宁根据当时的形势，上前劝阻，认为南郡与夷陵互为犄角，应该先袭取夷陵，然后再进攻南郡。大都督周瑜采纳了他的建议，命他领兵攻取夷陵。

甘宁领兵直逼夷陵城下，与魏军守将曹洪激战。曹洪败走，甘宁命令部下迅速夺取夷陵，这样就对南郡造成很大威胁。但是当时甘宁的兵力很少，只有几百人，入城后立即招兵，但也不过千人。当天黄昏，驻守南郡的魏将曹仁为了夺回夷陵，派曹纯和牛金引兵与曹洪汇合，共聚五千余人，把夷陵城团团围住。曹军架设云梯攻城，被甘宁守军击退。

第二天，曹军堆土构筑高楼，然后在高楼上向城中射箭。箭如雨发，射死射伤不少吴兵。这时，城中吴军将士都有些紧张和害怕，只有甘宁一个人同平常一样，谈话笑容非常自然，一点也不紧张恐惧。

他命人收集曹军射来的数万枝箭，选派优秀射手，与魏军对射。由于甘宁率军沉着顽强的固守，曹军无法攻破城池。

后来，甘宁派人突围向周瑜告急，周瑜即刻发兵前来解围，最终赢得了胜利。

——《三国志·吴书·甘宁传》

【故事启示】 甘宁是东吴武艺最高的大将之一，智勇双全、胆识过人。初做锦帆贼，后投奔黄祖，未受到重用，便转投孙权门下，并帮孙权击败黄祖军队。在对战曹军的几场战役中，甘宁冲锋在先，奋勇杀敌，百骑截营惊动曹操大军。在兵力悬殊、危急关头，仍然能谈笑自若，指挥若定，无怪乎孙权评价他："虽然粗豪，有不如人意时，但其较略大丈夫也。"

【成语释义】 比喻无论周围环境、气氛如何变化都和平常一样，有说有笑，毫不在意和惧怕。自若，自由自在的样子。

【活用例句】 在紧急关头，众人看到指挥员仍然面不改色，～，也都心情平静下来。

【近义】 谈笑风生

【反义】 张皇失措

脍炙人口

春秋时期，在大教育家孔子的门徒中，有鲁国南武城曾氏父子两人。其父名点，字皙；其子名参，字子舆。父子二人都是孔子门徒中的佼佼者，而父亲曾皙更是当时读书人中淡泊名利、向往优游生活的代表人物，他的这种志向曾经深得孔子的称赞。曾皙在饮食上有一种非常执着的嗜好，他尤其喜欢吃果实小而圆、色泽紫黑的羊枣。

曾皙的这一嗜好给儿子曾参留下了深刻的印象。在曾皙过世之后，曾参因怀念父亲而悲痛万分，父子亲情终身萦怀，甚至曾皙生前爱吃的羊枣，曾参也不忍心吃一口。这件事情在当时曾被儒家弟子争相传颂，称赞曾参为孝子典范。

斗转星移，到了战国时期，孟子的弟子公孙丑对这件事非常不理解，于是就去向自己的老师孟子请教。公孙丑来到孟子的府第，十分恭敬地向自己的老师行礼，然后说道："老师，我今日来拜访您是因为有一件事情我始终不能想明白其中的缘由，特来向您请教。"

孟子和颜悦色地对公孙丑说："你有疑惑就讲出来吧。"

公孙丑说道："老师，您觉得烤肉和羊枣，哪一样更好吃呢？"

"当然是烤肉好吃，没有哪个人不爱吃烤肉的！"

公孙丑又问："既然烤肉好吃，那么曾参和他的父亲也都是爱吃烤肉的人了，那为什么曾参不戒吃烤肉，只戒吃羊枣呢？这能说明他是有孝心的人吗？"

孟子沉思了一下，耐心地解释道："精致的美味烤肉是大家都爱吃的一种食物，羊枣的滋味虽比不上烤肉那样好吃，但却是曾皙尤其爱吃的食物。所以曾参只戒吃羊枣，这是生怕引起痛思故父的难捺之情啊！就好比对长辈只忌讳叫名字，不忌讳称姓一样。人的姓氏会有相同的，但名字却是自己所独有的。"

公孙丑听完孟子的这一席话，茅塞顿开，终于明白了曾参追思故父的一片孝心。

后来人们从"脍炙，所同也"里引申出成语"脍炙人口"。

——《孟子·尽心下》

【故事启示】 曾皙爱吃羊枣成癖，他死后，其子曾参戒吃羊枣，以免睹物思人，招来感伤，足见其父子情深。本文借曾子之事揭明学问继承的关系以及知识普及的问题。继承古之制，就要选择大家都能接受的东西，而不能选择只有个别人喜欢的东西，这就叫尽心知命。也只有这样尽心知命，才能学到更多的东西，才能普及更多的知识。

【成语释义】 原来指人人爱吃的美食，现比喻好的事物广为称赞和传颂，或是比喻很多人都知道的事，也比喻好的诗文受到人们的称赞和传颂。脍，细切的肉；炙，烤熟的肉。

【活用例句】 《红楼梦》是一部～的长篇小说，深受广大读者的喜爱。

【近义】 喜闻乐见、交口称誉

【反义】 平淡无味、嗤之以鼻

十一画

黄粱美梦

唐朝开元年间，有一位姓卢的读书人，人称卢生。这一年，卢生要进京考取功名，走到邯郸时天已到中午了。于是，他在邯郸北边找了一家客店，住下来歇歇脚。恰巧，道士吕翁也住在客店里。于是，卢生和吕翁就坐在一张席子上，说东道西地谈起来。

卢生看看自己身上破旧的衣服，叹口气说："我是一个读书人，本应当早早考取功名，做上高官，痛痛快快过一生。可是我没有赶上好运气，直到现在还这样穷困，真叫人伤心啊！"听了卢生的话，吕翁笑了笑说："我们这样不是也很好吗？不过你想得到荣华富贵，我可以满足你的欲望。"说着，从挎袋里掏出一个青磁枕头，递给卢生说："你枕上这个枕头睡一觉，就什么都有了。"

这时，店主人正在生火做饭，洗好的黄粱米刚刚下到锅里。卢生枕上吕翁给自己的青磁枕头，不久就进入梦乡。卢生梦见自己先是娶了一位富贵人家的小姐，妻子不但美貌动人，而且陪嫁了许多东西，家里很快富裕起来。第二年，他进京赶考考中了进士，不久又做了京城里的长官。后来，他因领兵打仗有功，受到皇帝的奖赏，并做了朝中最高的宰相官，掌握着朝中的大权。他吃的是山珍海味，住的是亭堂楼阁。出门有兵马前呼后拥，回来后有美女陪伴。他有5个儿子，个个都有学问和才干，而且都做了官。他的5个儿子又生有十几个孙子，真是子孙满堂，福禄齐全，享受到了人间的奢华富贵生活。他一直活了80多岁，才辞官不做了。正在这时，一声鸡叫，卢生从梦中醒来。他睁眼一看，吕翁仍然坐在旁边，自己身上还是那身破旧衣服。店主人家蒸煮的黄粱饭冒着热气，还没有熟呢！

卢生想想几十年荣华富贵，竟是短暂的一梦，很觉惊异。吕翁笑道："人生就是这样！要想真正地享受荣华富贵，必须靠自己的双手去努力，去创造。"

现在，在邯郸市北不远处，还有卢生祠。人们还沿用"黄粱梦""梦黄粱""黄粱美梦""邯郸梦"来比喻不切合实际的幻想，或是某种欲望的破灭。

——《枕中记》

【故事启示】 黄米饭尚未蒸熟，一场好梦已经醒。正印证了《金刚经》偈语："一切有为法，如梦幻泡影，如露亦如电。"然而，人生苦短，睡梦中可以务虚，但生活必须务实，否则只能留下一则"功名利禄成泡影，黄粱美梦堪笑谈"的笑料儿。一个人有远大的梦想固然可歌可泣，但千万不要一直去空想，而应该用行动促使其变成现实。人生短暂如一梦，好好把握住当下的时光，别梦醒功不就，空留憾。

【成语释义】 指在小米饭还没有煮熟的短暂时间里做的一场好梦。比喻虚幻、空想的事和欲望的破灭。

【活用例句】 小亚规划的家庭远景只不过是~罢了。

【近义】 南柯一梦、黄粱一梦

雪中送炭

宋太宗是宋太祖的弟弟，年轻的时候曾和宋太祖一起打天下，深知江山来之不易。因此，他特别爱护老百姓。

淳化四年的冬天，东京（今开封）滴水成冰，房檐垂下的冰挂有一尺多长，在清冷的冬天，在不足以给人任何温暖的阳光照射下，像一把把垂下来的刀，令人望之即瑟瑟发抖。宋太宗在皇宫里面，穿着龙袍，烤着炭火，还觉得寒气逼人。这时，宋太宗想起乾德二年的冬天，哥哥宋太祖上朝时，身穿貂皮大衣，戴着皮帽全副武装，所有的大臣都缩着手不胜寒冷站在讲武殿临时铺的地毯上，上奏章说话哆哆嗦嗦，冷得舌头打结的情景。

于是，他更感冰寒，便命人拿来美酒，借酒来驱赶寒冷。他一杯酒还没有喝完突然想到了贫苦百姓："我住在皇宫中，穿着狐狸皮做的龙袍，烤着炭火，喝着酒，还觉得冷，那些缺衣少食的贫苦农民，他们又没有炭火烤，不知会冻成什么样儿。我必须想点儿办法，帮助他们解决这个实际问题。"

385

想到这里，他马上召来开封府尹，对府尹说："现在天寒地冻，我们这些有吃有穿有火烤的人都觉得冷，那些缺衣少食没火烤的老百姓，肯定更加受不了。你现在马上替我去慰问他们，帮助他们迅速解决这个燃眉之急。"这位皇帝的意旨内容是——给京城所有高寿人瑞发奖金，超过百岁者赏赐金腰带。再赏京城鳏寡孤独以及贫穷者一千钱、米炭若干。

开封府尹一接到圣旨，马上带领他的所有随从，准备好衣服、钱财、粮食和木炭，挨家挨户地送到老百姓手中。于是人们看见很多穷苦的百姓都拎着木炭你来我往的身影。宋太宗首开雪中送炭的爱心先河，着实感动了许许多多的百姓，人们一个劲地称赞宋太宗是"雪中送炭"。

——《大雪送炭与芥隐》

【故事启示】 宋太宗在滴水成冰的寒冬能想到给鳏寡孤独及贫穷者送炭，不仅想得细致，想得周到，而且将这种怜爱苍生的想法及时付诸了实践。如果为官者在工作中都能像宋太宗一般，心系百姓，广开爱河，将工作做得再细一点，惠及于民，怎么会愁得不到天下百姓的拥戴？国家政权又怎能不稳如泰山？

【成语释义】 在下雪天给人送炭取暖。比喻在困难或危急时，给人以物质或精神上的帮助。

【活用例句】 他的举动就像是～，给了我莫大的帮助。

【近义】 汗中送扇、雨中送伞、急人之困

【反义】 落井下石、投石下井

得陇望蜀

据《三国演义》记载：三国时期，汉中太守张鲁想自立为"汉宁王"。魏武王曹操知道后，气愤极了，于是领兵四十多万前去征讨。曹操手下谋士、名将不计其数，所以一路上过关斩将，非常顺利地打到了汉中。汉中将士万众一心，曹操攻打了很长时间，仍没有成效。

长史荀攸献计：“张鲁手下有一个贪官，名叫杨松，若给予一些金银，再让他为内应，肯定能够把城攻下。”曹操便依计而行，结果真的把张鲁打败了。

打了胜仗后，将士们都很高兴，主簿司马懿献计：“起奏大王，今汉中已平，然尚有刘备、诸葛亮虎居两川，倘领兵来犯，吾势危矣。今我军心正齐、锐气正胜，不若趁两川民心未稳，领我得胜之兵讨之，一举可定也。此计甚妙，唯大王察之。”

曹操说：“卿此言差矣，刘备雄才，诸葛亮之智，兼有两川之地，民心已服，羽翼已成矣，急切不可下。再者，西蜀之路崎岖不平，若胜则可，若败，吾军一无可逃矣！”顿了一下又说道：“人苦不知足，既得陇，复望蜀耶！”

此外，南朝宋范晔《后汉书·岑彭传》中也有一段关于得陇望蜀的记载：刘秀打败了王莽，便自立为皇帝。当时，大将军岑彭曾领兵跟随刘秀打天下，立下了汗马功劳，很得刘秀的赏识。

刘秀控制了东部地区以后，又转向西进军，并封岑彭为将军。岑彭随刘秀不久攻下了天水，又与偏将军吴汉把隗嚣围在西城。公孙述听说隗嚣被岑彭和吴汉围困，马上派大将李育前去援救。当时公孙述的军队驻守在上圭（guī），刘秀因为有事，就派盖延和耿弇（yǎn）留下来包围上圭，自己要回洛阳一趟。出发前，刘秀给岑彭写了一封信，信上说：“你等到西城和上圭两处攻下来以后，就可以率领军队去攻打四川。”刘秀向西进军，目的在于平定陇、蜀二地，以完成统一全国的大业。不久，隗嚣和公孙述都被消灭了，刘秀统一全国的目标终于实现了。

——《后汉书·岑彭传》

【故事启示】 现实生活中，有些人因为贪，想得到更多的东西，却把现在所拥有的也失掉了。

这就是人的贪欲。有人说，“得陇望蜀”是人的天性。这种看法貌似无可挑剔，但为人处事过程中，倘若总是一味吃着碗里的，看着锅里的，不知满足，那么，到头来只会被权力弄得疲惫不堪。知足者，常乐也。浮躁和贪婪最终只会迎来苦海无边的人生。

【成语释义】 得到了陇地后，又希望取得蜀地。比喻得到了这个，还想要那个，贪心不足。陇，古代地名，相当于今甘肃东部；蜀，古代地名，相当于四川中西部。

【活用例句】 这个可恶的九品芝麻官，霸占了李爷爷的田地，～，又要抢掠王爷爷的闺女。

【近义】 得寸进尺、贪得无厌、贪心不足、欲壑难填

【反义】 知足常乐

铤而走险

春秋时期，一百七十多个诸侯国互相争权夺利。到中期，晋国和楚国成了两个阵营的首领，势均力敌，难分伯仲。其中，郑国是个有道的小国。但不幸的是，郑国地处两大强国晋国与楚国之间，北面不敢得罪晋，南面更不能冷落楚。

公元前610年，晋国会聚了一部分诸侯国，一起向楚国示威，施加压力。晋国国君怀疑郑国与楚国暗中勾结，怀有二心，不肯与前来的郑国国君相见，弄得郑国诚惶诚恐。

郑国大臣子家，为当时的执政大夫。他见此情景，便给晋国的执政大臣赵盾写了一封信。关于赵盾，可是个在晋国历史上非常有名的人。赵盾的"外号"是盛服先生，这是因为赵盾每天勤于政事，天不亮就上朝，早到了就在朝堂前正襟危坐，恭候国君。据说，当时他的仇人找了个刺客去杀他，刺客看到了正在独自等候上朝的赵盾，竟被其忠君爱国的情操深深感动，于是不忍心加害于他。

言归正传，子家的信中说，郑国和晋国一直很尊敬友好，但仍不能使你们满意。我们现在左右为难，既怕得罪晋国，又怕得罪楚国。就像一头被猎人穷追猛赶的小鹿，本来是不愿意离开肥嫩丰腴的水草和森林的，可是一旦被猎人逼得走投无路时，再危险的悬崖绝壁也会不顾一切地跳下去。如果你们把我们逼急了，郑国也只好铤而走险，去寻求楚国的保护了。那时，你们晋国可不要后悔呀！

赵盾接到信后，认为很有道理。便说服晋国国君改变了对郑国的

态度，以免他们投入楚国的怀抱。然而，在此后的几十年里，郑国时而依附晋国，时而追随楚国，弄得晋楚两国都哭笑不得。

——《左传·文公十七年》

【故事启示】　郑子家的成功在于，向强晋宣誓了郑国不堪忍受晋楚两强的苛求，及不再委曲求全的决心。表明郑国不再"畏首畏尾"，并形象地把郑国自比成面对猛兽的小鹿，声称晋国若有好生之德，郑国就会堂堂正正地做"人"，即在以礼相待的条件下继续侍奉晋国。否则就会像"走投无路"的小鹿一样，与捕食它的猛兽拼命。结果，晋国觉得郑国大概还有利用和压榨的价值，不再咄咄逼人。郑国能在晋楚的夹缝中继续生存，首功于子家。

【成语释义】　形容无路可走而采取冒险的行动。铤，快走的样子。

【活用例句】　马克思曾指出，资本家一旦有百分之五十的利润，就会～。

【近义】　孤注一掷

【反义】　听天由命

推心置腹

汉平帝的大司马王莽篡夺汉朝政权以后，各地爆发了农民起义，其中声势最大的是赤眉军和绿林军。公元23年，农民军在昆阳（今河南叶县）与王莽的42万大军展开决战，其中一个叫刘秀的将领十分活跃。在这一战役中，王莽被打得惨败，几乎全军覆没。不久，农民军就攻进了京城，杀死了王莽。皇族刘玄被尊为天子，刘秀因立了大功，被封为萧王。

刘秀是一个很有城府的人，并不甘心让刘玄做皇帝。刘秀在黄河以北一边与反对刘玄的零散农民军作战，一边扩充自己的势力。公元24年，刘秀在魏州和蒲阳大败赤眉军，收编了投降的部队，封降军的主帅为列侯，其他带兵的军官也都任命了官职。

可是这些投降的官兵很不放心，担心将来被刘秀消灭。刘秀看出他们的心病，便采取了一项出人意料的措施：下令每位降将仍旧回旧部，统率原来所属的兵马。他自己则只带很少的随从，到各投降部队去巡视，并不对他们加以戒备，以表示对他们的绝对放心。这些投降的官兵见刘秀把他们当作自己人，立刻解除了心中的疑虑，互相议论说："萧王把自己的心都掏出来了，放在别人的腹中，我们还有什么可担心的？难道还不该为他赴汤蹈火吗？"所以，官兵对刘秀十分服从。《后汉书·光武帝本纪》里的原话是："萧王推赤心置人腹中，安得不报死乎！"

后人根据这段历史，将"推赤心置人腹中"句概括为"推心置腹"的成语。

——《后汉书·光武帝本纪》

【故事启示】　刘秀的高明之处在于给人以"推心置腹"之感，这是他获得帝位的重要原因之一。事实上，他称帝后，也没有像汉高祖刘邦那样诛杀功臣，而是赏给他们封地、钱帛与特权，然后劝他们一律回到自己的封地上，去过荣华富贵的生活，不再过问朝政。他还不时派官员带着异域进贡给他的奇珍异宝，去慰问这些隐退的功臣。这样，刘秀既巩固了皇权，又落得个不杀功臣的美名，真可谓老谋深算。

【成语释义】　把自己的心放入别人的体内。比喻待人至诚。

【活用例句】　队长经常找队员～地谈话。

【近义】　肝胆相照、赤诚待人

【反义】　勾心斗角

得过且过

相传在山西五台山上，有一种形状像鸡的小鸟，名叫寒号虫（鸟）。古书上又称它为鹖（hé）旦、曷旦或独春。它生着四只脚，两只肉翅，不能飞得很远。拉下来的粪像豆子一样的大，潮湿时气味臊恶，干燥以后变得黑而光润，就是医家所说的五灵脂。

随着一年季节的变换，寒号虫的外貌也会发生明显的变化。在烈日当空、绿树成荫的盛夏，它的周身长满了五彩的羽毛，显得丰润华丽绚烂夺目。这时，寒号虫就会从林子里飞出来，在阳光下扑打着翅膀，得意地鸣叫："凤凰不如我！凤凰不如我！"

可是，到了朔风凛冽、雪花飘飞的寒冬，它便落尽了所有的羽毛，变得像只刚出壳的鸡雏，显出一副狼狈寒酸的丑相。这时，它再也不敢飞出林子，只能躲在树丛深处，有气无力地哀鸣："得过且过，得过且过。"

元末明初的著名学者陶宗仪在《南村辍耕录》中记载下这则传说后，深有感慨地说："当今世界上有些人，并无什么才学和操守，一旦小有成就，便趾高气扬，认为天下再没有人超过自己了；等到稍为碰上一点挫折时，又马上变得像只丧家之狗，俯首贴耳，摇尾乞怜。这种人比起寒号虫来，又有什么两样呢！"

——《南村辍耕录》

【故事启示】 目光短浅的人，面对一点点成绩就沾沾自喜。对将来的一切都没有计划，他们只看现在，能偷懒就偷懒，能过得去就不努力。这种人一遇到挫折就会垂头丧气，消极悲观。记住，成功只属于勤奋努力者。为了将来的美好，我们要对成败进行正确地分析，做个计划。

【成语释义】 只要勉强过得去，就这样过下去。形容胸无大志，没有长远打算。也指工作敷衍了事，不负责任。得，能够；且，姑且。

【活用例句】 领导告诫小华："对待工作不能有～的思想，而应该积极进取，奋发图强。"

【近义】 马马虎虎、苟且偷生、敷衍了事

【反义】 力争上游、奋发有为

得意忘形

阮籍，又名嗣宗，陈留尉氏（今河南尉县）人，是魏晋交替时期的一位著名诗人。他很小的时候父亲便死了。虽然家境清苦，但他勤学好学，后来终于成为当时著名的诗人。

阮籍本来很有抱负，希望能在政治上有所作为。但他对执政的司马氏集团怀有不满，但是又不敢明白地表示自己的见解和主张，只得采取不涉是非、明哲保身的态度。或者闭门读书；或者登山临水；或者酩酊不醒；或者缄口不言。此外，他还以写诗来抒发自己内心的想法。如：在非常著名的《咏怀诗》八十二首中，阮籍就用迂回含蓄的语言来表达了忧国和避世的心情。

他的好朋友嵇康，是当时有名的文学家，对司马家族的统治也抱有轻蔑和厌恶的态度。虽然阮籍与嵇康两人关系特别亲密，但是，对嵇康的哥哥嵇喜，阮籍是很不喜欢的。据说，阮籍能作"青白眼"。"青眼"就是黑眼，两眼正视，眼球上黑的多；两眼斜视，眼球上白的多，就是"白眼"。阮籍对待不受欢迎的人，就用白眼看他。《晋书·阮籍传》说：阮籍母亲死时，嵇喜去吊丧，阮籍给的就是白眼；随后嵇康带着酒和琴来慰问，阮籍就换了青眼。由于有这个故事，后来就产生了"垂青""青目""青照"等语，意思是请求或感谢别人瞧得起自己。同时，形容轻视就叫白眼，例如"白眼对人""遭人白眼"。

除嵇康外，阮籍的好友还有山涛、向秀、刘伶、王戎以及自己的侄子阮咸。他们七个人经常聚在一起，在山阳竹林之下，闲谈、狂饮、作诗、弹琴，高兴时就纵声狂笑，不高兴时就痛哭一场，被世人称为"竹林七贤"。在这七人当中，阮籍大概是最为疯癫的了，尤其是在喝醉的时候，常常哭笑无常。因此《晋书》上说描写他时说到"当其得意，忽忘形骸"。

所谓"当其得意，忽忘形骸"，就是"得意忘形"这句成语的来源。

——《晋书·阮籍传》

【故事启示】 人生得意时易忘形，一忘形就不知道自己姓什么，于是恶念和恶行就会乘虚而入。所以，身处顺境时，我们必须格外谨慎，否则易乐极生悲；身处逆境时，则必须格外忍耐，否则难以成事。在这个纷纷攘攘的世界，笑看人生潮起潮落，守住自己的心才是王道。成功远离弱者，接近强者，更属于不甘于命运摆布的勇者。

【成语释义】 高兴得控制不住自己，失去常态。形容浅薄的人稍稍得志就忘记了应持的态度。形，形骸，指自身的存在。

【活用例句】 遇到顺境时，不要～，应该居安思危。

【近义】 忘乎所以、自鸣得意、得意洋洋、趾高气扬

【反义】 灰心丧气、心灰意冷

望梅止渴

　　有一年夏天，曹操率领部队去讨伐张绣，天气热得出奇，骄阳似火，天上一丝云彩也没有，部队在弯弯曲曲的山道上行走，两边密密的树木和被阳光晒得滚烫的山石，让人透不过气来。到了中午时分，士兵的衣服都湿透了，行军的速度也慢下来，有几个体弱的士兵竟晕倒在路边。

　　曹操看行军的速度越来越慢，担心贻误战机，心里很是着急。可是，眼下几万人马连水都喝不上，又怎么能加快速度呢？他立刻叫来向导，悄悄问他："这附近可有水源？"向导摇摇头说："泉水在山谷的那一边，要绕道过去还有很远的路程。"曹操想了一下说，"不行，时间来不及。"他看了看前边的树林，沉思了一会儿，对向导说："你什么也别说，我来想办法。"他知道此刻即使下命令要求部队加快速度也无济于事。脑筋一转，办法来了，他一夹马肚子，快速赶到队伍前面，用马鞭指着前方说："士兵们，我知道前面有一大片梅林，那里的梅子又大又好吃，我们快点赶路，绕过这个山丘就到梅林了！"士兵们一听，仿佛已经吃到嘴里，精神大振，步伐不由得加快了许多。

　　　　　　　　　　　　　　　　　　——《世说新语·假谲》

　　【故事启示】 "望梅止渴"之事表现出曹操的聪明才智，他能在大军绝水源、士卒渴难忍的危急情况下，提及甘酸的梅子，不仅使士卒引起条件反射、暂解干渴之苦，而且也鼓舞了士气。曹操无形中运用到了心理暗示的作用。其实，心理暗示有好有坏，合理利用心理暗示，可以达到异想不到的效果哦。

　　【成语释义】 想吃梅子，流出口水，就不渴了。比喻愿望无法实现，用空想安慰自己或他人。

【活用例句】 我想要的高跟鞋爸爸没有买给我，我只好无奈地在橱窗外～。

望洋兴叹

《庄子》记载："据说河神因河水大涨而自以为了不起。后来到了海边，看到无边无际的大洋，于是望洋向若而叹。"此即是该成语的典源。

相传很久很久以前，黄河里有一位河神，人们叫他河伯。河伯站在黄河岸上，望着滚滚的浪涛由西而来，又奔腾跳跃向东流去，兴奋地说："黄河真大啊，世上恐怕没有哪条河能和它相比。我就是最大的水神啊！"

有人告诉他："你的话不对，在黄河的东面有个地方叫北海，那才真叫大呢。"

河伯说："我不信，北海再大，能大得过黄河吗？"

那人说："别说一条黄河，就是几条黄河的水流进北海，也装不满它。"

河伯坚持己见地说："我没见过北海，我不信。"

那人无可奈何，告诉他："有机会你去看看北海，就明白我的话了。"

秋天到了，连日的暴雨使大大小小的河流都注入黄河，黄河的河面更加宽阔了，隔河望去，对岸的牛马都分不清。这一下，河伯更得意了，以为天下最壮观的景色都在自己这里，他在得意洋洋之余，想起了有人跟他提起的北海，于是决定亲自去那里看看。

河伯顺流来到黄河的入海口，突然眼前一亮，海神北海若正笑容满面地欢迎他的到来，河伯放眼望去，只见北海汪洋一片，无边无涯，他呆呆地看了一会儿，深有感触地对北海若说："俗话说，只懂得一些道理就以为谁都比不上自己，这话说的就是我呀。今天要不是我亲眼见到这浩瀚无边的北海，我还会继续以为黄河是无与伦比的呢！那样，岂不被有见识的人永远嘲笑啊。"

——《庄子·秋水》

【故事启示】 黄河的河伯觉得黄河很宽阔，但是有人告诉他说北海更广阔，河伯不信，就亲自去看。结果他被北海的广阔惊呆了。这启示我们，"学然后知不足"，千万不要妄自尊大。天外有天，山外有山，人生有尽，宇宙无穷，如果效仿井底之蛙，有了一知半解便沾沾自喜，以为自己了不得，那么，必定换来的是碌碌无为、平平庸庸的一生。

【成语释义】 原指在伟大的事物面前感叹自己的渺小。现多比喻做事时因力不胜任或没有条件而感到无可奈何。望洋，仰望的样子；兴，产生，发出。

【活用例句】 招聘单位来学校大礼堂面试学生时，小胡不巧生病住院，他只能在病床上～。

掩耳盗铃

春秋时期，晋国贵族智伯灭掉了范氏。有人趁机跑到范氏家里想偷点东西，看见院子里吊着一口大钟。这口大钟是用上等青铜铸造而成的，造型和图案都非常的精美。小偷心里高兴极了，想把这口精美的大钟背回自已家去。可是钟又大又重，他使出九牛二虎之力也没挪动分毫。他思来想去，只有一个办法，那就是把钟敲碎，然后再分别搬回家。

于是，小偷找来一把非常大的锤子，拼命朝钟砸去，只听"咣"的一声巨响，小偷被吓了一跳，慌了神儿，心想这下麻烦可大了！钟发出这么大声音不就等于是告诉人们我正在这里偷钟吗？他心里一急，身子一下子扑到了钟上，张开双臂想捂住钟声，可钟声又怎么捂得住呢！钟声依然悠悠地传向远方。

他越听越害怕，不同自由地抽回双手，使劲捂住自己的耳朵。"咦，钟声变小了，听不见了！"小偷高兴起来，"妙极了！把耳朵捂住不住就听不进钟声了嘛！"他立刻找来两个布团，把耳朵塞住，心想："这下谁也听不见钟声了。"于是，就放手砸起钟来，一下一下，钟声响亮地传到很远的地方。人们听到钟声蜂拥而至把小偷捉住了。

后来，人们根据这一故事引申出"掩耳盗铃"的成语。

——《吕氏春秋·自知》

【故事启示】 故事中的偷钟人一开始就"明明知道"盗钟的后果，但是为了达到个人目的，他想出了一个自己认为很好的办法。可事实证明，他只是"自作聪明"，他的做法在别人看来是"十分愚蠢"的。试问，用手捂住自己的耳朵，自己听不见钟声，就等于别人也听不见钟声吗？当然不是！要想别人听不见钟声，那就得捂住别人的耳朵才行！

【成语释义】 把耳朵捂住偷铃铛，以为自己听不见，别人也不会听见。比喻自欺欺人。掩，遮盖；盗，偷。

【活用例句】 不要再自欺欺人了，那样的话只会是～。

【近义】 自欺欺人

【反义】 实事求是

偃旗息鼓

在三国时期蜀汉的军事集团中，赵云是少有的智勇双全的将领，他凭着大智大勇，为刘备的蜀汉政权立下了汗马功劳，所以成为人们心目中的大英雄。

赵云品性谦逊，性情冷静，自从跟随刘备，千难万险，忠心不改。在蜀营中，赵云除了领军破敌，履行将军职责外，还担负着一个重要的职责：做刘备的亲随，负责保护刘备以及家小的安全。毫无疑问，这是一项极其艰巨的工作。赵云没有让刘备失望：当阳长坂，他单骑救阿斗；刘备东吴成亲，他行诸葛锦囊之计，竭力护主等等。

有一次，蜀魏两国交战，蜀将黄忠杀死魏将夏侯渊，并夺取了战略要地。曹操听到这个消息后十分恼火，于是把米仓移到汉水旁边的北山脚下，并亲自率领二十万大军向阳平关大举进攻。黄忠决定带兵趁夜烧劫魏军粮草。临行前，他和赵云约定了返回时间，结果过期未归。赵石就带兵前去接应，正好与曹操的军队狭路相逢，赵云同魏军厮杀起来，最后将魏军打得落花流水，成功营救回黄忠。

曹操遭受这么大的损失，怎能善罢甘休！他指挥大队人马追杀赵云，直扑蜀营。刘备只好带领数万百姓逃往江陵，并派赵云断后。双方相遇，又是一场恶战。没过多久，赵云甩开魏军先锋，直扑魏军战阵，且战且退，争取时间，保证刘备和数万百姓的安全。最终，赵云杀出重围，回到了自家营地。

正在营地的张飞赶紧前来接应，副将张翼见赵云已退回本寨，后面追兵又来势凶猛，便要关闭寨门拒守。赵云却临敌制变，一面下令大开营门，偃旗息鼓，准备放曹军进来；一面又命令弓箭手埋伏在寨内，自己则单枪匹马地站在门口等候敌军。

气势汹汹的魏军很快赶到，一时间，大兵压境，战云密布。赵云这边却寨门大开，见不到一面战旗，听不到一声战鼓。生性多疑的曹操见状，怀疑里面隐藏着伏兵，不敢轻易进攻，便下令撤兵。

赵云见曹军退兵，立刻擂起战鼓，刹那间，杀声震天，飞箭如雨，魏军十分恐慌，自相践踏，很多兵卒掉进汉水淹死了。于是，赵云率将士趁势夺取了魏军的粮草，斩杀了曹操的大批人马，得胜回营。

第二天，刘备亲自来到营地犒劳军士，当看到昨日战斗留下的痕迹时，他感慨地说："子龙（赵云，字子龙）一身都是胆啊！"

——《三国志·蜀书·赵云传》裴松之注引《赵云别传》

【故事启示】 正所谓"知己知彼，百战不殆"。赵云深知曹操生性多疑，便果断地偃旗息鼓，诱敌深入，率领士兵与曹军浴血奋战，结果大败曹军。赵云智勇双全，果然名不虚传。这启示我们，无论是在硝烟滚滚的军事战场上，还是在看不见硝烟的竞争场中，掌握对方心理，才能在竞争中占据主动地位，进而赢得最后的胜利。

【成语释义】 原指秘密行军，不暴露目标。后用以指休战或不声不响停止行动。偃，放倒；息，停止。

【活用例句】 三年前，小张～，不再搞文学创作，因为他下海经商了。

【近义】 鸣金收兵

【反义】 大张旗鼓

悬梁刺股

　　这个成语由两个故事组成，后人将这两个故事合成"悬梁刺股"一句成语，用以激励人发愤读书学习。

　　东汉·班固《汉书》记载："孙敬字文宝，好学，晨夕不休。及至眠睡疲寝，以绳系头，悬屋梁。"这段话讲述的故事大概如下：

　　东汉时候，有位著名的政治家叫孙敬。他年轻时勤奋好学，经常独自一人关起门，从早到晚不停地读书，废寝忘食。为争分夺秒地抓紧时间学习和积累知识，他还想出了一个专门对付"瞌睡虫"的方法。这个方法是什么呢？

　　古时候，男子的头发不是很长的嘛。他就找一根绳子，把绳子的一头牢牢绑在房梁上，并拉直绳子，将绳子的另一头绑在自己的头发上。当他读书疲劳地打盹时，头一低，绳子就会往上牵头发，这样头皮就会被弄痛。于是，他就马上清醒了，继续读书学习。

　　西汉·刘向《战国策·秦策一》："（苏秦）读书欲睡，引锥自刺其股，血流至足。"这段话讲述的故事大概如下：

　　早在战国时期，有一个著名的政治家苏秦。他年轻时，由于学问不多，曾到好多地方做事，都不受重视。回家后，家人对他也很冷淡，瞧不起他，这对他刺激很大。后来，他就下定决心发愤读书，常常读书到深夜。人很晚不睡觉，产生疲倦感、打盹儿什么的是很正常的。但苏秦总觉得睡觉很浪费时间。于是，他就准备了一把锥子，自己一打瞌睡，就用锥子往自己的大腿上刺一下，让自己猛然间感到疼痛，好清醒起来继续挑灯夜读。

　　　　　　　　　　　　　　——《汉书》《战国策·秦策一》

　　【故事启示】　要想成为一个有学问的人，必须自觉地刻苦读书。因为学知识这事任何人也代替不了，只有通过自己的努力才能学到真知识。当有师长的关心和教导，有很好的学习条件时，如果再有孙敬、苏秦二人发愤读书的刻苦精神，怎么会取得不了好成绩呢？只是，"头悬梁、锥刺股"的方法千万不要盲目去效仿，以免对身体造成伤害。

【成语释义】 为了防止打盹，把辫子吊在房梁上，用锥子刺自己的大腿，以便读书过程中时刻保持清醒。形容刻苦学习。股，大腿。

【活用例句】 我们不能考试抱佛脚，平时学习就应该发扬～的苦学精神。

【近义】 悬头刺股、引锥刺股

【反义】 不学无术、无心向学

涸辙之鲋

战国时期，有一个名叫庄子的学者。由于过分专注于著书立作，不太注重生产，所以生活得很是穷困潦倒，经常因为没钱买粮食而饥肠辘辘。

这不，庄子家又到了揭不开锅的地步，无奈之下，他只好硬着头皮到监理河道的监河侯家去借点粮食。监河侯本是一个很小气的人，但看见这么清高的庄子登门求助，便爽快地答应借粮，同时说道："借你粮食当然可以，不过得等我收了老百姓的租税之后才能借给你，你觉得如何呢？"

庄子见监河侯不太乐意马上借粮，非常生气，只见他愤怒地对监河侯说："我昨天从家里走了很远的路到你这里来，走在半路上，突然听到喊救命的声音。我当即朝发出声音的地方走去，一看，原来是躺在干枯的车沟里的一条小鱼在呼救。"庄子叹了口气接着说："它见到我，像遇见救星般向我求救。我当时连忙上前去问道：'小鱼啊，你为什么来到这里？'小鱼回答说：'我原本住在东海，今天不幸落在这车沟里，快要干死了。先生，请你给我一升半斗的水，救救我的小命吧！不然我就死定了！'"

监河侯听了庄子的话后，问他是否给了小鱼水救助它。庄子冷冷地说道："我当时说：'好吧，等我到了南方，去劝说吴、越两国国王，把西江里的水引来救济你，让你随江水愉快地游回东海去，你看如何呢？'"

399

听到庄子的这番话，监河侯傻了眼，对庄子的救助方法感到十分荒唐，便说："那怎么行呢？"

"是啊，鲫鱼听了我的主意，当场气得睁大了眼，气愤地说：'我失去了依赖的水，没法活下去。我现在只要得到一升半斗的水，就能活命了。如果等你引来西江水，我早就死在这里了。那时候，你只能到卖鱼干的店铺里去找我了。'"

这段故事史书记载："周昨来，有中道而呼声。周顾视车辙中，有鲋鱼焉。周问之曰：'鲋鱼来，子何为者耶？'对曰：'我东海之波臣也。君岂有斗升之水而活我哉？……吾得斗升之水然活耳，君乃言此，曾不如早索我于枯鱼之肆！'"后人据此，引申出成语"涸辙之鲋"。

——《庄子·外物》

【故事启示】 饥肠辘辘的庄子就像那条涸辙之鲋，急需的只是一点生存必需品。但是吝啬、狡诈的监河侯却说什么收了租税之后才能借粮给他。远水岂能解得了近渴？这启示我们，实际生活中，当别人在危难关头向我们发出求助之声时，我们应该尽自己所能，诚心诚意地帮助对方，而不要毫无诚意地给对方开出一个空头支票。记住：施惠于人，才能惠及于人。帮助别人，从长远来看，就是在帮助自己。

【成语释义】 指干涸车辙里的鱼。比喻处于困境、急待救助的人。涸，水竭，干涸；辙，车轮的迹；鲋，鲫鱼。

【活用例句】 但人不能饿着静候理想世界的到来，至少也得留一点残喘，正如～，急谋升斗之水一样，就要这较为切近的经济权，一面再想别的办法。（鲁迅《坟·娜拉走后怎样》）

断织教子

战国时期，有一个很伟大的学问家孟子。他小时候，他的妈妈为了让他能接受到好的教育，花了好多的心血呢！现在我们就来说说孟子小时候的故事。

他三岁时父亲就死了，孟子便与母亲相依为命。孟母非常疼爱自己的儿子，为给孟子找一个好的学习环境，搬过三次家。

起初，孟母为给孟子的父亲守墓，就居住在离墓地很近的地方，后来，她发现孟子老玩一些丧葬、痛哭的游戏。孟母很是担心，觉得这个地方不利于孩子的生长，就带着孟子离开了，将家搬到一条街上住下。可过了段时间，孟母发现新搬的家离杀猪宰羊的地方很近，孟子学了些做买卖和屠杀的东西。孟母又想："这个地方还是不适合孩子居住。"于是，又将家搬到学宫旁边。夏历每月初一这天，官员进入文庙，行礼跪拜，揖（yī）让进退，孟子见了，一一记住。孟母想："这才是孩子居住的地方啊。"于是，就在这里定居下来了。

孟母给孟子解释了几次搬家的原因后，孟子终于明白了母亲的良苦用心。从此，他走上了勤学苦读的道路。尽管如此，他也跟别的小孩子一样，有贪玩的天性。

有一天，逃学的孟子背着书包假装从学堂回家。母亲叫他过来，问："娘织的布好不好？""好啊。"孟子正在奇怪母亲为什么问这个，却见母亲一声不吭地拿出一把锋利的剪刀，将织成的一段布"咔嚓，咔嚓"剪成两段。

孟子更是奇怪了，便问母亲："为什么要剪断布匹？"孟母解释说："一个人的求学就如同织布，现在只学一半便停下来不学，与在织布机上剪断布匹是没有什么差别的。""断织督学"的一幕在孟子小小的心灵中，留下了既惊又惧的鲜明印象，从此他日夜勤学不息，再也不贪玩了。

孟子十五岁时，孔子的孙子孔伋，在曲阜（fù）教书，孟母便鼓励孟子到曲阜求学。从此，他开始正式接受到儒学的精髓，在孔极门下埋头读书。经过不断的努力，他成了仅次于孔子的一代儒家宗师，有"亚圣"之称，与孔子并称为"孔孟"。有《孟子》七篇流传下来，是儒家经典之一。

——《列女传》

【故事启示】 孟母三迁以后，虽然为儿子的成长创造了良好的环境，但孟母并没有因此而万事大吉。她认为，如果主观上不勤奋努力，还是成不了才的。所以她抓紧对儿子的教育，督促他勤奋学习。她用织布来比喻学习，用断织来比喻废学，很有说服力。孟子对学习漫不经心，孟母采取"断织"的措施，使孟子受到极大的刺激，从而改变"废学"积习。这样做，符合教育的激励原则。孟子后来成为一个闻名天下的大儒，同他母亲的教育是分不开的。

【成语释义】 多用来形容学习、做事应坚持不懈，切忌半途而废，否则就会前功尽弃。

【活用例句】 孟母不惜～，真是用心良苦。

惊弓之鸟

战国时期，魏国有一个叫更羸的射箭能手。

有一天，更羸与魏王在京台之下，看见有一只鸟从头顶上飞过。更羸对魏王说："大王，我可以不用箭，只要把弓拉一下，就能把天上飞着的鸟射下来。""射箭能达到这样的功夫？"魏王问。更羸说道："可以。"说话间，有雁从东方飞来。当雁飞近时，只见更羸举起弓，不用箭，拉了一下弦，随着"咚"的一声响，正飞着的大雁就从半空中掉了下来。

魏王看到后大吃一惊，连声说："真有这样的事情！"于是，好奇地问更羸不用箭是如何将空中飞着的雁射下来的。更羸对魏王解释说："其实也没什么，我猜测这是一只受过箭伤的大雁。""你怎么知道这只大雁受过箭伤呢？"魏王更加奇怪了。

更羸继续对魏王说："这只大雁飞得慢，叫得悲。"魏王还是一脸茫然。

更羸接着讲："飞得慢是因为它身上的箭伤在作痛，叫得悲是因为它离开同伴已很久了。伤口在作痛，还没有好，它心里又害怕。当听到弓弦声响后，害怕再次被箭射中，于是就拼命往高处飞。一使劲，本来未愈的伤口又裂开了，疼痛难忍，再也飞不动了，就从空中掉了下来。"

成语"惊弓之鸟"便由此而来。

——《战国策·楚策四》

402

【**故事启示**】 细致的观察、严密的分析、准确的判断是更嬴虚拉弓弦就能射落大雁的原因。这种观察、分析、判断的能力，只有通过长期刻苦的学习和实践才能培养出来。再者，这只受过箭伤的大雁，听闻射箭之声，害怕再次被射中，拼命飞高而致使伤口断裂，掉落于地。实际生活中，我们要克服大雁这种"一朝被蛇咬，十年怕井绳"的心理，学会忘记过去，面向未来，不要让曾经的挫折、失败等不利因素成为以后前进的绊脚石。

【**成语释义**】 被弓箭吓怕了的鸟不容易安定。比喻经过惊吓的人碰到一点动静就惶恐不安。

【**活用例句**】 他在那件事情上吃过大亏，老是担心再次发生类似的事，真是～。

【**近义**】 伤弓之鸟、谈虎色变、心有余悸

【**反义**】 初生牛犊

断章取义

春秋后期，齐国的大夫崔杼和庆封合伙杀死了齐庄公，立庄公的异母弟杵臼为国君，史称齐景公。崔杼和庆封功分右相和左相。

庄公有两个忠诚的卫士，一个叫卢蒲癸，一个叫王何。他们在庄公遇害后逃到国外去。卢蒲癸在出逃前恳切地嘱托弟弟卢蒲嫳："你要千方百计取得崔杼和庆封的信任，在适当时候使我回国，为庄公报仇。"

卢蒲嫳不忘哥哥的嘱托，后来当了庆封的家臣。他很快发现，庆封虽然是左相，但朝政大权全被右相崔杼揽住，庆封只是名义上的相国而已。于是他帮庆封施出一条计谋，利用崔杼几个儿子争夺继承权的矛盾，杀了崔杼一家，崔杼也自杀身亡。此后，齐国的朝政大权全落入了庆封手里。后来，庆封迷恋上了卢蒲嫳的妻子，不再关心朝政大事，便让儿子庆舍来掌管。

卢蒲嫳在逼死崔杼的过程中立了大功，自然成了大红人。他根据哥哥卢蒲癸的嘱托，设法让哥哥回到齐国，当了庆舍的侍卫。卢蒲癸本来是卫士，勇力过人，庆舍很欣赏他，不久把自己的女儿庆姜嫁给了他。在受到庆舍宠信后，他又设法让同时逃到国外去的卫士王何回

到齐国，与自己一起当庆舍的侍卫。从此，两人私下联络了一些不满庆氏父子的人，准备杀灭庆氏，为庄公报仇。

卢蒲癸的妻子庆姜发现丈夫的行为很神秘，便问他究竟在干什么，能否与自己一起商量商量。卢蒲癸心想，我在干杀灭你们庆氏的事，怎么能与你商量呢？但经不起她一再询问，便对她说："如果我告诉了你，恐怕自己难逃一死。这样的话，就会坏了大事。"庆姜听完后，说："相公的事也就是我的事。你告诉了我，我能出力就与你一起策划，不能出力也决不泄露出去。"

在这种情况下，卢蒲癸把准备杀灭庆氏的事告诉了庆姜。庆姜表示要大义灭亲，帮助丈夫完成这一义举，并严守秘密。预定举事的日子，选在庆封外出打猎的那天，庆姜又说服父亲庆舍随同齐景公去太庙举行祭礼。就在这时候，卢蒲癸突然将长戈刺进了庆舍的胸膛。庆舍死后，卢蒲癸率兵杀了庆氏余党。庆封在出猎途中得知这个消息后，带着随从的士兵回城，因城坚无法攻克，逃奔鲁国，后被杀。

事后，有人问卢蒲癸道："庆氏和你们卢氏都是姜姓的后裔，你怎么会和同宗的庆氏联姻，娶庆姜为妻呢？"

卢蒲癸回答说："庆舍不因为我与他是同宗而避开，把女儿嫁给我，我又为什么要去避开呢？就像有人常常截取《诗经》中某首诗的某一章节，来表达自己的意思。我只取我所需要的，管它什么同宗不同宗！"

——《左传·襄公二十八年》

【故事启示】 春秋时期，通行赋诗，从诗里断章取义，以诗言志。孔子为学生解诗时也常常根据教学需要断章取义。卢蒲癸效法孔子，不避讳同宗联姻，娶庆姜为妻，以求自己所需。二人做法本无可非议。但对于学知识、做学问则需力戒浮躁，克服断章取义、不求甚解的作风，做到"知其然，知其不然，知其所以然"，方能长进。

【成语释义】 表示引用他人的文章或讲话时，只截取其中一段或一句的意思，不问原意，不顾全篇文章或讲话的基本内容。

【活用例句】 ～的批评是真正的无知。

【近义】 断章截句

404

掉以轻心

公元805年，唐代著名的文学家柳宗元被贬到永州当司马。在永州司马任上，柳宗元收到一个青年的来信，表示要拜柳宗元为师。这个青年叫韦中立，是潭州刺史韦彪的孙子。

柳宗元读了这封信，非常感动，便写了一封回信，这就是著名的《答韦中立论师道书》。

信中写道："很久以来，拜师求学的风气已经不再存在了。如今有人收学生教授学问，就会受到各种攻击，甚至被诬蔑为'狂人'（这里指的是韩愈）。这种少见多怪的事是常有的。听说蜀地南面雨下个不停，很少有晴天，以致太阳出来，那里的狗就会狂叫。当时我还以为这是传闻而已。永州从来不下雪，谁知我到任的第二年就下了大雪。这一带的狗日夜奔跑，对着雪不停地狂叫，直到雪化才停下来。有了这番亲身经历，我才相信从前听到的话并不过分。"

接着，柳宗元又举了一个有关礼节方面的例子："古代男子二十岁算成年，要举行加冠的礼仪，有学问的人对此非常重视。但是，几百年来没有人再举行这种礼节。最后，有个名叫孙昌胤的青年行了冠礼，不料碰了壁。行冠礼的第一天，他和同事们谈起了这件事，同事们都莫名其妙，有的甚至说，你行不行冠礼与我有什么相干，大家听了都哄笑起来。这种现象，和现在人们一听到拜师求学就觉得奇怪是一样的。蜀犬吠日，其实太阳有什么过错？问题在那些狂叫的狗。行冠礼的孙昌胤没做 什么错事，可他的同事偏要嘲笑他。"

下面，柳宗元把笔锋转回到韦中立拜师求学方面来："在这种风气下，你能拜师求学，使我受到感动，所以愿把我写文章的体会告诉你。我年少时以为文辞好就能写好文章，成人后才知道文章是表达思想、说明道理的，从此再也不单纯去追求形式美了。以后我每次做文章，不敢不经意地、随便地对待它，而力求像《书》那样朴实，《诗》那样永恒，《礼》那样合理，《春秋》那样是非分明，《易》那样富有变化。这就是我写文章的标准。"

405

韦中立得到柳宗元的指点和启发，写文章进步很快。后来，他中了进士。

成语"掉以轻心"即从柳宗元"故吾每为文章，未尝敢以轻心掉之，惧其剽而不留也"的句子中得来。

——《答韦中立论师道书》

【故事启示】 柳宗元援引"蜀犬吠日""越犬吠雪"的例子，来批判当时耻于从师的社会流弊，揭示出当时贵族阶层压抑、打击勇为人师者的嚣张气焰。他用类比手法讽刺了士大夫之族无知无识、少见多怪的恶劣行径，并对韦中立不受流弊束缚，拜师求学的态度给予了肯定和赞扬。柳宗元身为一代文豪，著作时仍不敢掉以轻心。我们也要慎重严谨的做学问。

【成语释义】 形容对事情采取轻率的、漫不经心的态度。掉，随便对待；轻心，不经意。

【活用例句】 他虽是一代"语言大师"，有驾驭语言的超凡本领，但他写文章却从不～，而是遣词造句，一"字"不苟。

【近义】 等闲视之

【反义】 全力以赴

趾高气扬

春秋时期，楚国掌管军政的莫敖屈瑕，率军在郧国的城邑蒲骚（今应城西北）与郧、随、蓼等诸侯国的联军作战。由于对方盟国众多，气势盛大，屈瑕非常恐慌。于是，他准备请求楚王增派军队。将军斗廉反对这样做，斗廉认为，敌方盟国虽多，但人心不齐，斗志不坚，只要打败郧国，整个盟国就会分崩离析。他建议集中兵力迅速攻破蒲骚。屈瑕采纳了斗廉的建议，猛攻蒲骚，大获全胜。这就是有名的"蒲骚之战"。

但是，屈瑕并无自知之明，把别人的功劳都算在自己的身上。因而骄傲起来，自以为是常胜将军，从此任何敌人都不放在眼里。

过了两年，楚王又派屈瑕率军去攻罗国。出师那天，屈瑕全身披挂，向送行的官员告别，然后登上华美的战车，威风凛凛地扬长而去。送行的大夫斗伯比返回时，悄悄地对给他驾车的人说："我估计屈将军这次出征要吃败仗的！你看他走路一昂一翘的，十分骄傲自大，那副趾高气扬的样子，还能冷静地、正确地指挥作战吗？"

斗伯比越想越感不妥，就吩咐御手驾车到王宫，求见楚王。他建议楚王立刻派兵前去支援，但楚王没有采纳他的建议。后来，楚王无意中将这件事告诉了夫人邓曼。邓曼是一个很聪明的女子，她认为斗伯比所担心的，不是士卒寡不敌众，而是屈瑕的骄傲。所以，应该即刻派兵前去营救，否则可能会来不及。听了夫人的话，楚王这才恍然大悟，立刻下令派兵去支援，可是为时已晚。

因为啊，屈瑕到了前线，更加不可一世，居然下令军中"敢谏者处极刑"，武断专横到了极点。楚军来到罗国都城时，对方早就整军待战，屈瑕却毫不在意。部队随地驻扎，一点也不做防备。一天，罗军联合卢襦（今襄樊市西南）的军队猛烈攻击。楚军马上溃散，死伤惨重。屈瑕乘着一辆战车，狼狈而逃。出征时那种趾高气扬的样子早已不见了。

屈瑕逃到楚国境内一个叫荒谷的地方，发现只剩孤身一人，好不悲伤，自缢而亡。

——《左传·桓公十三年》

【故事启示】 大夫斗伯比通过屈瑕出征前的仪态举止，推测出屈瑕到了前线会由于轻敌而惨遭失败。楚王拥有如此善于察言观色的臣子，当属幸事。屈瑕领兵的最终结局再一次印证了"骄兵必败"的道理。然而，屈瑕的自缢却开创了楚国统帅以身殉职、以死谢罪的先例。其人其事，在当时虽有过，于后世则不为无功。

【成语释义】 走路时脚抬得很高，神气十足。形容骄傲自满，得意忘形的样子。趾高，走路时脚抬得很高；气扬，意气扬扬。

【活用例句】 你要想获得好人缘，必须改掉那种～的神情。

【近义】 得意忘形、不可一世、目空一切

【反义】 卑躬屈膝、奴颜婢膝、妄自菲薄

虚有其表

萧嵩是唐朝开国老臣萧瑀的曾侄孙，他身材魁伟高大，容貌秀美，还留着一把漂亮的胡子，见过他的人都说他相貌非凡。在唐玄宗的近臣中算得上是名美男子，甚得皇帝宠爱，开元初年被任为中书舍人（宰相助理）。

唐玄宗对苏瑰的儿子苏颋也十分器重，想拜他为相。事前，曾向宰臣征询意见。萧嵩他们回答道："任用贤能，皇上自有好眼力，非臣等所及。"经过再三考虑之后，玄宗决定任命苏颋为宰相，第二天早朝宣布。时间紧急，于是派侍从去找个人来草拟诏书。侍从把萧嵩请来，玄宗把自己的意思告诉他，然后叫他写一道任命苏颋为宰相的诏书。萧嵩不敢怠慢，就到一个书房里去起草文书了，过了一会儿，他把诏书草稿送给玄宗审阅。

古人讲话、作文，最忌直接犯用君王或父辈的名字，免获不敬之罪。明皇见文稿中有"国之瑰宝"一句，对萧嵩说："苏颋是苏瑰的儿子，颁给苏颋的诏命中不应干犯他父亲的名讳，你得修改一下。"萧嵩这才发现自己的疏忽。唐玄宗于是让人撤出帐幕中的屏风给萧嵩使用。萧嵩万分恐惧，又着急又害怕，汗把衣服都湿透了。他躲在屏风后面，心慌意乱，不知道怎样修改才好。

唐玄宗以为萧嵩思考了一段时间，应当是很周详了，就走到萧嵩的坐席去看，见他只把"国之瑰宝"换成"国之珍宝"，其余的文字根本没有变动。玄宗生气地让他离开，萧嵩只好羞愧地走了。

等萧嵩一走，皇上就把草稿揉成一团，狠狠地扔在地上，说道："此人真是虚有其表，根本没有用！"左右的人忍不住失声笑了出来。

其实，萧嵩也还不是那么窝囊。他虽然缺少学术，可是处理行政公务却很缜密周到。后来出镇边关，又为朝廷立下许多军功。唐玄宗终于改变看法，不再说他"虚有其表"。

开元十七年（公元729年），萧嵩被任为中书令（即宰相），他的儿子萧衡也被玄宗看中，招为附马，匹配新昌公主。每逢萧嵩夫妇进宫谒见，玄宗总是亲切地称呼嵩夫人为"亲家母"，赐赠珍贵礼品。萧嵩晚年名位虽高，可是后人在使用成语"虚有其表"时，仍不免会牵扯到他，甚至误以为他是个毫不中用的角色。

——《明皇杂录》

【故事启示】 唐玄宗懊恼地说萧嵩是虚有其表，暗指萧嵩虽然外表很漂亮，实底并不行，写文章不太高明。实际上这只是一时情急之下的戏谑之言罢了。萧嵩后来的功勋证明，他作为人臣之贵，是很多人比不了的。唐玄宗也对他刮目相看。这启示我们，做人要像落花生，要做有用的人，不要做虚有其表、华而不实的人。唯有真才实学，才能赢得他人的尊敬与赏识。

【成语释义】 表面上看起来很好，实际上并不好。形容有名无实。虚，空；表，外表。

【活用例句】 表面看上去他挺精明的，可实际上却是～，什么事也办不好。

【近义】 徒有虚名、秀而不实、有名无实

【反义】 货真价实、名副其实、名不虚传

祸起萧墙

孔子有两个学生，分别叫冉有和子路。一天，两人匆忙地从费邑赶回曲阜，向老师回报近况。当时两人在季康子门下做事情，季康子是鲁国势力最强大的卿大夫，连鲁哀公也不放在眼里。他盘踞费邑，决定攻占附近的小国颛臾，通过制造内乱，近一步壮大自己的军事实力，把鲁哀公赶下台，取而代之。冉有、子路都参与了出征前的筹划，却担心遭到老师反对而又不敢隐瞒，来到阙里孔宅前，就放慢了脚步，小心翼翼地走了进去。

见到老师后，冉有便抢先说："季孙一家恐怕将要发动对颛臾不利的事情。"睿智的孔子一听，马上推测到了事情的原委，说："这大概也是你们两人的过错吧。颛臾是先王分封的东蒙山的主管，并且就在我们鲁国的领域之内，是鲁君的附属国啊，为什么要攻打它

呢？"冉有赶紧解释："季康子执意这样做，我们都不赞同，还苦苦劝阻，可是他不听啊。"

孔子明白这是冉有故意推脱责任，便直接反问冉有："你既然做了季康子的臣属，主人面临危险，你不提醒，主人快跌倒了，你也不搀扶，那么要你们这样的臣属有何用呢？虎豹从木笼里跑出来伤人，这不是饲养员的责任吗？龟甲美玉朽烂在盒子里，还不是保管员的过错吗？季康子将要攻打附属国颛臾，你和子路是推卸不了责任的。"

冉有进一步辩解说："颛臾虽小，却地势险要，日渐强盛，又离费邑那么近，现在不去攻取它，将来一定会成为季氏子孙的后患。"

孔子莞尔一笑，说："冉有啊，我最讨厌那些想达到个人目的而编造理由的人，季氏的目的，是制造混乱，壮大自己，最后攫取王位。你们回去转告他，我孔丘听说过这样的道理：掌管国家的人，不患寡而患不均，不患贫而患不安，所以均无贫，和无寡，安无倾。如果这样，远方的人还不来归附，就应该健全文明礼仪制度，把他们招引过来；既来之，则安之（招引过来以后，就要妥善地安顿他们）。现在你们两个做季夫子的臣属，远方的人不归附，你们不能用诚心善行把他们招引过来，国家将要分崩离析，而你们不能维护统一，却要大动干戈，制造内乱，我担心季康子的忧患并不在于颛臾，而在萧墙之内。"冉有、子路恭敬地离开孔府。

孔子忧患"萧墙之内"，意思是忧患在鲁国宫廷内部，在季家自己兄弟之间啊。孔子时代的鲁国，政治上处于动荡变革之中，当时，鲁桓公的后代季孙、孟孙、叔孙三大家族逐渐强大，鲁国公室日趋衰败。三大家族共同把持鲁国朝政，其中，季孙氏（季康子）势力最大。

后来，季家兄弟果然发生了问题，所以后世内部发生祸乱，就用"祸起萧墙"形容。

——《论语·季氏》

【故事启示】 孔子的言语虽然入情入理，令人叹服，却难以遏制季康子的称王野心，也挽救不了颛臾国的消亡和鲁国的衰败。不过，孔子通过对"季氏将伐颛臾"的评论，给后世留下了"分崩离析""祸起萧墙""怀来服远""不患寡而患不均，不患贫而患不安""既来之，则安之"等引人深思的哲理。

【成语释义】 比喻祸乱从内部发生。萧墙，古代宫室内当门的小墙，用作屏风,比喻内部。

【活用例句】 何老爷过世后，何家人心不齐，终于～，因财产纠纷而发生血案。

【近义】 同室操戈、萧墙之祸

十一画

虚左以待

魏公子无忌是魏昭王的小儿子，魏安王的异母弟弟。昭王死后，安王即位，封公子无忌为信陵君。他为人仁爱且尊重人，不管是才高八斗还是资质平平，他都谦虚而礼貌地与他们结交，不因自己身份高贵而傲慢待人。所以方圆几千里内的人士都争着归附他，他门下的食客竟有三千多人。因信陵君贤能，且门客本领高强，诸侯国有十几年不敢兴兵谋魏。

魏国有个隐士名叫侯嬴，七十多岁了，家境贫寒，是大梁城夷门的守门人。信陵君听说了这个人，前往邀请，想送他厚礼，侯嬴不肯接受，说："我几十年重视操守，决不会因贫困而接受公子的钱财。"

于是信陵君摆酒大宴宾客。宾客就座之后，信陵君带着车马，空出左边的座位，亲自去迎接夷门的侯嬴。侯嬴撩起破旧的衣服，径直登上车，坐在左边的上位，并不谦让，他想用这一举动来观察信陵君的反应。信陵君手执辔头，表情愈加恭候。侯嬴又对信陵君说："我有个朋友在街市上的肉铺里，能不能委屈您的车马顺路拜访他呢？"信陵君便驾着车马进入街市，侯嬴下车拜见他的朋友朱亥，他故意久久站着与朋友闲谈，暗中观察信陵君的表情。信陵君的脸色更加温和。这时，魏国的将相、宗室等宾客坐满了厅堂，等待信陵君开宴，而此时街市上的人们都看到信陵君手拿着辔头等人，随从的人都偷偷地骂侯嬴。侯嬴看信陵君的脸色始终没有变化，才辞别朋友上车。到了信陵君家中，信陵君引侯嬴坐在上座，把宾客一个个介绍给他，宾

411

客们都惊讶于信陵君的举动。酒兴正浓的时候，信陵君起身，到侯嬴面前祝酒。

侯嬴对信陵君说："今天我已经为您做了很多事情。我本是夷门的守门人，您却屈尊去迎接我，在大庭广众之下，我本不应该有访朋友的要求，但您却特意地同我去访问朋友。我侯嬴是为了成就您的名声，才故意使公子的马车久久地站在街市里，我借访问朋友来观察您，您的态度却愈加恭敬。街市上的人都以为侯嬴是个小人，而以为您是个宽厚的人，能谦恭地对待士人。"于是酒宴结束，侯嬴便成为信陵君的上等宾客。

后来，赵国邯郸被秦军包围，赵平原君向魏求救。魏王虽然派大将前去准备援赵，但又因惧怕秦国而按兵不动时，是侯嬴帮信陵君谋划，盗取魏王兵符解得邯郸之围。侯嬴为了报信陵君的知遇之恩，就在他离开魏国后自刎而死。

——《史记·魏公子列传》

【故事启示】 侯嬴的公开身份，是魏国国都东门的守门人，所谓大隐隐于"门"，不过是玩笑之言。侯嬴当守门人的目的是便于控制自己的秘密组织。事实上，这也正是信陵君甘于虚左以待侯嬴的根本所在。翻开《史记·刺客列传》，燕国太子丹去结好田光的程序和魏公子结好侯嬴的程序极为相似。魏公子找侯嬴与太子丹找田光，目的都是一个：收买亡命。后来，随着事态的发展，侯嬴的老大身份已经暴露，只能自刎而死。有人说，其结局也只能如此。

【成语释义】 空着尊位恭候别人。虚，空着；左，古时以左为尊；待，等待。

【活用例句】 诸贵客见公子亲往迎客，~，正不知甚处有名的处士，何方大国的使臣，俱办下一片敬心侍候。（明 冯梦龙《东周列国志》第九十四回）

412

十二画

惩一警百

西汉时期，大臣霍光受汉武帝遗诏辅政，任大司马大将军，权势极重。霍光的原籍在平阳，他家的下人仰仗主子的势力，时常拿着凶器在市场上胡作非为，甚至强行抢掠财物。百姓敢怒而不敢言，地方官也不闻不问，任其作恶。

后来，有个名叫尹翁归的人被任命为管理市场的官吏。尹翁归年轻时当过牢狱小吏，熟知刑法，他又爱好武艺，剑术相当高明，在平阳很知名。尹翁归到任后，严格按照法律办事。霍家的下人早就知道他的厉害，从此再也不敢到市场上来作恶了。

有一年，河东太守田延年巡视来到平阳，召见当地官吏，尹翁归也在召见之列。田延年对大家说，有文才的站到东边，懂武艺的站在西边。众人都按太守的要求分别站立，惟有尹翁归站在中间。田延年于是问他为什么不选择一边站立，尹翁归跪下禀道："我文武兼备，听候太守任用。"

田延年一听这话，就觉得尹翁归此人不简单。经过一番谈话，确认他确实文武兼备，而且很有才干，便将他调到自己的手下任职。尹翁归不负田延年所望，秉公办案，执法严正，田延年很器重他。

由于政绩卓著，后来尹翁归被提升为东海太守。到任后，他发现那里很不太平，便在所属的每个县都建立起簿籍档案，收录了各方面重要的材料。他一有空就认真阅读这些档案材料，因此很快熟悉了郡内情况。

当时郡里有个名叫许仲孙的豪强，经常鱼肉百姓，杀害无辜，远近的人都对他恨之入骨。但因他势力大，关系多，几任太守都不敢得罪他。因此，他一直逍遥法外，为所欲为。

尹翁归到任后，迅速查清了许仲孙的罪行。他采取惩罚一个以警戒众人的方法，首先将这个坏蛋逮捕，并在热闹的市场上将他斩首。

严惩了许仲孙后，官吏和百姓对尹翁归都很敬服。其他大小豪强胆战心惊，不敢继续作恶。尹翁归终于把东海治理得安定起来。

后来，人们根据史料的记载："翁归治东海明察……其有所取也，以一警百，吏民皆服，恐惧改行自新。"引申出成语"惩一警百"。

——《汉书·尹翁归传》

【故事启示】 尹翁归做官期间，不畏权势，不怕强暴，敢于履行自己的职责，对不法之徒严惩不贷。此外，还惩一警百，让那些为官不正者看到了尹翁归的铁拳头，从此不敢继续作恶。国家需要像尹翁归这样的清正自守、廉洁奉公的铁腕官员。

【成语释义】 表示惩罚一人以警诫众人。警，警戒。

【活用例句】 孙老师虽然三令五申，但早自习时还是有同学迟到。无奈之下，老师只好～。

【近义】 惩一儆百、杀鸡儆猴

博士买驴

北齐的文学家颜之推，著成一部《颜氏家训》。在《颜氏家训·勉学》篇中，记载了一则"博士买驴"的笑话。颜之推说，这个笑话是他到邺城去办事时听到的。

当时有个博士，熟读四书五经，满肚子都是经文。他非常欣赏自己，做什么事都要咬文嚼字一番。有一天，博士家的一头驴子死了。家里不能没有脚力，于是博士赶紧去市场上再买一头。看好了驴子，讲好了价钱，写一份凭证才算交易妥当。博士要卖驴的写，卖驴的表示自己不识字，请博士代写，博士马上答应了。

卖驴的当即借来笔墨纸砚，博士拉开架式，书写起来，写得非常认真。过了好长时间，三张纸上都密密麻麻的字，才算写成。卖驴的请博士念给他听。博士干咳了一声，就摇头晃脑地念了起来，过路人都围上来听。过了好半天，博士才读完凭据。

卖驴的听后，不理解地问他说："先生写了满满三张纸，怎么连个驴字也没有呀？其实，只要写上某年某月我卖给你一头驴子，收了你多少钱，也就完了，为什么唠唠叨叨地写这么多呢？"在旁观看的人听了，都哄笑起来。

415

这件事传开后，有人编了几句讽刺性的谚语："博士买驴，书券三纸，未提驴字。"成语"博士买驴"，又称作"三纸无驴"。

——《颜氏家训·勉学》

【故事启示】 说话是一门艺术，不掌握技巧，没有分寸，就会惹来不必要的麻烦，不仅伤害自己，也会困扰周围的人。相反，如果掌握了一定的原则，就会福从口入。西方有位哲人说过："世间有一种成就可以使人很快完成伟业，并获得世人的认可，那就是说话令人喜悦的能力。"可见掌握语言的技巧是多么的重要。语言技巧中很关键的一点即说话要抓住关键，得其要领。事实上，为人处事、做文章，莫不如此。

【成语释义】 意思是讽刺讲话、写文章的人废话连篇，不得要领。博士，古时官名。

【活用例句】 你说了一大堆话，却无异于～，因为离我们谈论的主题很远。

【反义】 提纲挈领

博而不精

东汉著名的经学家郑兴，以研究《左氏春秋》著称于世。他的儿子郑众，十二岁时就跟父亲学习这部经学著作。后来，郑众还学习了《周易》《毛诗》《周礼》等经学著作，以至学识渊博，几乎无所不知，无所不晓，在上层社会很有名气。

郑众当官后，在公务之余给一些年轻人讲解《毛诗》《周礼》等经学著作，并且花很大的精力为《左氏春秋》作注。后来，终于完成了《左氏春秋》的注释工作。这部书流传后，和另一位经学家贾逵所注的《左氏春秋》齐名，都受到学者们的好评。

当时，最著名的经学家是马融。他著过《周易》《尚书》《毛诗》《三礼》《论语》《孝经》，使古文经学达到成熟的境地，因此，弟子多达千人。马融除了为经书作注外，又兼注《老子》《淮南子》。讲课时坐在高堂上，挂上纱帐，前面让学生坐着听课，后面列一班女乐演奏音乐，很有特点。

马融研究了《左传》后，也准备注一部《左氏春秋》。他仔细阅读了贾逵和郑众的注本后评价说："贾君精而不博，郑君博而不精；既精既博，吾何加焉。"意思是说，贾逵的注本精深而不广博，郑众的注本广博而不精深。要是既精深又广博，那我怎能超过他们？后来，马融觉得，这两个注本各有各的长处，合起来就弥补了各自的不足之处，便决定不再给《左氏春秋》作注了。

——《后汉书·马融传》

【故事启示】 一个人多学些知识不见得是错事，问题是，假设多学知识的代价是博而不精，那么，我们就应该斟酌损益，有所取舍。世界并非博而不精者的舞台，只有无知者才会拥戴这样的"博"者。博而不精者遇到真正的较量时，哪一项都会一败涂地。人要想在这个竞争激烈的社会中有一处安稳的立足之地，必须在所有的技能中，有一两项得心应手的本领。那些所谓的什么都知道一二，却不过只学到一些皮毛的肤浅之人，必定被社会无情地淘汰。

【成语释义】 形容学识丰富，但不精深。

【活用例句】 ～者貌似一身的好本领，其实只会摆摆架子，唬一唬他人罢了。

超群绝伦

关羽，字云长，是刘备的重要将领。

刘备当平原国相后，关羽和张飞分头率领他的军队。他们三人同睡一张床，情如兄弟。在大庭广众之下，关羽和张飞总是侍立在刘备身旁。

刘备跟随刘表后，关羽跟着依附。

后来，刘备率部南下，准备渡过长江。另外派关羽率领几百战船，与他在江陵会合。

曹操急追刘备，到达当阳（地名，位于今湖北省中部），刘备向东北直奔，正好遇上关羽的船队。不久，孙权派军队帮助刘备抗击曹

417

操，曹操率军退去。

刘备南下收复了东南四个郡，于是任命关羽为襄阳太守、荡寇将军，驻守长江北岸。

后来，关羽听说马超前来归降刘备，因他过去不认识马超，便写信给诸葛亮，询问马超的人品和才能可以同谁相比。

诸葛亮对关羽了解，知道他护短，不服气居于别人之下，便写信回答说："马超文武双全，勇猛过人，是一代豪杰，如汉初大将黥布、彭越一类人物，可与张飞并驾齐驱。但是，不能与你这个超出众人、独一无二的美髯公相比。"

这个故事史料记载如下："亮知羽护前，乃答之曰：'孟起兼资文武，雄烈过人，一世之杰，黥、彭之徒，当与益德并驱争先，犹未及髯之绝伦逸群也。'"这便是成语"超群绝伦"的由来。

——《三国志·蜀书·关羽传》

【故事启示】 诸葛亮了解关羽自大，不服气居于别人之下，所以他在回答关羽的提问时，巧言夸赞他超群绝伦。这体现了诸葛亮善于体察人心、八面玲珑的一面。在人与人交往过程中，我们应该像诸葛亮学习，从细处着眼，用心观察，了解对方的脾气秉性，然后对着路子把话说得滴水不漏，把事情做得天衣无缝。

【成语释义】 超出众人，同辈中没有可以相比的。也作"逸群绝伦"。超，超过；超群，超出众人；绝，没有；伦，同辈。

【活用例句】 陈景润在数学上的贡献说明他数学才能～。

【近义】 出类拔萃、超凡入圣、超群出众

【反义】 碌碌无能、无名小卒、芸芸众生

道听途说

春秋时期，齐国有两个人，他们分别叫艾子和毛空。艾子很有学问，收的学生很多。尽管如此，毛空却看不起艾子，总认为自己比艾子强。他想让艾子知道自己比他强，可是一直没有机会。有一天，毛空在路上听到一个消息，十分高兴，心想这回可找到机会了。他很快就走到了艾子的家里，对艾子说："你听说过一只鸭子一次就下二百个蛋的奇事吗？"

"我没听说过，但我一点也不相信。你能告诉我那只鸭子究竟有多大吗？"

"鸭子的大小和产蛋多少有什么关系？马那么大照样也不会下一个蛋。"毛空得意地说。

"对于你说的那二百个鸭蛋，我实在不知道它们是从何处而来。"

"这还用问吗？当然是从鸭子的肚子里生出来的。"毛空有些不耐烦地说。

"鸭子的肚子哪能装得下二百个蛋？"

"那就一定是两只鸭子下的，你总相信了吧。"毛空有气无力地说。

艾子笑着说："我还是不相信。"

毛空被气得没办法，只好又说："那天，从天上掉下一块肉，那块肉长有三十丈，宽有十丈。"艾子笑着问道："真的吗？有那样长的肉吗？"毛空急忙说："噢，那就是长二十丈。"艾子仍不相信。他又改口："一定是十丈长了。"

艾子说："你说的那只鸭是谁家养的？你说的那块肉掉在了什么地方？"

毛空支支吾吾说不出来，最后只好说："我是在路上听别人说的。"

于是，艾子对他的学生们讲道："你们可不要像毛空那样道听途说！"

——《论语·阳货》

【故事启示】 孔子曰："道听而涂（通"途"）说，德之弃也。"意思是说，从道途中听了没有根据的话，不加考证、不假思索地便乱传一气，是很不道德的行为。有道是"耳听为虚，眼见为实"，无论遇到什么事情，切忌偏听偏信，而应该开动大脑，进行合理的判断。

【成语释义】 路上听来的消息，又在路途中向别人传播。指没有根据的传闻或不可靠的消息。

【活用例句】 爸爸语重心长地告诉小明："根据～而下结论是极不负责的态度。"

【近义】 捕风捉影

【反义】 言之凿凿

董狐直笔

公元前621年，晋襄公病死，其子夷皋继位为晋灵公，时年方七岁，便由相国、中军元帅赵盾（即赵宣子）代掌国政。晋灵公生性残暴，执政后骄奢淫逸，滥杀无辜。赵盾屡次诤谏未果，反而被晋灵公视为眼中钉，必欲除之而后快。晋灵公与大夫屠岸贾密谋派人行刺赵盾。刺客连夜遁入相府，见赵盾晚睡早起，忠心勤政，不忍加害，于是就告诉赵盾有人要谋杀他，之后就撞树而死。

晋灵公一看没能除掉赵盾，便又叫屠岸贾训练一只凶猛的狼犬，假意召赵盾进宫喝酒，伺机放出狼犬扑向赵盾，赵盾的卫士提弥明挺身而出，一下子扭断恶犬脖子。晋灵公下令两旁预伏的武士扑杀赵盾，提弥明护着赵盾，且战且退，但终因寡不敌众，提弥明血溅宫廷，以身殉主。幸亏一位受过赵盾救命之恩的武士灵辄舍身保护，赵盾才逃脱虎口。到了宫外，恰逢其子闻讯率家丁前来接应。父子俩不敢再回相府，急忙出了西门，准备逃往国外。途中遇见行猎回来的族弟赵穿。问明缘由后，赵穿劝他不要离开晋国，从长计议。于是，赵盾父子暂时避居河东。

赵穿回城后，用计取得晋灵公的信任，又以搜罗天下美女为名，把佞臣屠岸贾支使到外地去。后来，趁着晋灵公到桃园喝酒游乐时，指挥亲信卫士把晋灵公杀了。赵穿随即把赵盾迎回国都绛城，继立晋文公重耳的小儿子黑臀为国君，是为晋成公，由赵盾继续辅佐国政。

晋灵公暴戾无道，对于他的死，全国上下拍手称快。但赵盾总觉得谋弑国君的名声，对于世代忠良的赵氏家族实在不好听。一天，他召来太史董狐，让董狐把记载国家大事的史简让他过目，只见上面写着：乙丑（公元前607年）秋七月，赵盾在桃国谋害国君夷。赵盾大吃一惊，辩解道："太史，你搞错了吧！谁不知先君不是我杀的，当时我逃亡在外，怎能归罪于我呢？"董狐义正辞严地说："你身为相国，掌管国家大事。虽说逃亡，但没离开国境，而且回都后不惩办凶手，这件事的主谋不是你又能是谁呢？""可以修改吗？"赵盾商量道。"是非分明，这才是真正的历史。董狐头可断，此简不可改！"董狐不避权势，据理力争。赵盾无奈，只得作罢。

后人从此故事中引申出成语"董狐直笔"，又作"董狐之笔"。

——《左传·宣公二年》

【故事启示】　董狐是一位敢于秉笔直书，尊重史实，不阿权贵的正直史家。文天祥在《正气歌》中列举历史上生当乱世的英雄人物为信念而坚决斗争的事迹，就有"在齐太史简，在晋董狐笔"之誉。"功罪是非何地问，董狐南史简宁删。"（柳亚子《咏史》诗）纵观洋洋洒洒的二十四史，便是汉唐盛世，也难免为尊者讳，隐去很多是是非非，恩怨情仇。其实，作为一位称职的史官，应该如实记录社会中发生的重大事件，还历史一个公道。

【成语释义】　泛指正直不阿的史官或史学家如实记载历史事件。董狐，春秋时晋国的史官；直笔，根据事实，如实记载。

【活用例句】　曾国荃对大哥的说法不服气。去年湘中士人公推王闿运撰湘军志。王闿运也扬言，为湘军修志一事非他莫属，他要秉～，不溢美，不饰恶，为湘军存一信史。（《曾国藩》）

程门立雪

北宋时期，福建将东县有个人叫杨时，小时候就很聪颖，显得与众不同，善写文章。年龄稍大一点便潜心学习经史。宋熙宁九年成为进士。当时，河南人程颢和弟弟程颐在熙宁、元丰年间讲授孔子和孟子的学术精要（即理学），河南洛阳这些地方的学者都去拜他们为师。不巧的是，杨时被调做官没去成，于是，便在颍昌以学生礼节拜程颢为师，师生相处得很好。

杨时回家的时候，程颢目送他说："吾的学说将向南方传播了。"又过了四年程颢去世了，杨时听说以后，在卧室设了程颢的灵位哭祭，又用书信讣告同学的人。程颢死以后，他又到程颢的弟弟程颐所建的伊川书院求学。那时杨时已经四十多岁了，学问也相当高，但他仍虚心好学、尊师重友，因此深得程颐喜爱。

一天，杨时和同学游酢（zuò）一起向程颐请教问题，却不巧遇上程老先生闭目养神，坐着假睡。这时候，外面开始下雪。这两人求学心切，所以两人恭恭敬敬地静立门口，不言不动，等老师醒来。如此等了大半天，程颐才慢慢睁开眼睛，见杨时、游酢站在面前，吃了一惊，说道："啊，啊！他们两位还在这儿没走？"这时候，门外的雪已经积了一尺多厚了，而杨时和游酢并没有一丝疲倦和不耐烦的神情。程颐深受感动，更加尽心尽力地教杨时。杨时也不负重望，终于学到了老师的全部学问。

——《宋史·道学传二·杨时》

【故事启示】 古人千里寻师，程门立雪，诚心讨教，这种精神，才是真求学。尊敬师长是我们每个人都应该做到的。老师教授我们知识，教给我们学问和做人的道理，是他们引领我们在人生的道路上迈出了一步一步，伴随我们一天天成长。在求学路上，一个人只有虚心才会不断获得进步；只有礼貌才会得到他人的肯定。没有多少人会对那种粗俗无礼、骄傲自满者积极主动地伸出援助之手的。

【成语释义】 旧指学生恭敬受教。比喻尊师重教，诚心求学。

【活用例句】 中国传统文化中"尊师重道"的文化内涵在民间根深蒂固，～便是其中一例。

【近义】 尊师重道

揠苗助长

从前宋国有一个农夫，他很关心自己种的庄稼，天天到地里去看。他嫌自己田里的秧苗长得太慢，因此整天忧心忡忡，琢磨怎样才能让禾苗快些长高。

一天，他灵机一动，终于想出了办法。于是，他毫不犹豫地卷起裤管就往水田里跑，开始把禾苗一棵一棵地往上拔。一直拔到半晌午，弄得又累又饿。傍晚，农夫好不容易才完成他自以为聪明的杰作，得意洋洋地跑回家，迫不及待地告诉他太太说："告诉你一件了不起的事，我今天想到一个好点子，让咱们田里的稻苗长高了不少。"妻子忙问怎么回事，他如此这般讲了一遍。

他儿子听到家里的禾苗长高了，兴奋地飞也似地跑到田里去看。这时，他发现稻苗是长高了，但是却一棵棵低垂着，眼看着就要枯萎了。

——《孟子·公孙丑上》

【故事启示】　自然界和人类社会都有它们发展、变化的客观规律。这些规律不以人们的意志为转移。人们只能认识它，利用它，不能违背它，改变它。违反了客观规律，光凭自己的主观意愿去办事情，尽管用心是好的，但结果必然碰壁，把事情办坏。我们应该以宋国这个农民为戒，在尊重客观规律的基础上，发挥自己的主观能动性。

【成语释义】　把苗拔起，以帮助其生长。比喻违反事物的发展规律，急于求成，反而坏事。揠，拔。

【活用例句】　~只会导致事与愿违。

【近义】　欲速不达

【反义】　循序渐进

惩前毖后

周王朝的开国君主周武王登基时间不长就去世了。他的儿子周成王即位，由于成王年龄太小，由武王的弟弟周公姬旦协助处理国家大事。对此，武王的另外两个弟弟管叔鲜、蔡叔度很是不满。他们到处造谣，诬蔑周公助理成王是想伺机废除成王，夺取王位。

周公是个待人真诚恳切、豁达大度的人，听了这些谣言后，为了不招惹是非，便离开京都，住到外地去避嫌。成王年小不懂事，还真的以为周公要抢权，便也不加挽留，让他去了外地。管叔鲜和蔡叔度见周公离开了成王，便暗中勾结商纣王的儿子武庚，一起发动叛乱，企图篡夺王位。

周成王得到密告，急忙召集大臣商议，可谁也拿不出办法来。成王急得在宫在团团转，不知如何才好。一个大臣见了，说："这事只有周公才有办法处理！"成王听了，眼前一亮，是啊！应该去把周公请回来。周公回来后，成王马上命令周公带兵东征，讨伐叛贼。

经过二年的艰苦征战，叛乱终于被周公平息了。接着，周公又忠心耿耿地替成王料理了几年的国家大事，一直到成王长大成人后，便把政权交还给他，让他自理朝政。

正式接管朝政这一天，成王前往宗庙祭祀祖先。在祭祀仪式上，成王对着他的文武大臣讲了话。他回顾了以往的历史教训，并说："我一定要从以前所受的惩戒中吸取教训，小心谨慎地办事，以免再遭祸害。"

——《诗经·周颂·小毖》

【故事启示】 周公姬旦辅佐年幼的周成王治理国家，周武王的弟弟管叔鲜、蔡叔度造谣说周公准备篡位，周公为表忠心隐居外地。管叔鲜等趁此时机立即叛乱，周成王幡然醒悟，请回周公率军平息了叛乱。这种知错就改、引以为戒的态度值得我们学习。

【成语释义】 要从以前的错误中吸取教训，谨慎从事，不致再犯类似错误。惩，警戒；毖，谨慎。

【活用例句】 对于犯错误的同志，包括犯了严重错误的同志，我们都要坚持"～，治病救人"的方针。

【近义】 前车之鉴

【反义】 重蹈覆辙

凿壁借光

西汉时期，有个贫苦农夫的孩子，名叫匡衡。他小时候很想读书，可是因为家里实在是太穷了，没钱去学堂学习。后来，他跟一个亲戚学认字，才有了阅读书本的能力。匡衡买不起书，只好借书来读。那个时候，书是非常贵重的，有书的人不肯轻易借给别人。匡衡就在农忙的时节，给有钱的人家打短工，不要工钱，只求人家借书给他看。

过了几年，匡衡长大了，成了家里的主要劳动力。他一天到晚在地里干活，只有中午休息的时候，才有短暂的时间看点书，所以一卷书常要十天半月才能够读完。匡衡很着急，心里想：白天种庄稼，没有时间看书，我可以多利用一些晚上的时间来看书。然而，匡衡家里太穷了，根本买不起点灯的油，到底该如何是好呢？

一天晚上，匡衡躺在床上背白天读过的书。背着背着，突然看到东边的墙壁上透过来一线亮光。他噌地站起来，走到墙壁边一看，啊！原来从壁缝里透过来的是邻居的灯光。于是，匡衡想了一个办法：他拿了一把小刀，把墙缝挖大了一些。这样，透过来的光亮也大了，他就凑着透进来的灯光，读起书来。

匡衡就是这样刻苦地学习，后来成了一个很有学问的人，还官至宰相了呢。

——《西京杂记》卷二

【故事启示】 在看重私德的封建社会里，一个人如果保持贫苦勤学的良好道德形象，对个人是大有益处的。凿壁偷光的故事得以家喻户晓，流传至今，说不定就是匡衡当了大官后，借助国家媒体大肆宣扬的结果呢。即使果真如此，在当今这个竞争激烈的社会，匡衡宣扬的苦读精神仍值得学习。

【成语释义】 在墙上凿个小孔，偷借邻家的灯光读书。形容在艰苦的条件下仍坚持刻苦学习。

【活用例句】 如今，我们的学习环境已经大大改善了，再也不用～读书了。

【近义】 囊萤映雪、穿壁引光、焚膏继晷

【反义】 一暴十寒

朝三暮四

战国时代，宋国有一个养猴子的老人，在家中的院子里养了许多只猴子。这个老人每天早晚都分别给每只猴子四颗橡子。日子一久，这个老人和猴子之间竟然能交流沟通了。

几年之后，老人的经济越来越不充裕了，而猴子的数目却越来越多，又碰上粮食欠收，所以老人就想把每天的橡子由八颗改为七颗。

于是，一天，他和猴子们商量说："现在粮食不够了，从今天开始，食物必须节约着吃。我每天早上分别给你们三颗橡子，晚上还是照常给四颗橡子，你们认为怎么样呢？"猴子们听到老人的这番话，非常生气，都认为早上怎么少了一个？于是，纷纷开始吱吱大叫，而且还到处窜来跳去，貌似是在用这种方式来表示对分配情况的强烈不满。

老人看到这个情形，连忙改口说："这样吧，我每天早上分别给你们四颗，晚上再给你们三颗，这样总该可以了吧？"这群猴子们听了，觉得早上的橡子数量已经由三个变成四个，比晚上的多，就换了另一番模样，纷纷高兴得在地上翻滚起来，认为自己取得了胜利。

——《庄子·齐物论》

【故事启示】 猴子们每天得到的橡子总数其实没有变化，只是分配方式有所变化，猴子们就转怒为喜。那些追求名和实的人，总是试图区分事物的不同性质，而不知道事物本身就有同一性。最后不免像故事中的猴子们一样，为朝三暮四和朝四暮三所蒙蔽。

【成语释义】 原指实质不变，用改换名目的方法进行欺骗。后用来比喻常常变卦，反复无常。

【活用例句】 无论做什么事情，都要有明确的目标。～、瞎定计划的人，往往一事无成。

【近义】 朝秦暮楚、反复无常

【反义】 始终如一、一成不变

十三画

暗箭伤人

春秋时期，郑国的郑庄公手下有两位宠臣，一个是以仁孝闻名天下的老将军颍（yǐng）考叔，另一个是英俊倜傥的青年将军公孙子都。孟子曾赞扬这位青年美男子说："不知道公孙子都长得好看的人，就是没长眼睛的人。"

公孙子都平时恃宠骄横，又武艺高强，箭术高超，百发百中，无人能比。他向来对颍考叔非常不服气，总想显示自己比颍考叔更有才干。

有一年，郑庄公得到鲁国和齐国的支持，计划讨伐许国（许国是一个小国，在今河南许昌市。郑国在许国的北边，今河南的新郑就是它当时的都城）。

这年夏天的五月，郑庄公在王宫前检阅部队，发派兵车。但是颍考叔和公孙子都却为了争夺兵车吵了起来。颍考叔是一员勇将，他不服老，拉起兵车转身就跑；公孙子都一直都瞧不起颍考叔，当然不肯相让，拔起长戟飞奔追去。等他追上大路，颍叔考早已不见人影了。公孙子都因此怀恨在心。

到了秋天，郑庄公正式下令攻打许国。郑军逼近许国都城，攻城的时候，颍考叔奋勇当先，爬上了城头，指挥士兵攀上城墙，公孙子都眼看颍叔考就要攻破城门，立下大功，心里更加嫉妒。他觉得这么大的功劳不能让颍考叔一个人给占了，于是抽出箭来对准颍考叔的后背就是一箭。颍考叔当时一心只顾攻城，没有料到背后会射来暗箭，只见这位勇敢善战的老将军一个跟斗摔下来，气绝身亡。

另一位将军瑕叔盈还以为颍考叔是被许国的士兵杀死的，赶紧拾起大旗，指挥士兵继续战斗，终于成功破城。郑国军队全部入城，而许国的国君许庄公则逃往卫国，许国的土地于是并入了郑国的版图。

日后，人们便把像公孙子都这样趁人不备暗放冷箭的情况，称为"暗箭伤人"。不过，做为成语却并不限指以暗箭为凶器，凡是采取任何不光明的手段暗地里寻找机会伤害别人的，都可称为"暗箭伤人"。

后来，尽管郑庄公知道是公孙子都射死了颍考叔，但却狠不下心严惩公孙子都。同时呢，郑庄公又觉得如果不惩罚这个暗害颍考叔的美男子，自己心里实在是过意不去。左右为难之下，郑庄公只好在颍考叔灵前拜祭，诅咒那个暗箭伤人的卑鄙小人不得好死。

——《左传·隐公十一年》

【故事启示】 武将颍考叔为了国家利益，奋不顾身、英勇杀敌，理应得到天下人的称赞。奈何没有为国捐躯，却命丧小人之手。公孙子都青年才俊，只可惜心存嫉妒，过于争强好胜，为了一己之私，不惜暗箭伤人，杀害同僚。即便是如此宠爱公孙子都的郑庄公，也忍不住对其施加诅咒，痛恨至极。普天之下，只要稍有良心的人都会唾弃像公孙子都这样的人。面对竞争对手，我们不能甘拜下风，我们需要进取心，但更需要一颗平常心。

【成语释义】 形容在背地里使用语言、行动、文字等手段伤害他人。用作贬义。

【活用例句】 造谣中伤，～，是反动分子经常使用的伎俩。

【近义】 冷箭伤人、笑里藏刀

跳梁小丑

战国时魏国相国惠施，在和庄子的一次谈话中，举自家一株大樗（chū）树为例，说树的主干臃肿，小枝多卷曲，不成材，木匠师傅对它连看都不看一眼，以此讥讽庄子所说的"大而无用，众所同去"。

对此，庄子这样回答道："子独不见狸狌（shēng）乎，卑身而伏，以候敖者；东西跳梁，不辟高下；中于机辟，死于罔罟（gǔ）。今夫斄（lí）牛，其大若垂天之云。此能为大矣，而不能执鼠。今子有大树，患其无用，何不树之于无何有之乡、广莫之野，彷徨乎无为其侧，逍遥乎寝卧其下。不夭斤斧，物无害者，无所可用，安所困苦哉！"

这段话的大概意思是：你难道没有见过野猫吗？它们隐伏起来，伺机猎取出来活动的小动物，东窜西跳，不避高低，往往触到机关，死于网罗之中。还有牦牛，庞大的躯体像天边的云。它能使自己很大，却不能抓老鼠。现在你有大树，担心它无用，为什么不把它种植

429

在虚无的乡土上，宽阔无际的旷野里，它可以生长得更加枝叶繁茂，来往行人可以逍遥自在地在它下面乘凉歇荫。所以，它并不因为所谓无所可用而感到有什么困苦。

庄子在这里要说的是，"无为虚谈，可以逍遥适性，荫庇苍生"，以此驳斥惠施的"大而无用"的讥讽。

后人从这段故事引申出成语"跳梁小丑"。

——《庄子·逍遥游》

【故事启示】 那些品格低下或并无什么真才实学的人，为了达到一己之私或不可告人的目的而极尽捣乱、破坏之能事，但终究没有什么了不得，只不过是真正地暴露了他自己的丑恶嘴脸罢了。历史如同大浪淘沙，永垂史册、被后人称颂的是那些仁人志士，而一帮跳梁小丑们将为千代万世的人所唾弃。

【成语释义】 比喻猖狂捣乱而成不了大气候的坏人。跳梁，同"跳踉"，指乱蹦乱跳的样子；小丑，意指卑鄙的小人。

【活用例句】 当今世界，总有那么几个~跟在超级大国屁股后面，干涉他国内政，可恶至极。

【近义】 害群之马

【反义】 志士仁人

楚材晋用

春秋时期，楚国有个大夫名叫伍举。有一次，他的岳丈犯了法偷偷地逃跑了，有人造谣说，伍举的岳丈畏罪潜逃，是伍举向他通风报信并送他逃走的。伍举怕楚王听信谣言治他的罪，便带着一家老小逃到临近的郑国去了。

伍举在郑国住了一段时间，觉得不安全，便准备再逃往晋国。

正在伍举将要逃亡的时候，伍举的好友、蔡国大夫声子恰巧出使晋国。他在路过郑国时碰到了伍举，便问："你怎么到郑国来了？发生了什么事？"

430

伍举把自己外逃的前因后果和准备逃往晋国的想法告诉了声子。声子听后为伍举抱不平，说："你暂时到晋国去躲一段时间也好，但我一定使你早日回到楚国！"

于是，伍举又带着一家老小，跟着声子一起前往晋国。

声子在晋国办完事后，特地来到楚国。楚国的令尹子木接见了声子，并询问他说："晋国的大夫和楚国的大夫相比，你以为哪国的大夫才能要胜一筹呢？"

声子回答说："晋国的人才没有楚国多，晋国虽然有不少大夫很有才能，不过他们多半都是楚国人。这些人因为在楚国得不到重用，所以到了晋国。楚国不少有用的人才都被晋国收走了。就像杞梓、皮革等，在晋国都受到了重用。有人说，这叫楚材晋用！"

声子接着说："楚国不珍惜人才，让人才外流，所以同晋国交战，好几次被晋国打败。这就是因为有不少楚国人在为晋国出谋划策。"

子木听后大吃一惊。

声子接着又说："这次你们大夫伍举因受到别人的诬陷，不得已出走他国了，我听说他现在也到了晋国。可惜，楚国的又一个人才将被晋国利用，这对楚国来说是一个损失啊！"

子木觉得声子说得很有道理，马上下令恢复伍举的职位，并派人把他接回到楚国。

——《左传·襄公二十六年》

【故事启示】 楚国大夫伍举因岳丈犯事而偷逃到晋国，遇到蔡国大夫声子，声子答应帮他回到楚国。声子到楚国与令尹子木就楚晋两国人才问题进行探讨，说楚国人跑到晋国得到重用，对楚国十分不利。子木认为有理就去晋国接回伍举。人才对国家稳定与发展的作用不言而喻。无论是国家，还是企业，唯有把"识别人才""用好人才"当作头等大事来抓，才能生机勃勃，在竞争中立于不败之地。不会识人、用人，只凭一己之力，难成大事。

【成语释义】 楚国的人才为晋国所用。比喻本国的人才外流到别的国家工作。也用来比喻使用别国的人才。

【活用例句】 既是天赋他聪敏的资质，要削足就履般来受这特殊环境的支配，～，那是不可能的。（邹韬奋《不能两全》引吴晓晨信）

楚弓楚得

据《说苑·至公》记载："楚共王出猎而遗其弓，左右请求之。共土曰：'止！楚人遗弓，楚人得之，又何求焉？'"《孔子世家·好生》："楚人失弓，楚人得之，又何求焉？"这段话主要讲述的是这样一个故事。

春秋时期，楚共王有一张宝贵的"乌号之弓"。据传说这把弓是黄帝遗留下来的，尽管此说难以让人相信，但它无疑是一张绝好的弓。楚共王很爱打猎，经常带着一批随从人员，骑着快马，拿着弓箭，在山野里猎取各种飞禽野兽。

有一次，他骑马追逐几只野兽，眼看快要追上了，他想拿出弓箭向野兽射去。不料，弓已不知去向。原来他跑得太快，在颠簸中把弓给丢了。丢了一张制作得非常精美的好弓，随从人员都觉得非常可惜。于是，他们焦急万分地对楚共王说："大王，让我们回头沿路寻找吧。"楚共王摇摇头阻止说："不要去寻找了。我是楚国人，这弓丢在楚地，让楚国人拾去了还是在楚国人手里，有什么必要再去寻找它呢？"随从人员听了，钦佩地说："大王的话讲得真有道理。"就这样，他们不再去寻找弓了。

这事传到孔子那里，孔子则不以为然地说："可惜啊，楚共王的话包含得还不够大。应该这样说：一个人丢失了弓，另一个人得到了，何必一定要是楚国人呢？"

人们听了孔子的话，都称赞说："孔子的话，才真正达到大公的地步了。"

——《说苑·至公》

【故事启示】 楚王打猎，遗失一猎弓。随从主张回去找，楚王说"楚弓楚得"。楚人失弓，楚人得弓，也不必找回了！孔子所言则"太过"矣。如果把孔子之话推而演之,曰"人遗弓,天地得之,何必人也",岂不正所谓一得一失、此消彼长?再推而演之,终会涉及"质量守恒、能量守恒"的物理知识。因此,"楚弓楚得"步步推演的结果将导致虚无主义。所以,做事情做到"楚共王"的境界就已"适中",有"楚弓楚得"的胸襟就好。

【成语释义】 比喻自己丢失的东西落入与自己同为一个国家或民族的人手中。形容肥水没有外流。表示丢失物件是常事,不必念念不忘。

【活用例句】 如今恰恰的不曾动身,这个东西送上门来,～,岂有再容它已来复去的理?(《儿女英雄传》第十七回)

【接龙游戏】 楚弓楚得→得意忘形→形影相吊→吊心悬胆→胆战心惊→惊涛骇浪

楚囚对泣

刘聪,匈奴人,他年轻时常游历于洛阳京城,广结名士、豪杰,被新兴太守郭颐辟为主簿,这是刘聪政治生涯的开端,后成为十六国时汉国的国君。

公元311年,刘聪派刘曜(yào)率兵攻打洛阳。破城后,将怀帝俘到平阳。刘聪在宴会中侮辱怀帝,晋朝的旧臣痛哭,刘聪为此把他杀死。怀帝死后,他的侄子司马邺即位,史称晋愍(mǐn)帝。但愍帝舒服日子过得也不长。公元316年,刘曜率军攻占长安,将愍帝杀死,灭了西晋。

第二年,流亡到江南的琅邪王司马睿,在大臣王导的主谋下,依靠南迁的士族,并联合江南的士族,在建康称帝,建立了东晋王朝,他就是晋元帝。

不过,也有一些贵族和官员担心国家大事,整天愁眉不展。他们每当天气晴朗,便相邀到建康城外的新亭饮宴。一天,武城侯周凯在饮酒时忽然长叹一声道:"这里的风景和往日没有两样,可是国家的山河都已经变了样!"这话一出口,引起了众人伤感之情,大家都流下眼泪,对视着哭了起来。

丞相王导也参加了这天的饮宴，他的心里也很难受。此时，他的神色变得严肃起来，对大家说："我们大家应该齐心合力报效朝廷，收复神州大地，何必像楚囚那样相对哭泣呢？"

——《世说新语·言语》

【故事启示】 遇到挫折或困境，哭哭泣泣地一把鼻涕一把泪，除了能发泄点忧愁的情绪之外，对解决问题没有丝毫益处。唯有保持冷静，锐意进取，找到解决问题的良方，并付诸实际行动，才是上上策。记住，情绪并不等同事件。哭泣也并非是遭遇挫折的理由。

【成语释义】 现泛指处于危难窘迫之境的人相对而泣。也表示怀士思国，郁郁不欢。楚囚，比喻处于危难窘迫境地的人；对泣，相对哭泣。

【活用例句】 柏壁置人添一笑，～后千年。（宋 杨万里《新亭送客》）

塞翁失马

古时候，北方边塞住着一个老头，人们都管他叫塞翁。

有一天，塞翁家的一匹马撒起野来，跑到塞外胡地去了。他的邻居们得知此事，跑到他家里，劝慰他不必过于伤心。谁知塞翁听了众人的话，满不在乎地说："不就是丢了一匹马吗，没什么大不了的！依我看，马儿跑走了，说不定会给我带来好处呢！"邻居们听得目瞪口呆，谁都不相信会有什么奇迹发生。

过了一段日子，塞翁家的那匹马由于过不惯胡地的生活，自己跑了回来，并且还带来了一匹胡人的骏马。邻居们知道后，又都不约而同地赶来向塞翁祝贺。他们拍着那匹胡马，啧口称赞。可这塞翁并不为此感到高兴，皱着眉头叹息道："这有什么值得庆幸的。没花分文得了一匹胡马，弄不好会给我家引来灾祸啊！"邻居们听了不以为然，心想：塞翁肯定是老糊涂了，不然，怎么连好事坏事都分不清了。

塞翁的儿子很喜欢骑马，自从家里添了那匹胡马，就整天骑出去游玩。谁知那匹胡马未经驯化，很不服人管教。一天，胡马把塞翁的

434

儿子掀翻在地，他被摔断了一条腿，落得个终身伤残。

邻居们闻此不幸的消息，纷纷赶来向塞翁表示慰问。可塞翁一点也不难过，反而劝慰大家："各位不必为我的儿子忧伤，他的腿瘸了，虽然很不幸，但也可能因祸得福啊！"

果然，一年之后，胡人挥戈南下，大举入侵边塞。边塞上的所有青壮男人都应征入伍，与胡人展开激战，其中大部分人都死在战场上。塞翁的儿子因伤致残，是个瘸子，就没有去当兵打仗，因而和年迈的塞翁一起保全了性命。

——《淮南子·人间训》

【故事启示】 塞翁失马中祸与福相依的现象，正好应证了"矛盾双方在一定的条件下各自向其相反的方面转化"的辩证原理。这启示我们，跌倒了可以站起来，犯了错误改正就好。切忌用僵化的、不变的观点看问题，而要用发展、变化的眼光。吃一堑、长一智，经过努力，失败可以转化为成功，落后可以转化为先进。在现实生活中，不必患得患失，过于计较眼前的一得一失，不可用一时的对或错论成败，要学会正确对待人生道路上遇到的难关及阻力。

【成语释义】 比喻一时虽然受到损失，也许反而因此能得到好处。也指坏事在一定条件下可变为好事。

【活用例句】 王教授不小心碰倒了器皿，却意外地发现了想要的东西。真是~，焉知非福。

滥竽充数

齐国的国君齐宣王爱好音乐，尤其喜欢听吹竽，手下有300个善于吹竽的乐师。齐宣王喜欢热闹，爱摆排场，总想在人前展示下一国之君的威严，所以每次听竽的时候，总是叫这300个人在一起合奏给他听。

有个南郭先生听说了齐宣王的这个嗜好，觉得可以钻个空子，赚点钱财。于是，跑到齐宣王那里去，自我吹嘘："大王啊，我是个有名的乐师，听过我吹竽的人没有不被感动的，就是鸟兽听了也会翻翻起舞，花草听了也会随着节拍颤动，我愿把我的绝技献给大王。"齐宣王听了高兴极了，不加考察便爽快地收下了他，把他编进那300人的吹竽队中。

这以后，南郭先生就随那300人一块儿合奏给齐宣王听，和大家一样享受着优厚的待遇，心里那叫一个高兴啊。

其实，南郭先生压根儿就不会吹竽。每逢演奏的时候，南郭先生就捧着竽混在队伍中，见人家摇晃身体，他也跟着摇晃身体，见人家摆头，他也跟着摆头，脸上装出一副动情陶醉的模样，看上去和别人一样吹奏得忘了神，还真瞧不出什么破绽来。南郭先生就这样靠着蒙骗混过了一天又一天，捞取了一笔又一笔薪水。

可是好景不长，过了几年，爱听竽合奏的齐宣王死了，他的儿子齐闵（mǐn）王继承了王位。齐闵王也爱听吹竽，可是他和齐宣王不一样，认为300人一块儿吹实在太吵，不如独奏来得悠扬悦耳。于是，齐闵王发布了一道命令，要这300个人好好练习，他将让300人轮流来一个个地吹竽给他欣赏。乐师们接到命令后都积极练习，都想一展身手，只有那个滥竽充数的南郭先生急得像热锅上的蚂蚁，惶惶不可终日。他想来想去，觉得这次再也混不过去了，只好连夜收拾行李逃走了。

——《韩非子·内储说上》

【故事启示】 不学无术的南郭先生，靠蒙骗混饭吃，只能骗得了一时，骗不了一世。假的就是假的，最终逃不过实践的检验，最终会被揭穿伪装。这启示我们，想要成功，唯一的办法就是勤奋学习，只有练就一身过硬的真本领，才能经受得住时间和实践的双重考验。

【成语释义】 不会吹竽的人冒充吹竽行家，混在乐队中凑数。比喻没有本事的人冒充有本事，或以次货冒充好货。有时也表自谦。滥，与真实不符；竽，一种簧管乐器。

【活用例句】 我们千万不能做出~的事情。

【近义】 鱼目混珠

数典忘祖

春秋时期，晋国以荀跞和籍谈为使节出使周王室。周景王设宴款待二人，宴席中所用的酒壶是鲁国进贡的，景王于是问起："各诸侯国都会进贡一些物品给周王室，为什么独独晋国没有物品进贡呢？"

籍谈回答说："每个诸侯国都曾领受周王室的赠与，所以必须进献宝贵的器物回馈王室的恩典。由于晋国地处深山边塞，与周王室距离遥远，皇恩实在是没办法惠及，我们又穷于应付戎狄的骚扰，哪还有什么东西可用来贡献呢？"

景王听了颇不以为然，于是细数从晋国祖先开始，周朝王室曾经赠与的种种赏赐，并责问籍谈："你的先人是负责掌管国家典籍的，为什么你会忘了这些史事呢？"

籍谈听了景王这番话后，张口结舌。等荀跞与籍谈离开后，周景王又评论籍谈说："我看像籍谈这么忘本的人，后代子孙应该不会有什么出息吧！竟然会列举一堆典故来评论事情，却反而将自己祖先掌管典籍这件事给忘了！"

后来"数典忘祖"这句成语就从这里演变而出，用来比喻人忘本。

——《左传·昭公十五年》

【故事启示】 数典忘祖，从某种程度上说，其实就是忘恩负义。晋大夫籍谈出使周朝。宴席间，周景王问籍谈，晋何以无贡物，籍谈答道，晋从未受过王室的赏赐，何来贡物。周景王就列举王室赐晋器物的旧典来，并责问籍谈，身为晋国司典的后代，怎么能"数典而忘其祖"，也就是说列举古代的典制而忘了祖先的职掌呢？周景王责骂籍谈忘记祖先掌管典籍之事，虽然更多的是出于挽回大国的面子，但骂得也不算过分。籍谈这种忘恩负义之人实在该骂。

【成语释义】 谈论历来的礼制、事迹时，把自己祖先的职守都忘了。比喻忘本。也比喻对于本国历史的无知。数，数着说；典，指历来的礼制、事迹。

【活用例句】 我们要重视中国历史知识的学习，免得出现～的笑话。

【反义】 饮水思源

437

十四画

精卫填海

传说，炎帝神农氏最宠爱的女儿女娃，模样长得纤秀，却有着坚强的性格。姐妹们都喜欢打扮，惟独她酷爱体育，尤其水上运动，游泳划船，跳水冲浪。

一天清晨，风和日丽，正是出游的好时光。女娃驶着一叶轻舟，在碧波荡漾的东洋大海上游荡。海风轻轻地吹拂，海浪柔柔地起伏，她载着小舟往大洋深处漂去。

年轻单纯的女娃，不知世道险恶，仍陶醉在温柔的蓝色大海里。突然，平静的大海变脸了，微笑的太阳不见了，轻轻海风变得比刀刃还锐利，软软海浪变得比铁锤还刚硬。女娃凭着高超技艺，劈波斩浪，左避右挡，与大海周旋。时间一分钟、一分钟地过去，一小时、一小时地过去，大海的浪涛越来越高，女娃的力气越来越弱。

夜幕降临了，天地间一片黑暗，大概星星们闭上了眼睛，不忍瞧见惨剧的发生：小舟被巨浪碾成了碎片，女娃被大海吞噬，喧嚣的涛声掩盖住了女娃的求救声。但她不甘心被水淹死，她的精灵变成一只美丽、勇敢的小鸟，她飞翔时总叫着"精卫！精卫！"所以她被叫成"精卫"。

精卫住在布满拓木林的发鸠山上，一心要填平可恨的东海，每天从西山衔一枝树枝或一颗小石子，展翅高飞，直至东海，把它们投入海中。日复一日，年复一年，不管是烈日炎炎还是雨雪霏霏，它不间断地叫着"精卫、精卫"，以激励自己的斗志，它要以锲而不舍的精神，将东海填平。

东海恼怒了，东海咆哮了，浪涛喧哗，白沫四溅："你为什么要把我填平？你为什么恨我这么深？"

天空中传来精卫鸟仇恨的啼鸣："因为你夺走了我年轻的生命，因为你还将夺走千千万万的年轻的生命。"

"算了吧，小鸟儿！就算你填上百万年，也休想把我填平！"东海用"轰隆隆"的大笑声来掩饰自己的窘态。

精卫毫不犹豫地回答说："就算填到一千万年，一万万年，填到世界末日，我也要将你填平。"

从此，精卫更加不停息地往返于发鸠山和东海之间，把西山树枝和石头衔投东海。

——《山海经·北山经》《述异记》

【故事启示】 精卫真是了不起！她明明知道大海是不可能被她填平的，可还是不停地填。这种坚持不懈的精神非常值得我们学习。不管做什么事，我们都应该有顽强的毅力和不屈的精神，只有这样，才能有所作为。千万不能因为有困难就半途而废。再者，善良的精卫遭遇不幸时，想到的是不能让别人重复自己的悲剧，并为此坚持不懈的努力。如果我们都来学习精卫这种无私的品德，那么，我们生活的世界一定会变得更加美好。

【成语释义】 比喻坚毅不拔，不畏艰难，不达目的，誓不罢休。

【活用例句】 有了～、愚公移山的精神，还有什么困难不能克服！

【近义】 矢志不移、愚公移山

【反义】 虎头蛇尾、半途而弃

管鲍之交

春秋时期，齐国的国君（诸侯国的最高首领）齐桓公是第一个霸主。齐桓公能成功的重要原因之一是他有两个得力的助手——管仲和鲍叔牙。两人是好朋友，难能可贵的是他们之间的友谊很深厚，彼此了解、相互信任。其实呢，管仲和鲍叔牙年轻的时候就非常投缘。

管仲家里很穷，又要奉养母亲。鲍叔牙知道了，就找管仲一起投资做生意。做生意的时候，由于管仲没有钱，所以本钱几乎都是鲍叔牙拿出来的。然而，生意赚钱之后，管仲反而比鲍叔牙拿得还多。鲍叔牙的仆人实在看不下去了，便抱怨道："这个管仲真恶劣，本钱拿的比主人少，但分钱的时候拿的比主人还多！这是什么人啊。"鲍叔牙和颜悦色对仆人说："千万不能这么说啊！管仲家里穷又要奉养母亲，多拿一点没有关系的。"仆人深深为主人的精神感动。

还有一次，管仲和鲍叔牙一起去打仗，每次进攻的时候，管仲都躲在最后面，于是众人就责骂管仲说："管仲真是贪生怕死！"鲍叔牙马上替管仲辩解说："你们误会管仲了，他并非怕死之人，他得留着他的小命去照顾老母亲啊！"

后来，齐国的国王驾崩了，公子诸当上了国王，诸每天吃喝玩乐，不理朝政，鲍叔牙预感齐国口后一定会发生内乱，就带着公子小白逃到莒国，管仲则带着公子纠逃到鲁国。

不久之后，齐王诸被人杀死，齐国真的发生了内乱，管仲想杀掉小白，让纠能顺利当上国王，可惜管仲在暗算小白的时候，把箭射偏了，小白没死。后来，鲍叔牙和小白比管仲和纠还早回到齐国，小白就当上了齐国的国王。

小白当上国王以后，决定封鲍叔牙为宰相，鲍叔牙却对小白说："管仲各方面都比我强，应该请他来当宰相才对呀！"小白一听："管仲要杀我，他是我的仇人，你居然叫我请他来当宰相！"鲍叔牙却说："这不能怪他，他是为了帮他的主人纠才这么做的呀！"小白听了鲍叔牙的话，请管仲回来当宰相，而管仲也真的帮小白把齐国治理得非常好呢！

管仲回顾自己的经历后，感慨万千道："生我的是父母，了解我的人可是鲍叔牙呀！"

后来，人们在赞扬朋友之间交情甚深时，就会说他们是"管鲍之交"。

——《列子·力命篇》

【故事启示】 管鲍之交，千古流传，至今仍然被奉为交友的典范。二人交情的基础不是利害关系，而是本着无私的交友原则，体现了精诚协作、不图回报、虚怀若谷的精神，非常值得我们学习。现实生活中，如果每一个人都能像鲍叔牙那样，不计较个人私利，有宽以待人的胸怀，有至真至诚、甘愿吃亏的精神，如果互相之间都能够情同管鲍，多些理解和真诚，那么，我们前进道路上的困难就会少一些，朋友就会多一些。

【**成语释义**】　常比喻交情深厚的朋友。管鲍，指的是管仲和鲍叔牙。

【**活用例句**】　四年大学同窗，张兵和董晓豪成了～。如今，只要一方遭遇困境，另一方就义不容辞地帮忙排忧解难。

【**近义**】　生死之交

【**反义**】　点头之交

管中窥豹

史料记载："王子敬数岁时，尝看诸门生摴蒱，见有胜负，因曰：'南风不竞。'门生辈轻其小儿，乃曰：'此郎亦管中窥豹，时见一斑。'"

此段文字中的王子敬即王献之，东晋著名书法家王羲之的末子，聪明伶俐。长大后他也成为了一位著名的书法家，与父亲并称"二王"。有一天，他父亲的几个学生在玩打牌。在一旁观看的献之竟然能够给他人出谋划策，说上几句行内话。哪知学生们都笑他道："此郎亦管中窥豹，时见一斑！"献之听到他们这样说自己，很是气愤，说道："远惭荀奉倩，近愧刘真长。"说完，就甩开袖子走了。

"管中窥豹"的成语便出于此。

该成语有两种截然不同的理解。一种是褒义的，意指人们可以从观察到的事物的一部分来推测该事物的全貌。从字面上理解"管中窥豹"，那就是从"竹管"中透过视线来看到豹子，由于视线为"竹管"圆孔面积所束缚，看不到"全豹"，只能看到所观对象身上具有豹子特征的斑点花纹，于是就此推论观测对象是一只豹子。这种逻辑思维能够以小见大，极具智慧。"微尘中见大千世界"与"管中窥豹"均可用来形容通过小事情，推测出对象的概况。

然而，只要我们稍加思索，就会发现："管中窥豹，可见一斑"，那可见的"一斑"并非百分百的是豹！梅花鹿身上的斑纹完全可以与豹子相媲美。因此，千篇一律的"管中窥豹"，搞不好就会出现"指鹿为豹"的尴尬，让人啼笑皆非呢。

——《世说新语·方正》

十四画

443

【故事启示】 七个盲人碰到一头大象，便都上前摸摸大象是什么样子。他们摸到大象粗腿、尾巴、肚子、背部、耳朵、牙齿、鼻子，便分别形容大象像柱子、笤帚、山包、平台、蒲扇、犄角、橡皮筒，争论不休。这个故事之所以可笑，是因为盲人们"管中窥豹"，都只是看到了大象的一个部分，便固执地认定大象的总体模样皆如此。这启示我们，很多时候，没有全面了解情况，千万不能乱下结论，否则很容易犯"以偏概全"的错误。

【成语释义】 从竹管的小孔中看豹，只看到豹身上的一块斑纹。比喻只看到事物的一部分。

【活用例句】 有的人孤陋寡闻，～，却喜夸夸其谈，炫耀自己。

【近义】 窥豹一斑、管窥所及、以管窥天

【反义】 洞若观火、一目了然

模棱两可

苏味道是初唐的政治家、文学家，赵州栾城（今属河北栾城）人。九岁能诗文，少有才华，与李峤以文辞齐名，号"苏李"。20岁中进士，早年为咸阳尉，因吏部侍郎裴行俭赏识，随裴行俭两征突厥，为书记。圣历初官居相位，先后三度为相，深得武则天赏识。

当狄仁杰垂垂老矣之际，武则天向他咨询谁能接班，狄仁杰答道："文学蕴藉，则苏味道、李峤固其宜矣。"苏味道能够获得一代名相狄仁杰的赏识，自可说明他必非平庸之辈。

可是，苏味道任宰相的时候，最大的毛病是"尸位素餐"，用现在的话说就是"不作为"，凡事明哲保身，一味地和稀泥，处事十分圆滑。

有一次，一个人向苏味道请教当官的诀窍，他得意地说："要想当好官，必须记住一点：处理任何事情，都不要决断得清楚明白。否则一有错误，就必定受罚。应该像用手摸棱角那样，这一面可以，那一面也过得去，就不会出事了。"这番话传扬开来以后，大家私底下都称他为"苏模棱"。史料记载："尝谓人曰：处事不欲决断明白，若有错误，必贻咎谴，但模棱以持两端可矣。"

然而，苏味道并非遇事一律模棱，不置可否。在有些事情上，他的态度又鲜明得出奇。比如，长安元年（公元701年）三月大雪，苏味道以为是祥瑞之兆，率领百官向武则天进贺。殿中侍御史王求礼当即指出："三月雪为瑞雪，腊月雷为瑞雷乎？"还说："今阳和布气，草木发荣，而寒雪为灾，岂得诬以为瑞？"又一次，有人向朝廷呈献一头三条腿的牛，苏味道又带头上朝祝贺。苏味道如此不顾常识，昧于事理，必然招致"举朝嗤笑，以为口实"。但苏味道不管这些，笑骂由尔笑骂，依旧我行我素。难怪宋人孔平仲的《续世说》，将他的言行编入了"奸邪"一列。

——《旧唐书·苏味道传》

【故事启示】 细研史书，不难看出，"模棱两可"之举是苏味道自己对别人总结从政经验教训时说的，并非人们依据他的行为判断而出，如果他不主动说，也许并没有"苏模棱"的雅号流传后世。所以，为何不将此看作是苏味道襟怀坦白的表现呢？再者，从苏味道"若有错误，必贻咎谴"的言论中，可见苏味道尚有一定的政治责任心，不愿做一些妄意断案、错杀无辜的行径，这要比那些横行霸道、草菅人命的禄蠹蟊贼强上千百倍。

【成语释义】 形容对事情的两面没有明确的态度或主张。模棱，说话处事含混；两可，这样也行，那样也行。

【活用例句】 在原则问题上，我们必须态度鲜明，绝不能～。

【近义】 不置可否

【反义】 旗帜鲜明

竭泽而渔

春秋时期，晋国为了援助宋国，和楚国在城濮（今山东淄县南）打了一仗。当时，论实力楚国占着明显的优势。晋文公见楚军来势汹汹，就问他的舅舅狐偃说："楚兵多，我兵少，这一仗该怎样打才能取胜呢？"狐偃回答说："我听说善于打仗的人，不厌欺诈。你就用欺诈的办法对付楚军好了。"

晋文公又去征求另一个大臣雍季，并把狐偃的话也告诉了他。雍季不大赞成这样做，就打了个比喻说："竭泽而渔，岂不获得？而明年无鱼；焚薮而田，岂不获得？而明年无兽。诈伪之道，虽今偷可，后将无复，非长术也。"意思是说：把池塘里的水弄干了才捉鱼，哪还有捉不到的？但到明年就没鱼可捉了；把山上的树林烧光了再去打猎，哪还有打不到的？但到明年就将会没有野兽可打了。欺诈的办法虽然可以偶尔用一下，但以后就不能再用，这不是长远之计啊！

当时也想不出更好地制胜楚军的办法的情况下，晋文公还是采用了狐偃的计谋，假借遵守自己流亡时向楚庄王许下的"退避三舍"的诺言之名，连续三次后撤，以避其锋芒，为自己选择了有利的时机和歼敌的地形；而楚军呢，见晋军一退再退，误以为晋文公胆怯，不敢与之交战，就紧逼不舍，结果被晋军打得落花流水，溃不成军。这场历史上有名的城濮之战，终以楚国的失败，其领兵大将成得臣被迫自杀而告结束。

后来，人们根据这个故事引出"竭泽而渔"的成语。

——《吕氏春秋·义赏》

【故事启示】 把河里面的水都捞干了再捞鱼。这样做是得到鱼了，但是我们没有水喝了。这启示我们，无论做任何事情，都要留有余地，不要只贪图眼前利益，而没有长远的打算。再者，如果违反自然界的规律，急功近利，过度索取，看似取之不尽的资源就会用尽。

【成语释义】 比喻做事不留余地，只顾眼前。也比喻残酷榨取。竭，弄尽。

【活用例句】 小宋的家乡山清水秀，可贪婪的人们为追求眼前利益而肆意采伐，这样做无疑是～，迟早会受到自然的惩罚。

【近义】 杀鸡取卵

【反义】 高瞻远瞩

箪食壶浆

战国时期，七国争雄，各国之间经常发生战事。公元前313年，燕王把燕国的政权交给了相国子之，然而，将军子被、太子平等均不服气，想杀掉子之。于是，子之率反攻，杀了子被和太子平，燕国大乱，给百姓带来深重的灾难。这个时候，齐国军队趁机取得了燕国百姓的支持，只用了短短五十天的时间，就一举击败了燕国军队，攻占了燕国的大部分领土。

齐宣王非常得意，想借这个机会完全占领燕国，便对孟子说："有人劝我占领燕国，而有人不同意我占领燕国。我想，燕国并不比我们弱小，我们在这么短的时间内就取得了胜利，光靠人的力量是不行的，这恐怕是天意吧！看来，天意是要我们吞并燕国，如果我们不这样做，上天恐怕要降下灾祸惩罚我们。我想，我们还是彻底占领燕国吧。你认为怎么样呢？"

孟子听完齐宣王的一番话，说："占领不占领燕国，要看燕国老百姓是否欢迎我们。如果他们欢迎我们，那么可以占领。古人也有这么做的。比如武王灭商就是如此。如果燕国老百姓不欢迎我们，就坚决不能占领。古人也有这样做的。比如文王不灭商就是这道理。现在，燕国老百姓用箪盛着吃的，用壶装着喝的，来欢迎齐国的军队，这还能有别的原因吗？无非是想结束原先那种水深火热的沉重生活。如果您占领了燕国，使水更深，火更热，老百姓就会避开这更为痛苦的日子，离您远远的，那么即使您占领了燕国，统治时间也不会太长的。"

"箪食壶浆"即从孟子的言辞中引申而来。此外，还引申出成语"水深火热"。

——《孟子·梁惠王下》

【故事启示】 孟子把是否能得到百姓的拥戴作为占领燕国的衡量标准，颇具智慧。他认识到了人民群众才是国家政权的生存之基。正所谓"得人心得天下，失人心必失天下。"一个国家倘若万众一

447

心，即便是发生外敌入侵，也会牢不可破。反之，统治暴虐，人心涣散，百姓生活水深火热，甚至出现百姓揭竿而起的局面，这样的国家政权就好比是处于风雨飘摇中的鸟巢一样，随时都有可能被颠覆。

【成语释义】 用箪盛饭，用壶盛汤，犒劳军队。形容老百姓热情迎接和款待自己所爱戴的军队。箪，古代盛饭的圆形竹器；食，食物；浆，汤。

【活用例句】 解放军在胜利归来的时候，老百姓往往·来欢迎。

箪食瓢饮

孔子一生共收了三千名学生，其中得意门生有七十二个。而在这七十二人中，他最喜爱和器重的是颜回。颜回身材不高，性格内向，沉静寡言。

颜回对孔子十分尊敬。他对孔子的教诲身体力行，有了错误就努力改正，从不再犯第二次。孔子曾经说过："自从我收了颜回这个学生，其他的学生对我更亲了。"

孔子对颜回的德行也很尊敬。仁爱是儒学的核心精神，孔子对于颜回的仁爱曾给予高度的肯定："其心三月不违仁，其余则日月至焉而已矣。"意思是"颜回这个人的心可以在长时间内不离开仁德，其余的学生则只能在短时间内保持这样"。

有一次，孔子带着一些学生周游列国，在路过匡邑的时候，突然遭到匡人的围困。颜回和其他几个跟着孔子一起周游的学生被冲散了，等到危险过去，颜回赶到孔子身边。孔子说："颜回，我以为你已经死了呢！"颜回认真地说："先生在，我做学生的怎么敢死呢！"孔子听了非常感动。

又一次，孔子问颜回道："颜回，你家里穷，房子也小，为什么不去求个一官半职呢？"颜回回答说："学生有些薄田，虽然收入不多，但吃穿已经够了，而且还有琴瑟可以娱乐。只要能学到老师的道德学问，何必出去做什么官呢？"听了颜回的回答，孔子感叹地对学生们说："颜回吃的是一竹筐饭，喝的是一瓢水，住在那么简陋的小巷子里。别人忍受不了，他却十分乐观。他真是一个贤德的人呀！"

遗憾的是，颜回二十九岁时，即头发全白，不久便与世长辞。死时，家中贫穷得竟买不起棺木，其父央求孔子卖掉马车来葬颜回，孔子未许，原因是有才无才，都是我的弟子，别人死的时候我没有这样做，那么在颜回身上，我也不该例外。后来众同窗中有家境显赫者欲厚葬颜回，孔子也不许，然而终究还是厚葬了，孔子因此而叹息：颜回视我如同父亲一般，我却不能拿颜回当儿子，这不是我的原因啊，是你的同学们要这样做的啊。由此可见，颜回不单是为孔子所器重，在同窗中也是极被敬重的。

后来，人们根据孔子所言："一箪食，一瓢饮，在陋巷，人不堪其忧，回（颜回）也不改其乐"，引申出"箪食瓢饮"的成语。

——《论语·雍也》

【故事启示】 虽然生活条件很贫苦，但颜回却安贫乐道、自得其乐，追求心灵上的充实，因此孔子称赞其是贤德之人。据史书记载，孔子的父母妻儿去世时，他都没有流泪，但颜回死时，他却双手捶胸，痛哭流涕，感慨他的英年早逝。不难看出，圣贤孔子对丧失颜回这个得意门生的扼腕之情。现实生活中，我们要学习颜回淡泊名利、专心求学、安贫乐道的品质与意志。

【成语释义】 一箪食物，一瓢汤水。指贫苦的生活。箪，古代盛饭的圆形竹器。

【活用例句】 物质欲望是没有极限的，为了保持清廉，必要时过一过~的生活很有好处。

【近义】 节衣缩食、粗茶淡饭

【反义】 穷奢极侈、暴殄天物

德高望重

北宋时期，有个名叫富弼的人，字彦国。他出身贫寒，从小读书勤奋，知识渊博，举止豁达，气概不凡。当时有位前辈见过他后，赞叹说："这是辅佐帝王的贤才啊！"

449

富弼二十六岁踏上仕途。四十多年里，他对北宋王朝竭诚尽忠，在处理外交、边防、监察刑狱、赈济灾民等事务中，取得了显著的成就，不断加官晋爵，先后担任过仁宗、英宗、神宗三朝宰相，成为天子倚重、百官景仰的名臣。

仁宗庆历二年（1042年），北方的契丹国屯兵边境，要求宋朝割让关南的大片领土。朝廷决定任命富弼为报聘使者前往敌营谈判。在交涉中，他不顾个人的安危，慷慨陈词，列举两国数十年来结盟友好的历史，劝说契丹王放弃割地的要求，成功地维护了本国的利益。他先后两次奉命出使，第一次赴任，正逢女儿因病去世；第二次上路，又闻报小儿子出生，他都没有回家看上一眼。归国以后，朝廷为了褒扬他的功绩，先后授予他枢密直学士、翰林学士和枢密副使等要职，他都谦逊地再三辞谢，不肯就任。

庆历八年（1048年），黄河在商胡决口，洪水泛滥成灾，河北六七十万灾民仓皇南下，涌向京东地区。当时，富弼正遭到政敌的谗言诽谤，贬谪到青州为官，他在境内腾出公私房屋十多万间来分散安排灾民，并出榜向当地百姓募集粮食，加上官仓中的全部存粮，都运送到各地散发。到第二年，河北小麦大熟，很多灾民都扶老携幼返回家乡。富弼为国家招募到兵员一万多人，民间颂声载道。天子特派使者前来慰劳，并授任他为礼部侍郎，富弼却辞谢说："这是臣应尽的职责。"

富弼为人谨恭慈和，即使当了宰相以后，也从不居功自傲，以势傲人。无论下属官员或平民百姓前来谒见，他都以平等之礼相待。神宗熙宁五年（1072年），富弼年老退休，长期隐居洛阳。一天，他乘小轿外出，经过天津桥时被市民发现，马上纷纷跟随观看，使热闹的集市顷刻之间变得空无一人。

司马光曾称颂他说："三世辅臣，德高望重。"这个评价是非常符合事实的。

——《辞人对小殿札子》

【故事启示】 在北宋的宰相中，富弼和文彦博是老寿星：文彦博活到92岁，富弼活到80岁。八十载悠悠岁月，六十年官宦生涯，富弱的人生长河可谓波澜壮阔。这里撷取的几朵浪花，可以观照到他勤学苦读，克己奉公，为官清正，赈济灾民，视民如子，谨恭慈和，无愧于"三世辅臣，德高望重"的称号。

【成语释义】 意指道德高、声望重。多用来称颂年老而有名望的人。

【活用例句】 王校长～，同学们都很喜欢他。

【近义】 德隆望重、年高德劭

【反义】 无名鼠辈、德浅行薄

熟能生巧

北宋时期，有个叫陈康肃号尧咨的人，箭术精良，举世无双。他因此骄傲极了，常常夸耀自己本领高超："我的箭术没人比得上。你们有谁愿意跟我比比看啊？"

"师父，您实在是太高明了，我们怎么比得上您呢！""是啊，我们还要多跟您学习学习呢！师父你再表演一下，让我们开开眼界嘛！"这些想从陈尧咨那儿学得箭术的年轻人，每天都说些恭维他的话，让他无比高兴。

有一天陈尧咨带着徒弟在院子里练习射箭，有一个卖油的老翁正好走过，便停下来看。

陈尧咨举起了弓，搭上箭，一连发出十支箭，每支箭都正中红心。徒弟们在旁边拍手叫好，陈尧咨神气地对老翁说："你看怎么样？"那个老翁只是微微点头，并不叫好。

陈尧咨心里很不爽，不客气地问他："喂，你这个老头也会射箭吗？""不会。""那么是我的箭射得不好吗？""好是好，不过，这只是平常的技术罢了，并没有什么了不起。""老头儿，你说的是什么话？竟然这样侮辱我们师父。你知不知道我们师父的箭术，没人能比得上。你简直太瞧不起人了。"

"年轻人，你先别生气，我说的是真话。你的箭术的确平常得很，没什么值得夸赞的。""老头儿，听你这么说好像很在行，那你

451

就露两手给我们瞧瞧啊。不服气就比划比划。光说不练你是难以服众的！""小兄弟，这射箭的本领我可没有，不过让我倒油给你们看看。""倒油，这还用得着你这个老头来表演吗？倒油谁不会？别开玩笑啊！""你们还是看了再说吧。"

老翁说完，就拿了一个葫芦放在地上，又在葫芦口上面放了一枚有孔的铜钱。然后舀了一勺油，眼睛看准了，油杓轻轻一歪，那些油就像一条细细的黄线，笔直的从钱孔流入葫芦里。倒完之后，油一点儿也没沾到铜钱。老翁谦虚地对陈尧咨说："我亦无他，唯手熟尔。"意思是说，我这也是一种平常的技术罢了，也就是熟能生巧。

陈尧咨听了十分惭愧，从此更加努力地练习射箭，再也不夸耀自己的箭术。后来他的人品和箭术一样好。

人们由此故事中的"我亦无他，唯手熟尔"引申出"熟能生巧"这个成语。

——《归田录》

【故事启示】 老翁对陈尧咨的射箭技艺不加赞赏，已使对方出乎意料。他还进一步加以贬议，声称陈尧咨的箭术只是手熟罢了。一向骄傲狂大的陈尧咨被老翁贬低到这一步，心怀不满是自然的。当他亲眼目睹老翁的倒油本领后，被老翁的精湛技艺折服，从此为人做事虚怀若谷。这种悔过自新的精神值得我们学习。

【成语释义】 熟练了，就能找到窍门，干起来得心应手。巧，技巧。

【活用例句】 老爷爷一会儿就完成了高难度的动作，他解释说是因为练习久了，~而已。

【近义】 得心应手、游刃有余

十六画

篝火狐鸣

公元前210年，秦始皇病死，秦始皇的小儿子胡亥即位，这就是秦二世。

秦二世是个昏庸、残暴的皇帝。在他的统治下，老百姓的徭役赋税负担更为沉重，刑法愈加苛毒。广大劳动人民在饥饿与死亡线上苦苦挣扎。

公元前209年，秦二世下令征发淮河流域的900名贫苦农民去防守渔阳（今北京密云）。佣农出身的陈胜和贫农出身的吴广被指定为屯长。当这行人走到蕲县大泽乡（安徽宿县西南）的时候，连绵的阴雨把他们困在这里，不能依照规定的时间赶到渔阳戍地。但秦法却规定，误了期限就要全部被处死。

押送他们的两个军尉非常凶暴，陈胜和吴广就借机把军尉杀了，当着众人说：各位遇到大雨，都已误期，误期要被处斩。即使不杀我们，我们去戍守边疆，最终也会有十之六七的死亡概率。更何况，壮士不死则已，既然要死，也要为一番轰轰烈烈的事业而死！这番话激励了戍卒的斗志。大家推举陈胜为将军，吴广为都尉，提出了"伐无道，诛暴秦"的口号，组成一支农民起义军。中国历史上第一次农民大起义爆发了。

为了扩大影响，他们夜晚在驻地附近神祠中燃篝火，作狐鸣，发出"大楚兴，陈胜王"的呼声。在陈胜、吴广的率领下，农民起义军占领大泽乡，攻下蕲县，很快攻占了五六个县城。起义军所到之处，贫苦农民纷纷响应。陈胜、吴广领导的起义军攻占陈县后，建立了"张楚"政权，陈胜为王。这是中国历史上第一个农民革命政权。

——《史记·陈涉世家》

【**故事启示**】 势单力薄的陈胜、吴广向秦帝国进行挑战，自然要深思熟虑，经过一番苦心筹划，他们认识到取信于民对赢得战争胜利的重要性。于是乎，他们抓住众人封建思想的迷信特点，用鱼腹之书、篝火狐叫成功赢得民心。虽然现在看来，鱼腹丹书和篝火狐鸣愚昧可笑，但在当时却具有强大的号召力和组织力。900名戍卒之所以能坚定地团结在陈胜周围，除了强烈的求生欲望外，陈胜身上的神秘光环，也起到了不容忽视的作用。

【成语释义】 夜里把火放在笼里，使隐隐约约像磷火，同时又学狐叫。常用来比喻策划起义。

【活用例句】 陈胜鱼腹丹书，～，用来迷惑戍卒，从而当上了农民起义的头领。

【接龙游戏】 篝火狐鸣→鸣钟食鼎→鼎新革故→故态复还→还淳反古→古稀之年→年湮世远→远求骐骥→骥伏盐车→车怠马烦→烦文缛礼→礼让为国→国色天姿→姿态万千→千方百计→计日程功→功行圆满→满城风雨→雨过天晴

颠倒黑白

战国时期，有一位伟大的爱国诗人名叫屈原。他出身于楚国的贵族之家，年轻时聪明好学，见闻广博，擅长辞令，无论在政治、外交或文学等方面，都有着突出的才能和造诣，因此深得楚怀王的信赖，曾被任命为左徒，负责起草法令和接待诸侯宾客等事宜。

屈原所处的地位和取得的成就，使他在楚国的声望日益提高。但是，由于他对内主张改革弊政，对外采取联齐抗秦的策略，触犯了贵族内部腐朽势力的利益，引起了这些人的嫉恨。因此，他们的代表人物上官大夫靳尚和令尹子兰便相互勾结，接二连三地向楚怀王进谗，恶意中伤和诬陷屈原。久而久之，怀王就对屈原渐渐疏远起来。

公元前313年，秦惠文王派张仪出使到楚国，对怀王说，只要楚国同齐国绝交，秦国愿将商於一带六百里土地割让给楚国。屈原认为这是一场骗局，极力劝谏怀王不要上当。但昏聩至极的怀王不但不听，而且把忠心为国的屈原放逐到汉水以北。

等到楚、齐绝交以后，秦国立即变卦赖账，说割让的土地不是六百里而是六里，怀王怨恨秦国食言，重新召回屈原，并出兵攻打秦国，结果惨败，损失严重。后来，秦王又主动要求讲和，并约怀王到秦国相会。怀王中计前往，进入武关后便遭到扣押，被幽禁了三年，最后病死在秦国。

怀王的儿子襄王即位以后，更加糊涂昏庸，对靳尚和子兰言听计从，进一步屈服于秦国的压力。不久又听信谗言，把屈原流放到更遥远的湘水地区。公元前278年，秦将白起率军攻破郢都（楚国的都城），烧毁楚国先王的陵墓，使无数百姓背井离乡，四处逃亡。屈原在湘水闻讯后，感到无限的哀痛，但他自己负屈含冤，报国无门，只能把满腔的忠诚和悲愤，抒发在回环起伏、激越奔放的诗篇中。在著名的《九章·怀沙》里，他写了这样两句诗："变白以为黑兮，倒上以为下。"对那些肆意颠倒黑白、葬送楚国的奸佞小人，进行了愤怒的鞭挞和控诉。不久，屈原写下了最后一篇绝命诗《惜往日》，便纵身跳进滚滚的汨罗江，自沉而死。

——《九章·怀沙》

【故事启示】　当屈原看到秦军进犯，国都失陷时，他选择了死。他想以死来惊醒昏庸的贵族，唤醒沉睡的国人。然而，屈原的死并没有起到警世作用，楚国还是亡了。楚国统治者昏聩无能，不善纳忠言注定了这样的结局。

【成语释义】　把黑的说成白的，白的说成黑的。比喻故意歪曲事实，混淆是非。

【活用例句】　那种总爱~的人，在社会上是不受欢迎的。

【近义】　颠倒是非、混淆是非、指鹿为马

【反义】　实事求是

噤若寒蝉

东汉末期，有一个叫杜密的人，为人厚道，做官清廉，刚正不阿，依法办事。他任太守等职期间，参加打击宦官集团斗争时，执法严明，对宦官子弟有恶必罚，有罪必惩。

随着年岁渐高，杜密告老还乡。常言道"无官一身轻"，但杜密仍十分关注国事，他经常去拜访颍川的太守和阳城县令等地方官员，一起议论天下大事，并不断向官方举荐本地官吏民众的能人贤士，批评和揭发坏人坏事。

当时，有个叫刘胜的官吏是杜密的同乡好友，刘胜原任蜀郡太守，后来也辞官还乡。刘胜的为人与杜密迥然相反。这个人辞官回到家乡以后，便奉行明哲保身的思想，整日里闭门谢客，不问政事，对好人坏人一概不闻不问。

有一次，杜密又来到颍川太守王昱的府上，反映乡间的一些情况。言谈话语间，王昱向杜密谈起刘胜的情况，称赞刘胜是个"清高之士"，是个"好好先生"，他对乡里的事情不闻不问的晚年生活方式颇受地方官员们的称赞。

杜密听出来王昱这番话的用意，名为表扬刘胜，实则批评自己"好管闲事"。杜密便直言道："刘胜原本是一位大夫，像他这样地位很高的人，应当为国为民多做些事情。但是他对好人不予举荐，对恶人坏事不敢揭露批评，明哲保身，就像冷天的知了一声不吭。他只求自己平安无事，却对国家不负责任。这样的人实际上是个罪人，有什么可称赞的呢？！而我与他相反，我发现贤人就向你们推举，发现坏人坏事就向你们揭发，使你们能够惩罚分明，扬善除恶，这不也是为国家尽了一点个人的微薄之力嘛！"

听了这番话，王昱这才看出了杜密以天下为己任的博大胸怀，在惭愧之余，十分敬佩杜密的高风亮节，此后，对杜密就更加敬重和厚待了。

——《后汉书·杜密传》

【故事启示】 东汉名臣杜密，为官知人善任，激浊扬清，被时人列为"八俊"之一，太学生称誉其为"天下良辅"。同乡噤若寒蝉杜密直言之，因与权佞抗争，他最终惨遭迫害。其凛然正气光照千古，千秋万代令人敬仰不已！

【成语释义】 像深秋的蝉那样一声不吭。形容因害怕有所顾虑而不敢说话。噤，闭口不作声。

【活用例句】 他的话完了，台下有几个人拼命地高声鼓掌，而更多的人却～、面面相觑。（杨沫《青春之歌》）

【近义】 缄口结舌

【反义】 口若悬河、侃侃而谈、直言不讳、畅所欲言

黔驴技穷

很久以前，在中国贵州没有驴子这种动物，大家都不知道驴子长什么样子。

有一天，有一个人用船从别的地方运了一头驴子到贵州，他把驴子放在山脚下，山里的老虎远远看到这个庞然大物在叫，心想："这是哪来的怪物呀！看它的样子好像很厉害，我还是离它远一点比较安全！"

过了一段时间，老虎观察到驴子每天就是走来走去，偶而叫几声！老虎心里又想："这个家伙个子这么庞大，不知道它会些什么本领，不如，我来试探试探它！"

接下来，老虎就偷偷地绕到驴子身边，故意碰了驴子一下，驴子被碰了以后非常生气："你干嘛碰我啊！"说完就举起蹄子来踢老虎，一次、二次、三次，每次都没踢中，可把老虎给高兴极了，心想："这个驴子原来只会踢东西，根本没什么本事嘛！"

于是，老虎就张大嘴想把原本以为是神灵的驴子吃掉，驴子见状，吓得大叫，战战兢兢地威胁老虎："你不要靠过来喔！我可是会踢你的啊！"老虎听后，哈哈大笑着说："你会的不过就是踢，我还会吃呢！"

说完这句话，老虎就大吼一声，上前把驴子的喉管咬断，吃光了驴肉，然后高兴地离去。

后来，大家就把这只贵州的驴子被老虎吃掉的寓言故事演绎为"黔驴技穷"的成语，用来形容一个人做事的点子、方法都很普通，没有特殊的地方。另外，也有人把这成语说成"黔驴之技"！

——《三戒·黔之驴》

【故事启示】 这个故事给我们的启示主要有三：首先，世上

有很多东西貌似强大，样子很可怕，但其实只是虚有其表。其次，不要害怕面对貌似强大的东西，只要敢于战斗，善于战斗，就能获得成功。最后，人要想立足于世，就得多学点本领和技能，否则像黔之驴一样，空有其表，终归会被淘汰出局。值得一提的是，主人不用驴来拉磨、拉车、驮东西，却将其放到山野里同老虎较量，也是发生"黔之驴"悲剧的不容忽视的因素。

【成语释义】 黔地的驴，本领穷尽了。比喻有的人虽好要伎俩，但其本事、技能非常有限。黔，今贵州省；穷，尽。

【活用例句】 甲队开始凭体力好占了一点上风，但很快～，被乙队打得落花流水。

【近义】 无计可施、束手无策

【反义】 神通广大

十七画

螳臂当车

《庄子·人间世》中曾有这样一个记载：春秋时，鲁国有个贤人名叫颜阖（hé），被卫国灵公请去当其太子蒯（kuǎi）聩（guì）的老师。颜阖听说蒯聩是个有凶德的人，到卫国后，就先去拜访卫国贤者蘧（qú）伯玉，请教如何教好蒯聩。

蘧伯玉回答说："您先来问情况是对的，有好处，但要想用您的才能教好太子是很难达到目的的。"并进一步说道："汝不知夫螳蜋（即螳螂）乎？怒其臂以当车辙，不知其不胜任也，是其才之美者也。戒之，慎之！"

这段话的意思是：螳螂鼓起双臂来阻挡前进的车轮子，它不知道自己是力不胜任的，而是确实认为自己的这种举动是好的，是有益的。颜阖啊！您的心是好的，但您的作为像螳臂当车一样，您要戒备啊！慎重呀！

此外，古代还有这样一个故事。这故事发生在齐庄公打猎的路上。齐庄公看见一只绿色的虫子高举着它的两只前臂，挺直身子挡住了车轮。他问车夫说："这是什么虫？"车夫回答说："这就是所说的螳螂。这小小的螳螂光知道前进而不知道后退，根本不知自己的臂膀有多大的力量，真是不自量力！"齐庄公却感叹地说："小小虫儿，志气不小，它要是人的话，定会成为天下最勇敢善战的武士啊！"于是，命令车夫掉转车头回避了它。

——《庄子·人间世》

【故事启示】　螳螂当车固然可笑的，但从另一个角度来看，螳臂当车的勇气也是令人叹服的。这种不畏对手的强大，置自己的生死于不顾，敢于抗争的勇气，是非常值得我们学习的！有些时候，不自量力未必就不能成功，就像可笑并不一定可悲。尤其是在我们有力而无精神的时候，螳螂当车这种不计后果，只进而不知退的勇猛，就显得更为重要和可贵了。

【成语释义】 螳螂奋举前腿来挡住车轮前进，不知道它的力量根本不胜任。比喻人们自不量力地去做办不到的事，必然失败。当，阻挡。

【活用例句】 那些技术落伍、管理落后的小企业，要以目前的实力，去和跨国大企业争夺市场，简直是～。

【近义】 不自量力、蚍蜉撼树

【反义】 量力而行

糟糠之妻

汉代曾发生过王莽赶刘秀的事情。当时，刘秀势单力薄，被王莽一路追杀，由北向南日夜奔逃。双方交战时，刘秀手下有个叫宋弘的大将不幸负伤。当他们逃到饶阳境内时，宋弘实在走不动了，而后面追兵又紧。刘秀无奈之下将宋弘托付给郑庄一户姓郑的人家养伤。

姓郑的这户人家很同情刘秀，而且非常善良，待宋弘亲如家人，端茶送水，好吃好喝，照顾得非常周到，尤其是郑家女儿，长得虽不很漂亮，但为人正派，聪明大方，像亲人一样对待宋弘，给宋弘煎汤熬药，嘘寒问暖。宋弘很是感动，且二人日久生情。等宋弘伤好后，便结为夫妻。

后来，宋弘跟随刘秀南征北战，屡立战功，终于帮刘秀得了天下。刘秀当了皇帝后，万事如意，只有一件事使他放心不下：姐姐（湖阳公主）早年丧夫，整日闷闷不乐，有意将她许配给宋弘，但不知她是否同意。一天，刘秀与姐姐共论朝臣。姐姐说："宋公（指宋弘）威容德器，群臣莫及。"刘秀听后很高兴，得知姐姐早已被宋弘的仪表及刚正耿直的气度打动了，但是宋弘已经有了妻子，光武帝不好赐婚。

这一天，刘秀与宋弘闲谈，假装无意地试探道："谚言贵易交，富易妻，人情乎？"意思是：俗话说，高贵了就忘掉了交情，富有了想另娶妻子，这是人之常情吗？宋弘一听，知道皇帝话里有话，便巧妙地回答说："臣闻贫贱之交不可忘，糟糠之妻不下堂。"意思是：我听说，对贫穷卑贱的知心朋友不可忘，共患难的妻子不可抛弃。

刘秀听完宋弘的回答，便知道他不会抛弃妻子改娶湖阳公主。刘秀被宋弘的为人深深感动，不仅没有责怪他，反而对他更加器重。

从此，"糟糠之妻不下堂"的故事便成为美谈，流传至今。

——《后汉书·宋弘传》

【故事启示】 作为一个负责任的男人，对待跟自己一起历经风雨，患难与共并一路走来的妻子，是该好好珍惜、不离不弃，与之白头偕老。那些一朝发迹，就把糟糠之妻忘得一干二净的人，应向宋弘好好学习一下。

【成语释义】 指贫贱时共患难的妻子，今也用来谦称自己的妻子。糟糠，酒渣及穀皮，指粗劣的食物；糟，酒渣；糠，谷皮。

【活用例句】 他现在飞黄腾达了，便抛弃了当初同甘共苦的～，真是可恶至极！

【接龙游戏】 糟糠之妻→妻妾成群→群策群力→力大无穷→穷凶极恶→恶贯满盈→盈科后进→进退两难→难分难解→解甲归田→田月桑时→时和年丰→丰取刻与→与世偃仰→仰人鼻息→息息相通

擢发难数

战国中期，魏国有个很有才学的人，名叫范雎（jū）。尽管他学就匡世治国之才，却得不到重用。一次，魏国派"中大夫"须贾出使齐国，也叫范雎加入随员队伍，以壮声势。

谁知到了齐国后，齐襄王久慕范雎的大名，就派人赐他十斤黄金，还有牛酒，但被范雎委婉地拒绝了；而齐襄王对须贾等人则迟迟不予接见。为此，须贾妒而生疑，以为范雎与齐国有私通。回国后，就在国相魏齐面前，说了范雎的坏话。魏齐信以为真，便以里通外国罪，将范雎打得奄奄一息，范雎惨遭一顿毒打后装死，结果被扔进厕所里。范雎央求看守使计得以逃脱，更名为张禄，逃往秦国。不久，范雎的才能便得到秦昭王的重用，秦昭王四十一年被封应侯，任相国。

后来，魏王听闻秦国将东伐韩国、魏国，惶恐不安，便派须贾出使秦国，向秦昭王求和。范雎获悉消息后，便约须贾私下见面，须贾

464

见到范雎大惊失色，他以为范雎早已死去，没想到他在秦国活得有模有样的，便送东西给范雎，希望在范雎的引荐下，见秦相张禄一面。

范雎为使须贾弄清真相，爽快地答应了。须贾来到秦相府后，才发现范雎就是张禄。于是，惊恐万状，敞开衣服，爬行到范雎面前，一个劲儿地磕头谢罪说："擢（zhuó）贾之发以续贾之罪，尚未足。"意思是说，将我的头发都拔下来计算我的罪过，都还不够数的。

范雎当面历数须贾三大罪状，然后报告给秦昭王，秦昭王下令将须贾赶走了。

——《史记·范雎列传》

【故事启示】　俗话说："没有调查，就没有发言权。"魏国高层统治者偏听须贾的一面之辞，便认定魏国贤士范雎与齐国有私通关系，痛下毒手，可谓是昏庸至极！还好范雎足智多谋，逃过一劫。终于因为才华出众，被慧眼识珠的秦昭王委任相国一职。有道是"三十年河东，三十年河西。"日后，须贾有事求见秦相，居然发现范雎就是自己要求见之人，无异于当场给了自己一个耳光！最终范雎网开一面，给须贾留了一条小命，也算是仁至义尽了！

【成语释义】　拔下的头发难以数清，比喻罪行很多。擢，拔。

【活用例句】　他犯的罪～，受到千刀万剐都难以抹平人们心中之痛。

【近义】　罄竹难书

罄竹难书

隋炀帝杨广的残暴统治，导致天下大乱，群雄割据，农民起义。

李渊在太原起兵以后，自任为大将军，积极地向隋军进攻。这个时候，突厥的力量很强，李渊既担心突厥坏自己好事，又想借用他们的悍马，于是，听从他人建议，与突厥的始毕可汗谈和。最终，双方约定："若得攻入长安，民众土地归于唐，金玉缯帛归于突厥。"

李渊为争取人心，还大开粮仓，救济灾民，且乘机招募义兵。然而，这些义兵都是乌合之众，没有经过检阅练习，所以率领他们打起仗来很是辛苦。

成语故事

此时，瓦岗农民义军首领之一的李密，在现在的河南省东部，拥有极大的力量，而且发表了一篇著名的文章声讨隋炀帝，其中的名句有"罄南山之竹，书罪无穷；决东海之波，流恶难尽。"这句话的意思是，用完南山的竹子做简策，也书写不完隋炀帝的罪状；用东海的滔滔大水，也洗不清隋炀帝的罪恶。以后我们形容罪状之多，写都写不完，称之为"罄竹难书"，这就是此句成语的由来。

这篇文章一出，立刻在全国引起了轰动，人们争相传阅，李密的声势更加浩大，各地反隋的领袖如窦建德和徐圆朗等纷纷上表，劝请李密即天子位。不过，李密认为洛阳城还未攻克，不必急在一时。

李渊这边呢，倒是很想拉拢声势浩大的李密，便遣使通书。但李密自以为力量雄厚，要求李渊率领步骑数千到河南来，当面缔结盟约，由李密担任盟主。李渊不敢得罪李密，却又不想去河南，笑着说："李密这个人如此骄傲自大，我正准备进兵关中，如果一口回绝他，等于平白又多了一个敌人，不如拍拍他的马屁，使他更为骄傲，然后再慢慢观看鹬蚌相争，我来坐收渔翁之利。"

于是，李渊命令温大雅回了一封书信给李密，信上说："天生万民，必有司牧，当今能为司牧，作为天子者，除了你还有什么人？老夫已经五十岁的人了，没有那个野心，我愿意跟随你。"李密见到信，看得眉开眼笑。从此，对李渊深信不疑。

——《旧唐书·李密传》

【故事启示】 对骄傲自大的李密，李渊投其所好，对其大说恭维之词，一方面说得李密是心花怒放，并解开防备之心；另一方面，又巧妙地掩盖住了自己的勃勃野心。真是一石二鸟！现实生活中，我们要想赢得好人缘，也要善于称赞、恭维他人。特别提醒一点，说恭维话时，最忌敷衍了事、不着边际，一定要充满真诚，发自肺腑。这样听者才会越听越舒服。

【成语释义】 用尽竹子也难以写完。形容罪行多得写不完。罄，尽；竹，指可供制成竹简的竹子；书，写。

【活用例句】 纳粹分子希特勒的罪恶，～。

【近义】 罪大恶极、擢发难数

466

十八画

覆水难收

传说，商朝末期，有个足智多谋的人，姓姜名尚，字子牙，人称姜太公。由于先祖封于吕，所以这个人又称吕尚。他辅佐周文王、周武王攻灭商朝，建立周朝，立了大功。后来封在齐，是春秋时齐国的始祖。

姜太公曾在商朝当过官，由于对商纣王的残暴统治非常不满，辞官而去，隐居在陕西渭水河边一个比较偏僻的地方。为了赢得周族的领袖姬昌（即周文王）的重用，他经常在小河边用不挂鱼饵的直钩，装模作样地钓鱼。姜太公整天钓鱼，家里的生计发生了问题，他的妻子马氏嫌他穷，没有出息，不愿再和他共同生活，要离开他。姜太公一再劝说她别这样做，并说有朝一日他定会得到富贵。但马氏认为他在说空话骗她，怎么也不相信姜太公的话。姜太公没有办法，只好让她离自己而去。

后来，姜太公终于赢得周文王的信任和重用，又帮助周武王联合其他诸侯攻灭商朝，建立西周王朝。姜太公衣锦荣归，前往封国，好不威风。马氏见他又富贵又有地位，非常后悔当初离开了他，就在姜太公路过的必经之地拦住了车驾，请求与他恢复夫妻关系。

姜太公见到非常落魄的马氏，回想起当年她嫁给自己，没享到一天清福，心中倒也十分同情；但又想起她当年不念夫妻情份，坚决与自己离异时，又十分生气，便命随从到河中取来一盆水，放在马氏面前说："我泼水于地，你若能收起此水，我就带你同赴封国，共享荣华。"马氏答应，赶紧趴在地上去取水，却怎么也不能将倾倒于地上的水收回。于是，姜太公对她说："覆水难收，缘份难续啊！"意思是说，你已离我而去，就不能再结合在一块儿了。这好比倒在地上的水，难以再收回来了！马氏非常惭愧，就告别姜太公，投河而死。

姜太公看到马氏寻了短见，心中也有点难过，毕竟有过一段夫妻缘啊！姜太公想，马氏既然这样嫌贫爱富，干脆就在封神榜上给她找个位置——封她为穷神吧。于是，他写了一道封神符，嘱咐马氏：

"遇富而入，遇贫而出。"也就是说，穷神可以见到谁家富就到谁家去，富家穷了，就从他家出来到另一户富人家去。可是穷神比较糊涂，分不清穷富之家，这就使得家家户户都怕穷神，直到现在人们都还要在每年的初四晚上或初五早上到村头去烧纸钱送穷神呢。

——《野客丛书》

十八画

【故事启示】 实际生活中，我们万万不可以像马氏一样，嫌贫爱富。这是因为人与裁纸刀是不同的。裁纸刀制造出来后就永远是裁纸刀了，再没有别的可能。但人却可以不断改变自己，永远是一个待生成的东西。一个锐意进取、心怀大志的人，即使眼下不得志，但只要坚持不懈地努力，迟早有一天会走向成功的。姜太公的故事不是很好地说明了这一点吗？

【成语释义】 泼在地上的水，难以收回来。比喻事情已成定局，很难再挽回了。也比喻夫妻关系已经断绝，难以重新恢复关系。覆，翻，引申为倾、倒、泼的意思。

【活用例句】 你既然已经做错了，～，也不要再对那件事耿耿于怀了，还是吸取教训，避免以后再犯吧。

【近义】 木已成舟

【反义】 破镜重圆

覆巢无完卵

孔融，字文举，东汉末年山东人，孔子第二十代孙，世代为官，自幼聪慧明理，《三字经》上说"融四岁，能让梨"传为佳话。汉献帝时，孔融曾做过北海相。

据说，当年曹操发动五十万大军，南征刘备和孙权时，孔融曾表示反对，劝说曹操停止出兵。曹操不以为然，依然我行我素。孔融在背后发过几句牢骚。御史大夫郗虑平时和孔融不睦，知道了这事，报告给曹操，并且添油加醋，恶意挑拨，说孔融一向瞧不起曹操等等。曹操一听大怒，当即下令把孔融全家大小全部逮捕处死。

孔融被捕的时候，全家人都十分惊恐，不知所措。只有孔融的两

469

个孩子（一个九岁，一个八岁）还坐在那里没事样地嬉戏，一点害怕的样子都没有。家人认为孩子小，不懂事，大祸临头，还不知道，便赶紧怂恿他们逃走，但是他们却无动于衷。

前来逮捕他的差使到了后，孔融说："希望惩罚只限于我自己，两个孩子能不能保全性命呢？"不料，儿子从容地上前，竟不慌不忙地说："父亲大人，您就不要再求情了。您难道看见过打翻的鸟巢下面还有完整的蛋吗？"一语既出，众皆愕然。

最后他们从容地跟着父亲，一同被抓走赴难去了。

对上述故事，史书的记载是："孔融被收，中外惶怖。时融儿大者九岁，小者八岁，二儿故琢钉戏，了无遽容。融谓使者曰：'冀罪止于身，二儿可得全不？'儿徐进曰：'大人，岂见覆巢之下，复有完卵乎？'寻亦收至。"成语"覆巢无完卵"即出于此。

——《世说新语·言语》

【故事启示】　孔融之子声称：天底下没有鸟窝被捣毁了不摔破蛋的事！乍一听闻，貌似很有道理，然而，却经不起推敲。整体毁灭，个体就真的也不能幸存吗？这要看当事人身处的时代环境而定。古代的罪罚制度与现在的不一样，不能相提并论。更何况，有些时候，当整体毁灭之时，正是个体发挥能力之际。以现代人的眼光看，孔融之子不懂积极地抗争命运，只是等着束手就擒，是不可取的。然而，在他所处的那个时代，却又只能无奈地做出这种选择。

【成语释义】　翻倒的鸟窝里不会有完好的卵。比喻灭门大祸，无一幸免。又比喻整体毁灭，个体也不能幸存。

【活用例句】　面对席卷全球的金融风暴，每个国家都希望能置身于风暴之外，但～。